21世纪人力资源与劳动关系精品教材

企业社会工作

理论与实务

（第三版）

3rd Edition

Enterprise Social Work

Theory and Practice

徐明 著

东北财经大学出版社
Dongbei University of Finance & Economics Press
大连

图书在版编目（CIP）数据

企业社会工作：理论与实务/徐明著．—3版．—大连：东北财经大学出版社，2023.8（2025.5重印）
（21世纪人力资源与劳动关系精品教材）
ISBN978-7-5654-4936-9

Ⅰ.企…　Ⅱ.徐…　Ⅲ.企业-社会工作-教材　Ⅳ.F272-05

中国国家版本馆CIP数据核字（2023）第147691号

东北财经大学出版社出版
（大连市黑石礁尖山街217号　邮政编码　116025）
网　　址：http://www.dufep.cn
读者信箱：dufep@dufe.edu.cn
大连日升彩色印刷有限公司印刷　东北财经大学出版社发行

幅面尺寸：185mm×260mm　字数：428千字　印张：21.5　插页：1
2023年8月第3版　2025年5月第2次印刷

责任编辑：石真珍　孙晓梅　王　斌　责任校对：孟　鑫
封面设计：张智波　版式设计：原　皓

定价：52.00元

教学支持　售后服务　联系电话：（0411）84710309

如有印装质量问题，请联系营销部：（0411）84710711

总序

劳动关系是劳资双方在工作场所中形成的用工关系，它是一种既包括权利关系又包括利益关系的社会关系。劳动关系学就是对这一特定关系进行研究的学科，其核心是雇佣关系和劳动问题的研究。在国际上，早期这一学科被称为劳资关系（industrial relations，国内也译为产业关系），也有雇佣关系（employment relations）的说法。近年来，随着工会密度下降，集体劳动关系让位于个体劳动关系，劳资关系研究的范围已经扩大到与工作相关的全部领域和问题，诸如绩效与报酬的对等承诺与对等实现、工作与生活的平衡、职业安全和健康、就业歧视、雇员满意度、工作安全以及国际劳资关系比较研究等。由于劳资关系与人力资源管理学科的研究领域如此相似，有人认为“劳资关系”的概念已经过时。但也有许多人认为应保留“劳资关系”这一称谓，因为它表达了分析一个被广泛认可的领域的研究方法。作为一种妥协，一些机构采用了比较中立的说法——雇佣关系。2006 年，美国雇佣和劳动关系学会由过去的 LIRA（Labor and Industrial Relations Association）更名为 LERA（Labor and Employment Relations Association）即反映了这一发展趋势和变化。

比起人力资源管理、劳动经济学等相关学科，劳动关系作为一门学科有着无法替代的优势。人力资源管理的基本假设是员工与管理者的合作，劳动经济学的基本假设是各生产要素之间的竞争。假如员工与管理者是完全合作的，人力资源管理的解释框架是最合理的；假如各生产要素是完全竞争的，劳动经济学的解释框架则是最优的。但事实上，既不存在完全的合作，亦不存在完全的竞争，正是真实世界的不完美赋予了劳动关系学科无限的生命力。

劳动关系学科的发展也有赖于劳动关系专业人才的培养。目前，美国康奈尔大学、罗格斯大学、俄亥俄州立大学、明尼苏达大学等在不同院系中都设立了劳动关系专业；英国的剑桥大学、伦敦政治经济学院、华威大学等，加拿大的多伦多大学、蒙特利尔大学等也设立了劳动关系专业。劳动关系学科以及劳动关系人才培养在中国也愈来愈受到重视。在教育部颁布的《普通高等学校本科专业目录（2012年）》中，劳动关系专业正式被列入管理学门类的工商管理类，全国已有50多所大学开始教授劳动关系专业的课程，部分院校开始设立劳动关系本科专业。近年来，中国人民大学劳动人事学院启动了包括学士、硕士和博士的劳动关系人才培养模式，并招收劳动关系方向的博士后研究人员。

正是在这样的背景下，我们精心策划和组织编写了本套反映中国劳动关系理论研究和实践操作的“21世纪人力资源与劳动关系精品教材”。概括起来，本丛书与以往的同类教材相比有三个较为显著的特点：第一，整体编排的系统性；第二，教材内容的管理导向；第三，适应学科特色的跨学科融合。正因为此，我们期望本套教材的出版不仅能够反映国内劳动关系学科的发展状况，更能够推动未来我国劳动科学理论研究和实践的不断发展。

最后，我要在这里感谢各位作者投入的辛勤汗水和智慧，感谢东北财经大学出版社的大力支持，感谢他们为中国劳动关系学科的基础性建设工作作出的不懈努力！

唐鑛

第三版前言

《企业社会工作：理论与实务》第一版于 2015 年出版，第二版于 2020 年修订，自本教材出版以来，受到学界的广泛关注和欢迎，国内不少高校的本科生、研究生都使用本教材。作为编者，我既对读者深表谢意，为企业社会工作作为一门学科为组织的卓越管理作出贡献感到欣慰，也为本教材的一些内容逐渐陈旧而感到不安。

在全球暴发新冠肺炎疫情以来的 3 年中，我国经济面临需求收缩、供给冲击、预期转弱三重压力，但是在以习近平同志为核心的党中央的坚强领导下，我国经济总量在 2020 年、2021 年、2022 年连续突破 100 万亿元、110 万亿元、120 万亿元，疫情 3 年经济年均增长率为 4.5%，高于世界平均水平。展望未来，我国经济韧性强、潜力大、活力足，基本面长期向好，仍然具有多方面的优势和条件来推动高质量发展，这为作为微观市场主体的企业也带来了新的机遇与挑战。企业战略性结构调整应跟随经济发展方向，在减污降碳、新能源、新技术、新产业集群等领域加大投入；关注并利用政府对企业的支持政策，如增值税留抵退税、科技型中小企业研发费用加计扣除等金融政策，降低自身经营成本，增强自身发展活力。

党的二十大报告指出，我国发展进入战略机遇和风险挑战并存、不确定难预料因素增多的时期，各种“黑天鹅”“灰犀牛”事件随时可能发生。我们必须增强忧患意识，坚持底线思维，做到居安思危、未雨绸缪，准备经受风高浪急甚至惊涛骇浪的重大考验。疫情防控新阶段出现的一系列新局面、新问题，比如提振青年就业率等问题，对企业管理、人力资源管理、社会工作提出了更高的要求。企业社会工作必须站在时代的前沿，不断解决在实践中遇到的现实问题，不断提炼、总结经验，将其上升为理论体系，从而更好地指导实践。从这个角度来说，我们恰逢其时，因为我们所处的新时代正在给企业社会工作、人力资源管理等提供丰富的实践和理论素材。

3 年多来，企业社会工作有了新的进步、新的发展、新的案例及观点，将这些成熟的内容纳入本教材的时机已经来临。订正错误、修改不妥，让《企业社会工作：理论与实务》更好地服务企业、服务人才培养、服务学科发展，此次修订显得十分必要。

本次修订在保持第二版基本框架的基础上，删掉了一些与时代发展不相适应的内容和表述，对过时的理论知识和陈旧的案例资料进行了修改和更新，使本教材的内容顺应时代需求，因应新出现的案例和问题。同时，为落实立德树人的根本任务，第三版在各章的正文表述、“引例”和“聚焦民生”等栏目中融入了课程思政元素和党的二十大精神，力争实现知识传授、能力培养和价值塑造的统一。

感谢我的学生陈斯洁、聂云蕊、金士杰等为此次修订付出的辛勤劳动！感谢东北财经大学出版社的工作人员在本教材出版过程中给予的各种帮助！向本教材中引用、借鉴的参考文献的作者表示诚挚的谢意！

限于作者的水平，本教材中错漏之处在所难免，敬请各位读者批评指正。

徐　明

2023 年 6 月

于中国社会科学院大学

目录

第1章　企业社会工作概论

学习目标

✓ 了解企业社会工作的概况；
✓ 重点掌握企业社会工作的定义；
✓ 了解企业社会工作和工业社会工作的区别；
✓ 掌握企业社会工作在西方的发展历程；
✓ 了解企业社会工作在中国港台地区的发展历程；
✓ 重点掌握企业社会工作的四大基础模式。

引例

企业社会工作的滥觞

19世纪末，美国工业化进程加速，随着工业规模的扩大，劳动力结构发生了改变，大量女性进入工厂劳动。1875年，匹兹堡的海涅公司设立了一个新的岗位，由一位叫阿姬·杜恩（Aggie Dunn）的女士担任，主要职责是为公司的年轻女性员工提供服务。自此，这个岗位逐渐发展壮大，在企业中建立了一系列的非营利餐厅、商店、公寓、诊所，为工人提供健康有益的娱乐项目。这个岗位上的人员经常采用个案的工作方法为工人提供服务，解决个人问题，给予个人正确的着装建议；当工人遭受不公正待遇时，他们介入调解，并疏导工人们的情绪；同时，他们的工作还包括一些行政职责。例如，管理雇员的福利，培训、雇佣和解雇雇员。这个新增的岗位就是福利秘书，福利秘书的出现拉开了美国企业社会工作的序幕。

资料来源　POPPLE. Social Work Practice in Business and Industry 1875-1930［J］. Social Review，1982，55（2）：257-269.

企业社会工作是专业社会工作的重要分支，兼具专业社会工作的价值理念和自身独具特色的工作技巧，是社会工作在企业中的运用与实践。本章第1节从企业社会工作的概况入手，详细介绍了企业社会工作的定义以及发展历程；第2节详细阐述了企业社会工作的四大基础模式，让大家更好地理解企业社会工作在企业中是如何具体开展的。

1.1 企业社会工作概况

工作是人一生中最重要的事情，工作世界作为成年人的一个主要活动领域，对人的生活具有重大意义。人们的生活完全与工作融为一体，在工作中人们会受到家庭关系、经济压力、社会交往、个人性格等各种因素的影响，这就急需一种行之有效的手段处理和应对这一系列问题。企业社会工作作为专业社会工作的分支，在处理工作中的一系列问题上发挥着重要的作用，也逐渐成为当代社会生活中不可或缺的组成部分。

企业社会工作就是将专业社会工作的理念应用于企业（第二产业、第三产业、事业单位），使社会工作者的专业技能在企业中充分地发挥作用，协助企业员工及管理者解决生活、工作中的个人问题，改善劳资关系，增强员工工作的积极性，充分发挥企业人力资源的效能，最大限度地提升企业的生产力，这些都对企业的生存和发展起着至关重要的作用。企业社会工作的引入，使企业的人力、物力被充分利用，使其效用最大化，为企业营造阳光、积极、活跃的氛围，提升企业的效能、效率、生产力水平，成为企业蓬勃发展的催化剂。

我国企业社会工作的出现是多种因素合力促成的结果。根据民政部的数据，截至2019年7月，全国已有82所高校设置了社会工作专业专科、348所高校设置了社会工作专业本科。但是，社会工作机构以及社会工作政策的发展大大落后于人才培养的步伐，导致大批社会工作专业毕业生流失，大多数毕业生选择进入企业或事业单位工作。借此契机，社会工作专业思想与企业管理的某些理念碰撞出火花，企业管理者借此机会将社会工作引入企业，自此，各大院校也开始提供企业社会工作专业教育。

1.1.1 企业社会工作的不同表述

企业社会工作（corporate social work）由社会工作发展而来，西方学者早期习惯将企业社会工作称为“工业社会工作”（industrial social work），这是由于19世纪的西方以大工厂生产为主，为工厂服务的社会工作统称为工业社会工作。受泰勒的企业管理思想的影响，工厂的管理更加专业化，一种高度结构化、正式化、非人格化的理想官僚组织体系逐渐被认为是提高劳动生产率最有效的形式，“企业社会工作”这一叫法开始代替工业社会工作。此外，其他相关的术语还有工商业社会工作（social work in business and industrial）、职业社会工作（occupational social work）、工业社会福利（industrial social welfare）、工业社会服务（industrial social services/social services in industry）等。

从上述多种提法中，我们可以知晓，术语使用的差异所反映的是语境和目标追求的差异。在社会工作介入企业的过程中，由于工作环境所涉及的组织、工作、工作者等多种因素的不同，以及企业组织的制度、文化、历史、社会心理的特殊性，社会工作在介入企业的过程中有了不同的切入点、实施程序、认知、思考，进而形成了不同的表达。

其中，有两种表达的使用最为广泛，分别是工业社会工作和企业社会工作。

（1）工业社会工作

根据钱宁在《工业社会工作》一书中的阐述，“工业社会工作是在一个更广泛的工业社会关系的范畴内来解决人与工作，人与工作机构、工作环境、工作关系之间的矛盾，以及由此产生的工作对个人行为、家庭生活、社区组织和社区结构、环境生态、人际关系的影响”。①从这个定义来看，工业社会工作主要是工业生产关系下的一种社会服务，以工业生产关系为基础，通过专业的方法帮助工厂工人通过工作获得个人生活需要上的满足，在工作的过程中寻求个人的发展，同时协助工厂组织建立与员工和社会的和谐关系，使工厂组织在发展生产、提高效率的同时，更好地处理与员工和社会的关系。

与此同时，从工业社会工作的切入点来看，它主要是针对大机器生产时代的工厂组织，是一个借助工业组织体系进行专业化分工与协作的过程，利用高度协同的机械设备和生产工具，以生产流水线作业或其他复杂劳动组合的方式来完成相关工作。由此可见，该种生产方式并不能囊括当代所有生产方式与组织形式，这种工业生产关系已经不适合当代社会中各种复杂的生产关系和生产组织形式。

（2）企业社会工作

企业社会工作比工业社会工作适用的范围更加广泛，其内容不仅涵盖了工业社会工作的领域，而且把工厂与社会的关系也包含在其中，试图从一个更全面的角度审视和把握企业中人的问题，以便在复杂的企业社会关系中为工作的人提供支持与协助，更有效地解决人们所面临的问题。企业社会工作更加关注企业内部的问题，它从人与企业关系的协调角度入手，运用专业知识和技术，发现工厂员工生活上、工作上的需求和困难，并运用企业既有的资源来解决员工的各种调适问题，使其能安于工作而无挂虑，以此来稳定其生活、平衡其身心、发掘其潜能，促使人力资源发挥更大的作用。

不仅如此，企业社会工作也针对企业文化、人力资源开发和员工关系等企业管理问题来提供服务，以使企业正确地对待员工的需求，营造良好的工作氛围，

---

① 钱宁. 工业社会工作［M］. 北京：高等教育出版社，2009.

促进企业生产力的发展。换句话说，企业社会工作不仅为员工提供解决问题、提高经济利益和满足生活诉求的各种服务，同时也为企业管理层提供服务，通过辅助管理层展现企业的人性化管理，使企业在提供员工福利的过程中提高员工的工作积极性，提高劳动生产率，满足企业、员工、社会的多方面发展诉求。因此，就企业社会工作的服务领域和服务范围来看，它比工业社会工作的覆盖面更为广泛。

总之，我们统一采用“企业社会工作”这个覆盖面更加广泛的概念，更重要的原因是工业社会工作将其服务范围局限于第二产业，而企业社会工作则涵盖包含第二产业、第三产业在内的更多产业类型，这也是现代社会最普遍的产业类型。另外，工业社会工作的服务中心对象是“人”，企业社会工作扩大了它的内涵，更容易使人理解企业管理的意义所在，更适合当下的社会大环境。时至今日，我们应该采用更具代表性的“企业社会工作”这个概念来代替“工业社会工作”概念，这样更符合时代发展的潮流。

1.1.2 企业社会工作的定义

企业社会工作同工业社会工作一样，都是从西方国家流传过来的，由于上文讨论过企业社会工作早期的概念是代替“工业社会工作”而形成的，所以我们在总结企业社会工作的含义时，先来看一下关于工业社会工作具有代表性的三种定义：

1）几位外国学者对工业社会工作的定义

①1978 年，“全美工业社会研讨会”的定义为：工业社会工作是指运用社会工作的专门知识与技术，满足工人或工会会员的需求，并实现企业组织的目标。[①]

②B. 古金斯（B. Googins）与 J. 高德弗里（J. Godfrey）的定义为：工业社会工作是一项实务工作。在此过程中，社会工作者注意到员工的人性与社会需求，并通过设计与执行适当的方案，维护员工的健康与良好的工作环境。[②]

2）中国港台学者对工业社会工作的定义

①中国台湾学者林联章的定义为：工业社会工作“是以其专业知识与技术，发现工厂员工在生活上、工作上的需求和困难，并运用厂方既有的资源和社会资源，来解决员工的各种适应问题，使他们能够安于工作而无挂虑，以稳定其生活，平衡其身心，发展其潜能，促进人力资源高度发挥作用”。[③]

②中国台湾学者林万亿的定义为：工业社会工作是将社会工作的专业方法实

---

① AKABAS, KURZMAN, KOLBEN, et al. Labor and Industrial Settings: Sites for Social Work Practice [J]. Canadian Journal of Social Work Education, 1979, 5 (2/3): 170-172.

② GOOGINS B, GODFREY J. The Evolution of Occupational Social Work [J]. Social Work, 1985, 30 (5): 396-420.

③ 林联章. 工厂员工适应问题服务措施之研究 [J]. 工业社会发展之探讨，1982 (3): 112-114.

施于工业体系或工业机构（设施）中，通过工业社会工作人员与其他相关专家的协助，增强员工解决问题的能力，促进良好的工作适应关系，充实员工职业生涯的成就，创造合理而有效率的生产环境。[①]

③中国香港社会服务联合社区发展部1999年公布的《工业社会工作资料及未来发展方向》文件中的定义为：工业社会工作属于社会工作实务范畴。其中，社会工作者关注劳动人士的就业以及与他们的工作、生活相关的种种需要，策划并推行适合的介入与服务，提高他们的工作、生活素质及职业福利。

3）中国大陆学者对企业社会工作的定义

①钱宁的定义是：工业社会工作是为工业体系中的个人、家庭、工作组织、社区等各种社会群体提供与工作/职业-家庭/社区有关的直接服务与间接服务的过程。它包括一套方法和技巧的运用，也包括政策和理念的实践。其目的是增进人们的工作与生活福祉，促进工业社会关系的和谐。[②]

②高钟的定义是：企业社会工作是运用社会工作的理念与方法，主要在企业内外从事员工的生产适应、环境协调、福利保障、职业生涯发展的管理工作，其目的是在员工职业与福利发展的基础上提升企业效率。它是企业管理的有机组成部分，是社会工作理念、方法在企业管理中的运用。[③]

③周沛的定义是：企业社会工作是运用社会工作的理论和方法，以工业、农业、商业、建筑运输业以及其他行业的企业及其员工为对象，以预防和解决企业及其员工的问题为目标，以企业员工全面发展和企业组织科学管理为宗旨，增进员工福利，提升企业效率，促进员工与企业和谐发展的专业化介入手法与工作过程。[④]

综合以上的定义，我们可以看出，企业社会工作具有以下几个显著的特点：第一，运用社会工作的专业方法作为服务手段；第二，服务领域包含第二、第三产业的企事业单位；第三，服务对象是企事业单位的员工和管理者；第四，目的是预防和解决企业的问题，协助员工和管理者解决工作、生活、情感等各方面的问题，促进企业高效发展，发挥企业在社会中的作用。

依此，我们将企业社会工作定义为：企业社会工作是为了预防和解决企业中产生的与人有关的问题，运用社会工作的专业方法，协助员工和管理者解决工作、生活、情感等一系列人力资源问题，以促进企业的高效发展；同时发挥企业在社会中的作用，结合运用专业社会工作、人力资源的相关知识作为服务手段，以企业文化为载体，以履行企业社会责任为目的，面向单位员工及管理者的一种专业的工作手段。

---

① 余震，林万亿. 当代社会工作［M］. 台北：五南图书出版公司，1983.
② 钱宁. 工业社会工作［M］. 北京：高等教育出版社，2009.
③ 高钟. 企业社会工作概论［M］. 北京：社会科学文献出版社，2007.
④ 周沛. 企业社会工作［M］. 上海：复旦大学出版社，2010.

1.1.3 企业社会工作的起源与发展

企业社会工作是第二产业发展的副产品，是因工业化社会中企业职工对工作福利的需求而产生的。相比其他领域社会工作的介入，企业社会工作的发展历程更具有历史印记和时代特征。大机器生产将人们的生活、工作前所未有地密切联系起来，使个人、家庭、社区以及整个社会都受到工作所产生的决定性影响。因而，在工业化进程中，身处企业之中的员工也必然会面临职业竞争、工作压力和工业危害等一系列问题，在这一过程中人们逐渐意识到人对于企业发展的重要性，这便成为社会工作关注的重要领域，企业社会工作应运而生。

1）西方企业社会工作发展历程

西方社会工作形成于19世纪末20世纪初。受社会思潮的强烈影响，它是在长期的助人活动基础上发展起来的。[①]与此同时，企业社会工作也开始崭露头角，从19世纪末20世纪初延续至今，西方企业社会工作的发展经历了四个主要阶段，并逐步完善，形成了今天我们所看到的具有完备法律保障、拥有一套专业服务的价值与方法、可动员不同社会组织开展实务工作的专业化的社会工作。

（1）企业福利资本主义运动时期（19世纪末至20世纪20年代）

企业福利资本主义运动是19世纪下半叶在西方企业内部发生的企业管理改良运动，是由美国进步的大企业家发起并实践的企业福利改革，旨在倡导由企业而不是政府或工会为工人提供工资以外的福利，以缓和工业化、城市化带来的劳资纠纷与冲突，创造和谐一致的劳资关系。[②]其产生的背景是，由于资本主义大机器生产的迅速发展，工商业的规模迅速扩大，对企业管理方式提出了新的要求，尤其是对于百货公司和纺织厂这类劳动密集型企业，如何避免工人的消极怠工和人浮于事造成的企业生产效率低下，以一种更科学化、更人性化的手段促使工人积极工作，成为这些企业必须面对的现实问题。此外，第一次世界大战期间，美国工厂在需求的推动下迅速发展，大量的订单接踵而至，而劳动力资源却严重不足，雇主们便雇佣了大量妇女进入工厂做工，一系列针对女性需要、解决女性独特问题的福利制度由此产生。

企业福利资本主义运动的目的是：第一，消除工人的不满，培养他们的积极性和对企业的忠诚，以创造更高的劳动生产率；第二，让工人安于现状，不去组织工会、开展工人运动，以减少企业的经营风险和损失。[③]为了减轻工业社会生活的压力，帮助企业员工解决工作领域的问题以及个人、家庭问题，企业社会工作的先驱者——福利秘书应运而生。福利秘书主要为员工提供咨询、辅导、治疗和支持等方面的服务，其工作包含四个方面：物质福利、经济福利、文化福利、

---

① 王思斌. 社会工作概论［M］. 2版. 北京：高等教育出版社，2006.
② JACOBY. Modern Manors: Welfare Capitalism since the New Deal［M］. Princeton: Princeton University Press, 1997.
③ 苏景辉. 工业社会工作［M］. 台北：桂冠图书股份有限公司，1989.

个人辅导。从福利秘书工作所涵盖的内容来看，这已经具备了企业社会工作的雏形。

1875年，全美唯一一个专职福利秘书出现于匹兹堡的海涅公司，该公司雇佣阿姬·杜恩女士担任社会工作人员，她的职责是照顾该公司的年轻女工，协助员工及其家属解决相关问题，其工作内容包括会谈、雇佣、咨询以及举办各种娱乐、社交活动等。福利秘书逐渐得到各大公司的认可，它们也纷纷效仿。至1902年，美国拥有8~10名福利秘书；1906年增至27名；1919年在美国劳工统计局调查的431家大型企业中，至少有141家企业雇佣了1名全职福利秘书，另有145家企业与社会服务机构签署合同获得社会服务，占总数的66.44%。

20世纪20年代之后，由于企业管理的科学管理流派盛行，企业主认为科学管理专家可以解决企业内的所有问题，并由科学管理专家制定规章制度来管理企业员工，细分每个员工的职责；同时，工会认为福利秘书的工作排斥工会，因而反对福利秘书的存在。因此，到20世纪20年代，西方社会的福利秘书制度便逐渐衰落了。

（2）“工业戒酒方案”（Occupational Alcoholism Programs，OAP）时期（20世纪30—50年代）

随着霍桑实验[①]对古典管理理论的大胆突破，企业把管理的重点逐渐从工作和物的因素转到了人的因素上，尤其是第二次世界大战的爆发，促使企业社会工作再度受到美国企业界的高度重视。

从20世纪30年代开始，工厂中的员工酗酒问题十分严重，影响了企业日常工作的运转，引发了一系列安全问题，给企业生产带来了一定的损失。到20世纪60年代，美国的650万名酗酒者中，有61.5%的人是企业员工，这严重影响了企业的正常生产经营。1935年，美国第一个“工业戒酒方案”设立；1940年，位于俄亥俄州的柯达公司加强推广“工业戒酒方案”，适逢第二次世界大战，该方案得到进一步的完善与发展。20世纪40年代末，美国各大中型企业均设立了“工业戒酒方案”，该方案也更加正式化与普及化。同时，受该方案的启发，企业管理者依此思路，将其更广泛地应用到解决员工的其他问题当中。

（3）员工援助方案（Employee Assistant Programs，EAP）时期（20世纪60—70年代）

员工援助方案形成于第二次世界大战期间，由于战争的需要，大批企业员工远赴海外，长时间与家人分离，引发了一系列情感、婚姻、家庭等问题，不仅给员工的日常生活带来了严重危害，也大幅度降低了企业的生产效率。此外，企业管理者通过“工业戒酒方案”发现，员工的酗酒问题并非单纯的个人行为偏差，其背后掺杂着个人情绪、工作环境、家庭婚姻以及生活压力等各种因素。与此同

① 霍桑实验：1924—1932年，美国哈佛大学心理学教授埃尔顿·梅奥带领学生和研究人员在西方电气公司（Western Electric）的霍桑工厂进行的一系列心理学实验，对管理实践产生了深刻的影响。

时，美国政府聘用了一批专业社工，专门从事员工辅导工作，并产生了这一时期企业社会工作的实务方法——“员工援助方案”（我国企业在实际应用中常称之为“员工援助计划”）。

1962年，坎波公司扩展了“工业戒酒方案”，服务对象扩大到员工家属，包括家庭、婚姻、情感、财务、法律、毒瘾、酗酒等生活的方方面面。1964年，哥伦比亚大学成立了工业社会福利中心，对企业社会工作实务起到了完善与推进作用。1970年，由美国政府创办的美国联邦酗酒研究机构和劳工与管理者酗酒研究机构正式成立，专职负责企业中戒酒方案的倡导和员工援助方案的制订。

随着美国社会各类企业对员工援助方案的推广，截至1972年，根据美国联邦酗酒研究机构对500家企业的调查，有25%的企业实行了员工援助方案，1979年此比例提高到57.7%。由此，员工援助方案作为一种综合的职业福利服务方法，在20世纪70年代被美国等工业化国家迅速推广到各大中小企业中，广泛应用到企业员工福利服务的过程当中。

（4）企业社会工作在当代的发展（20世纪80年代至今）

20世纪80年代以来，随着全球性贸易竞争的日趋激烈、工业技术革命的深入发展以及个人自我实现的价值观的流行，企业社会工作突破了“员工援助”的范围，发展出一套更加完善的社会服务专业体系，包括对员工服务、对组织和企业管理者与所有者服务、对消费者服务、对企业社会责任服务、对与工业组织活动有关的公共政策服务[①]五个方面，这套体系在解决企业中人的问题上发挥了重要作用。

员工援助方案的发展不仅体现了当代社会对人的关注，更反映了当代企业社会工作对员工问题更加人性化的解决方式。“基于各种有关人类行为科学的知识进入企业，提供一种更为系统化的问题解决模式。这种实施于企业的专业服务，不但协助管理者解决组织的人力问题，而且提高了组织员工的生产能力与工作效率，最终有益于整个企业环境的改进。”[②]

员工援助方案在20世纪80年代被赋予了一个新的名称——员工增强方案（Employee Enhancement Programs，EEP）。从20世纪80年代到1991年，美国约有45%的企业员工接触过企业社会工作者提供的服务。到1993年，约有30万家企业实施了员工增强方案，在美国拥有100名员工以上的企业中60%以上都实施了EEP。如今，EEP已经被一个更加与时俱进的新称呼所代替——职场社会工作（Social Work in the Workplace），这个新的称呼体现了企业社会工作服务领域的拓宽以及社会工作者角色的多样性。社会工作者协助员工处理的事项愈加丰富，不仅可以参与员工培训和发展计划，还可以设计和实施压力管理计划；他们可以在有关公司内部的组织体系与社会环境关系方面提供顾问服务，甚至可以

① 钱宁．工业社会工作［M］．北京：高等教育出版社，2009.
② 谢鸿钧．工业社会工作实务——员工援助方案［M］．台北：桂冠图书股份有限公司，1996.

提出新的工作方式代替乏味枯燥的流水线作业。①

2）中国港台地区企业社会工作发展历程

中国港台地区企业社会工作的发展相较于欧美国家尚存在一定的差距，但对中国大陆（内地）企业社会工作具有十分重要的借鉴意义。在相近的文化背景下，中国港台地区企业社会工作的经验更加适合大陆（内地）企业的现状。

（1）台湾地区企业社会工作的发展

台湾地区企业社会工作是伴随着经济的增长而发展的，20世纪60年代，台湾地区出口加工工业开始发展，经济开始起飞，第一产业所占的份额大幅度下降，第二产业的从业人数激增，工人群体急剧扩大。面对企业中工人出现的各种人际交往、劳资摩擦、心理等问题，部分台湾地区注资的美国企业开始援引美国的企业社会工作方法，在企业中设立专门的社工服务机构和专业人员，帮助员工解决各种心理、生理、职业发展、劳动福利等问题。同时，社会中的宗教组织、留学返台的学者、台湾地区有关部门都采取了一些措施，运用专业方法应对企业职工的各类问题。由于社会各方面的大力倡导与推动，台湾地区的企业社会工作得到了迅猛强劲的发展。

1972年松下电器成立的大姐协助组织是台湾地区企业社会工作的领导者，就此拉开了台湾地区企业社会工作的序幕。1974年在台湾地区投资的“美国无线电公司”（RCA）首先援引美国企业社会工作的经验，在该公司的员工关系部下面专设了一个“生活辅导组”，设主任1名、行政助理1名、辅导师16名，负责女工的生活辅导，协助她们适应工作并安排休闲生活。这是台湾地区第一个推行专业企业社工服务的企业，也是台湾地区企业社会工作的正式开端。

同年，台湾地区领导机构领导“青年救国团”开始从事工厂青年服务活动，服务的内容以教育为主、康乐活动为辅。经过8年的发展与完善，“青年救国团”的服务政策、服务理念与服务方法都臻于完善。1979年，“青年救国团”发布了“加强劳动休闲活动实施要点”，明确指出：厂矿青年服务以组织各种活动为主要方法，而在活动中要注重教育的内涵；同时规定，把服务对象扩大到各民营中小企业的负责人，使他们也能了解与掌握青年的辅导、服务工作。②1981年，台湾地区行政管理机构颁布《加强工厂青年服务要点》，明确将社会工作者的工作内容加入“劳工服务”一项，这标志着台湾地区的企业社会工作正式步入一个新的阶段。1988年，台湾地区领导机构颁布了一系列政策法令推动劳工服务，如“加强员工重点福利措施”“加强工厂青年服务要点”“厂矿劳工服务人员设置要点”“劳工辅导人员训练设置标准”“现阶段劳工政策纲要第一期服务方案”等。这一系列政策法令极大地推动了企业社会工作和劳工辅导服务的发展，使台湾地

① MICHAL, DAVID. Social Services in the Workplace: Repositioning Occupational Social Work in the New Millennium [M]. Binghamton: Haworth Press, 2000: 2.

② 高钟，等. 企业社会工作概论［M］. 北京：社会科学文献出版社，2007.

区的企业社会工作在短短十几年内完成了美国半个多世纪的发展历程。

20世纪90年代至今，台湾地区企业社会工作的发展很快，服务的视角也发生了转变，从以解决问题为主逐渐转变为以预防为主，狭义的劳工福利转变为更广的整体需求福利，专业督导、专业整合等对职工的多方位综合服务，有针对性地为员工设计服务。

（2）香港地区企业社会工作的发展

香港地区的社会工作起步于第二次世界大战以后，而其企业社会工作发轫于1920年前后，相比于社会工作早了20多年。当时中华基督教会及女青年会为劳动阶层提供住宿以及一些个人的成长训练服务。相比于台湾地区企业社会工作的发展，香港地区企业社会工作的起步相对较早，但其真正的发展时期和台湾地区相差不大，同样是在20世纪60年代。香港地区企业社会工作的发展根据阮曾媛琪的划分方式，可以分为工业社会工作、工厂社会工作、雇员辅导服务三个阶段[①]。

①工业社会工作阶段（20世纪60年代后期）。

20世纪60年代是香港企业社会工作的萌芽时期，这一时期香港的社会服务机构已经开始尝试为工人提供社会工作的相关服务，协助工人解决他们在生活和工作中遇到的各类问题，提供精神、物质方面的援助。这一现象的出现主要是由于当时工厂工人的生存状况十分恶劣，在社会地位、职业保护、社会福利等方面的条件都极为匮乏。另外，当时的政府以及工会组织对此类问题视而不见，导致工人的需要没有得到及时回应。在两方面条件的催化下，强烈的社会责任意识鼓励着社会上的各种社会服务机构以及宗教团体为工人开展服务。

20世纪70年代，更多的社会服务机构参与到工业社会工作的服务中，它们为工人增加了独有的服务手法，并且专门针对工业青年提供了更加充实的服务内容。这一阶段，工业社会工作是以社会服务中心为基地的，服务内容十分广泛，包括兴趣性与发展性的小组及团体活动、教育性和倡导性的劳工教育与劳工法律咨询服务，以及争取劳工权益和改善劳工政策的社会行动等[②]。这一阶段工业社会工作的目标主要是提高工人的自我觉悟能力，增强工人之间的团结协作能力，改善工人工作的软环境，同时提高工人的社会地位和权益保障的力度。

②工厂社会工作阶段（20世纪80年代）。

工业社会工作发展到20世纪80年代，有了进一步突破，其中最为显著的突破体现在服务基地的转变上。针对工人的社会服务基地从社会服务中心转移到工厂，并且开始与工厂主开展合作，加大推行服务的力度。服务基地演变主要是两方面因素合力促成的结果：一方面，社会工作者从专业角度认识到以服务中心为

---

① 阮曾媛琪．香港职业社会工作［M］//周永新．社会工作学新论．香港：商务印书馆，1994：300-311.

② 周沛．企业社会工作［M］．上海：复旦大学出版社，2010.

基地推行工业社会工作服务带来的模式上的局限性，不但影响了服务的效果，而且会遗漏部分有需要而没时间接受服务的工人。另外，社会工作者也认识到工作环境、工作性质对工人的影响是极为重要的，因此服务基地定在工厂内会更有效、更直接地了解工人的问题所在，为工人提供最合理的服务模式。另一方面，工厂主面对当时经济不景气的社会现状，急需招募劳工以及留住工厂内的工人，因此他们开始接纳工厂社会工作这一新兴事物，并与服务机构开始了厂内合作。

这一时期的工厂社会工作不仅具有以上提过的基地转变，而且其服务内容也更加丰富，涉及个人及家庭辅导、文娱活动、小组活动、教育性讲座和活动、训练课程、咨询服务等。但是其不足之处是，相关的活动内容以及服务策划大多是由工厂主和社会工作者决定的，工人参与决策的机会非常少。

③雇员辅导服务阶段（20世纪90年代）。

20世纪90年代，工厂社会工作进入了一个新的阶段——雇员辅导服务阶段。这源自某些富有远见的非政府组织（NGO），它们为了协助雇主解决雇员个人、家庭以及工作的有关问题和困难而提出了一系列计划措施，称为“雇员辅助计划”或者“雇员发展计划”。各大非政府社工机构之所以采取这样一些计划措施，是由于进入20世纪90年代以后，香港地区的政治、经济、文化环境不断变迁，各行业也面临危机与挑战，雇员的总体素质水平与企业发展不协调、劳动力短缺、培训进修需求不断提升、劳资关系紧张与冲突等，这些问题直接或间接地影响了雇员的生活质量、工作表现以及个人情感，也影响了各行业业绩成果以及企业生产效率的提升。

相比于前两个时期的工业社会工作和工厂社会工作，雇员辅导服务更侧重于协助雇员预防及解决因工作所产生的个人、家庭及工作关系问题。根据周沛在《企业社会工作》一书中所列举的，雇员辅导服务的内容包括：改善雇主、管理阶层和雇员之间的关系；增强雇员对企业的归属感；发掘雇员的职业潜能，发展其职业抱负，提升其工作热诚；让企业与雇员共同成长和发展等。我们可以看到，这一时期企业社会工作服务更加关注雇主与雇员的关系，尤其是关注雇员与企业的关系，真正地让雇员在工作中享受生活，提升工作和生活的满足感，同企业共成长、共进步。

目前，香港地区开展雇员辅导服务的非政府社工机构已有好多家，并且提供的服务更加多元化，包括个人辅导、员工培训、督导及管理训练、教育性活动、幼儿服务、文娱活动、退休辅导、医疗及健康服务等。这些服务都是为了让雇员有更加舒适的工作环境，提升雇员的生活质量，协助企业更加人性化地管理雇员。随着时代的发展，香港地区的企业社会工作也在不断地完善与发展，更加贴近雇员的需求。

1.2 企业社会工作的四大基础模式

起源于西方的企业社会工作在经历了漫长的历史征程之后，发展到了现在这样一个成熟的时期，不仅在理论和服务技巧方面有了很大的突破，而且在服务模式的多样化方面更加成熟。当前，企业社会工作在西方社会的服务模式主要包括劳务派遣机构内设置模式、社区设置模式、工会购置模式、企业内部购置模式、雇主组织模式、公共政策模式等，既为个人、家庭和社区开辟了新的服务途径，也为众多的企业员工提供了专业服务，已经成为当代社会工作、生活中不可或缺的组成部分。

针对我国的具体情况，关于企业社会工作服务模式的划分，不同学者给出了不同的标准，这里主要介绍两种具有代表性的划分标准：

第一种观点认为，企业社会工作介入的模式有三种：

①企业组织将专业的社会工作者聘用到企业就职，并在企业内部设立专门的员工服务机构。这种模式称为企业内部购置模式，又叫作员工服务模式。

②企业组织和专业的社会服务机构签订合同，建立一种契约关系，公司的所有员工服务都由该机构提供。这种模式称为企业外模式，又叫作劳务派遣机构内设置模式。

③由工会聘请专业的社会工作者为工会组织内的会员服务。这种模式称为工会购置模式。

第二种观点认为，企业社会工作介入的模式主要有两种：

①以企业为本的合作模式：社会工作者在公司人力资源部或工会等部门任职，为员工提供专业服务。这种模式其实是将上面第一种观点的员工服务模式和工会购置模式合并为一种模式，其本质并无很大差别。

②以社区为本的支持模式：社区支持系统和家庭支持系统及企业支持系统共同发挥服务作用，企业社会工作从社区、家庭以及企业三个层面帮助员工获得精神上和物质上的支持（主要基地是社区），并建立一种支持网络，同时在一个更为广泛的层面上为员工及其家庭提供服务。[①]这种模式又叫作社区设置模式。

综合以上观点以及国内外学者关于企业社会工作介入模式的讨论，本教材将企业社会工作的四大基础模式总结为企业内部购置模式、劳务派遣机构内设置模式（又叫作契约模式或企业外模式）、社区设置模式、工会购置模式。下面我们将依次简要介绍企业社会工作的四大基础模式以及其他几种服务模式。[②]

---

① 徐兴文. 我国企业社会工作研究文献综述——基于CNKI与万方数据库的文献分析［J］. 企业导报，2010（10）.

② 各种模式的不同叫法，本教材会更替使用，不加以特别说明。

1）企业内部购置模式

企业内部购置模式又称员工服务模式，是指企业聘用专业的社会工作人员在企业内部成立专门的服务部门（一般称为员工服务部门），社会工作者成为企业的正式雇员，这是员工服务模式最显著的特点。他们在企业中为人力资源部门、工会、群众团体、生产营销等部门工作，并运用社会工作的专业原理与工作方法服务企业员工，协助员工进行心理协调与发展，建设企业文化，维护弱势群体的权益等。

在我国，企业社会工作的企业内部购置模式与员工服务模式基本等同，不存在较大差别。这是由于员工服务模式在西方一直是企业普遍采用的一种服务模式，这种模式在西方又称为“员工个别服务模式”。在西方企业社会工作发展已经十分成熟的环境中，这种专业社会工作模式是针对企业员工的个性化需求提供个性化的专业服务，旨在提高员工的职业能力、员工对企业的使命感和对工会的忠诚度。这种服务模式不是根据部门设置、专业岗位或服务提供者进行划分的，而是根据服务重点进行归类，其重点是针对不同需求的员工提供个性化服务。而在我国企业的应用中，员工不同的个性化需求所对应的服务还是十分缺乏的。

在服务的主要方式上，不同企业存在一定差别。大多数企业的人力资源部门仍然采用传统的“员工援助方案”（EAP），也有部分企业采用了“任务中心咨询方案”（TCP）或“合理情绪治疗”（ERT）服务项目。其中，“员工援助方案”旨在协助员工解决家庭、法律、财务上的纠纷，借此提高企业的生产力，促进企业利润增长。同时，这种集教育性与诊断性于一体的服务方案能有效地通过沟通疏导、娱乐活动、排解压力等促进员工身心的健康发展。“任务中心咨询方案”和“合理情绪治疗”主要是针对员工的心理提供相关服务，通过专业的个案工作方法对员工进行心理辅导和治疗，缓解员工心理紧张的状态，从而减少劳资纠纷，使企业员工拥有良好的工作状态，同时也能形成一种和谐的企业氛围。

企业采用企业内部购置模式有以下两点优势：首先，可以及时地回应企业中员工的现实需求；其次，由于这些社会工作者同时也是企业员工，这样可以更全面地了解企业员工的诉求。此外，企业内的社会工作者可以随时为企业员工提供服务。但是这种服务模式也是存在弊端的，由于社会工作者不仅要服务员工，而且他们就是企业的员工，这就要求他们兼顾员工利益与企业利益。然而在企业社会工作者服务的过程中，顾全员工利益也就意味着可能损害企业的利益，这二者之间的平衡问题导致员工服务模式在实施的过程中面临很大的困境。

案例链接1-1　　小张的困扰

案主小张（化名），女，山西某县人，文化水平不高，在一家公司做保洁工作。一天，她在四楼擦玻璃窗时不慎坠楼，从此失去双腿。该公司将其送到医院救治，并给了一笔数额不多不少的慰问补偿金。但是，小张的丈夫失业了，家里还有两个孩子（一个8岁，一个10岁，都很懂事，上学前后都会照顾妈妈），一家四口的生活费用较高。小张想到自己还没有和该公司解除劳动合同，便想让丈夫去之前自己工作的公司替代自己的工作，她多次给这家公司打电话，但是都遭到该公司拒绝。小张因此更加抑郁，觉得自己是家人的负担。一天，家里只有她一人，她一时想不开，便爬下床打开煤气自杀，幸好被邻居发现救了过来。

通过案例链接 1-1，我们可以看出，在实际生活中，企业内部购置模式并没有得到很好的贯彻，企业社会工作者面临企业和员工两大服务对象，难免会影响他们的专业判断，这时就需要企业社会工作者秉持专业精神，贯彻以人为本的服务理念，作出正确的选择。

2）劳务派遣机构内设置模式

劳务派遣机构内设置模式是指企业与社工服务机构订立合同，在企业需要服务时，社工服务机构派遣专业社会工作者到企业进行服务。这里的社会工作者不再是企业的雇员，他们受雇于社工服务机构，通过机构间接为企业提供服务。这种模式由于是企业与外部机构签订合约而形成的，又称为“契约模式”“企业外模式”“合同模式”。

这种服务模式在西方企业是最为流行的一种模式，尤其是针对中小型企业财力、物力较为薄弱的情况，这种企业外模式是一种最佳的选择。从西方国家的标准来看，服务的提供者一般是在社会中具有较高声誉、具有独立法人资格的社工服务机构。这些机构中专业社会工作者的数量至少有 10 名，并且社会工作者在开展工作的同时必须由资深督导员进行督导。企业员工或管理人员需要服务时，可以随时通过各种通信方式联系到这些机构，要求这些机构进行服务支持。还有另一种外聘方式，社工服务机构派代表长期驻厂，企业提供办公场所给社会工作者用来接案、转介或提供直接服务。这种驻厂方式虽然同“员工服务模式”类似，但是社会工作者仍然受命于社工服务机构，社工服务机构有权对企业中的社会工作者进行调度。

美国的社会工作专业机构与数以万计的中小型企业订立了合同，社会工作者在服务过程中采用多种形式，包括以个案、团体、社区工作等直接方法来开展工作，还运用咨询、督导、研究、行政等间接方法帮助企业员工解决困难。这种服务模式之所以在西方社会十分流行，主要原因在于资方将社会工作看得十分重要，不论是企业主还是职业经理人都对其十分青睐。

此种模式下的社会工作者主要扮演企业顾问、社会工作师、人文主义专家、心理咨询师以及服务项目评估者等角色，提供心理调适服务、生活照顾服务、社会行动服务等。其中，心理调适服务注重通过个别咨询、压力疏通、小组动力及个案方法来为处于沮丧、焦虑、失望状态的企业员工提供帮助；生活照顾服务主要为企业员工个人或家庭提供情感支持、健康咨询、休闲娱乐、家庭关系等方面的服务；社会行动服务通过动员、组织和协调有关方面的力量，共同采取行动来维护企业员工的合法权益。[①]

这种模式的主要优势体现在：

①服务提供者的专业化水平高、服务效率高、成本相对低廉，对企业来说可以节省成本开支，实现资源利用效率的最大化。

②社会工作者是独立于企业的外聘雇员，在处理员工问题时会更加公正客观，员工对他们的信任感也更强，可以使问题处理的结果达到最优化。

③在我国大力推动社会工作职业化的背景下，由企业或政府购买服务提供给员工，既符合国家对培养成熟企业社会工作组织的倡导，也适应当前我国企业社会工作的发展现状。

④该种服务模式可以通过与高校接轨，由高校向企业提供资源、技术支持，在帮助企业获得发展的同时也促进学校教育与社会接轨，提高我国社会工作教育的实用性。

案例链接1-2　　上海市的员工心理咨询

上海市某家企业在2015年和某心理咨询机构对接，由该心理咨询机构为该企业提供服务。从2016年开始，该心理咨询机构在该企业开展了多次心理咨询以及团建活动，协助该企业建立咨询服务点，并在特定的时间段为员工提供咨询服务。这样的咨询服务是该心理咨询机构的一项个性化服务，能保证员工拥有好的心态面对工作和生活。这也说明，企业管理者已充分认识到为员工提供良好的工作环境和人文氛围对员工和整个企业是有积极意义的。该心理咨询机构也和其他多家企业合作，为这些企业定时提供咨询服务，帮助这些企业的员工解决困难，并且通过团建活动让他们的团队意识不断增强，逐渐融入团体中，通过活动让他们感受到团体对他们的支持和理解，从而增强这些企业的凝聚力和合作精神。目前，上海好多家企业都有引入心理咨询服务的打算。可见，心理咨询在企业经营中产生了良好的效果。

资料来源　由上海市某心理咨询机构内部资料整理得来。

3）社区设置模式

社区设置模式是一种更加宏观的服务模式，这种模式的实施需要大的社会环境的支持。在专业社会工作者的指导下，这种模式不仅需要家庭的支持系统，也需要社区的支持系统。这要求企业社会工作以家庭为基础，以社区为主要基地，

① 王瑞华. 国外的企业社会工作模式［J］. 中国社会导刊，2008（18）.

帮助员工建立这种支持网络，在一个更广泛的层面上对员工以及员工家庭进行服务。

社区设置模式在实施过程中主要包含两个方面：一方面，从宏观层面着手，主要是让社会工作者与企业、社区、社会共同支持个人和家庭的发展计划，同时为企业提供咨询服务，评估现有的工作计划和方案，影响社会政策的制定和实施，使其有利于改善员工的工作和生活。例如，通过提供政策方面的服务使员工获得制度规定范围内的经济支持。[①]另一方面，从相对微观的具体实施层面来看，此种服务模式是一种社会支持网络的建设，员工从正式或非正式的关系中获得精神上和物质上的支持，包括由社区提供的正式关系上的支持和由家庭提供的非正式关系上的支持。

在该种模式下，企业可以通过政府向专业社工服务机构购买服务，以社区为基地，向员工及其家庭成员提供相关服务，如以企业名义举办社区联谊会等。这种服务项目的开展既利用了家庭内的非正式关系，又促进了家庭关系的和谐发展，不仅如此，它还有利于社区的发展乃至社会的发展。具体来看，采用社区设置模式，以社区为依托进行有关缓解家庭矛盾、减轻员工压力的相关教育培训，可以协助员工解决家庭矛盾、婚姻危机、情绪紧张、人际交往等与员工日常生活息息相关的问题。

企业采用这种模式不仅有利于企业自身的发展，从更广泛的角度来看，企业尽到了一定的社会责任，对社会稳定起到了积极作用。由于其关注员工的视角不再局限于企业的生产经营，而转向了员工生活的外部环境，这种目标方面的转变其实是一种企业社会责任[②]的体现。

案例链接1-3　　社区设置模式的应用

2016年，某机械公司在威海成立了一家分公司，薪资待遇很优厚，还向外地员工以及距离家较远的员工提供住宿，每日三餐也都帮助员工解决，因此员工感到很满意，员工之间的关系也十分融洽。刚开始的那段时间，大家工作的积极性都很高，但是，持续的时间不长，公司管理层渐渐发现，部分员工工作效率明显降低，工作的积极性与之前相比明显降低。通过和这些员工面谈，他们发现一个共同的原因——这些员工居住的小区里大部分是本地居民，他们在小区里感觉被排除在外，小区的居民对他们不是很友好；尤其是和当地总公司的员工相比，他们不能天天回家见到家人，时间一久他们的工作积极性就不高了。针对这个问题，公司管理层决定让社工出马，他们找到了专业的社工组织机构，并与员工所在小区的社区管理者取得了联系，在专业社会工作者的组织下开展社区活动。此

① 邱爱芳. 企业社会工作服务模式探析［J］. 社会工作，2011（2）.
② 企业社会责任相关介绍见本教材 2.1 节。

外，该公司在员工宿舍安装了无线路由器，让员工在下班后可以和亲人视频交谈，而且在节假日邀请员工家属来公司参观自己家人的工作环境，对他们进行招待，缓解员工的思亲之情。通过这些措施，该公司员工的心态渐渐转变了，倦怠情绪逐渐消失了，又恢复了以往的工作积极性。

4）工会购置模式

工会购置模式是以工会为主导的一种企业社会工作模式。这种企业社会工作模式的实施是由工会聘请专业的社会工作者为工会服务，并以工会为载体为工会会员提供相关服务和支持。

在西方社会，由于企业发展的历史较为久远，因此作为企业主要组成部分的工会组织也相当发达。各种大中型企业都设有工会，且不同企业之间的工会组织合作也十分频繁。在体制方面，其不同于我国工会的性质[①]，国外的工会组织是一种民间组织，是介于政府组织和营利组织之间的。例如，德国的工会机构是按行业组建的，工会的工作人员由雇主和工人代表对半组成，由工会直接招聘专业社会工作人员开展员工福利工作。英国工会组织也是比较发达的，工会招聘专职社会工作者为企业员工提供直接或间接服务，组织召开员工代表大会，协调工作目标和规划服务方案。在法国，工会成员由全体企业员工选举产生，工会可以单独招聘社会工作者，如法国电力公司工会就聘用了专职社会工作者，为员工谋求度假、补贴、家庭照顾、文艺活动等福利。[②]工会聘请专业社会工作者更重要的一点是为了避免工人作出罢工、抗议、请愿等各种极端行为，使劳动冲突可以通过最有效的沟通方式和平解决，为员工和企业的发展提供最佳途径。

除了已经介绍的四大基础模式外，还有一些服务模式在国内企业发展得较为缓慢，但是在国外发展得如火如荼，这主要与政治大环境有关，包括外部委办、共同委办、联合服务中心模式等。[③]相较于西方这些模式下的企业社会工作服务，我国企业在这方面的发展存在很大的差距，虽然近几年有了一定的进步，但可发展空间巨大。在这些模式的带动下，企业社会工作不仅有利于企业形象的树立，更会对社会的发展进步产生巨大的推动力。

聚焦民生　　**组建社会工作部体现“人民至上”**

2023年4月，中共中央、国务院印发的《党和国家机构改革方案》（以下简称《方案》）提出要从中央到地方组建社会工作部。组建社会工作部是推进国家治理体系和治理能力现代化的创新之举，我们要站在党和国家事业发展的全局，

① 《中国工会章程》规定：在我国，工会是党联系职工群众的桥梁和纽带，是会员和职工利益的代表，是中国共产党领导下的群众组织。
② 王瑞华. 国外的企业社会工作模式［J］. 中国社会导刊，2008（18）.
③ 各模式的具体介绍详见第5章。

站在推进体制机制创新的历史规律的高度，站在落实党的二十大精神的方位来系统地理解、把握组建社会工作部的历史继承性、鲜明时代性，把党的群众路线落到细处，把社会建设抓到实处。

组建社会工作部充分反映了中国共产党始终不渝地坚持人民至上、走实群众路线的坚定决心。经济不断发展，社会不断进步，人民生活不断改善，上层建筑就要适应新的要求不断进行改革。当前，各种新社会组织、行业协会、非公经济、志愿者组织等纷纷涌现，对走好新时代党的群众路线和加强党的建设提出了更高要求。《方案》提出，中央社会工作部统一领导国家信访局，同时明确中央社会工作部负责统筹指导人民信访工作，指导人民建议征集工作，统筹推进党建引领基层治理和基层政权建设，统一领导全国性行业协会商会党的工作，协调推动行业协会商会深化改革和转型发展，指导混合所有制企业、非公有制企业和新经济组织、新社会组织、新就业群体党建工作，指导社会工作人才队伍建设等，有利于从不同层面和角度去解决好群众反映的问题，让信访工作走上更加规范健康的发展轨道，使党的领导落实到党和国家事业各领域各方面各环节，以利于党能够始终成为风雨来袭时全体人民最可靠的主心骨。

组建社会工作部是深化"五位一体"总体布局，完善社会治理体系、开创基层治理新局面的战略举措。社会建设关乎民生福祉，关乎国家长治久安，涉及各条战线和各个方面。比如，各类社会组织承接政府购买服务提供了大量社会服务，在养老、助残等领域发挥了重要作用；北京冬奥会等重大赛事活动的成功举办，同大量志愿者的无私奉献密不可分。这些都属于社会建设的范畴。近些年，党和国家高度重视社会建设。2004年，党的十六届四中全会提出"社会建设"概念。其后，与社会建设相关的理论创新、制度创新进入快车道。党的十八大报告明确把社会建设纳入"五位一体"总体布局。当前，《方案》提出组建中央社会工作部，有利于加强集中统一领导，更好高效统筹协调，有效整合社会工作力量，在社会建设中发挥更加有力的作用。

组建社会工作部充分体现问题导向、系统观念的原则，凸显了把中国式现代化蓝图落到实处的务实精神。实现中国式现代化并非一日之功，也不可能一蹴而就，需要有战略步骤、实际抓手。《方案》提出的从中央到地方组建社会工作部的内容，正是针对实现中国式现代化蓝图组建施工队的战略举措，它充分体现了问题导向、系统观念原则。具体而言，组建社会工作部这一体制机制创新的成果，需要通过优化职能、建立可靠的架构、培养宏大的人才队伍来实现。《方案》坚持党的领导地位，涵盖了联系群众、组织群众、服务群众等内容，使社会工作体制机制能够系统地面向并回应群众之所需；同时《方案》要求统筹政府力量与社会组织力量、社工专业力量与志愿者力量，可以使之凝聚成为社会建设的磅礴力量。我们要按照相关部署，将社会工作部的职能落实到位，使之成为直面风险、直面民生需要的有战斗力的施工队，成为有利于团结群众、同心同德建设中国式现代化的制度创新典范。

资料来源 尹忠海. 组建社会工作部体现“人民至上”[N]. 江西日报，2023-04-06 (11).

本章小结

本章分别介绍了企业社会工作的基本概念和基础模式，首先要明确企业社会工作是指在企业中运用社会工作的专业服务手段服务于企业内部人员（包括员工和管理层）的一种工作方法，同时要了解企业社会工作的发展脉络，包括西方国家和我国港台地区的发展情况，并从中总结发展经验。其次要重点掌握员工服务模式、劳务派遣机构内设置模式、社区设置模式和工会购置模式这四大基础模式，同时对企业社会工作的其他模式有所了解。

复习思考题

（1）什么是企业社会工作？

（2）企业社会工作和社会工作的区别是什么？

（3）简述福利秘书制度在企业社会工作发展历程中的特殊地位和重要作用。

（4）简述企业社会工作的四大基础模式。

（5）是否可以将几种企业社会工作服务模式混合使用？说出你的观点并做简要分析。

案例分析题

通用电气（GE）：用关爱与员工共创“我们的公司”

通用电气（GE）由举世闻名的发明家爱迪生于1890年创立，是一家全球领先的科技、服务和金融公司，它致力于解决世界上最棘手的问题，在能源、健康、交通及基础设施等领域持续创新，推动领导力培养、人类进步，开展广泛合作。目前，GE拥有30多万名员工，客户遍及全球100多个国家和地区。2012年，GE在《财富》杂志评选的世界500强企业中排名第22位。

GE认为：“公司是否成功取决于员工是否成功”，把员工的个人利益与公司的长期发展紧密结合起来。为此，GE为员工提供了丰富的员工关怀计划，包括健康安全计划、意见征集机制、多元文化社区、工作生活平衡、职业发展培训等，以期不断提高员工与公司的黏合度，共同创造“我们的公司”而不是“个人的公司”。

EHS与“健康至上”计划

GE的健康-安全计划，提供了从维持健康安全的工作环境到医疗保健体系的全面支持，确保员工可以更长寿、更健康地生活。

环保、健康和安全（EHS）是GE长久以来的一项核心竞争力。在全球范围内，GE制定了清晰明确的EHS政策，包括：在各个工作场所应用统一的环境、健康和安全标准；事先评定一项新的公司行为对环境、健康和安全的影响；最低限度地使用和释放对环境有害的材料。

GE提倡“健康至上”的文化理念，不仅包含医疗保健和福利计划，而且致力于帮助员工和他们的家庭，以最健康的方式工作、生活，尽量减少因健康问题导致的缺勤以及不断增加的医疗保健成本。

GE设定了8项评估员工健康的关键指标：领导力和健康团队、教育和预防、营养保健、身体锻炼、戒烟、压力管理、健康缺陷以及健康风险调查。为了提高“健康至上”计划的实施效果，GE为员工提供了健康食品补贴、廉价的可选健身场所，以及学习不同健康知识（如减压或戒烟）的机会。

开放的意见征集机制

GE相信，员工应该能够放心、自由地表达对公司的各种意见，而不必担心自己受到报复或不公平对待。为此，GE建立了一套客观调查和评估员工诉求的意见征集机制，并及时就确实存在的问题给予反馈，确保员工与公司之间保持开放的双向沟通。

OMBUDS网络

GE设置了一个广泛的OMBUDS监察员机制，便于员工安全地报告问题和意见。全球大概有750个OMBUDS网络，覆盖了GE的全部业务和地区。员工了解他们当地的监察员将通过查阅公司内部网站的帖子收集、调查员工反映的问题。GE的监察员经过系统的培训（包括当地的语言、文化、环境习俗等），以便他们能够客观地了解员工的诉求。

EHS感知调查

从20世纪90年代起，GE每年开展一次公司内部的环境、健康和安全网络调查，员工通过匿名填写问卷，表达他们对公司环境、健康、安全状况的看法。EHS感知调查是员工与公司管理层对话的一个关键议题，管理者根据这项调查的结果报告，与员工展开对话，共同完善公司的环境、健康和安全体系。

多元文化社区

GE致力于为全球各地的GE员工创造一个包容性的文化环境，多样性的文化给GE带来了活力，促进了团队创新与成长。GE创建了多样性的文化社区，帮助员工同时获得职业成长和个人成长。举例如下：

非裔美籍社区（AAF）：成立于1991年，是GE的第一个员工社区。非裔美籍员工在此彼此支持，他们为提高生活质量所做的努力也影响了GE，GE为此投入3 000万美元用于改善全球各地的医疗保健基础设施。

亚洲太平洋社区（APAF）：目前拥有超过4 000名社区成员，利用专业和文化的相似性提高他们的职业发展，这个社区同时也努力为亚洲受自然灾害影响的地区提供支持。

西班牙裔社区（HF）：成立于 1998 年，为拉美裔员工的职业辅导提供机会，同时也使员工有机会接触到拉美裔社区的服务和企业赞助。

退伍军人社交网络（VN）：GE 目前雇佣了 1.1 万多名美国退伍军人。该社区的一个重要角色就是努力为公司招募更多的优秀退伍军人员工，同时也为退伍军人提供各种支持。

女性员工社交网络（WN）：该社区通过分享成功经验和智慧，帮助越来越多的女性员工在自我、领导者角色、业务流程等多个层面得到提升。

工作生活平衡

GE 鼓励员工在尽职工作的同时，健康地平衡他们的个人生活。为此，GE 推动实施灵活的工作安排、非全日制工作和分工机制。同时，GE 还为员工提供了多种服务资源，包括理财规划、家庭咨询等。GE 的“健康至上”理念系统地教授员工如何在工作与生活中寻求平衡，这些服务通过现场的以及网络的形式提供，在有些地区还会引入优质的外部资源为员工提供指导。

学习和发展

在 GE，员工的发展建立在完善的包容性文化、体验式学习以及精英合作的体系之上。GE 每年为此投入超过 10 亿美元，为员工提供一系列学习平台，帮助员工在每一个层级、每个职业阶段获得成长。从领导力建设、功能性技术，到特定的商务课程，上千门特色培训课、参考工具书、视频、播客等，通过数十种不同语言呈现。同时，GE 也为员工提供广泛的在职发展机会。GE 长久以来坚持开展多样的员工关爱计划，即使在经济危机时期也未减少在员工关爱方面的投入，其目标就是使员工提高组织支持感受，紧密地将公司与员工连接起来，实现共同成长。GE 的员工关爱计划获得了巨大的成就，越来越多的员工在这里成长为优秀的人才，也使 GE 作为“我们的公司”得以持续地创造辉煌。

资料来源　易普斯咨询 . 通用电气（CE）：用关爱与员工共创“我们的公司”[ED/OL].[2023-06-23]. https：//www.eap.com.cn/view-521.html.

讨论题：

（1）GE 运用了哪种企业社会工作模式？

（2）GE 在员工关怀上有哪些方面是值得其他企业学习借鉴的？请做具体分析。

第 1 章案例分析提示

第2章　企业社会责任

学习目标

✓ 掌握企业社会责任的基本概念及内涵；
✓ 了解企业社会责任在西方的发展历程；
✓ 掌握企业社会责任的三大功能；
✓ 掌握企业社会工作和企业社会责任的内在联系以及互补之处；
✓ 掌握企业社会工作者在企业社会责任实施中扮演的角色；
✓ 了解中国企业社会责任的发展历程、目前的现状以及所面临的问题；
✓ 了解企业社会工作介入企业社会责任的优势所在。

引例

"解放爱领航"公益行动

一汽解放汽车有限公司（以下简称一汽解放）是中国第一汽车集团有限公司旗下一汽解放集团股份有限公司的全资子公司，是在原第一汽车制造厂卡车业务的基础上组建的中、重、轻型卡车及客车制造企业，拥有长春、青岛、成都、柳州、佛山五大整车基地，长春、无锡、大连三大总成基地，苏州、南京、天津三大新业态基地，我国青岛、无锡、长春和奥地利斯太尔全球四大研发基地。

关爱卡友群体一直是"解放爱领航"公益行动的重要组成部分。2018年，一汽解放率先出资217万元与中国扶贫基金会共同开展"解放爱领航公益计划·精准帮扶"项目，对全国因受灾、意外事故、大病等原因致贫的卡车司机开展精准帮扶，不论品牌，为全国3 000万卡友保驾护航。

2021年，救助申报方式迭代升级，开通线上申报小程序，让卡友可以通过微信、“解放行”APP等线上渠道更加便捷地获得帮助。截至目前，“解放爱领航公益计划·精准帮扶”项目累计投入600多万元，已帮扶救助近800位卡车司机及其家庭，帮扶行动遍及23个省（自治区、直辖市）。

此外，一汽解放面向高校设立“解放领航奖学金”，通过向高校品学兼优的学子发放奖学金，助力中国高素质工程技术人才培养；面向技工学校设立“解放领航助学金”，帮助校方购买先进教学设备，改善教学设施质量，助力中国汽车行业工匠型技工人才培养。截至目前，一汽解放向哈尔滨工业大学、吉林大学、武汉理工大学、北京理工大学等高校及无锡市侨谊实验中学、河南交通职业技术学院等职业院校累计捐赠资金310余万元，帮助500余名学生实现梦想。

资料来源　佚名. 推荐案例：解放爱领航［EB/OL］.［2023-06-23］. http：//gongyi.people.com.cn/n1/2021/1209/c441597-32303879.html.

企业社会责任一直是经济学家、管理学家、社会学家以及法学家等讨论的重要问题之一，也是20世纪以来西方学术界关注的焦点之一。尤其是20世纪90年代以来，随着国际上人权运动、劳工权益保护运动和环境保护运动的蓬勃发展，企业界面临的种种问题急剧恶化，进一步引起了社会各界的广泛关注。

本章首先从企业社会责任的定义、内涵、发展历程入手，对企业社会责任进行简要概述；然后从社会工作的视角来看企业社会工作与企业社会责任之间的关系；最后综合分析我国企业社会责任的发展现状，并讨论我国企业社会工作与企业社会责任的关系。下面我们就这三方面逐一进行介绍。

2.1　企业社会责任概述

企业社会责任（corporate social responsibility，CSR）是指企业在创造利润、对股东承担法律责任的同时，还要承担对员工、消费者、社区和环境的责任。企业社会责任要求企业必须超越把利润作为唯一目标的传统理念，强调在生产过程中对人的价值的关注，强调对消费者、环境、社会的贡献。下面就从企业社会责任的概念和发展历程出发对企业社会责任展开阐述。

2.1.1　企业社会责任的概念

1）企业社会责任简介

“企业社会责任”一词最早出现在《管理的哲学》一书中，是英国学者欧利文·谢尔顿（Oliver Sheldon）提出的。他认为应将企业社会责任与企业经营者满足产业内外各种人的需求的责任联系在一起，并将道德因素加入企业责任当中。

经济大萧条和第二次世界大战使企业社会责任一度被人们抛之脑后，直到第二次世界大战结束以后，企业社会责任才又开始受到普遍关注，这时有三个概念被大家广泛接受：

（1）三个中心圈

这是20世纪70年代美国经济发展委员会在《商业公司的企业社会责任》中提出的。“三个中心圈”的企业社会责任规定：内圈代表企业的基本责任，负责向社会提供产品、工作机会和促进经济增长；中圈是指企业在发挥经济职能的基础上，要对其可能影响到的社会和环境变化承担责任，如环保、照顾员工、满足顾客需求等；外圈是指在更大范围内的企业相关责任，如消除贫困和防止城市衰败等。①

（2）金字塔

美国学者阿奇·卡罗尔（Archie Carroll）是这样定义金字塔的：企业社会责任是指在一定时期内，社会对企业所寄托的经济、法律、伦理、慈善等方面的期望，依照企业考虑的先后顺序及重要程度，形成金字塔结构，在金字塔结构中，经济责任是基础，法律、伦理以及慈善责任依次向上递减。

（3）三重底线

1980年，英国学者约翰·艾尔金顿（John Elkington）提出了三重底线，他认为企业的行为既要考虑经济底线，也要考虑社会底线和环境底线。三重底线说明，衡量企业的业绩不能单单依靠经济、环境变量，还应包括一系列其他变量，如价值观、问题、过程等。这也意味着企业负有责任的对象范围更为广泛，包括股东、顾客、雇员、商业合作者、当地社区、公众等。②

2）企业社会责任的定义

企业社会责任一直是一个争论不休的话题，至今还未形成一个公认的定义。在国外的相关定义中，最具代表性的是社会责任国际（Social Accountability International，SAI）对企业社会责任作出的定义：企业社会责任是指企业除了对股东负责，即创造财富之外，还必须对整个社会承担责任，包括遵守商业道德、保护劳工权利、保护环境、发展慈善事业、捐赠公益事业、保护弱势群体等。③其次是哈罗德·孔茨（Harold Koontz）和海因茨·韦里克（Heinz Weihrich）的定义，他们认为企业社会责任就是企业认真考虑公司的一举一动对社会的影响。还有就是世界可持续发展商业理事会（WBCSD）的定义：企业社会责任是企业对经济可持续发展贡献的承诺，保持与员工、员工家庭、地方社区以及社会全体的良好关系，提高他们的生活质量；对社会和环境的关注也是企业社会责任的重要部分。

国内有关企业社会责任的定义也有很多，首先是金香兰、李宝奇的定义，他

---

① 郑若娟．西方企业社会责任理论研究进展——基于概念演进的视角［J］．国外社会科学，2006（2）．

② 环境与发展研究所．企业社会责任在中国［M］．北京：经济科学出版社，2004.

③ 钱宁．工业社会工作［M］．北京：高等教育出版社，2009.

们认为在当前中国法律制度和社会环境下，企业社会责任包括基本原则、商业责任、职工权益、工作环境、环境保护、社区责任这六个方面。这六个方面的企业社会责任在三个层次上影响企业行为：一是企业社会责任中企业合法、自上而下经营的依据；二是企业社会责任给企业带来可持续发展的机会；三是企业社会责任是企业社会资本的投入。[①]国家电网公司也给出了相应的定义：企业社会责任是企业履行社会责任的总称，是指企业为实现自身和社会的可持续发展，遵守法律法规、社会规范、商业道德，有效管理企业运营对利益相关者和自然环境的影响，追求经济、社会和环境的综合价值最大化的行为。[②]

综合国内外有关机构和专家学者的观点，企业社会责任可以概括为企业应该承担的一种责任，不仅包括经济责任、法律责任、道德责任等基础责任，还包括对员工、消费者、环境、社区等的社会责任。总的来说，企业社会责任是一种更加关注人的价值、以人为本的综合责任。具体来说，企业社会责任包括遵守商业道德、生产安全、职业健康、保护劳动者权利、保护环境、支持慈善事业、捐助社会公益、保护弱势群体等责任。

3）企业社会责任的分类

企业社会责任类型的划分是多种多样的，中国台湾学者陈光荣在《企业的社会责任与伦理》一文中将企业社会责任划分为八大类：制造产品中的责任、行销活动中的责任、员工教育训练中的责任、环境保护的责任、良好的员工关系与福利、提供平等雇佣的机会、员工之安全与健康、慈善活动。阿奇·卡罗尔将企业社会责任分为四大类：慈善责任、道德责任、法律责任、经济责任。

在所有分类中，最常用的是将企业社会责任划分为强制社会责任和自愿社会责任。强制社会责任是指生命生存保障、人权保障制度、社会保障制度、劳工权益保障、生态环境保护等；自愿社会责任主要指爱心慈善事业、公益活动、社会支持等。

企业要履行社会责任必然要分摊社会责任成本，这便导致部分企业为了增加利润而拒绝履行社会责任；还有部分企业清醒地认识到履行社会责任是一种新型投资，这种投资将会得到丰厚的回报。事实上，企业履行社会责任的同时，也是为企业进行投资的过程。企业加大对员工的关怀力度，创造有利于员工发展的生活和工作环境，能使员工增强对企业的认同感和忠诚度，促成企业和员工的和谐双赢局面。

4）企业社会责任的内涵

（1）对员工的责任

员工是一个企业的基础要素，是企业利润的创造者，是企业最宝贵的资源。员工的积极性、主动性、创造性直接影响企业的发展，因此企业要承担起对员工

① 金香兰，李宝奇．构建和谐社会与企业社会责任的思考［J］．现代法学，2001（2）．
② 曾萍．企业伦理与社会责任［M］．北京：机械工业出版社，2006．

的责任。首先要准时足额发放工资，工资水平应符合法律要求，不得低于当地最低工资标准；其次要为员工提供安全、卫生的工作环境，确保员工在工作中的人身安全；再次要为新进员工提供岗前培训，使新进员工尽快适应新工作环境，减少对新环境的焦虑；最后要针对员工在生产、生活中遇到的问题及时提供解决方案，建立和维护员工与员工之间、员工与管理层之间的有效沟通渠道，同时促进劳资关系的和谐。此外，企业要倾听员工的心声，重视员工的意见和建议，保障员工的平等就业权、择业权、报酬权、休息权、结社权、非歧视待遇等权利。

（2）对消费者的责任

企业生产产品、提供服务的对象是消费者，所以消费者既是企业的客户，又是企业的利益相关者，企业要承担对消费者的责任。首先，要确保产品达到质量要求，这是最基本的责任。企业的产品要符合 ISO9000 质量管理体系认证的要求，为消费者提供有质量保证的产品。其次，要提供优质服务，保证其服务对社会具有正面、积极的功能和价值，保证消费者可以享受到高质量的服务。最后，企业要做好产品的售后服务，积极、认真、负责地处理好产品售出之后出现的问题。

（3）对政府的责任

企业的生产经营活动要符合国家法律和地方政府所颁布的法规，积极参加政府倡导的活动，承担政府规定的义务，接受政府的监督。在平时的生产经营中，企业要积极与政府沟通，掌握政府的各项新法规、新规定，同时要自觉进行信息公开，及时向政府提交各种资料、数据、报告，积极响应政府的相关号召，为政府分忧解难。

（4）对社区的责任

企业作为社区的一部分存在于社会当中，因此企业对促进社区的建设与发展有着重要作用。企业应当把环境建设作为重中之重，减少污染排放、治理环境污染都是企业应担负的重要责任。企业应把资源使用和环境保护有机结合起来，使用清洁能源和绿色能源，增强员工和社区居民的环保意识，组织开展环保活动；开展 ISO14000 环境保护体系认证，系统开展环境保护工作，将生产过程中对环境的破坏降到最低，不以损害环境为代价获取自身利益。此外，社会慈善事业和社会公益事业是现代企业社会责任中不可或缺的一部分，也是树立企业形象的关键。企业应积极参与助学、扶贫、救灾等公益活动，承担起社会、环境可持续发展方面的责任。

2.1.2 起源和发展历程

早在 18 世纪末，西方就出现了企业社会责任的萌芽。1916 年出版的《改变中的经济责任的基础》是首个提出“企业社会责任”概念的文献，芝加哥大学的约翰·莫里斯·克拉克在该书中指出：“迄今为止，大家并没有认识到社会责任中很大一部分是企业的责任。”20世纪20年代，英国学者欧利文·谢尔顿最早提出了“企业社会责任”概念。到20世纪八九十年代，“企业社会责任”概念迅速发展，其内涵和外延扩展的影响波及全球，影响了全世界的企业社会责任运动。

1）企业社会责任的萌芽和初步发展时期（18世纪末—20世纪50年代）

企业社会责任的萌芽、发展与社会经济、公民责任意识的发展是同步的。1870年，由于英国东印度公司使用奴隶工人，消费者发起了抵制东印度公司在加勒比生产糖的一项运动，这可以看作社会责任的萌芽。此后，1919年，德国颁布了《魏玛宪法》，第153条规定：“所有权包含义务，其行使应同时顾及公共利益。”这是世界上较早的一部将企业社会责任纳入宪法的法典。

真正意义上的企业社会责任产生于20世纪初，由于独立的企业家和商人越来越难以应对在社会剧烈变动中涌现出的各种社会问题，公众寄希望于拥有巨大经济资源的企业，期望它们可以积极介入社会公益事业。20世纪20年代，美国社会出现了两种有关企业社会责任的观点：受托人（trustee）观念和服务原则（service principle）。受托人观念认为，管理者既是股东的受托人，要为股东谋取利益；同时也是整个社会利益的受托人，他们被期待以有利于社会公众利益的方式经营和管理企业。服务原则强调以追求利润为主要目的的企业及其管理者，应该通过捐助或承担社会责任的方式来回报社会和公众，从而为减少社会不公、减少贫困以及解决其他社会问题作出贡献。①

欧利文·谢尔顿被认为是最早提出“企业社会责任”概念的学者。1924年，谢尔顿在《管理的哲学》一书中首次将企业社会责任和企业经营者需要满足产业内外各种人的需求的责任联系起来。他指出，企业社会责任应包括道德因素，以促进社区服务和利益，社区利益应高于企业利益而存在。20世纪30年代，美国哈佛大学的伯利（Adolf A. Berle）与多德（E. Merrick Dodd）围绕“管理者的受托责任”发起了著名的“哈佛论战”②。这场论战的焦点是企业是否应承担社会责任，最终以多德的观点胜出而结束。1953年，被誉为“企业社会责任之父”的美国学者霍华德·博文（Howard Bowen）在《商人的社会责任》一文中提出了“企业社会责任”概念。他认为，企业家有义务按照社会期望的目标和价值观来从事经营或者采取相关的行动。

2）企业社会责任的缓慢发展时期（20世纪50—70年代）

自20世纪50年代开始，西方经济持续增长20余年，进入了资本主义发展史上的第二个“黄金时代”。彼时经济迅速发展，经济建设取得了巨大成就，社会的全部力量几乎都投入到经济的发展中，也因此忽略了经济之外的其他社会发展指标，以至于出现了反对企业承担社会责任的思想。

---

① 唐更华. 企业社会责任发生机理研究［M］. 长沙：湖南人民出版社，2008.
② 王长义. 公司治理与企业社会责任：基于历史视角的研究［J］. 现代管理科学，2007（11）：75.

1970 年，诺贝尔经济学奖获得者米尔顿·弗里德曼（Milton Friedman）在《商业的社会责任是增加利润》一文中指出："企业的一项也是唯一一项社会责任是在比赛规则范围内增加利润。"新自由主义代表人物、诺贝尔经济学奖获得者弗里德里希·奥古斯特·哈耶克（Friedrich Augustvon Hayek）同样反对企业社会责任，他认为："企业社会责任是有悖于自由的，因为企业参与社会活动的日渐广泛必导致政府干预的不断强化，企业履行社会责任的结果将是不得不按照政府的权威行事从而损害自由。"①

除此之外，还存在对企业社会责任持支持态度的一派思想。20 世纪 60 年代，以安德鲁斯为代表的一批经济学家认为，企业既要为股东赚取合理利润，又要承担其他一些责任，保护、增加社会财富，成为社会道德的维护者和社会问题的解决者。以彼得·F. 德鲁克和斯蒂芬·P. 罗宾斯为代表的一批管理学家主张企业应承担更大的社会责任，他们拓展了社会责任的相关概念，认为企业的社会责任与企业的社会义务是不同的，企业的社会义务是企业的经济与法律责任，这是企业责任最基本的要求，企业社会义务加上企业道德责任，才构成完整的企业社会责任。

3）企业社会责任的内涵扩展和国际化时期（20 世纪 80 年代至今）

进入 20 世纪 80 年代以后，企业社会责任的内涵迅速扩展，社会团体、政府和企业越来越关注企业社会责任。这一时期产生了两个重要的理论，支持企业社会责任内涵的不断扩展：一个是以唐纳森（Donaldson）为代表的社会契约理论，另一个是附属理论。社会契约理论认为，企业应该坚持一种更广泛的、超出法律的社会契约。企业的功能基础是社会契约，作为社会中的一员，企业被赋予了存在和经营的权利，也有义务对社会负责。这就要求企业在任何环境下都应自觉、主动地适应社会的变化，并作出灵活的反应。在社会契约理论中，企业的社会责任是有下限而没有上限的。下限是指企业必须承担的经济责任和法律责任，而上限则延伸至道德层面，其范围是不受约束的。附属理论认为，企业是社会中的一个小团体，必须接受政府这个大团体的干预和管理；企业是在现存的法律框架和社会规范下运营的，应积极配合政府，实现更大范围的社会目标，并且在政府面临困难和市场危机的情况下，企业应自觉采取行动承担辅助政府的责任。②

20 世纪 90 年代，企业社会责任步入了成熟化和国际化阶段，这个时期的企业社会责任有三大特征、三大层次、两大变化。

三大特征是：第一，受政府间国际组织、国家间或国际非政府组织以及跨国公司所确定的企业行为守则的影响，大型跨国公司必须对其遍布全球的子公司的行为承担责任，企业社会责任发展成为全球性的社会责任运动。第二，美国各州纷纷修改公司法案，允许管理者对包括股东在内的更广泛的利益相关者负责，使

① 钱宁. 工业社会工作［M］. 北京：高等教育出版社，2009.
② 陈诗阳. 跨国公司的社会责任［J］. 世界经济情况，2007（9）：53.

承担社会责任成为企业的一项基本法律义务。第三，企业承担社会责任的意识进一步加强，开始进一步思考该如何确定承担社会责任的范围。

三大层次的社会与政治力量所制定的企业行为准则在推动企业社会责任国际化的进程中发挥了重要作用：一是跨国公司根据自身的特点制定的内部行为准则，如耐克、沃尔沃等企业都制定了内部行为准则；二是各种非政府组织制定的民间准则，这是一种以外部社会约束为主要特征的企业外部生产守则，如社会责任国际制定的 SA8000；三是政府间国际组织制定的企业行为准则，如联合国 2000 年启动的“全球契约”计划。

两大变化是在 20 世纪 90 年代中后期出现的：一个变化是企业社会责任的业绩逐渐成为衡量企业形象和企业综合竞争力的重要指标；另一个变化是跨国公司在企业内部设立专业机构来负责企业社会责任事务，并将重点放在企业社会责任策略的研究和策划上。①

知识链接2-1 **SA8000 标准相关知识**

1997 年，社会责任国际发起并联合欧美跨国公司和其他国际组织制定了用于企业施行的 SA8000 标准，即社会责任国际标准（Social Accountability 8000 International Standard），简称 SA8000 标准。

SA8000 标准主要包括以下内容：

（1）童工（child labour）；

（2）强迫性劳工（forced labour）；

（3）健康与安全（health & safety）；

（4）组织工会的自由与集体谈判的权利（freedom of association and right to collective bargaining）；

（5）歧视（discrimination）；

（6）惩戒性措施（disciplinazy practices）；

（7）工作时间（working hours）；

（8）工资（compensation）；

（9）管理体系（management systems）。

制定 SA8000 标准的宗旨是保护人类基本权益，该标准的要素引自国际劳工组织（ILO）关于禁止强迫劳动、结社自由的有关公约及其他相关准则，以及人类权益的全球声明和联合国的《儿童权利公约》。

资料来源　李立清，李燕凌. 企业社会责任研究 [M]. 北京：人民出版社，2005.

---

① 唐更华. 企业社会责任发生机理研究 [M]. 长沙：湖南人民出版社，2008.

2.1.3 企业社会责任的功能

企业社会责任是现代企业经营发展必不可少的重要组成部分。企业社会责任所发挥的作用也是不容小觑的，下面从三个方面分别来看企业社会责任的功能。

首先，现代企业管理讲求以人为本。所谓以人为本，是指我们一切工作的出发点都必须站在人的立场上，从人的价值和需要出发。[①]“以人为本”即任何人都应享受作为人的权利，对任何个人的权利都应给予合理尊重，同时对人以外的任何事物都应注入人性化的精神和理念，赋予人性化的思考和关怀。[②]在现代企业经营管理中，对人的重视被摆在了第一位，远远超出对土地、机器等物质资本的重视程度。实行人性化管理，将对员工负责落实到实处，把员工放在企业发展的战略高度，有利于激发员工的主人翁意识，使员工积极践行组织承诺和组织公民行为，有利于员工主动性、创造性的发挥。

其次，企业践行社会责任有利于促进企业改善职工的生产、生活条件，加强生产上的安全管理，营造安全的生产环境；可以提升企业的环保意识，加大环境保护工作的力度，进而促使企业更加关注社会公益事业，促进社会慈善事业的进步，建立良好的商业道德规范；有利于形成有序、合法的市场竞争局面，促进和谐社会的建设。

最后，企业践行社会责任有利于企业社会形象的塑造。企业在开展与社会责任相关的活动时，必然要加大投入，增加企业的成本负担，但是这些投入和成本可以提升企业自身的形象，增加的是企业的无形资产。企业形象的提升将吸引大量的优秀员工，增强社会对企业的认可度和信任度，有利于企业品牌形象的提升，扩大企业的竞争优势等。随着经济社会的发展和公民素养的提升，消费者在选购产品时更关注生产该产品的企业的形象，因此企业社会责任可以为企业的长远发展打下坚实的基础，使企业在激烈的市场竞争中立于不败之地。

总的来说，企业开展社会责任工作，对消费者、员工、政府、社区以及社会利益相关者担负起应有的责任，有利于激发员工的生产积极性，有利于企业建立和维护良好的企业形象，为企业长远发展奠定坚实的基础。践行企业社会责任也是现代社会的需要，构建和谐社会要求社会各个组成部分都有效运转，承担起应肩负的职责，尤其是“以人为本”的发展理念，更是和谐社会构建的应有之义。企业社会责任体现了社会福利观，这也是社会工作价值观念的灵魂，企业员工享有的各种福利更有利于企业与员工关系的和谐发展。

---

① 钱宁．“社区照顾”的社会福利政策导向及“以人为本”的价值取向［J］．思想战线，2004（6）：70.

② 钱宁．工业社会工作［M］．北京：高等教育出版社，2009.

案例链接2-1　　伊利发布“三报告”：因绿而兴，共赴零碳未来

在2022年5月22日“国际生物多样性日”，伊利集团面向全球发布“三报告”：《2021可持续发展报告》《2021生物多样性保护报告》《零碳未来报告》。伊利集团“三报告”的发布，为食品行业的绿色可持续发展提供了可以借鉴的样本，同时推进了中国乳制品行业可持续性发展。多年来持续发布报告，是伊利集团对ESG发展理念的践行，更是伊利集团助力实现联合国可持续发展目标的不懈努力。

2021年，伊利集团董事长潘刚提出“全面价值领先”目标，将以高质量发展为主线，实现消费者价值领先、社会价值领先、员工价值领先、企业价值领先的四大价值领先目标。其中，对于社会价值领先的目标实现，潘刚表示，只有坚持“因绿而兴”，践行绿色理念、强化绿色管理和推进绿色行动，才能积极推进碳达峰、碳中和，拥抱“青山常在、产业常兴、金山常留”的美好未来。

2007年，伊利集团发布了第一个《企业公民报告》，这是当时国内第一家发布社会责任报告的民营企业。2022年是伊利集团连续第16年发布这份报告，现为《可持续发展报告》。该报告以“共享健康可持续发展体系”，即WISH体系为框架，披露了伊利集团落实产业链共赢、质量与创新、社会公益、营养与健康的行动进展。在中国社会科学院《企业社会责任蓝皮书（2021）》中，伊利集团正是凭借在这四大领域的进展成效，荣登“2021中国企业社会责任发展指数乳品行业第一”。

作为签署联合国《企业与生物多样性承诺书》的中国企业之一，伊利集团积极履行该承诺书的九大承诺，坚持披露进展报告。目前，伊利集团在推动生物多样性保护的工作中，形成了“披露+管理+普及”的成熟模式，并将保护要求向上下游延伸，带领更多合作伙伴共同为生物多样性保护贡献力量。

2022年4月，伊利集团正式发布了零碳未来计划和路线图，成为乳品行业发布双碳目标及路线图的企业之一。这背后是伊利集团长期的努力。伊利集团已连续12年开展全面碳盘查，在2012年实现了碳达峰，先后建成乳品行业首个“零碳工厂”、推出中国首款“零碳牛奶”。

近日，伊利集团旗下的“畅轻蛋白时光”率先通过了产品碳中和认证，成为中国首款“零碳酸奶”。为了进一步推动全链减碳，伊利集团发布了《零碳未来报告》，传递企业经验，助力国家“双碳”目标的实现。

随着“三报告”的发布，伊利集团也将主动肩负起更大的责任。伊利集团要做的，不仅是逐步实现“全面价值领先”的目标，更要推动行业践行绿色、可持续发展，继续讲好中国故事。

资料来源　新华网伊利发布“三报告”：因绿而兴，共赴零碳未来［EB/OL］.［2022-06-23］. http://www.xinhuanet.com/food/20220522/c5736404278f4511ba1b8125c4ff2394/c.html.

2.2 企业社会工作与企业社会责任的关系

企业社会工作和企业社会责任是现代企业长远发展不可或缺的两个要素，虽然二者产生于不同时代，且其产生也无直接因果关系，但是二者在企业中的应用是相得益彰、互为补充的。在企业管理中，二者的完美结合将给企业带来广阔的发展空间。

2.2.1 企业社会工作与企业社会责任的内在联系

“以人为本”的理念是企业社会工作和企业社会责任共有的哲学基础，追求和谐共生是二者共有的社会学基础，在伦理学层面都需要协调利己与利他，在实践层面都需要目标与执行。企业社会工作帮助企业社会责任的实施，二者相辅相成、一体两面。下面就对企业社会工作和企业社会责任的内在联系展开论述。

1）“以人为本”的哲学理念

企业社会工作与企业社会责任在哲学层面均以“以人为本”作为其思想基础。哲学意义上的“以人为本”即人文关怀，其实质就是对社会大多数人利益的维护，尊重个人的自由选择、尊重个人的价值观、尊重个人的权利，发挥每一个人的潜能；其重点是力求保证每一个人的全面发展并充分展现个人性格特色，而不仅仅是满足少数人的利益。

在企业的发展历程中，“企业社会责任”概念在一定程度上具有很强的人本主义色彩，这是对现代工业社会大机器生产所导致的劳动异化的一种弥补，也是为了达到对工人权益保护的目的，追求社会的公平和正义，进而使社会环境更加宜居、和谐。以人为本的理念在企业社会责任中体现为三个方面：首先，是对企业员工权益的关注，这是最基本的企业社会责任，包括按时发放足额工资、提供安全的工作场所、保证员工工作环境的健康无污染、预防职业病等。其次，是企业对社会的责任，包括重视社会的弱势群体、进行人道主义援助、参与慈善事业等，如对贫困人群的救助、对受自然灾害重创地区的援助、对失学儿童的经济援助。最后，所涉及的范围更加广泛，受益群体是全人类。这个方面是对整个人类生存环境的建设和保护，如保护自然环境、恢复生态系统、为人类创造优质的生存环境等。

从企业社会工作的层面来看，作为社会工作的一个分支领域，它同社会工作的基本价值观是完全一致的，即助人自助、人道主义和以人为本。不论是在过去的工业时代还是在现在的电子信息技术时代，以人为本的价值理念一直都是社会工作的基本出发点。①

① 满河军．企业社会责任的哲学研究［D］．北京：中共中央党校，2008：25-26.

由此可见，企业社会责任所倡导的以人为本的价值理念与企业社会工作以人为本的指导思想是有本质联系的，二者都体现了人文关怀的价值观，体现了对人的尊重，进而推广到整个人类社会和自然环境。

案例链接2-2　　苹果公司以人为本的管理模式

苹果公司一直是电子产业的领头羊，其强大之处不仅在于技术的超前与产品的营销，其独有的人才管理策略也是支撑和维护苹果公司发展的灵魂所在。

1）人力资源的专业化和制度

苹果公司运用的是专业的iHR人力资源管理系统。iHR人力资源管理系统是建立在先进的软件系统和高速、大容量的硬件基础上的新型人力资源管理模式。通过集中式的人事核心信息库、自动化的信息处理、员工自助服务桌面、内外业务协同以及信息共享，达到降低管理成本、提高管理效率、改进员工服务模式，以及提升组织人才管理的战略地位等目的。差异化战略的实施，特别需要创新型人才。为此，苹果公司在人力资源建设方面独树一帜，倾力打造了iHR人力资源管理系统。

2）人本管理

(1) 以人为本的员工帮助中心

苹果公司专门设立员工帮助中心，处理员工的日常学习和咨询事宜。员工在工作、学习中碰到了任何问题，都可以随时通过iPod、iPhone、iPad向员工帮助中心求助。接到员工的求助信号后，员工帮助中心将及时解答。员工对答复不满意时，可以进一步追问，直到问题彻底解决为止。这给员工的学习、工作、生活带来了极大的便利。

由于员工帮助中心的高效运作，HRM有比较充裕的时间来进行战略思考和全局规划。另外，员工帮助中心也成为人力资源部新员工的入职培训基地，新员工在员工帮助中心可以快速地学习到人力资源部的日常工作内容。

(2) 自我管理的员工福利计划

苹果公司强调员工的自我管理，而非依赖人力资源部进行管理。这使绝大多数员工逐步养成了习惯，把网站作为主要信息来源地和交易场所，并对自己进行福利管理产生了浓厚的兴趣。苹果公司不断推出新的在线应用软件，包括家庭状况变化登记软件、退休计划登记软件等，以强化员工自助操作的软件环境。

3）专业化的人才培训制度

生产最有创意的产品，需要最有创意的员工。为了激励员工大胆创新，苹果公司创立了“苹果公司研究员计划”。“苹果公司研究员”是苹果公司给予电子科学家的最高荣誉，授予那些为苹果公司作出杰出贡献的员工。“苹果公司研究员”不仅是一项荣誉，也意味着高额的薪酬和大量的股票期权。“苹果公司研究员”拥有自由做事的权利，可以做任何感兴趣的事情，从而最大限度地激发研究员的创造性。

苹果公司给研发人员提供工作、生活上的一切便利，因为苹果公司知道，留住这些技术人员，不让他们跳槽，是苹果公司将来研发新产品的关键。

4）注重企业文化建设

企业文化和人力资源管理相互联系，不可分割。企业文化作为一种企业管理模式，高度重视发挥人的作用；人力资源管理活动的内容中，又包括企业文化的建设。二者相互促进、相互制约。如果将二者有机地结合起来，将给企业带来强大的核心竞争力。

在乔布斯生前，苹果公司的员工对他有着绝对的认同。这样的支持力度在世界公司史上都罕见。由此可以看出，苹果公司的成功与作为苹果公司精神支柱和灵魂人物的乔布斯密不可分，更与他的个人魅力密不可分。这是一个管理者和领导者最伟大的成功，他完美地将自己的理念融入整个公司的企业文化中，而这正是人力资源管理的最高境界。

资料来源 佚名. 苹果有着别人抄不来的人力资源管理模式［EB/OL］.［2023-06-23］. https：//www.sohu.com/a/234443149_99962722.

2）与社会的“和谐共生”

企业社会工作与企业社会责任有共同的目标——追求和谐共生。企业和社会的关系如同人与自然的关系，都需要和谐相处、繁荣共生。企业社会责任运用这一理念，与社会和谐共生。首先，社会为企业提供良好的运转环境，使企业的生产经营免遭恶劣环境的影响；其次，社会为企业培养合格的员工，也为企业提供高素质的管理人才以及优秀的企业家；最后，社会为企业提供矿石、能源等物质资源，作为企业的基本生产资料。同时，企业也对社会产生一定的影响。例如，进行公益事业，支持社会教育，解决经济困难地区的教育问题；开展慈善活动，救助弱势群体，帮助解决群众生活困难地区的经济问题。企业还可以通过节能减排等措施减少环境污染，也可以增加经济投入治理环境污染，如大气污染、水质污染、土壤污染等。此外，企业的各种宣传、广告以及企业文化都可以深刻地影响整个社会。例如，通过广告宣传倡导文明健康的生活方式，通过企业组织的社会活动营造良好的社会文化氛围。

不可忽视的是，企业与社会作为共生的一对事物，在相互依存的同时，也存在一定的矛盾。例如，社会提供的资源不能满足企业的需要，企业为了追求经济利益而给社会环境造成破坏，社会提供的人才水平不符合企业的预期，企业为了增加产品销量而做的产品宣传广告不符合主流、健康的文化取向等。这些都是企业与社会之间存在的矛盾。我们应当承认它们之间的差异与矛盾，协调二者之间的关系，促使二者协商谈判，摸索出一条和谐共生之路。企业与社会的这种共生关系，一方面是企业的长期发展有赖于其对社会的责任，另一方面是社会的安定和繁荣有赖于企业的发展和企业的责任。这就要求企业和社会一道，合作共赢，为人类拥有更加和谐、更加繁荣的生活而努力。

企业社会工作的努力方向是企业和社会的和谐共生，这与企业社会责任追求的目标相一致。企业社会工作主要是通过对员工生活、工作的照顾以及及时解决员工遇到的各类问题，来实现培养健康的社会人、使人与企业和谐共生的目标；同时也通过对企业内部各方利益的协调，实现构建和谐企业、使利益相关者与企业和谐共生的目标。这样，企业社会工作在企业生产经营过程中，通过企业社会责任的倡导，推动企业和社会的共同发展，实现企业和社会的和谐共生。

3）利己主义和利他主义的协调

如果将企业看作社会中普通的一名公民，那么企业社会责任便可以被看作企业作为一名普通公民的义利观。“利”分为自利和公利两种，而公利与“义”是一致的。在传统的儒家文化中，公利是与自利对立的，但以现在的视角来看，“义”并不否定正当的自利。也就是说，正当自利也是一种“义”。从承担社会责任方面来看，有两种态度值得我们仔细思考：一种是重利轻义，只顾追求利润的最大化，只讲利而不顾义；另一种是以义为重，强调对义的追求，以义取利，正如“君子爱财，取之有道”，这是一种积极正面的态度。

企业社会责任的伦理学实质就是提倡对公利和自利的兼顾，追求二者的协调和平衡，协调利己主义和利他主义。利他主义有三个层次：第一个层次上的利他主义是一种绝对利他主义，完全以他人为中心，毫不顾及或极少顾及自己的利益，即损己利人；第二个层次上的利他主义是一种充分利他主义，是一种二元中心主义，以自己和他人为二元中心的两个平衡点，既考虑自身利益又顾全他人利益，即利人利己；第三个层次上的利他主义是一种兼顾利他主义，以自己为中心，先满足自身的需求，继而考虑他人的需求，是在不损害或牺牲自己利益的前提下，来满足他人的利益诉求，即利人不损己。

作为职业助人活动的企业社会工作，它强调以利他主义为基本原则指导各项活动，在实践以及应用中完全融入“助人自助”的基本理念，展现利他主义的特征。助人自助意味着要先帮助有困难的人解决问题，进一步让有困难的人获得自我解决问题的能力，这便是所谓的“授人以鱼，不如授人以渔”；助人自助也同样对施助者有一定的影响，可以在帮助他人、服务他人的过程中获得自身的进步与成长，这也可以理解为“授人玫瑰，手有余香”。助人自助的理念很好地诠释了利己主义和利他主义，从本质上看，利己主义和利他主义是一体的，二者不是对立而是统一的。

4）目标的提出和执行的手段

利益相关者是企业社会责任的理论基础，企业对员工、消费者、政府、社区、环境等都要承担起相应的社会责任。企业社会责任既是人们对企业的期望，也是企业在发展过程中所追求的理想目标。要达到人们的期望和实现企业自身的目标，需要企业针对该目标所制订的方案进行具体的执行和操作，这有赖于企业社会工作的协助实施和积极倡导。

企业社会工作是在企业内部运用社会工作的基本理论与基本工作方法，对企业员工、管理者、消费者等人群进行服务和管理。例如，在服务员工方面，进行生产适应的调试工作、环境协调工作、福利保障工作、职业生涯发展的管理工作等，其目的是在员工职业与福利发展的基础上提升企业的生产效率，实现增加盈利的最终目标。

企业社会工作是企业管理的重要组成部分。一方面，从企业社会工作的实质来看，企业社会工作就是企业为了实现长远发展、提高经济效益而采用的一种更为专业的工作方法。这一点同企业社会责任的实质有相似之处，企业社会责任的实质也是为了增加企业的最终盈利，促进企业的长远发展。另一方面，从企业社会工作的内容来看，其每一项工作都是琐碎而细致入微的，正是这些琐碎的工作支撑着企业社会责任的目标一步一步实现。

总之，企业社会责任是企业的目标追求，而企业社会工作是对该目标的具体执行，它们之间是一种目标与手段的关系，是相互依存的关系，同时更是当代企业管理的一体两翼。[①]企业社会工作在企业中的专职岗位也决定了企业社会工作者就是企业社会责任的专职执行者。

2.2.2 企业社会工作与企业社会责任功能互补

企业社会工作与企业社会责任在具体的操作实施过程中存在很大的互补性，二者之间具有一种内部的结合关系，这种关系主要体现在功能的互补上。根据周沛在《企业社会工作》一书中的归纳总结，这种功能上的互补具体表现在普遍性与特殊性相结合、原则性与操作性相结合、被动性与主动性相结合上。

1）普遍性与特殊性相结合

伴随着人类文明的进步，企业社会责任开始出现，这体现了社会发展对企业经营的一种诉求。企业社会责任作为一种宏观的准则是适用于所有企业的，既包括对员工的责任、对消费者的责任、对政府的责任、对社区的责任、对环境的责任，也包括经济责任、道德责任、法律责任、慈善责任等。它对所有企业的规定都是相同的，不会因为行业类型的差别、企业规模的不同有所差异。从这一点来看，企业社会责任表现为一种普遍性，是对所有企业履行社会责任的一种要求。企业社会工作作为一种专门针对某个企业的服务性工作，与企业社会责任的普遍性是不同的。企业社会工作的服务对象是具体的个人、具体的问题、具体的企业

---

① 高钟. 经验研究中的概念澄清与理论拓展——企业社会工作与企业社会责任学术研讨会综述［J］. 社会工作，2009（5）.

主，因而企业社会工作表现出来的是一种特殊性。这种特殊性恰恰与企业社会责任的普遍性形成一种功能上的互补，二者在实现企业与社会和谐共生的目标上相互补充且各具优势。

2）原则性与操作性相结合

企业社会责任自萌芽发展到现阶段，其内涵不断丰富，概念也愈加明确。虽然如此，学术界仍然没有一个统一的定义可以完整、准确地对企业社会责任进行标准化界定。这也反映出企业社会责任是一种原则性的标准，无法给出具体准确的量化，因而企业社会责任在具体执行时要依赖企业社会工作的支持。企业社会工作是一项重视实践和操作的活动，可以对所有的服务工作进行量化评估，包括针对企业员工、企业利益相关者、社会环境等所有服务对象所进行的支持、沟通、协调、帮助等工作。从这个层面看，企业社会责任的原则性和企业社会工作的操作性形成了一种互补关系，这种功能上的互补可以看作企业社会责任是企业社会工作的目标追求，而企业社会工作是企业社会责任的执行过程。

3）被动性与主动性相结合

企业社会责任的履行是企业被动接受并执行的一个过程，尽管社会各界广泛倡导企业履行其应尽的社会责任，但是仍有一些企业行动迟缓，不愿承担企业社会责任。面对这种状况，企业社会工作的介入是推进企业社会责任发展的一个良好契机，通过企业社会工作拧紧约束企业履行社会责任的“螺丝”，也是改善当前企业社会责任履行状况的很好的尝试。企业社会工作强调积极性、能动性、主动性，我们可以通过社会工作的专业方法，设计方案、建立关系，通过实践最终获得企业在履行社会责任方面的成效。用企业社会工作的主动性扭转企业社会责任的被动状态，运用社会工作专业方法加上社会工作者坚持不懈的努力，企业定会逐步改变对社会责任的认知和行为。①

2.2.3 企业社会工作者在企业社会责任实施中的角色

企业社会工作者可能分布在人力资源部门、企业责任部门或工会中，无论处于哪个部门，他们都会对企业社会责任的实施产生重要的影响。同时，企业社会工作者在履行企业社会责任时所扮演的角色取决于他们在协助企业履行社会责任过程中所发挥的功能。企业社会工作者在履行企业社会责任中的功能，首先是作为支持者对员工支持与帮助的功能；其次是作为沟通者倡导和推动企业与员工、社区、政府、社会和谐共生的功能；最后是扮演管理者、倡导者、评估者、方案设计者等其他角色的功能。

1）支持者

企业员工在工作、生活过程中遇到的各种问题都可以通过人力资源部门或工

① 周沛. 企业社会工作［M］. 上海：复旦大学出版社，2010.

会找到社会工作者进行咨询。企业社会工作者为员工提供咨询服务，缓解员工的心理压力和情绪困扰。当员工遭遇工作和生活的压力以及其他方面的压力时，心理上会产生焦虑、烦躁、不安等症状，甚至会出现暴力、厌世等极端行为，如果这些心理的不适症状不能得到有效控制，便会影响员工的正常工作和生活，更会影响企业的工作效率以及企业形象。这时，企业社会工作者便要扮演适当的角色，帮助员工驱散心理阴霾，回到正常的生活和工作中。

企业社会工作者协助企业为员工提供平等的就业机会，在职业选择上反对各种形式的歧视，在就业政策上遵循男女平等的原则，同时在民族地区协助企业积极、主动地接纳少数民族人员就业。企业要为不同性别、年龄、民族、肤色和宗教信仰的员工提供平等的职业升迁机会，不得私自设定各种不合理的限制。在企业员工培训方面，要为员工创造足够的培训机会。一方面，定期对相关岗位的员工进行安全知识培训，使员工在工作中能够提高安全防范意识；另一方面，对员工进行科学文化知识培训，使员工在工作的同时可以提高科学文化素养，促进员工自身的发展。此外，社会工作者负责对企业的新员工进行培训，以便使新员工尽快适应新的工作、新的环境，推动有关部门的培训课程并监督新员工培训工作的开展情况。

案例链接2-3　　玛丽斯特普国际组织对中国的帮助

北京有一家电子零件加工企业，女性员工比例占到八成，年龄以18~30岁为主，且大部分来自外省市的偏远山区。该企业社会责任部门的社会工作者在开展员工服务工作时发现，大量员工对青春期性知识了解甚微，甚至还存在大量错误的思想观念。该企业为了解决员工生殖健康、性知识普及的问题，专门找到了英国的玛丽斯特普国际组织（MSI）（MSI是一家专门致力于生殖健康教育与服务的国际非营利公益组织，同发展中国家政府以及各种组织机构开展合作，专门向广大低收入育龄人群提供生殖健康和避孕节育及预防艾滋病的宣传服务和教育，从2008年开始在中国开展性与生殖健康服务），与其进行了为期两年半（2007年7月—2009年12月）的合作。从评估效果来看，该项目取得了非常不错的成效，员工在性知识和生殖健康方面的认知有较大提升。

2）沟通者

首先，企业社会工作者作为员工和企业的沟通中介，为员工提供民主参与企业管理的渠道，使员工有介入管理企业的机会。员工作为企业中人数最多的劳动者，处于被管理的位置，但同时也被赋予了参与企业管理的权利，可以针对企业的重大决策和企业发展等重大问题进行表决和建议。企业尊重员工的参与管理权利，重视员工的提议和要求，就能够调动员工的工作热情，进而有利于企业的长远发展。同时，当员工与雇主出现矛盾甚至冲突时，作为员工与企业沟通桥梁的企业社会工作者，肩负着调解双方争执、化解矛盾和冲突的重任。其利用社会工作的沟通技巧及时协调、解决各种矛盾，为员工提供一个和谐的工作环境。

其次，企业社会责任还涉及对政府、社区以及环境的责任，作为企业社会工作者，为了促成企业与社会之间的和谐共生，其充当着企业和社会之间的桥梁和纽带。企业与社区是一种相互交叉、相互包含的关系，二者相互影响、密不可分。一方面，社区内的人员素质、文化传统对企业员工的素养和价值观具有一定的影响，同时良好的社区环境也会为企业的发展提供优越的外部环境；另一方面，企业积极参与社区的建设活动，利用自身的产品优势、资金优势以及技术优势扶持当地社区的教育和文化事业，吸引社区人员就业，同时开展贫困救助和助学活动，不仅为社会的发展作出贡献，还能为企业积累无形资产，为企业未来发展奠定基础。这就需要企业社会工作者关注企业与社区的关系，积极推动企业对社区建设的投入。

同时，企业社会工作者也要协调好企业与政府、非政府组织的关系。企业社会工作者要积极倡导企业响应政府的号召，落实政府相关部门的政策和法令法规。21世纪以来，科学技术突飞猛进，对环境的破坏日益严重，大气、水质、土壤的污染以及物种的锐减都引起了全球各国的关注，环境保护成为人类的当前要务。企业在治理环境污染中应承担主要责任，在环境保护方面有着不可推卸的责任。在环境保护方面，企业社会工作者要协助企业相关部门积极应对非政府组织提出的建议，推动企业与非政府组织保持良好的关系，积极推动企业承担环境保护的责任。企业只有在社会工作者的协助下协调好上述各种关系，承担企业应尽的社会责任，才有利于树立良好的企业形象。

3）其他角色

首先是管理者，企业社会工作者在将管理知识运用到社会工作的服务过程中，通过规划、组织、任用、领导与控制等职能，实现企业内人力和物力资源最有效的整合。在企业社会责任工作落实的过程中，社会工作者扮演管理者的角色，合理配置、运用各种资源，使工作的开展能达到预期的目标。

其次是倡导者，员工为企业的生产经营和盈利都作出了巨大的贡献，社会工作者就要以员工为中心，倡导企业对困难员工进行援助。若员工大部分来自偏远山区，那么社会工作者就要倡导企业为员工家乡的发展提供帮助，以回馈员工的父母和家乡。通过这种倡导，既可以使员工对企业更加忠诚，又可以使企业履行一定的社会责任，促进企业与社会和员工的和谐共生。

最后是评估者，企业社会工作者要定期反思企业社会责任的完成状况，评估项目的开展是否实现了预期目标或是否朝预定的目标方向发展。在整个评估过程中，企业社会工作者要保持客观中立的态度，对企业作出公正评价，这样才能使企业在未来的社会责任实践中表现得更加出色。

2.2.4 企业社会工作者在落实企业社会责任时的注意事项

1）严格遵循专业价值理念的指导

社会工作是一项有着严格的专业价值理念指导的专门性工作，作为企业社会工作者，在开展员工服务、落实企业社会责任的过程中应当注意恪守“以人为本、关怀弱势群体、促进社会和谐进步”的专业价值理念。但在实际工作中，企业社会工作者常常会遇到价值两难的问题。他们在工作中时常会接收到违背社会工作价值理念的指令，这就需要企业社会工作者充分利用自身的知识和周边的各方力量，在不违背社会工作价值理念的前提下，妥善地完成好企业交付的工作任务。

2）于大处着眼，自小处着手

由于社会的倡导和政府相关政策的支持，各大中型企业逐步重视企业社会责任的建设，并将企业社会责任纳入企业发展规划中。虽然社会总体趋势如此，但国内企业社会责任建设仍处于相对较低的水平。这就要求企业社会工作者在制定企业社会责任发展目标时从宏观布局，长远规划，在落地实施的具体项目上要结合企业具体情况从小处着手，逐步稳健推行，使企业管理层逐步认识到企业社会责任对企业长远发展的重大意义和价值，从而进一步推动企业社会责任的发展。

3）与企业主建立良好的关系

企业社会工作者不论是否直接在企业就职，都应与企业主建立并维护良好的合作关系。因为企业社会工作者在开展工作的过程中必然会遭到巨大的阻力，如在倡导、敦促企业履行社会责任的过程中，必然会有反对意见存在。尤其是在我国现阶段，企业经营者对企业社会责任的认识不足、行动迟缓，企业社会工作者必然要耗费大量的时间、精力推动整个工作的进行。所以，与企业主保持良好的关系是开展下一步工作的基础和前提。

4）兼顾各方，当好协调者

首先，企业社会工作者在落实企业社会责任的过程中应当兼顾企业和利益相关者各方的利益，开展工作时要根据企业的具体情况量力而行。其次，在设计方案的过程中不仅要兼顾社会工作的专业价值理念，更重要的是要基于企业的实际情况灵活制订方案。要以不与企业总目标相冲突为根本原则，充分体现企业社会工作者作为协调者这一角色的特质和优势。

5）利用培训融入社会工作价值观

企业社会工作者要学会利用培训这种特殊的工作技巧，对企业的管理者进行培训是促进企业落实社会责任的有效途径之一。通过不断的培训，改善管理层的沟通方式以及管理方式，提升他们对社会责任的认知程度，进而敦促管理者落实企业社会责任。同时，在培训过程中，引入社会工作价值观，从思想层面引起管理者对员工、消费者、环境保护的重视，更能促进企业社会责任的实施。

2.3 中国企业社会责任的发展与企业社会工作的介入

改革开放以来，我国经济发展突飞猛进，促进了我国企业迅速崛起。在这几十年的发展历程中，不少企业逐渐提高了对企业社会责任的重视程度，也有部分企业更加注重企业社会工作的应用，但二者相结合的趋势还不十分显著。本节我们主要了解我国企业社会责任的发展历程、企业社会责任在我国的发展现状和遇到的问题、企业社会工作与企业社会责任在我国企业中结合应用的可行性分析。

2.3.1 中国企业社会责任的发展历程

1）非经济性责任时期（1949—1984 年）

自中华人民共和国成立到 1984 年经济体制改革之前，我国一直实行计划经济体制，国家的经济运营由政府控制，企业是附属于政府的加工商。企业的生产运营完全听从政府的指令安排，由于政府是非经济性的，附属于政府的企业也自然是非经济性的。这一时期，我国不存在真正意义上的企业社会责任。

2）中国企业社会责任萌芽与形成时期（1985—2001 年）

党的十一届三中全会标志着中国经济发展进入了一个崭新的历史阶段，同样也给企业社会责任的发展带来了春天。1984 年 10 月，党的十二届三中全会通过了《中共中央关于经济体制改革的决定》，我国的计划经济走向了有计划的商品经济，政企分开，企业成为独立的商品生产者和经营者。

这一时期，企业将精力全部投入在获取利润、应对竞争上，只关注自身的发展，完全忽视对环境、社会造成的负面影响。随着企业法人地位的确立和社会法律环境的完善，企业逐渐有了承担法律责任和一定经济责任的意识。同时，相关领域学者发表的一系列文章也推动了企业社会责任的形成，具有代表性的是 1990 年出版的学术界第一本关于企业社会责任的专著——袁家方的《企业社会责任》。在企业社会责任运动方面，部分企业主动承担扶贫救灾的社会责任，最具代表性的是 1989 年“希望工程”的启动、1994 年中国慈善总会的成立和 1995 年中国光彩事业促进会的成立。

3）中国企业社会责任发展时期（2002—2005 年）

自 2002 年党的十六大召开以来，国家有关发展战略以及政策的转变为企业社会责任的推行提供了良好的发展环境，学术界提出了一系列关于以人为本，树立全面、协调、可持续的科学发展观，促进经济社会和人的全面发展，建设社会主义和谐社会的科学论断。企业社会责任也从中获得了本土化推行的依据，企业履行社会责任既符合科学发展观的基本要求，也是构建社会主义和谐社会的重要途径。

致力于发展企业社会责任的组织大量出现，包括中国企业联合会全球契约办公室和中国可持续发展工商理事会、中国社会工作联合会企业公民委员会、广东省社会责任研究会等。同时，全国也刮起了一阵关于企业社会责任的论坛、研讨风潮，中国纺织工业协会设立了我国首个关于行业企业社会责任建设的管理体系。各企业广泛参与企业社会责任运动，我国当时有73家组织参与了联合国全球契约，并承诺积极承担企业社会责任。

4）中国企业社会责任发展的新时期（2006年至今）

2006年生效的《中华人民共和国公司法》明确提出公司要承担社会责任，并提出遵守法规和社会公德的具体要求。其总则第五条规定："公司从事经营活动，必须遵守法律、行政法规，遵守社会公德、商业道德，诚实守信，接受政府和社会公众的监督，承担社会责任。"同年，党的十六届六中全会通过了《中共中央关于构建社会主义和谐社会若干重大问题的决定》，其中明确要求"广泛开展和谐创建活动，形成人人促进和谐的局面。着眼于增强公民、企业、各种组织的社会责任"，这个决定的颁布意味着不仅企业自身要增强社会责任意识，公民以及各种组织也要增强社会责任感。2008年国务院国资委发布的《关于中央企业履行社会责任的指导意见》促使企业自觉遵守法律、法规，充分体现了企业价值和追求高尚的伦理道德。①

自2008年"中国企业社会责任国际论坛""建设和谐社会与企业社会责任国际论坛"举办以来，企业社会责任运动开始向纵深、系列化方向发展。一方面，各级政府、立法部门等国家相关政府机构全部高调出席，包括国家发改委、商务部、生态环境部等部门，地方政府也开始积极推进企业社会责任运动；另一方面，各种相关组织和机构频繁组织论坛和活动，与国际相关机构开展密切交流与合作，一些行业的企业社会责任发展尤为迅速，证券公司也对上市公司提出了企业社会责任的引导和要求。②

国家电网发布了我国第一份企业社会责任报告，填补了中国企业履行社会责任的空白，为中国企业履行社会责任树立了榜样，也是中国企业履行社会责任与国际接轨的一个重要里程碑。企业社会责任作为新时期国际竞争的重要资本，标志着企业竞争由此进入包括产品质量、环境保护、科技创新、社会责任在内的全面竞争时代。

2.3.2 中国企业社会责任发展的现状

我国政府高度重视企业社会责任，各地政府成为推动企业社会责任的主导者。责任投资日益成为推动企业社会责任发展的新力量，中国特色的企业社会责任特征更加明确，突出的特点有两个：第一是积极吸纳就业，党的二十大报告中强调就业是最基本的民生，要实施就业优先战略，突出了就业对于民生的重要意

① 曾萍. 企业伦理与社会责任［M］. 北京：机械工业出版社，2011.
② 殷格非，崔生祥，郑若娟. 企业社会责任管理基础教程［M］. 北京：中国人民大学出版社，2008.

义，也对企业在承担就业问题上的责任提出了要求；第二是投身慈善捐助事业，企业已经成为我国慈善捐助事业的中坚力量。

中央企业是我国国民经济的重要支柱，是国有经济发挥主导作用的骨干力量。对中央企业而言，履行社会责任更是与生俱来的使命，社会各界高度认可中央企业的地位和作用，高度关心中央企业的改革与发展，高度关注中央企业履行社会责任。以2008年国务院国资委印发的《关于中央企业履行社会责任的指导意见》为起点，中央企业社会责任管理和实践在“质”与“量”上都实现了大跨越，成为中国企业履行社会责任的标杆与典范。一是国民经济的压舱石，中央企业提供了大量基础能源，生产了大量公共产品，建设了一大批重大工程项目，承担了一系列国家科技创新项目。二是民生事业的顶梁柱，党的十八大以来，中央企业不断加大国民经济基础性、支柱性、战略性产业的投资力度，有效提升了国家在民生领域的转移支付能力。三是急难险重的定心丸，在全国人民抗击自然灾害的斗争中，中央企业在抢修道路交通、保障供电和通信、运输和供应战略物资、倡导企业志愿者服务以及捐款捐物等方面调动有力、行动坚决，为救灾救险、恢复重建作出了重大贡献。四是脱贫攻坚的主力军，在参与定点扶贫的300多家中央单位中，中央企业占了将近1/3，据统计，2021年以来，中央企业在246个定点帮扶县已直接投入帮扶资金75.95亿元①。五是区域协调的先行者，在区域产业合理布局、可持续发展、创新驱动、一体化发展等多个领域，中央企业通过投资兴业、技术合作、股权合作、承担重大建设项目等方式，有效增强了区域发展内生动力，优化了资源空间配置，为区域协调发展发挥了重要的支持和推动作用。

与此同时，民营企业也在发展壮大自身的同时，积极回应社会的相关要求。改革开放40多年来，我国民营企业作为飞速发展的重要经济力量，在国民经济中的比重也越来越大，有的行业和地区民营企业的比重甚至超过国有企业，因而承担其应有的社会责任是民营企业可持续发展的迫切需要，也是整个社会经济可持续发展的必然要求。全国工商联发布的《中国民营企业社会责任报告（2022）》指出，2021年，我国民营企业履行社会责任已呈现出大型企业和中小型企业齐头并进的格局，社会贡献日益显著。民营企业社会责任发展指数站上历年高位，履责实践不断拓展和规范，组织化程度不断增强，社会责任常态化、专业化、制度化渐成趋势。民营企业越来越注重以社会责任支撑企业品牌建设，在对社会责任践行的重视程度和落实效果上，民营企业走在了前列。②

虽然“企业社会责任”概念已经被社会广泛接受，但是仍有部分企业对企业社会责任认识不清，具体可分为三类：

① 温素威．央企助力乡村振兴［N］．人民日报，2021-12-08（10）．

② 佚名．全国工商联发布《中国民营企业社会责任报告（2022）》［N］．中华工商时报，2023-02-22（02）．

第一类企业认为企业社会责任的目的就是营利，只要营利就是履行了社会责任，加之企业的本性就是营利，因此，企业采取各种办法获取利润，而没有意识到这个过程带来的负面影响。例如，某些企业为了节约成本而使用非法添加剂、使用不合格的原材料，还有的企业让员工加班而不发加班补贴等。这些企业看似将利润最大化作为企业的目标，但实质上，企业所获得的是短期利益、不合格的产品、员工懈怠的工作状态，这些都是企业走向衰败的因素，也是企业没有认真履行对消费者、员工等的社会责任所导致的恶果。

第二类企业认为企业社会责任就是积极参与慈善事业，它们相信，只要在社会需要捐助时提供物资便是履行了企业社会责任。大部分企业会在企业社会责任报告中讲述本企业的捐款数额、捐助的希望小学数量。虽然这些行为会提升企业的社会形象以及企业的品牌知名度，但在这些光鲜的形象背后可能隐藏着企业暗中从事的违法违德行为，甚至有一部分企业只做口头承诺，实际上并没有进行任何的物资捐赠。

第三类企业只意识到要履行某一种责任，却对其他责任置之不理。一个典型的例子就是富士康的员工虽然拿着不低的工资，却出现了“十四跳”。富士康只明白要对员工进行经济补偿，但不明白员工在高强度的工作后，需要的是精神上的支持与放松，员工需要更高的精神追求。

随着企业社会责任越来越受到重视，政府近几年来对企业社会工作也提供了一定的支持。政府部门在推进企业社会工作发展的过程中主要在两个方面发挥了重要作用：一是支持社会工作政策研究，深入开展企业社会工作相关制度建设，为其发展提供制度和政策保障；二是举办学术研讨会，主动整合包括企业、社会组织和专家学者在内的发展力量，发挥引领作用。①

2.3.3 中国企业社会责任践行中面临的问题

1）对企业社会责任的认知比较混乱

首先，我国企业和社会公众对企业应该履行的企业社会责任的理解差别很大，甚至在认知上比较狭隘，存在较为严重的偏差。有些企业将企业社会责任视为一种负担而非竞争力的体现，片面地将企业社会责任与国际、国内各种标准或企业捐赠以及企业所做的公益事业等同起来，甚至某些企业在进行自我宣传的过程中谈及企业社会责任时，一味地将企业的捐款和所参与的公益慈善项目罗列出来，却忽视了企业首先应担负的经济责任和法律责任。还有部分企业积极支持“希望工程”、支援贫困地区的经济建设，同时却存在污染自然环境、破坏生态平衡、漠视员工权益和损害消费者利益等不良行为，导致中国企业在资源与环境利用能力、依法纳税、产品质量与安全、劳动安全、劳动者权益保护、消费者权益

---

① 张默，卢磊．我国企业社会工作发展的历程和趋势［J］．中国劳动关系学院学报，2015（4）：95.

保护等方面表现欠佳，这些都是对企业社会责任的真实内涵理解不够而产生的异化行为。①

其次，由于我国企业的性质不尽相同，如国有企业、民营企业、中外合资企业、外资企业等，它们应承担的企业社会责任的重点也不尽相同，这便严重导致社会公众对企业应承担的社会责任的认识存在模糊与偏差，因此企业要树立正确的社会责任观。同时，对中国企业社会责任状况进行研究是非常必要的，明确当前我国企业履行社会责任的状况也能使政府、社会和舆论更加有效地监督企业的行为。

2）自律和社会责任感缺乏

我国企业普遍存在的一个问题是企业承担社会责任的自律性较差。自律性是反映一个组织道德水平高低的天平，是组织是否处于良性发展状态的重要标志。企业社会责任意识淡薄，会导致较差的企业自律性。综合来看，我国企业社会责任承担大多集中于短期的捐助行为，有的企业是在政府政策和制度的强制约束下才有所行动，还有一些企业刻意回避自己应该承担的企业社会责任，或是阳奉阴违地进行对抗，能够主动承担社会责任的企业寥寥无几。

北京大学经济观察研究中心的一份研究报告指出我国企业在履行社会责任方面与国际标准相比出现的问题：一是逃避自己应尽的社会保障责任、税收以及社保费用；二是极少关注就业问题，将就业包袱推给社会；三是忽视环境保护，将企业的盈利建立在破坏环境的基础上；四是某些企业生产不合格产品或提供虚假信息，欺骗消费者，唯利是图；五是压榨员工收入和福利为企业牟利；六是缺乏公益事业心，没有提供公共产品的意识；七是为了金钱利益弄虚作假，诚信严重缺失。

同时，由自律性差引发的是我国企业的社会责任感缺失。社会责任感带有很强的自律性，企业对社会责任承担与否、承担多少，主要由企业自主决定，因而企业经营者的经营理念，特别是经营者的素质对企业社会责任承担的程度起着至关重要的作用。②企业所有权和经营权分离导致的结果就是企业的行为在一定程度上就是经营者的行为，尤其是在我国，职业经理人市场起步晚，相应的考核制度和法律、法规尚不健全，审计制度也不十分严格，加之企业对经理人采用聘用制，聘期较短，这就导致经营者对企业社会责任的忽视。某些企业生产经营中的恶劣行为不仅影响了企业的长久发展，更对社会风气造成了不良影响。

3）缺乏相关的条文政策

近几年来，企业社会责任逐渐被重视，但是从企业社会责任的发展及规划来看，还是缺乏必要的政策支持。这不仅依赖政府的政策支持，企业在自身内部也需要相关的单独政策进行支持和指导。

---

① 张亚洲．基于卡罗尔模型的中国企业社会责任状态研究［D］．北京：北京交通大学，2014：27.
② 周沛．企业社会工作［M］．上海：复旦大学出版社，2010：103.

就企业社会工作发展的长远性而言，特别是一些大型私有企业，企业内置社会工作服务部门是未来发展的必然趋势，也是劳资关系得以有效缓解的良好前提之一，但企业内置社会工作服务部门需要政府政策上的支持与引导。因为对企业资方而言，社会工作参与企业发展与建设并不会在短期内取得显著成效，如果没有相关政策的支持，企业资方推动的意愿会比较低，企业社会工作很可能昙花一现便停滞不前。[①]

因此，当前我国企业社会责任需要完善，并要结合实际为企业提供相关的政策等支持。

2.3.4 企业社会工作介入企业社会责任的优势分析

企业社会责任的本质是在经济全球化的大背景下，企业对自身经济行为的道德约束，是一个企业对人类及其所处的社区和环境造成影响的行为应该负有的责任。[②]企业社会责任的建设落实在具体工作中，主要包括参与社会公益活动、保护劳动者的合法权益、从事慈善事业、遵守商业道德等方面。同时，社会工作作为一项具有自身专业理论和价值的工作，有其特有的优势，在介入企业社会责任建设的过程中能够为企业提供巨大帮助。下面从企业社会工作和企业社会责任两方面的综合考量来说明企业社会工作介入企业社会责任的可行性。

1）社会工作介入的优势分析

（1）社会工作的价值、理念优势

社会工作是以价值为本的专业，价值作为社会工作的灵魂，贯穿于实务工作的始终。随着专业的发展，社会工作的服务对象包含一切需要自我发展和完善的群体，同时企业社会责任的最终目标是促进社会的和谐稳定，从这点出发，我们可以坚定地认为企业社会责任的建设少不了社会工作专业服务的支持。

对于介入企业社会责任建设的企业社会工作，其有着独特的价值和理念优势，具体表现为三个方面：

其一，社会工作中奉行的人本主义价值观是企业社会责任建设顺利开展的前提。美国心理学家罗杰斯提出的人本主义理念是社会工作的一个重要概念，人本主义强调以人的发展、以无条件的接纳和尊重为核心，以人的可塑性为前提，倡导在真诚和谐的关系中促进个体成长。[③]对企业来说，员工是企业的第一资源，企业管理的目的就是对人力资源的充分利用和深入挖掘。在现实中，大部分企业没有按照“以人为本”的理念对员工加以重视，但是企业社会责任建设中重要的一部分就是关注员工发展、重视员工价值，企业社会工作的介入对推进企业社会责任建设具有重要的促进作用。

---

① 华姝姝. 生态系统理论视角下企业社会工作介入劳资冲突的路径研究［J］. 中国劳动关系学院学报，2016（6）：26.

② 罗宾斯. 管理学［M］. 黄卫伟，孙健敏，闻洁，等译.4版.北京：中国人民大学出版社，1997.

③ 唐更华. 企业社会责任发生机制研究［M］. 长沙：湖南人民出版社，2008.

其二，企业社会工作的价值中立是企业社会责任建设得以顺利进行的基础。社会工作强调工作者价值中立，即要求在工作中不带入个人的情感和价值判断，虽然具体操作有很大的难度，但是这种价值取向在服务过程中发挥着重要的作用。这种价值中立的态度使企业社会工作者在介入企业社会责任建设的实务工作中，当遇到与主流价值观或企业社会工作者个人价值观相违背的个案时，能以非批判且积极的态度接纳服务对象。同样，当处理消费者问题时，企业社会工作者以独立于企业和服务对象的第三方身份出现，对全面了解事实真相十分有利，可以在处理问题时充分考虑企业与消费者这一矛盾双方的现实需要与实际情况，在此基础上为问题的解决提供合理可行的方案。这一点对企业社会责任的履行具有重要影响。

其三，企业社会工作的助人自助与增权理念对促进企业社会责任的建设有积极意义。增权理念应用于企业社会工作，要求企业加强维护员工合法权益的宣传教育，积极倡导有利于员工发展的企业政策的制定和实施，协助那些需要帮助的企业员工发掘自身解决问题的潜能，培养其解决问题的能力和信心，使其能够依靠自己的力量解决问题并面对以后类似的问题或困境。①

（2）社会工作的方法、技术优势

社会工作是一个拥有独具特色的、系统的工作方法的专业，具体包括个案工作、小组工作、社区工作三大直接工作方法，企业社会工作的实施过程就是对这三大工作方法的具体运用。下面分别从个案、小组、社区三方面来探讨企业社会工作介入企业社会责任建设的方法、技术优势。

首先是个案工作方法在企业社会责任建设中的运用。个案工作就是由专业的社会工作者运用有关人与社会的知识和技巧为个人和家庭提供物质或情感方面的支持与服务，目的在于帮助个人和家庭减轻压力，解决问题，达到个人和社会的良好福利状态。②个案工作方法在企业中用来处理和协调企业内外部的各种关系，特别是用来处理企业与员工、消费者的关系。企业社会责任的一个重要方面就是维护员工利益、提供劳动安全保护、遵守劳动法的相关规定，但企业与员工之间常常存在不平等关系。企业可能为了自身利益损害员工权益，这就需要企业社会工作者运用个案工作方法在企业和员工之间进行协调，一方面告知员工如何维护自己的利益，另一方面督促企业担负应有的责任，避免引发不良后果。同样，在处理企业与消费者之间的关系时，面对企业为了利润而损害消费者利益的情况，一方面企业要及时提升产品和服务质量；另一方面企业社会工作者要通过专业方法对消费者开展个案咨询或辅导，协助消费者调整自己的情绪，化解企业与消费者之间的矛盾，将企业和消费者之间的关系变得和谐融洽。

其次是小组工作方法在企业社会责任建设中的运用。小组工作可以为员工提

① 任怡卓. 社会工作介入企业社会责任建设的优势探析［D］. 西安：西北大学，2012：15.
② 王思斌. 社会工作概论［M］. 2版. 北京：高等教育出版社，2006.

供一个交流的平台，帮助宣泄负面情绪，缓解心理压力，交流彼此的经历，共同寻找解决问题的有效方法。在企业内部运用小组工作方法主要是解决企业员工中出现的一些类似问题，使面临类似问题的员工能够在小组中获得情感上的支持，降低小组成员的孤独感和无助感，使小组成员的情绪得到充分宣泄，并表达自己的诉求。在小组工作过程中，员工承受挫折的能力会有所提高，解决问题的信心会有所增强。

例如，陕西省西安市某企业的一线工作相对机械单一，一线员工流失率较高，针对这一问题我们开展了为期 3 个月的实务工作，取得了明显的效果。此次实务工作的开展以小组工作方法为主，通过问卷调查进行需求评估，找出在近期有离职意向的员工，在其中挑选小组成员，在小组活动中大家交流了各自目前工作中所遇到的困难，以及对目前所从事工作的看法，一些员工的观点和看法引起了小组中其他成员的共鸣，大家在小组中宣泄情绪，同时表达自己的诉求。在开展主题小组活动的 3 个月中，员工流失人数明显下降了。

当前大多数企业开展小组工作的目的是进行企业文化的宣传和培训，只有为数不多的企业能够运用专业社会工作的小组工作方法来解决员工遇到的问题。面对这种情况，更需要企业社会工作对企业社会责任的介入，帮助企业履行其对员工应负有的责任。

最后是社区工作方法在企业社会责任建设中的运用。社区是企业利益相关者中重要的组成部分，企业作为社会的一个有机组成部分存在于社区与社会之中，只有充分发挥企业在社区中的作用，才能使其赢得社区中其他个体和组织的支持，为其长远发展创造有利条件，这也是企业致力于社会责任建设的最终目的。企业应通过社会工作的社区工作方法在社区开展各种公益活动，以此树立企业在社区乃至社会中的良好形象。在这个过程中，社区工作方法的运用发挥着重要的作用，推动企业社会责任的顺利履行。

2）从企业社会责任的需求方面分析

（1）各企业对企业社会责任建设的重视

自 2003 年《人民日报》一篇名为《别让 SA8000 认证绊住脚》和《粤港信息日报》一篇名为《美欲向我抡 SA8000 大棒，珠三角恐成重灾区》的文章发表以后，全国各大媒体和学术界展开了对 SA8000 的讨论和研究，随即引发了多视角的辩论。社会各界对企业社会责任的争论，一方面将国际企业社会责任运动引入中国；另一方面也使社会各界开始重视企业社会责任建设，企业社会责任逐步成为我国学术界重要的讨论话题。有关数据表明，大多数企业对企业社会责任的概念有一定的了解，认识到企业要同时承担经济责任、法律责任和道德责任，逐步形成善待员工、以人为本的责任理念，认识到履行社会责任对企业长远发展的重要意义。

目前大多数企业也意识到，要把企业社会责任建设放在重要位置。企业对社会责任的重视为社会工作的介入提供了基本的活动场所，运用社会工作的基本价值理念和工作方法可以为企业社会责任建设提供有力支持。

（2）政府积极推动企业社会责任建设

2008年，时任商务部部长助理王超在第四届企业社会责任国际论坛上做了《中国政府高度重视企业社会责任工作》的报告。他指出，中国作为快速发展的新兴经济体，正在积极推进企业社会责任建设，中国政府对此也给予了高度重视，并从制度和政策层面对企业社会责任作出了明确的规定。[①]近年来，商务部从贸易环节、国际合作环境保护入手，采取了一系列政策措施。2013年商务部、环境保护部联合发布的《对外投资合作环境保护指南》是对我国“走出去”企业承担保护环境社会责任的一项严格规定。商务部同时积极开展行业信用建设工作，推动建立行业信用系统，履行企业社会责任，并要求中国企业在开展境外经济合作的活动中坚持互利共赢，遵守当地的法律、法规，履行必要的社会责任，重视当地的民生和环境保护，与当地人民和谐共处，促进当地经济发展。

总之，企业社会工作和企业社会责任二者相辅相成、相互促进。企业社会工作的介入是企业履行社会责任的具体表现，是企业社会责任履行过程中不可缺少的组成部分，是企业社会责任的应有之义。同时，企业社会责任的履行需要企业社会工作的辅助和推动，它是企业社会工作开展的重要平台。企业社会工作以企业社会责任为切入点，将关乎民生的大事落到实处，进而为企业社会工作的进一步发展奠定坚实的基础。

聚焦民生　　**共同富裕视野下的企业社会责任履行**

2020年7月21日，习近平总书记在企业家座谈会上指出：“企业既有经济责任、法律责任，也有社会责任、道德责任。”积极履行社会责任是企业高质量发展和可持续发展的重要保障。进入新发展阶段，我国迈上了实现全体人民共同富裕的新征程，要坚持把增进人民福祉、促进人的全面发展、朝着共同富裕方向稳步前进作为经济发展的出发点和落脚点。

企业参与乡村振兴建设、推动共同富裕目标实现，作为一种社会责任的新的表现形式，近年来被越来越多的企业写入发展战略，将企业前途与发展大局紧密联系起来，激励企业在融入国家发展中担当使命、积极作为。

党的十八大以来，以习近平同志为核心的党中央坚持以人民为中心的发展理念，立足全面建设社会主义现代化国家战略目标，从改善民生和维护最广大人民根本利益的角度，提出了关于新时代实现共同富裕的一系列重大战略思想。党的十九届五中全会指出，坚持人民主体地位，坚持共同富裕方向，并首次明确把“全体人民共同富裕取得更为明显的实质性进展”写入我国2035年基本实现社会

① 王超. 中国政府高度重视企业社会责任工作［J］. WTO经济导刊，2009（7）.

主义现代化远景目标，使共同富裕上升到社会主义现代化强国建设的战略高度。党的二十大报告提出，“中国式现代化是全体人民共同富裕的现代化”，为扎实推动共同富裕提供了方向与信心。可以说，共同富裕与中国自古以来对“大同”社会的不懈追求是一致的，与中国共产党的根本宗旨是一致的，与中华民族伟大复兴的中国梦是一致的。

从经济逻辑来看，共同富裕是在人民生活水平普遍达到富裕的前提下将收入差距、区域差距、城乡差距控制在合理范围内，培育和壮大中等收入群体，最终形成橄榄形收入分配格局。企业是创造财富的主体，也是分配财富的重要一环；是促进高质量发展的微观主体，也是实现共同富裕的重要基石。企业的发展不仅是企业家智慧和辛劳的结晶，还要依托伟大的时代，依靠劳动者的智慧和贡献。在实现第一个百年奋斗目标的征程中，我国经济实力实现大幅跃升，离不开广大企业充分发挥创造财富的热情和动力。在实现第二个百年奋斗目标的新征程中，依然需要广大企业发挥能动性，在创造财富的同时积极回馈伟大时代，继续成为推动经济社会发展的重要力量。

立足企业参与，扎实推动共同富裕的着力点，将企业履行社会责任的举措列举如下：

第一，做大做好“蛋糕”：创造综合价值，探索如何创造更多利益相关方共赢价值。

第二，切好分好“蛋糕”：做好初次分配，积极贡献再次分配和第三次分配。

第三，创新性利用资源：把践行共同富裕的责任转化成产品或服务，让共同富裕可感可享可获得。

第四，拓展社会责任边界：在精神共富、双碳责任履行等方面积极作为，为实现更加全面的共同富裕发挥作用。

企业是推动我国经济发展不可或缺的力量，在实现共同富裕的过程中能够起到重要的推动作用。随着共同富裕目标的提出，我们看到越来越多的企业发挥自身资源与技术能力优势，积极承担社会责任，在保障自身高质量发展过程中，关注利益相关方的需求，赋能欠发达地区，帮扶弱势群体，打造公平的分配环境，彰显了国有所需、民有所呼、企有所应的使命担当。

资料来源　叶日者. 共同富裕视野下的企业社会责任履行［EB/OL］.［2023-06-28］. http: //www.rmzxb.com.cn/c/2022-11-18/3243253.shtml.

本章小结

本章重点介绍了企业社会责任的基本概念和发展历程，首先明确了企业社会责任的三大基本功能、企业社会工作和企业社会责任之间的具体联系及优势互补之处；其次阐述了企业社会工作者在具体的企业社会工作中扮演了哪些角色来协助落实企业社会责任；再次对我国企业社会责任实施状况进行了详细阐述，包括发展历史、发展现状、存在的问题；最后综合讨论分析了企业社会工作能够介入企业社会责任的几大优势以及企业社会责任需要企业社会工作的必要因素。

复习思考题

（1）什么是企业社会责任？

（2）企业社会责任的三大功能是什么？

（3）简述企业社会工作和企业社会责任的内在联系。

（4）企业社会工作者在企业社会责任实施中扮演什么样的角色？

（5）结合我国国情，分析我国企业社会责任的发展现状以及未来的发展方向。

案例分析题

中国大唐发布《2020年社会责任报告》

中国大唐集团有限公司（以下简称中国大唐）成立于2002年12月29日，是中央直接管理的国有特大型能源企业，注册资本370亿元，主要业务覆盖电力、煤炭煤化工、金融、环保、商贸物流和新兴产业。2021年7月28日，中国大唐面向社会公开发布《2020年社会责任报告》，这是中国大唐自2007年以来发布的第15份报告。

2020年，面对新冠肺炎疫情带来的重大挑战，中国大唐坚定担当中央企业的责任使命，自觉服务“六稳”“六保”工作大局，取得了积极成效。《2020年社会责任报告》从“价值、安全、绿色、创新、开放、共享”六个方面，多角度展现了中国大唐深入贯彻落实“四个革命、一个合作”能源安全新战略、推动可持续发展的履责实践和履责成效。

该报告显示，截至2020年，中国大唐的发电装机容量为1.59亿千瓦，当年完成发电量5 604亿千瓦时，年度利润总额达到138.69亿元，较2019年均实现了增长。

中国大唐以打造“绿色低碳、多能互补、高效协同、数字智慧”的世界一流能源供应商为愿景，持续加大新能源开发力度，助力“碳达峰”“碳中和”目标实现。2020年，新能源项目投产820万千瓦，开工546万千瓦，创历史最高纪录；清洁能源占比达到38.2%，较2019年增长了1.9%；超低排放机组占煤电机组比重达到98.8%，居行业前列。

该报告还展现了中国大唐努力与社会各界实现共进共赢的行动与绩效。“十三五”期间，中国大唐向贫困地区投入帮扶资金14.48亿元，援建扶贫项目

1 699 个，助力 38 万人口脱贫，连续 3 年在中央单位定点扶贫考核中获得最高的综合评价成绩“好”。在国际化发展方向，积极响应“一带一路”倡议，坚定不移“走出去”，2020 年首个境外收购项目落地，开启海外业务新篇章。中国大唐热心公益事业，为构建和谐社会贡献力量，截至 2020 年，连续 14 年举办企业开放日，连续 4 年面向中小学生开展“大唐启明星课堂”活动，受到广泛欢迎和良好评价。

作为联合国全球契约组织会员企业，中国大唐对标联合国 2030 年可持续发展目标，回应社会各界关注与期望。该报告推出了 36 个履责案例故事，并引入“二维码”延伸阅读，链接部分媒体的报道，进一步提升了工作透明度。

据悉，中国大唐还将 ESG 纳入了推动企业履行社会责任的重点工作，首次以“1+6 报告集群”的方式进行报告发布，除集团公司发布报告外，所属 5 家上市公司及海外投资公司分别发布《社会责任报告》或《环境、社会及治理报告》（《ESG 报告》），以此全面提升企业社会责任履责能力与工作成效。

资料来源　杨柳. 中国大唐发布 2020 年社会责任报告［EB/OL］.［2023-06-23］. http：//www.xinhuanet.com/energy/20210728/f39acb5eec7845cd8c40a549104b53bf/c.html.

讨论题：

（1）中国大唐是怎样具体实施企业社会责任的？体现了企业社会责任的哪些具体功能？

（2）在履行企业社会责任的过程中，中国大唐兼顾了哪些群体的利益？

（3）结合本章的知识，讨论企业社会工作者在本案例中发挥了怎样的作用。

第 2 章案例分析提示

第3章　人力资源与社会工作

学习目标

✓ 了解人力资源发展经历了哪几个阶段；
✓ 掌握人才胜任力模型；
✓ 了解职业生涯规划管理；
✓ 掌握企业社会工作引导的职业生涯规划；
✓ 了解绩效管理；
✓ 了解薪酬福利管理；
✓ 了解薪酬福利的分类；
✓ 掌握社会工作如何介入薪酬福利管理；
✓ 了解劳动关系；
✓ 掌握解决劳动争议的处理机制。

引例

让人力资源成为人力资本

一家公司招募了一个新员工，在招聘时其条件完全符合公司要求，但试用期结束时，该员工未能完成公司的工作，因而被解聘，这是谁的过错？公司？员工？我们很难说这完全是一方面的过错，但我们知道，对同一个员工来说，将其视为资本或视为资源会有完全不同的结果。现在让我们来看看孙先生的故事：孙先生大学毕业后应聘到X公司做销售员，3个月过后，被“炒了鱿鱼”；于是，孙先生又来到Y公司，销售业绩很不错，不到一年，就被提升为销售主管。同样一个人，为什么会有如此不同的表现？让我们一起去看看在招聘过后，X、Y公司分别做了些什么。

孙先生来到X公司后，人力资源部让他填写了各种表格，然后，就让他到销售部上班。销售经理将一摞产品和公司介绍资料给了他，安排他去行政部领了笔、笔记本等用具，向他介绍了部门的其他同事，最后，给他下达了销售指标，并让他坐到办公桌旁开始工作。孙先生没有销售经验，由于拿到的资料是公司发给客户的宣传资料，对产品的介绍很简单，孙先生对产品是什么也不甚了解，只能自己瞎闯，结果3个月过去了，仍是一头雾水，不要说完成销售任务，根本就没开张，结果被"炒了鱿鱼"。在Y公司，孙先生有不同的经历。他到人力资源部报到后，人力资源部对他进行了关于公司文化、公司发展史、公司规章制度等方面的培训，使孙先生对公司有了全面的了解；到了销售部，他又接受了产品知识、销售技巧等方面的培训；随后销售经理亲自带他到销售现场观摩销售过程，在这之后，才让他独立进行工作。在每周的销售例会上，销售经理还会不断组织大家对销售中的疑难问题进行讨论，帮助大家解决问题，不断提高大家的销售能力。Y公司还引入了第三方企业社会工作，帮助员工解决工作以及生活中的各类问题。孙先生在这种周到的训练和辅导下，很快就入了门，加上孙先生勤奋敬业，销售业绩迅速上升，渐渐成为销售员中的佼佼者。

资料来源　肖义玲. 让人力资源成为人力资本［J］. 时代经贸，2012（20）.

3.1 人力资源管理发展

3.1.1 人力资源管理的发展阶段

人力资源管理的实践活动历史悠久，但是它作为一种科学的管理理论是近代工业革命的产物，它的每一次变革都是以社会发展和科学技术进步为推动力的。关于人力资源管理的发展阶段，主要代表观点有：①

（1）以管理的历史背景划分的六阶段论

以华盛顿大学的弗伦奇为代表的一些学者认为，人力资源管理大致经历了科学管理运动阶段、工业福利运动阶段、早期工业心理学阶段、人际关系运动阶段、劳工运动阶段、行为科学与组织理论阶段六个阶段。

（2）从管理功能角度划分的四阶段论

以美国人力资源管理大师、科罗拉多大学的韦恩·F. 卡肖为代表的学者，认为人力资源管理大致经历了档案保管、外部政府职责、内部组织职责及战略伙伴四个阶段。

① 刘福成. 人力资源管理［M］. 合肥：中国科学技术大学出版社，2014.

(3) 两阶段论

以赵曙明为代表的国内学者从传统人事管理和现代人力资源管理之间的差异性角度，将人力资源管理的发展历史划分为人事管理和人力资源管理两个阶段。

本节从管理的历史发展过程把人力资源的发展划分为经验管理阶段、科学管理阶段、工业心理学阶段、人际关系运动阶段、现代人力资源管理阶段五个阶段。

1）经验管理阶段

经验管理阶段是指18世纪后期到19世纪末。蒸汽机的发明标志着第一次产业革命的发生，促进了资本主义工厂制度的兴起。工业逐步脱离农业成为一个独立的产业，导致大量农村人口涌入城市，工厂开始面临大量的劳工管理问题，又推动了雇佣部门的出现，劳工管理开始成为工厂管理的重要任务。

这一阶段人事管理的主要特点有：①由于当时需要大量劳动力，雇佣工人是人事管理的主要任务。机器的采用产生了劳动分工，人事管理开始着手解决工厂内部劳动分工与协作问题。②由于存在雇佣劳动，因而出现了不做工的监工，人事工作开始由专人管理。管理人员的主要任务是招工、安排工作、发放工资、强迫和监督工人劳动。③工人和管理者的距离和矛盾越来越大。

在经验管理阶段，由于缺乏科学管理方法，雇主完全凭借自己的经验来管理工厂和工人。

2）科学管理阶段

科学管理阶段是指19世纪末至20世纪初。欧洲工业革命促进了大机器生产方式的形成，使生产效率大幅度提高，劳动分工进一步明确，由此产生了对工人进行科学管理的需要，推动了管理全面进入科学管理阶段。著名的代表人物是美国的弗雷德里克·温斯洛·泰勒（Frederick Winslow Taylor，1856—1915）[①]。泰勒科学管理的内容有：①工作方法的标准化；②工作时间的标准化；③挑选和培训工人；④实行"差别计件工资制"；⑤明确划分计划职能与作业职能。德国社会学家马克斯·韦伯（Max Weber，1864—1920）[②]发展出一种权威结构理论，描述了官僚行政组织的理想模式，并因此被称为"组织理论之父"。这一阶段人事管理有如下三个特点：

(1) 劳动计量标准化

开始对工时、动作进行规范化和专业化管理，强调用"最优的方法"去完成任务，建立了定额、定时工作制，开始按照标准方法对劳动成果进行计算。

(2) 有计划地培训

由于劳动计量标准化的实行，管理人员能够按照标准方法对劳动效果进行计

① 弗雷德里克·温斯洛·泰勒，美国著名管理学家、经济学家，被后世称为"科学管理之父"，其代表作为《科学管理原理》。

② 马克斯·韦伯，德国著名社会学家、政治学家、经济学家、哲学家，是现代最具生命力和影响力的思想家之一。

算，这就为标准化的培训提供了条件，使对工人的工作分配与岗位安排更为科学合理。

（3）劳动人事管理专门化

随着管理职能和作业职能的日益分化，出现了劳动人事管理部门，其功能也有所扩大，负责雇佣工人以及人员的配置与协调。

3）工业心理学阶段

工业心理学阶段是指20世纪初至第二次世界大战。20世纪初，与泰勒对效率的极度关注不同，工业心理学更加关注工作和个体的差异。管理学家发现人们在金钱、物质之外，还有别的需求。哈佛大学的教授埃尔顿·梅奥（Elton Mayo，1880—1949）[①]于1924—1932年在西方电气公司设在伊利诺伊州西塞罗的霍桑工厂实施了霍桑实验。梅奥的主要思想为：①人的行为与人的情感有密切关系；②社会关系对个体行为有重要影响；③企业中同时存在正式组织和非正式组织；④金钱不是决定产出的唯一因素，群体规范、安全感和士气对产出同样影响巨大。工业心理学强调人的作用、需求、动机、相互关系和社会环境等对管理活动的影响，研究如何处理好工人之间的关系，协调好人与企业的目标，激发人的主动性和积极性，以提高工作效率。在工业心理学的影响下，这一阶段人事管理思想有如下特点：

（1）承认人的社会属性

这一阶段开始萌发对人性的关注和尊重，承认人除了基本的生存和安全需要外，还有社会、心理和精神方面更多、更高的需求；承认除了物质和金钱对人有刺激作用外，精神的、情感的关怀也对人有激励作用。

（2）承认非正式组织的存在

非正式组织作为一种未经官方规定的、自然形成的无形的组织，其自然形成的规范对成员的行为有很大的调节作用。

（3）承认管理的艺术性

将工业心理学引入人事管理，提倡以人为核心，改善管理方法；承认对不同的人要用不同的方法，开始重视工会和民间团体的利益和作用。

4）人际关系运动阶段

人际关系运动阶段是指第二次世界大战后至20世纪70年代，其重点是改善员工关系。这一时期劳资矛盾、人际关系、工作满意度等问题凸显。根据梅奥等人的研究，人际关系运动坚信冲突不是天生的，而是恶劣管理的结果，主张通过改善对人的管理，协调人际关系，提高企业的生产效率。彼得·德鲁克（Peter F. Drucker，1909—2005）是当代西方影响最大的管理学家之一，被尊为“大师中的大师”“现代管理学之父”。德鲁克的主要观点有：①目标管理（MBO）；②商业

---

① 埃尔顿·梅奥，行为科学的奠基人、美国管理学家。

模式；③有效的管理者（知识管理者）；④企业家精神；⑤直觉和创造精神、冒险精神等。这一阶段人事管理思想有如下特点：

（1）人事管理规范化

人事管理在这一阶段从内容到职能都有很大的发展，对薪酬、绩效、劳资关系、福利和培训等职能管理明显增强，大量企业都设置了专门的人事部门，在管理方法上也逐步规范。

（2）强调均等就业机会

随着对人性的关注和尊重，人们开始强调均等就业机会，反对性别歧视、年龄歧视、种族歧视，使更多的人获得就业机会。

（3）人事管理法规出台

1964年，美国出台的《民权法案》第7章“公平就业机会法案”（EEO）标志着人事管理开始进入一个严格规范的时代。这对于人事管理的规范和向人力资源管理过渡产生了极大的推动作用。

（4）弹性管理

随着科学技术的发展，人事管理的方式也发生了较大的变化，弹性管理被运用到部分企业和部分特殊岗位上。

5）现代人力资源管理阶段

从20世纪70年代到现在，管理学科进入了“管理理论丛林”。彼得·德鲁克作为经验主义的代表人物，他的管理思想在这个阶段产生了重要影响。人本主义学派认为，组织应当采用人本管理模式，坚持“以人为中心”和“人是第一资源”的理念。在发挥员工在组织中的个人作用的同时，强调团队所起的作用；鼓励员工在组织中得到发展，认为个人发展对组织是有益的。传统的人事管理以任务为中心，对人实行刚性管理，工业时代的标准化、大型化、集中化仍然在相当程度上影响和左右着人事管理的思想和方法。随着科技进步和社会发展，人们更多地要求管理人性化和个性化，以人为本、柔性管理。现代人力资源管理与传统人事管理相比，有以下三个重要转变：

（1）以人事为中心的管理转变为以人为中心的管理

传统人事管理以事为中心，以任务为中心，受工业时代标准化、大型化、集中化的影响。现代人力资源管理建立在以高科技为支撑、以智力资源为主要支柱的经济形态基础上，知识经济引起了组织形式的巨变，组织对掌握先进知识和技术的员工的依赖以及员工工作场所体现的不同特点、员工不同层次的需求，都要求不断改变人力资源管理策略和方法，实行以人为本的管理，从而使组织不断发展。

（2）以管理为主转变为以开发培训为主

现代人力资源管理理论认为，对员工进行培训，应与员工的个体特征紧密相联，如个性特征、自我概念、价值观等，反映了个人与组织之间的关系。劳动生产率的提高有赖于对核心员工的培训，它在提高现代人的生产水平上发挥的巨大作用是其他任何管理主张都难以实现的。

（3）刚性管理转变为柔性管理

现代人力资源管理鼓励员工自我管理，员工和组织是一种荣辱与共、相互依赖的关系。这种心理契约的基础是员工的工作能力和员工的责任，而不是家长式的管理。由于顾客需求的多样性、劳动力资源的多元化、外部环境的复杂化，原先僵化的规则、管理和结构早已不能适应组织的要求。这就需要根据客户多样化和不定时的需要，迅速重新配置人员和物质资源来解决问题。

另外，现代人力资源管理开始重视团队建设，重视协作和沟通，让员工参与管理成为组织追求的目标。

3.1.2 人力资源管理的扩展

近半个世纪以来，生产社会化进程的加快，特别是信息技术的蓬勃发展，给传统人力资源管理带来了前所未有的挑战。企业不断加大在薪资福利上的投入，但是对挽留优秀员工来说收效甚微。企业社会工作站在员工的角度思考问题，给了人力资源管理新的、巨大的理论支撑：人力资源管理和企业社会工作都强调以人为本，基本价值观在理论上趋同，同时，在员工满意度上，社会工作为人力资源管理提供了新方法、新技术和新思路。

国外企业人力资源管理从其基本职能中的评估、选拔、培训、考核、奖罚激励，到作为战略系统视野中的人力资源，很好地引入了在西方已经发展了100多年的企业社会工作的专业方法。对于西方企业以及我国港台地区的企业来说，企业社会工作早已是企业中“关于人的问题”必不可少的一个基本组成部分。与人力资源管理的传统模式不同，西方企业中的企业社会工作秉承专业社会工作的基本精神，以“助人自助”为基本宗旨，运用一切有效的专业方法和专业技术，帮助人们尽量挖掘自身的潜力，争取更好的外部环境，并使“增能”和“增权”两种目标处于恰当的平衡之中。

作为在西方企业界发展得比较完善的企业社会工作实务之一，员工援助计划（EAP）目前在国内企业也得到了长足的发展。尽管EAP在国内的成功引入还存在种种困难和障碍，但其实质性操作可以被看作国内企业社会工作的一个良好开端，也是企业基于专业企业社会工作的人力资源扩展模式发展的一个基础。我国引入专业社会工作的历史还不长，还存在种种急需解决的理论和实际问题，这是目前我国社会工作界的基本共识。而企业社会工作在我国更是一个全新的领域，从目前国内少数已经开展EAP项目的企业经验以及一些外资企业开展企业社会工作的现状来看，需要找到我国企业社会工作的契合点或适当途径，基于企业社会工作与企业人力资源管理的共同目标，在理念、方法和管理技术上达成二者的互相协作，使企业以员工为中心，尊重员工的价值和情感，强调员工潜能的激发，发挥每个人的特长，体现每个人的价值，最终通过提高员工的生产率为企业经营者创造更多价值。企业可以通过引入专业的企业社会工作方法，解决企业及其员工存在的或可能存在的与企业发展不适应的各种问题，通过改善或协调这种不适应，为提升企业竞争力服务。企业社会工作者能从专业的角度出发，将社会工作价值观念、方法技术应用于人力资源管理，与人力资源管理者一起为组织和员工提供更为专业的服务。

目前，企业社会工作者能够在人力资源管理的各个工作环节，如招聘与配置、员工关系、员工培训、职业生涯发展、员工福利等方面发挥其功能，通过专业方法改善工作环境和解决员工面临的生理、心理、家庭和社会问题，提高对企业和员工的服务水平。企业社会工作机构及企业社会工作者通过胜任解决人力资源问题的各种角色，扩展人力资源管理模式，这些角色大致可以概括为协助者、协调者、使能者、促进者以及革新者等。

3.2 企业社工人才胜任力模型

3.2.1 胜任力的概念释义

从字面理解，胜任力指能力、技能。在学者的研究与企业的管理实践领域，胜任力又被称作能力、素质、资质、才干等。

胜任力是驱动员工产生优秀工作绩效的可预测、可测量的各种特征的集合，是可以通过不同方式表现出来的知识、技能、个性和内驱力等。胜任力是判断一个人能否胜任某项工作的起点，是区别绩效好坏差异的个人特征。

上述胜任力概念中有三个关键点：

①相关性，即凭借胜任力能够产生优秀的工作绩效，因此胜任力与工作绩效是相关的。

②可预测，即依据胜任力可以预测一个人能够胜任某项工作或能够取得好的工作绩效。

③可测量，即胜任力是可以通过行为表现出来的各种特征的集合，包括表象的和潜在的，这两个层面的特征之间是相互驱动关系，胜任力可以用一些特定的标准来测量。

3.2.2 胜任力的构成要素

1）胜任力冰山模型

该模型是由美国学者莱尔·M.斯潘塞博士提出的，他认为胜任力的布局（如图3-1所示）由“水平线上”和“水平线下”两部分构成。其中，在“水平线上”的行为相对容易观察与评价，而在“水平线下”的潜在的其他特征，如感受、感受的感受、观点、期待、渴望、自我等因素是看不到的，必须由具体的行为才能推断出来。

图 3-1 胜任力的布局

该模型在实际应用过程中被不断优化和完善，其中最具有代表性的是华夏基石咨询公司。该公司针对组织的运作流程，对胜任力模型中的各个要素进行了细化，将胜任力分层细化为全员核心胜任力、专业胜任力、关键岗位胜任力和团队结构胜任力。

（1）全员核心胜任力

所谓全员核心胜任力，就是基于组织的战略和文化，需要全体成员具备的核心胜任力。一般情况下，全员核心胜任力是与公司所在行业、核心价值观直接联系的能力。全员核心胜任力的提取方法通常以“战略与企业文化演绎”为主，辅以“关键职能与核心流程分析”“优秀员工行为事件访谈”“标杆机构胜任力模型研究”的方法。

（2）专业胜任力

除了要具备全员核心胜任力外，企业员工还要具备从事专业工作所需的专业胜任力。专业胜任力是与所从事的工作领域直接联系的，是面向职类的，是针对一类人职业发展的要求所提炼出来的素质。专业胜任力的获取以“关键职能与核心流程分析”为主，辅以“优秀员工行为事件访谈”“战略与文化演绎”“标杆机构胜任力模型研究”的方法。

（3）关键岗位胜任力

关键岗位胜任力是指对组织战略实施具有关键作用的岗位的任职者需具备的胜任力。关键岗位胜任力与所从事的具体工作相联系，是在专业的基础上体现职类中具体岗位特点的胜任力，更多地强调基于岗位要求的胜任力要素的结构化匹配。关键岗位胜任力的获取以“优秀员工行为事件访谈”为主，辅以“关键岗位职责分析”“标杆机构胜任力模型研究”的方法。该胜任力适合那些岗位相对固定的流程型组织。

（4）团队结构胜任力

团队结构胜任力是指团队成员之间基于合作的前提，需要具备不同质的胜任力，如团队中需要具备解决冲突能力的成员，也需要善于做决策的成员，还需要执行力强的成员等。团队结构胜任力与所在团队的职能与任务直接联系，是面向跨职能、跨部门团队的一群人基于某个特定时期的特殊任务所要求的胜任力。它的获取以“团队职能任务分析”为主，辅以“优秀员工行为事件访谈”、“战略与企业文化演绎”以及“标杆机构胜任力模型研究”的方法。该胜任力适合那些岗位不稳定、强调角色和团队协作及任务执行的网络型组织。

综上所述，组织中的人员应具备的分层级的胜任力=全员核心胜任力+专业胜任力+关键岗位胜任力+团队结构胜任力。

2）胜任力洋葱模型

与胜任力冰山模型相似的是胜任力洋葱模型（Boyatsiz，1982），如图3-2所示。它由内至外说明了胜任力的各个构成要素逐渐可被观察、被测量的特点。

（1）动机

动机是推动个人为实现一定目标而采取行动的内驱力。动机会推动并指导个人行为方式的选择，朝着有利于目标实现的方向前进，并且防止行为发生偏离。

（2）个性

个性表现出来的是一个人对外部环境与各种信息等反应的方式、倾向与特性。个性与动机可以预测一个人在长期无人监督的情况下的工作状态。

（3）自我形象与价值观

自我形象是个人自我认知的结果，是指个人对自身的看法与评价。一个人对自我的评价主要来自自身与他人的比较，而比较的标准即其所持有的价值观。因此，自我形象不仅是一种自我观念，也是在个人价值观范畴内对这种自我观念的解释与评价。这种价值观既受到个人过去与现在观念的影响，也与其所处的生活、工作环境中他人的观念不无关系。自我形象作为动机的反应，可以预测短期内有监督条件下一个人的行为方式。

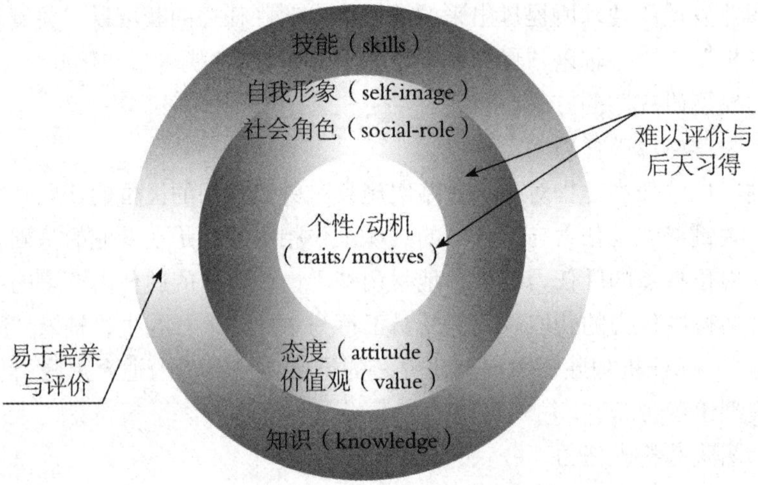

图 3-2 胜任力洋葱模型

（4）社会角色

社会角色是个人对其所属的社会群体或组织接受并认为是恰当的一套行为准则的认识。个人所承担的角色既代表了他对自身所具备特征的认识，也包含了他对他人的期望的认识。社会角色是建立在个人动机、个性与自我形象基础上的，表现为一种个人一贯的行为方式与风格，即使个人所在的社会群体或组织发生变化也不会有所改变。

（5）态度

态度是一个人的自我形象、价值观以及社会角色综合作用外化的结果，它会根据环境的变化而变化。在某种情况下，一个人可能表现得积极，但是在另一种情况下，此人又可能变得很懒散。事实上，这种态度的变化本质上是个人动机、个性等相对持久、稳定的因素与外部环境相互作用的结果。当作用力一致时，态度对达成预定目标就是有利的；反之，则是不利的。

（6）知识

知识是指一个人在某一个特定领域所拥有的事实型和经验型的信息。

（7）技能

技能是指一个人结构化地运用知识完成某项具体工作的能力，即对某一特定领域所需技术与知识的掌握情况。考试分数之所以常常与工作绩效表现相去甚远，正是因为分数并不能作为衡量知识、技能在实际工作中应用效果的标准。另外，技能的运用一定会产生某个可测量的结果，这与胜任力本身的概念也是一致的。

3.2.3 企业社会工作者的素质要求

随着社会工作不断发展进步，社会环境中的影响因素日益增多且相互作用，社会工作日益显现出多样化、复杂化的趋势。为了确保社会工作顺利、有效地完成社会赋予它的使命，就需要从事这一职业的专业人员具备较高的综合素质。社会工作者的综合素质是由训练和实践而获得的与社会工作专业相关的技巧或能力的总和。一名成熟的企业社会工作者应是发现社会问题、综合系统资源、解决实际问题的全能好手。这就在教育背景、知识结构、综合能力、道德素养、身体状况与心理素质等诸多方面对社会工作者提出了具体的要求，如图 3-3 所示。

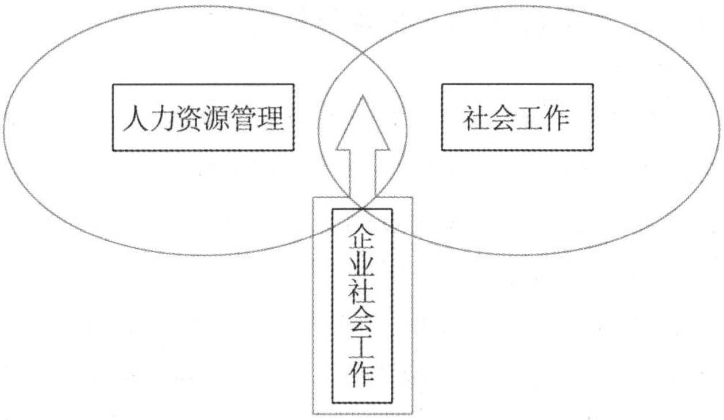

图 3-3 综合技能模型图

1）人力资源专业人员的胜任素质

作为一名合格的企业社会工作者，必须具备一定的人力资源管理的相关知识和能力。人力资源专业人员的胜任素质可以具体分为以下几项：

（1）经营知识

所谓经营知识，并非指管理所有业务工作的能力，而是指理解这些业务功能的能力，即理解公司的组织架构、业务特长、组织愿景、文化特色和业务流程等；关注业务发展变化趋势，知晓组织经营企划的框架，了解财务报表的构成；能就竞争者优劣势分析、市场营销知识和网络信息进行交流；熟悉公司的产品和服务，能系统思考公司的整体运作等。简而言之，要想成为有价值的商业伙伴，相比直线管理人员需要理解人力资源的程度来说，人力资源专业人员应更多地了解和理解经营与业务。

（2）人力资源管理实践活动的传导

能设计人力资源管理的相关制度，如薪酬制度、绩效管理制度、培训发展制度、招聘选拔制度等；善于和相关部门沟通、协调，尤其是人力资源改革方案的宣导、解释和执行过程的跟踪、落实；精于激励的诸多方法，有良好的领导艺术，长于吸收别人的建议，富有合作精神。就像任何其他专业人员一样，人力资源专业人员应该是所从事行业的专家。因此，人力资源专业人员必须投入大量的时间，持续不断地跟踪人力资源理论中出现的新内容，并且要有足够的灵敏性，将其灵活地运用到工作实践中去。

（3）管理变革

管理变革能力包括积极参与组织创新、变革的活动，有较强的展示、演讲才能，有专业咨询的素养，能快速理解创新的关键环节和推动程序；有组织团队、激励员工的技巧和能力，善于平衡、协调、处理不同意见和改革中的矛盾；能预测变革的趋势、可能存在的问题和相关利益的得失，并将这些变数结合管理变革的进程加以考虑，有前瞻性。如果人力资源专业人员能够很好地管理变革，他们将体现出以下能力：诊断问题的能力，与客户建立关系、准确无误地表达观点、设立领导工作议程表、解决问题以及实现目标的能力。

（4）管理文化

管理文化能力是指在组织中，注重组织规章的制定、宣导和执行，有完善的组织管理制度的书面成果，如组织合理化建议制度的设计、推广；组织奖励制度的修改、完善；参与组织重大管理制度的起草、沟通和关系协调，如薪酬制度的改革方案起草，薪酬方案的沟通、宣导和执行；主动了解客户需求，并提供相应的技术服务，完善对客户的服务流程，建立良好的客户关系；善于与员工合作，易于和大家知识共享。管理研究人员约翰·科特（John Kotter）和詹姆斯·赫斯克特（James Heskett）发现，文化气氛浓厚（通过员工对公司价值理念的共享程度来进行测量）的公司往往能取得更高的绩效。其所产生的员工行为会逐渐地被融入公司的文化中去，并成为公司文化的组成部分。从这个意义上说，高绩效的人力资源战略就是高绩效企业文化第一位的指标。人力资源专业人员必须明白他们是“文化的守护者”，他们的影响远远超过他们的业务领域。

（5）个人诚信

如果说以上四个领域可以被看作人力资源专业人员胜任力的四大支柱，那么个人诚信则可以被认为是支撑这四大支柱的地基。无论是在业务工作中，还是在业务工作之外，成功的人力资源专业人员都被认为是值得信赖的人。我们认为，个人诚信包括三个方面：

第一，它要求人力资源专业人员“生活在”公司的价值观念之中，当然，他们应该是始终如一的“文化守护者”。常常让人力资源专业人员挠头的公司价值观有：思想开放、坦白直率、担任团队角色的能力、对他人的尊重程度、流程执行以及对自己和同事坚决主张的最高绩效。如果人力资源专业人员在其工作中不具备这些价值观的话，那么他很难期望同事给予自己更多的信任。

第二，倘若人力资源专业人员和同事之间的关系已经建立了可信任的基础，人力资源专业人员就建立了自己的可信度。如果人力资源专业人员在管理团队中担当有价值的伙伴角色，能和管理小组融为一体，则无须借助权力就能和团队成员很好地合作以及影响团队成员。如果人力资源专业人员对公司的经营目标给予非常积极的支持，那么人力资源专业人员与其他人员之间的信任关系就能更快地建立起来。

第三，如果人力资源专业人员以“一种态度”行事，就能赢得其同事们的尊重。这里的“一种态度”就是对如何开展业务有自己的见解，支持论证充分的观点，提出创新、主动的想法和解决方案，鼓励对关键问题进行争论等。

研究人员分析了前述人力资源专业人员胜任力的五个领域对人力资源管理全面绩效的影响。表 3-1 描述了这些胜任力的行为指标，反映了这些胜任力在人力资源专业人员工作效率贡献中的位次。所有这些胜任力都被认为是人力资源专业人员的重要胜任力。研究人员按从低到高的顺序对重要性进行了排序：懂业务（帮助人力资源专业人员融入管理团队之中）；掌握人力资源管理实践（让人力资源专业人员明白什么是最好的人力资源管理实践，并做到最好）；管理文化（帮助塑造公司的特性）；管理和适应变革（帮助“促进变革情况的发生”）；展示个人诚信（赢得尊重和信任）。这种排序在各行业、对不同的人力资源专业人员以及在特殊领域中都具有真实性。

表 3-1　**人力资源专业人员胜任力在各领域的描述及相对重要性**

胜任力领域	重要性排序（1=最高）	具体的胜任力（按重要性排列）
个人诚信	1	成功的职业记录
		赢得信任
		逐步培养员工自信心
		与关键客户关系融洽
		表现出高度的正直
		关注重要问题
		以有效的方式表达复杂的想法
		适当地冒险
		不带偏见地评论
		对企业问题有洞察力
管理变革	2	易与他人建立起相互信任的关系
		有远见
		在引导变革上起着主动、领先的作用
		和他人建立相互支持的关系
		激发他人的创造力
		把特殊问题放到最大系统中考察的能力
		识别成功业务的核心要素

续表

胜任力领域	重要性排序 （1=最高）	具体的胜任力 （按重要性排列）
管理文化	3	在组织中与他人分享知识
		文化转型过程中的支持者
		把所期望的文化转化为具体行为的能力
		挑战现状
		确定公司的经营战略所需要的文化，并以激励员工的方式设计文化
		鼓励主管的行为与所期望的文化保持一致
		重视内部文化以适应外部客户需求
人力资源实践活动的宣导	4	进行有效的口头交流
		传达
		将清晰而一致的信息传递给一同工作的经理们
		进行有效的书面交流
		推动组织重建的工作
		制订组织发展计划以推动变革
		促进内部沟通过程的设计
		吸引合适的员工
		设计薪酬体系
		推动客户意见的传播
经营知识	5	理解人力资源管理实践
		理解组织结构
		理解竞争者分析
		理解财务金融
		懂得市场营销和销售
		懂得计算机信息系统

2）企业社会工作者的胜任素质

企业社会工作者必须具有社会工作者的专业知识并满足基本的素质要求。由于企业社会工作者是依托于企业的，这体现了一种独特性，要求企业社会工作者不仅要深知服务对象的多样性，还要有意识地了解公司的特殊性，关注公司的发展，从而开展社会工作。

（1）企业社会工作者的知识结构要求

企业社会工作者接触的是来自公司各个层面的服务对象，他们的背景、职业、生活方式、习惯爱好均有较大的差异。只有当企业社会工作者对其有大致的了解时，才有可能与不同的对象实现有效的沟通与交流，而这种人际沟通又往往是解决问题的关键所在。企业社会工作者只有掌握更多的基础知识，才能增强自己的适应能力，处理各种复杂状况，达到以不变应万变的效果。企业社会工作者应具有基础知识功底，为在专业方面更加深入和完善自己做好准备。

随着社会工作专业性的增强，当代的社会工作已不同于初期基于同情、仁爱等情感道德的自发的救济活动。专业的社会工作在强调职业道德和职业情感的同时，还特别重视助人活动的科学性和有效性，而要达到这一目的就必须依赖在长期实践中积累的对社会工作理论和实务规律性的认识及其概括和总结。因此，一名合格的社会工作者除了要具备一定的基础知识外，还应具备良好的专业知识。

（2）企业社会工作者的能力要求

社会工作是一项务实的工作，其核心价值是在实际生活中帮助受助对象和解决问题。社会工作者作为一种复合型人才，在社会工作实务中不仅要面对面地直接与需要其帮助的对象接触、互动，还要作为服务对象的利益代表为他们奔走呼吁，争取资源，同时承担改进和创新服务、沟通各社会机构及服务系统之间的网络、满足受助对象的社会需求的责任。社会工作者肩负多种任务的特性决定了要顺利高效地完成他们的工作，多方面、高水平的综合能力是必不可少的。

①社会交往能力。

简单地说，社会交往是在社会中人与人的往来与接触，是人们为了实现自己的目标而进行的相互影响的社会活动方式。人的本质在于人所具有的社会属性。人若想使自己的社会需求得到满足，就必须进行有效的社会交往。社会工作是以人和社会为主要内容的专业。社会交往对社会工作者来说尤为重要，高效的社会交往是完成日益艰巨复杂的社会工作任务的保障。这就要求社会工作者具备熟练、专业的社会交往能力。

首先，企业社会工作的受助对象来自社会的各个行业、各个企业。与不同职业群体、不同社会阶层、不同年龄阶段、不同文化背景、不同生活方式的服务对象都能够进行有效的沟通，是企业社会工作者必备的素质。例如，在与不同的受助对象的沟通中，企业社会工作者如何从其讲述的内容、言谈方式、用口头语言和肢体语言传达的信息来准确把握服务对象叙述的内涵，如何与服务对象进行态度与情感的互动，建立更有利于工作开展的合作关系等都是对企业社会工作者应具备的社交能力的具体要求。

其次，企业社会工作者不仅要向需要帮助的个人和群体提供帮助，同时还需与帮助和服务的人、企业、团体交往。因此，一名优秀的企业社会工作者在社会交往方面必须是多面手，合理、得体、娴熟地在公司资源和社会资源的供需两端进行协调与联络，达到社会工作的目的。

②组织能力。

企业社会工作者的服务对象往往不是个人，如在团体社会工作与社区社会工作中，服务对象是以群体形式出现的，因此，企业社会工作者需具备很强的组织能力，能在不同的工作环境中工作自如。

第一，在团体社会工作中。对象群体中个体成员的目标并不相同，不一定与团体目标相符。社会工作者要结合成员各自的利益，根据团体的具体需要考查团体的发展，拟订工作计划，组织可以被大多数成员接受的活动项目。同时，在活动开展过程中，企业社会工作者应充分运用自己的组织能力领导和管理团体。企业社会工作者是团体工作的中心人物，应使对象群体对企业社会工作者保持充分的信心。在处理各种工作时既要突出重点，又要照顾一般，使对象群体中的每一个成员都能认识到自己的潜能，积极主动地改善自己的状况，拓展自己的活动范围，实现团体社会工作的目标。

第二，在社区社会工作中。企业社会工作者从事社区工作有两大目标：一是进行资源的调配；二是发动员工。其具体工作包括调查社区的资源以及企业员工的需要，制订企业发展方案，利用企业的人力、物力、财力满足社区的需求。由此可见，组织协调是社区工作的主要内容。企业社会工作者是否具有较强的组织能力对其能否在企业内顺利地开展工作有着决定性作用。企业社会工作者应根据公司发展的实际情况，发挥自己的组织能力，通过在公司内部组织开展各种活动，增强员工的归属感和凝聚力。

③公关能力。

由于社会工作是一个年轻的专业，因此并不为社会大众所熟知。而企业社会工作更是一个崭新的职业，所以向员工、社会团体、有关政府部门及企业介绍和提供社会工作专业的资料成为企业社会工作者的基本任务之一。同时，企业社会工作者要顺利地开展社会工作，也需要获得企业在物质上的支持和员工在精神上的支持。以上任务的完成都要求社会工作者具备良好的公关能力，善于搞好社会工作的公共关系，进一步得到广大员工对企业社会工作的关心与支持。

（3）企业社会工作者的心理素质

社会工作是一个复杂的过程，在开展工作的同时必然会遇到这样或那样的困难，这就要求社会工作者在具备以上各种素质的同时，还要有良好的心理素质。

首先，受中国社会文化的影响，人们对接受外界的帮助存在一定的障碍。在中国人看来，当遇到困难时首先会向亲戚朋友寻求帮助，对外人存在戒备心理。企业社会工作者在工作中时常会出现工作对象不配合的情况，尤其是当服务对象为非正常人群时，他们在意识与价值观念上偏离社会正常的轨道，这就要求企业社会工作者具备忍辱负重的精神与气度。同时，企业社会工作者在协调公司资源、沟通公司服务网络时不可避免地会遇到员工的不理解，只有具备良好的心理素质才能做到坚持不懈，不轻言放弃自己的职责，以宽广的心胸时刻准备去包容、去理解。

其次，保证同感是社会工作对其从业者的专业要求，社会工作者要积极主动地进入服务对象的生活实况中，感受其情感与经历，在不丧失自己的立场与观点的前提下，感受服务对象的处境，用这种理解去帮助对方。在此过程中，有时服务对象叙述的经历与感受会使社会工作者自身回忆起一些令人不快或悲伤的经历。在这种情况下，如果社会工作者没有良好的心理素质，帮助受助对象的过程会给社会工作者自己的心理带来一定的负面影响。调整心态、始终保持积极向上的精神面貌也是一名合格的社会工作者应具备的基本素质。

（4）企业社会工作者的职业道德

社会工作者的职业道德同时也是指导企业社会工作者从事专业活动的行为准则。在企业社会工作者从事专业活动的过程中，把社会工作哲理付诸实际行动，也是社会工作者在实践中实现自己价值的表现。社会工作者职业道德的内容是指社会工作专业关系方面的行为标准，这些行为标准体现在社会工作者的整个服务工作过程中，体现在他与服务对象、与他所服务的机构、与其同事以及与社区中其他人士的关系上。职业道德的范围包括社会工作者在专业活动中接触有关人员时所表现出的专业行为。社会工作者只有明确和自觉遵守职业道德，提高和完善自己的职业素养，才能有效地开展社会工作，维护社会工作者的信誉，提高社会工作的专业尊严和地位。

3.3 企业社会工作与职业生涯规划管理

3.3.1 职业生涯管理概述

对于职业生涯的含义，不同的学者从不同的角度对它进行了界定。

法国的权威词典将职业生涯界定为“表现为连续性的分阶段、分等级的职业经历”。美国学者雷蒙德·A. 伊诺认为，职业生涯是指一个人一生经历的与工作相关的经验方式，工作经历包括职位、职务经验和工作任务。

罗斯威尔（Willian J. Rothwell）[①]和思莱德（Henry J. Sredl）将职业生涯界定为人的一生中与工作相关的活动、行为、态度、价值观、愿望的有机整体。

我国学者吴国存将职业生涯分为狭义的职业生涯和广义的职业生涯。狭义的职业生涯限定于直接从事职业工作的这段时间，其上限从任职前的职业学习和培

① 罗斯威尔，国际顶尖人力资源开发专家。

训开始。广义的职业生涯是从职业能力的获得、职业兴趣的培养、选择职业、就职，直至最后完全退出职业劳动这样一个完整的职业发展过程，其上限从0岁人生起点开始。

我们认为，职业生涯就是指一个人一生中从事职业的全部历程。整个历程可以是间断的，也可以是连续的，它包含一个人所有的工作、职业、职位的外在变更和工作态度、体验的内在变更。

职业生涯管理是个人和组织对职业历程的设计、职业发展的促进等一系列活动的总和，包含职业生涯决策、设计和开发。

3.3.2 职业生涯规划的目的

职业生涯规划是指针对个人职业选择的主观和客观因素进行分析和测定，确定个人的奋斗目标并努力实现这一目标的过程。换句话说，职业生涯规划要求根据自身的兴趣、特点，将自己定位在一个最能发挥自己长处的位置，选择最适合自己能力的事业。职业定位是决定职业生涯成败最关键的一步，同时也是职业生涯规划的起点。职业生涯规划主要有以下两个目的：

1）找到适合自己的工作

每个工作都有长处和短处，每个人都有优势和劣势。找工作最重要的就是人岗匹配，适合自己。分析、定位是职业生涯规划的首要环节，它决定着个人职业生涯的方向，也决定着职业生涯规划的成败。求职之前先要进行职业生涯规划，进行职业生涯规划之前先要进行准确的自我定位。先要弄清自己想干什么、能干什么，自己的兴趣、才能、学识适合干什么。可以通过可靠的量表工具的测量，评估职业倾向、能力倾向和职业价值观，这些是职业生涯规划的基础。职业生涯规划就是根据各项指标的测评结果，以及自身的学历、经历、能力，了解一个人的内在、外在优势，并且把这些优势整合在一起，作为职场打拼的核心竞争力。然后，由咨询师根据人才市场、各行各业的千千万万个职位对个人进行分析，找到人岗匹配的点，也叫职位切入点。

2）通过规划求得职业发展，制订今后各个阶段的发展计划

通过规划求得职业发展，拿出“攻占”各个平台的计划和措施，然后由咨询师对切入点所在的市场状况、行业前景、职位要求、入行条件、培训考证、工作业务、薪酬提升等进行详细的指导。例如，要上某个平台需要多长时间、要补充哪些知识、要增加哪些人脉等，而自己则沿着主干道去充电，几年后成为业内的精英，从而使自己的薪水和职位得到提升。

3.3.3 职业生涯设计

一份好的职业生涯设计是职业选择的开始，要做好职业生涯设计应该分析三个方面的情况：

1）自己适合从事哪些职业/工作

研究自己适合从事哪些职业/工作，是职业生涯规划的关键和基础。要回答这个问题，需要考虑以下几个因素：

①自己所处的职业发展阶段；

②自己的职业性向（就是职业类型）；

③自己的技能（也就是自身的本领，如专业、爱好、特长等）；

④自己的职业锚（就是职业动机）；

⑤自己的职业兴趣。

这里介绍其中的四个。

（1）自己所处的职业发展阶段

人生有四个职业发展阶段（国外情况）：

①探索阶段：15～23岁。

②确立阶段：24～44岁，这一阶段是大多数人工作周期中的核心部分。这一阶段包括三个子阶段：尝试子阶段（24～30岁）、稳定子阶段（30～40岁）以及职业中期危机阶段（在30岁和40岁之间的某个时段上）。

③维持阶段：45～65岁。

④下降阶段：66岁以上，当退休临近的时候。

处在不同职业发展阶段的人应考虑不同的事情。例如，在探索阶段，可以多做些尝试、探索，在工作中摸索出本人的职业性向、职业锚、职业兴趣等，逐步找到最适合自己的职业。而40岁以上的人，就不应该做过多的尝试，而是应该认真分析自己的职业锚、职业性向，选择自己有优势的职业，作出长远打算。这里的年龄阶段还应该针对不同的职业加以区分。

（2）自己的职业性向

约翰·霍兰德的研究发现，不同的人有不同的人格特征，不同的人格特征适合从事不同的职业。约翰·霍兰德将其分为六种职业性向（类型）：

①实践性向；

②研究性向；

③社会性向；

④常规性向；

⑤企业性向；

⑥艺术性向。

每一种职业性向适合特定的若干职业。通过一系列测试，可以确定一个人的职业性向。一个人如果确定了自己的职业性向，就可以从对应的若干职业中作出选择。

（3）自己的职业锚

职业锚（career anchor）是进行职业生涯规划时另一个必须考虑的要素。当一个人不得不作出职业选择的时候，他无论如何都不会放弃的那个职业中至关重要的东西或价值观就是职业锚。职业锚是人们选择和发展职业时所围绕的中心。每一个人都有自己的职业锚，影响一个人职业锚的因素有：

①天资和能力；

②工作动机和需要；

③人生态度和价值观。

天资是遗传基因在起作用，而其他几个因素虽然受先天因素的影响，但更受后天努力和环境的影响，所以，职业锚是会变化的，这一点有别于职业性向。

埃德加·施恩在研究职业锚时将其划分为如下类型：

①技术型：这类人往往出于对自身个性与爱好的考虑，并不愿意从事管理工作，而愿意在自己所处的专业技术领域发展。在我国过去不培养专业经理的时候，经常将技术拔尖的科技人员提拔到领导岗位，但他们往往并不喜欢这种工作，更希望能继续研究自己的专业。

②管理型：这类人有强烈的愿望去做管理人员，同时经验也告诉他们自己有能力获得高层领导职位，因此，他们将职业目标定为有相当大职责的管理岗位。成为高层管理人员需要的能力包括三方面：

第一，分析能力：在信息不充分或情况不确定时，判断、分析、解决问题的能力。

第二，人际能力：影响、监督、领导、应对与控制各级人员的能力。

第三，情绪控制力：有能力在面对危急事件时，不沮丧、不气馁，并且有能力承担重大责任，而不被其压垮。

③创造型：这类人需要拥有完全属于自己的东西，或是以自己名字命名的产品或工艺，或是自己的公司，或是能反映个人成就的私人财产。他们认为只有这些实实在在的事物才能体现自己的才干。

④自由独立型：有些人喜欢独来独往，不愿在大公司里与同事彼此依赖，很多有这种职业定位的人同时也有相当高的技术型职业定位。但是他们不同于那些简单技术型定位的人，他们不愿意在组织群体中发展，而是宁愿做一名咨询人员，或是自主创业，或是与他人合伙创业。其他自由独立型的人往往成为自由撰稿人。

⑤安全型：有些人最关心的是职业的长期稳定性与安全性，他们为了安定的工作、可观的收入、优越的福利与养老制度等付出诸多努力。目前我国绝大多数人都选择这种职业定位，在很多情况下，这是由社会经济发展水平决定的，并不完全是本人的意愿。相信随着社会的进步，人们将不再被迫选择这种类型。

正如许多分类一样，以上分类也无好坏之分，之所以将其提炼出来，是为了帮助大家更好地认识自己，并据此重新思考自己的职业生涯，设定切实可行的目标。

（4）自己的职业兴趣

在做职业生涯规划时，还要考虑本人的职业兴趣。例如，喜欢旅行，适合经常出差的职业；喜欢温暖湿润的气候，适合在华南工作；喜欢自己作出决定，应该自己做老板。

另外，本人拥有的职业技能也不能忽略，如果某人具有某项突出的技能，而这项技能可以为其带来收入，做职业生涯规划时就应当将其作为一个重要因素加以考虑。

2）自己所在公司能否提供这样的岗位以及职业通道

除了研究本人适合从事哪些职业/工作之外，还要考虑本人所在的公司可能提供哪些岗位，从中选择适合自己的岗位。如果在本公司没有适合自己的岗位，或者所在的公司不可能提供适合自己的工作岗位，就应该考虑换工作了。作为公司的管理者，有责任指导员工做好职业生涯规划，并且给出适合员工的职业通道。这样，企业才能人尽其才，员工才能尽其所能为公司效力。

面对发展迅速的信息社会，仅仅制定一个长远规划显然是不够的，因而有必要根据自身的实际情况及社会发展趋势，把理想目标分解成若干可操作的小目标，灵活规划自己的职业生涯。一般来说，适宜以5～10年的时间为一规划段落，这样就很容易满足时代的需要，灵活地调整自己的职业生涯规划，太长或太短的规划都不利于自身成长。目标分解具体分为两种方式：一是根据自己的年龄划分目标，如25～30岁职业规划、2020—2030年职业规划；二是以职业通道中的职位、职务阶段性变化为划分标准，确定不同时期的努力方向，如5年之内向部门经理职位冲刺、10年内成为主管经理。

3）在自己适合从事的职业中，哪些是社会发展迫切需要的

在做职业生涯规划时，还要把目光投向未来，研究清楚以下事项：本人的工作在10年后会怎么样？自己的职业在未来社会需要中是增加还是减少？自己在未来社会中的竞争优势随着年龄的增加是不断加强还是逐渐削弱？在自己适合从事的职业中，哪些是社会发展迫切需要的？

社会在进步、在变革，即将步入社会的大学生们应该善于把握社会发展脉搏。这就需要进行社会大环境分析：当前社会政治、经济发展趋势；社会热点职业门类分布及需求状况；所学专业在社会上的需求形势；自己所选择的职业在目前与未来社会中的地位；社会发展对自身发展的影响；自己所选择的单位在未来行业发展中的变化情况，在本行业中的地位、市场占有率及发展趋势等。对这些社会发展大趋势问题的认识，有助于个人把握职业社会需求，使自己的职业选择紧跟时代步伐。同时，个人处于社会庞杂的环境中，不可避免地要与各种人打交道，因而分析人际关系状况显得尤为必要。人际关系分析应着眼以下几个方面：个人职业发展过程中将与哪些人交往，其中哪些人将对自身发展起重要作用？工作中将遇到什么样的上下级、同事及竞争者，对自己会有什么影响？如何提高人际交往能力等。

在综合考虑上述三个方面的因素后，就能够给自己做职业生涯规划了。

3.3.4 企业社会工作在员工职业生涯规划中的作用

在企业社会工作中，社会工作者应秉承助人自助的理念，引导员工做好自己的职业生涯规划，使员工的职业生涯规划与组织愿景、目标协调一致，充分发挥职业生涯规划的作用，提高管理效率。

任何人都会面临人生目标的选择和职业生涯规划问题，正确设计好自己的职业生涯规划，既是组织中员工的个人需要，也是组织生存和发展的需要。员工受到自身学识、阅历、自我认识能力、对组织的了解程度等方面的限制，往往不能主动、客观地设计好自己的职业生涯规划，社会工作者应利用专业优势，在引导员工做好职业生涯规划方面发挥积极作用。

1）引导员工树立职业生涯规划的理念

现代社会的职业生涯理念认为，没有终身职业，唯一持续终身的就是职业能力，它为职业生涯提供最佳的支撑。在职业生涯规划中，要把职业能力的建构始终放在重要位置。面对刚刚起步的职业生涯，面对纷繁多彩的社会，每个人都要加强对自身的认识和了解，找出自己感兴趣的领域，确定自己的优势所在，明确切入社会的起点。其中，最重要的是明确人生目标，即自我定位、规划人生，明确自己能干什么、社会能给我提供什么机会、我选择干什么、我怎么干等问题。

2）引导员工建立人生目标和职业目标

信仰和理想是推动人们不断前进的不竭动力，只有树立正确的人生目标、职业目标，才能规划并创造出精彩的人生。这个目标应该是：通过自己的辛勤劳动，不断创造出更多、更好、有益于自己和社会的精神财富和物质财富，做一个对社会进步和发展有贡献的人。

3）帮助员工认识自己的特点和局限

帮助员工认识自己有哪些特点和局限，主要是引导员工正确分析自己，了解自己的优势和劣势，以便在职业生涯中扬长避短，不断完善自我，提高职业能力。其要点是：分析个人的性格特点，从某种意义上讲，性格决定人生，人的性格对人的发展影响巨大，性格特点的遗传决定性成分很强，往往是与生俱来、不易改变的；分析自己的知识结构，对自己学了什么，掌握了什么知识、技能要做到心中有数，选择能发挥自己特长的职位、岗位；分析自己的兴趣爱好，如果能够将自己的职业定位与兴趣爱好紧密结合，将会一生快乐，享受工作带来的乐趣；分析自己曾经做过什么、做过的事情中最成功的是什么，经历是人最宝贵的财富，能从某个侧面反映出个人的素质和潜力状况。

4）引导员工深刻了解组织目标

了解组织中岗位的要求，了解自己在组织中如何从低层岗位向高层岗位不断进步，使员工对自身在组织中的职业生涯有一个明确的预期，使员工能够感受到自己是自身命运的主宰者，自己职业生涯规划的实现与组织的兴衰荣辱是紧密相联的。

5）引导员工养成良好的职业道德观念

正确、良好的职业道德观念是实现职业生涯规划的助推器，各行各业都有各自不同的职业道德规范。诚实守信、爱岗敬业是共同的标准和规范。现代社会中，个人职业可能随时间的变化而不断变化，遵守社会公德，为自己的组织、自己的岗位尽职尽责却是不变的原则。要把团队精神和彰显个性、实现自我有机地结合起来，只有这样才能得到组织的认可，得到周围同行的认可，才会为自己的职业生涯赢得更大的空间。

6）引导员工树立终身学习的理念

现代社会已步入信息化时代，新知识、新行业不断涌现，每位员工都面临不断吸收新的知识、学习新的技能、提高和完善自己的问题。终身学习、接受继续教育既是员工个人的事情，又是组织的责任和义务。积极、主动地学习新知识、掌握新技能是制定职业生涯规划的重要组成部分，是实现职业生涯规划、实现人生目标的翅膀。

社会工作者可以帮助员工确立自己的职业目标，使员工在为公司发展作出贡献的过程中实现个人目标，感受到自己在企业中的价值。职业生涯管理是一种动态管理，贯穿员工职业生涯规划的整个过程和企业发展的全过程。在我国的企业社会工作中，由于职业生涯规划的服务工作起步时间不是很长，因而需要更多的社会工作者投身其中，为员工和企业贡献自己的专业力量。

3.3.5 企业社会工作引导的职业生涯规划

为应对全球化竞争和社会变革的挑战，21世纪的工作场所正在发生巨大改变。随着组织的缩减与重组、劳动力结构的重新塑造、企业员工之间心理契约的变化和员工对企业经营活动的广泛参与等，有组织的职业生涯规划对员工和企业而言都变得越来越重要了。为追求职业稳定性、挑战性和自我价值的实现，员工要制定个人的职业生涯规划并向着目标努力；而企业要在竞争中处于优势地位，就需要拥有一支稳定的、与企业战略目标相符合的、具有进取精神的高素质人才队伍，这是企业成功的法宝。因此，对企业员工的职业生涯规划进行有组织的系统开发和管理是十分重要的，这也是社会工作为员工职业生涯规划服务的必要性所在。

社会工作者为组织中员工的职业生涯规划提供服务主要包括四个环节：帮助员工认识自我、帮助员工认识职业环境、设计多重职业生涯路线和在职业评估体系的基础上提供咨询。

1）帮助员工认识自我

认识自我是成功完成职业生涯规划的前提，是客观、全面、深入了解自我的过程。企业社会工作者如果要帮助员工进行职业生涯规划，需先帮助员工了解自我、认识自我。在帮助员工认识自我的条件下进行职业生涯规划才是最合理的；否则，就会让员工觉得职业生涯规划是组织强加在自己身上的方案，而不是企业员工在内心动力的驱使下，结合社会和企业发展需要，依据现实条件和机会所制订的个人化的发展方案。然而，每一个员工的职业生涯规划都是个性化的，因为每一个人的成长环境、文化背景不同，个性类型、价值观类型、思维方式及行为方式不同，每个人的受教育程度不同，每个人的职业生涯目标也不同。这些因素使每一个员工的职业生涯规划都是不同的，都是个性化的。

人才测评方法按照测评形式主要可以分为两大类：纸笔测试和面谈。用在员工职业生涯规划方面的纸笔测试包括职业能力倾向测试、人格测验和职业兴趣测验等。

2）帮助员工认识职业环境

社会工作者除了要帮助员工认识自我外，还应该向员工提供职业发展的环境和机会信息，这样才能帮助员工确定自我发展方向，确保有的放矢。

职业发展的环境信息包括组织内外的信息。组织内的环境信息主要指企业内部环境的信息，包括企业文化、企业规模、组织结构；企业发展战略；企业中的人力资源状况及目前的人员年龄、专业、学历架构等。利用这些信息帮助员工分析环境因素对员工职业生涯发展的影响等，使员工的职业生涯规划设计更加合理。组织外的环境信息是指更为广泛的行业和职业信息，甚至包括更为宏观的政治、经济信息等。

只有帮助员工从更广阔的角度来看待组织内的职业发展，社会工作者提供的职业生涯规划服务对员工来说才具有持续性意义。

3）设计多重职业生涯路线

社会工作者在为员工提供信息的同时，还要结合组织的整体人才战略规划，为员工设计相应的职业规划通道。

设计多重职业生涯路线才能更有效地帮助员工实现自己的职业生涯规划。社会工作者需要根据企业的业务需要，帮助员工确定相应的职业发展道路，向员工展示不同的发展路径。根据不同的岗位特点和职务发展层次，设计“三线推进”的晋升系列，包括管理系统晋升系列、技术系统晋升系列和职务发展系列。在这种情况下，社会工作者在提供员工职业生涯规划服务时就要有明确的针对性。

4）在职业评估体系的基础上提供咨询

组织的职业生涯规划体系不是一成不变的，对员工的评估、对组织职业通道的设置等是随着组织战略、组织架构及人员的变化而变化的，因此，要提供完善的职业生涯规划服务，社会工作者还需要提供相应的评估体系。

与对员工的评估不同，该评估体系不仅针对员工的业绩、技能和人格特征等进行理性评估，还能够预测企业的发展阶段和调整方向，进而帮助员工进行提前规划。

社会工作者在评估的基础上，要为员工提供关于职业生涯规划的专业咨询服务，具体有以下方法：一是举办一系列关于职业生涯规划的研讨会，分别就职业生涯规划中的自我评估、目标设置、行动计划等进行研讨；举办现代企业员工应该养成的良好的职业理念、管理者在职业生涯规划中的作用等系列专题讲座。二是与企业社会服务机构联合，聘请一些专业人员，为员工提供职业生涯咨询辅导，以满足员工的需求。

我们可以从以下案例来了解企业社会工作对员工职业生涯规划的帮助。

案例链接3-1 **高菲的烦恼**

高菲，女，35岁，原是某公司的白领，生孩子后做了全职太太。她现有一个5岁的孩子，丈夫收入丰厚，生活无忧。然而高菲并不高兴，因为她的孩子去学校后，她可以重新回到工作岗位了，但是她原来就职的公司已经有人替代她的职位了，她只能换岗，从普通员工做起。因为长时间不工作，加上担心孩子，而且现在的工作是高菲之前没有接触过的销售方面的，她的业绩一直上不去，和之前工作的日子相比，高菲感到特别焦虑。于是，她和领导商量换到了采购处工作，但还是处于无条理的工作状态。高菲想再换岗，又怕还是不行，让领导厌烦，所以她特别焦躁。这时候，企业社工发现了高菲的问题，他们和高菲进行了沟通，对她的状况进行了分析，了解了高菲的想法，为其提供帮助。在他们的分析和帮助下，高菲选择了运营岗。在这个岗位上，高菲既可以每天把常规的事情办好，又可以早点回家见到孩子，高菲的业绩也在提高，很快又成了运营部门的主管。

此外，对企业新进员工的再次职业生涯指导也很关键，可以分别从以下几个方面进行：

（1）客观认知自我，准备职业定位（自我认知）

在客观认知自我方面，我们至少需要解答以下四个问题：喜欢干什么——职业兴趣；能够干什么——职业技能；最看重什么——职业价值观；适合干什么——个人特质。

（2）评估职业机会，知己知彼（职业认知）

要理性评估职业机会，真正做到知己知彼，切忌想当然地向往不熟悉的行业和不切实际的职位，结果费了九牛二虎之力进入“城”中，一入“城”马上就受到现实冲击，迫不及待又要出“城”，兜兜转转之间，年岁已蹉跎，时光空消磨。

（3）择优选择职业目标和路径（确定目标和路径）

据统计，在选错职业目标的人当中，超过 80% 的人在事业上是失败者。正确的职业选择至少应考虑以下几点：兴趣与职业匹配；性格与职业匹配；特长与职业匹配；价值观与职业匹配；内外部环境与职业相适应。

确定职业目标后，还要选择向哪一条路线发展：是向行政管理路线发展还是向专业技术路线发展，或者先走专业技术路线再转向行政管理路线。在具体岗位方面也需要作出选择，如行政管理、市场营销、技术研发、服务支持等。发展路线不同，对职业发展的要求也不相同。

（4）终身学习，高效行动（计划、策略、执行）

我们所处的时代是终身学习的时代，要取得事业上的成功，必须不断更新知识、提升能力，这样才能保持职业竞争力，逐步实现自己设定的职业目标。

（5）与时俱进，灵活调整（动态反馈调整）

俗话说“计划赶不上变化”，要使职业生涯规划行之有效，就必须不断对职业生涯规划进行评估与调整。调整的内容包括职业的重新选择、职业生涯路线的选择，以及人生目标的修正、实施与计划的变更等。

3.4 企业社会工作与薪酬绩效管理

3.4.1 薪酬、绩效、绩效考评与绩效管理

1）薪酬

国际劳工组织在《1949 年保护工资条约》中将工资定义为：“工资”一词系指不论名目或计算方式如何，由雇主为受雇者已完成和将要完成的工作及已提供或将要提供的服务，凭书面或口头雇佣合同支付的薪金和收入，所支付的薪金和收入可以货币结算并由协议或国家法律或条款予以确定。这里的“工资”系狭义的“工资”概念，主要是指基本工资或标准工资。在现实生活中，广义的“工资”就是我们所指的“薪酬”，也就是直接物质回报的部分，是企业对员工所做的贡献，包括实现的绩效以及付出的努力、时间、技能、经验等所获得的直接或间接货币收入，包括基本工资、奖金、津贴、福利等内容。

薪酬包括三部分：一是基本薪酬；二是可变薪酬；三是间接薪酬。基本薪酬是指一个组织根据员工所承担或完成的工作本身或者员工所具备的完成工作的技能或能力而向员工支付的稳定的报酬。可变薪酬也称为浮动薪酬、激励薪酬或奖金，是薪酬系统中直接与绩效挂钩的部分。基本薪酬和可变薪酬合起来相当于经济性报酬的直接报酬部分，构成了薪酬的主体。间接薪酬是指给员工提供的各种福利，它与基本薪酬和可变薪酬最大的不同是和员工的工作绩效没有直接的联系，往往具有普遍性。

2）**绩效**

（1）绩效的概念

简单地说，绩是指员工的工作业绩或工作成果，体现的是工作的最终结果；效是指员工能力产生的工作效率，体现的是员工的工作过程。所以，绩效一般包括两个方面：一方面指工作结果，如工作的效果、工作产生的效益或利润等；另一方面指影响工作结果产生的关键行为、技能、能力和素质等。由此可以看出，绩效既包括静态的结果内容，也包括动态的过程内容。二者相辅相成，形成绩效的统一体。绩效结果是工作的最终实现目标，绩效过程则影响和制约目标的最终实现。

绩效可以定义为在一定时期内企业绩效管理过程中，员工为了实现工作目标所体现出来的自身各项素质与工作对象、工作条件等相关因素相互作用的结果。

企业绩效还可分为三个层面：企业整体绩效、部门或团队绩效、员工个人绩效。企业整体绩效强调全局性，通常包含产量、盈利、成本等经济性内容，也包含员工满意度、员工成长与发展等非经济性内容。部门或团队绩效强调集体性，包括部门业务指标、客户满意度、部门之间的合作性、团队精神等。员工个人绩效一般强调个体性，既表现为员工的工作结果，也表现为员工的工作过程，如员工的行为、技能、能力和素质等。企业绩效包括员工个人绩效、部门或团队绩效和企业整体绩效。一方面，员工个人绩效是根基，部门或团队绩效是支撑，企业整体绩效是总体；另一方面，部门或团队绩效是员工个体绩效的整合和放大，企业整体绩效又是部门或团队绩效的整合和放大。

（2）绩效的特点

员工的绩效是企业绩效考评人员对他的工作成绩的客观考评，是客观事实的直接反映，同时也是鼓励员工的动力所在。绩效一般有以下特点：

①多因性。多因性主要是指绩效的高低不是只受到单一因素的制约，而是受到多种主客观因素的影响。这种受制于主客观多种因素的特点，使得绩效具有多因性的特征。现代科学技术与心理学的研究表明，员工的绩效主要由以下四个因素决定：技能（skill）、机会（opportunity）、激励（motivate）、环境（environment）。绩效（performance）可以用以下公式来表示：P=f（s，o，m，e）。这个公式表示，绩效是技能、机会、激励、环境这四个变量的函数。在这个函数中，每个因素都与绩效高低成正比。

②多维性。多维性是指员工的绩效要从多方面去考评，即要从多种维度去分析与评价。对绩效的评价不仅要考虑工作结果，还要考虑工作过程。由于绩效评价结果会影响每位员工的切身利益，所以评价的维度对其行为起着航标作用。如果无视绩效的多维性，评价指标就难以全面。这无论是对组织还是对员工而言，都会造成不利影响。但是，并不是所有情况下都要考虑所有可能的评价维度。根据评价的不同目的，可以选择不同的维度和不同的评价指标，而且在各个维度上

的比重也会不同。

③动态性。动态性是指员工的绩效会随着时间的推移而发生变化，它并不是固定不变的，而是处于动态的变化之中。因此，应以发展的眼光看待员工的绩效，不能以主观僵化的观点来看待员工的绩效。在进行绩效评价时，不能使用一成不变的思维方式，应该根据员工在本评估周期内的实际工作结果和工作表现进行客观评价，而不能受其原来绩效的影响。

3）绩效考评

（1）绩效考评的概念

绩效考评就是定期对绩效进行考量和评价。考量是指按照工作标准进行对照衡量，一般是从数量指标上判断员工的工作差距；评价是指按照工作标准对员工的工作从总体上进行全方位的定性和定量判断。所以，绩效考评是指考评主体利用一套正式的、结构化的制度，按照工作目标或绩效标准，采用科学的考评方法，评定员工工作任务完成情况、工作职责履行程度和员工发展情况，并且将考评结果反馈给员工的过程。

绩效考评主要用来衡量、评价并影响与员工工作有关的特性、行为和结果，考查员工的实际绩效，了解员工的发展潜力，以期获得员工与企业的共同发展。绩效考评作为绩效管理重要的支撑点，从制度上明确规定了对员工和企业进行考评的具体程序、步骤和方法，从而为绩效管理的运行与实施提供了前提和依据。

（2）绩效考评的意义

①给员工施加压力，从而创造效益。考评会给员工施加压力，正是由于这种压力，被考评者会提高自己的某些能力以谋求新的状态，并且这种潜能的释放是以提升工作绩效、工作效率以及工作成果为目标的，最终会为企业创造出效益。

②在企业内部实施控制。绩效考评实际上是一种控制体系，其实现了两个层面的控制：

第一，监测。所谓监测，就是看被考评者是不是朝着既定目标前进。在考核之前，根据已有的绩效管理体系，使被考评者明确自己的岗位职责、权利以及工作目标，这样他才会尽最大努力去工作。实际上，这就是强调企业应该在已经建立的体系下招聘和使用人才，为人才施展才华设定合理的轨道。

第二，纠偏。所谓纠偏，就是一旦被考评者在工作中出现方向性或者技术性错误，企业应该通过绩效管理体系来帮助其纠正，从而使其实现既定的目标。

4）绩效管理

绩效管理是指为实现组织发展战略和目标，采用科学的方法，通过对员工个人或群体的行为表现、劳动态度和工作业绩以及综合素质的全面监测、考评、分析，充分调动员工的积极性、主动性和创造性，不断改善员工和组织的行为，提高员工和组织的素质，挖掘其潜力的活动过程。

绩效管理是依据员工和他们的直接主管之间达成的协议，来实施一个双向互动的沟通过程。该协议对员工的工作职责、工作绩效如何衡量，员工和主管之间如何共同努力以维持、完善和提高员工的工作绩效，员工的工作对企业目标实现有何影响，找出影响绩效的障碍并排除等问题作出了明确的要求和规定。绩效管理是由事前计划、事中管理和事后考评形成的三位一体的系统。绩效管理是一个完整的管理过程，它侧重于信息沟通与绩效提高，强调事先沟通与承诺，伴随着管理活动的全过程。人力资源管理是获取企业竞争优势的有力工具，能够从根本上提升企业的生产力和价值，从而提高企业的竞争优势。绩效管理在整个人力资源管理系统中占据非常重要的地位。

3.4.2 企业社会工作介入助力绩效管理过程中问题的解决

对公司来说，绩效管理是增强战略执行力的一套方法，它将个人业绩、个人发展与公司目标有机结合，通过持续改善个人业绩和团队业绩来改善公司业绩，并确保公司战略的执行和业务目标的实现，但是在认识和实施过程中总会有一些偏差。

1）当前绩效管理过程中存在的问题

（1）对绩效管理认识不足

许多公司管理人员认为年末填写的那几张考评表就是绩效管理，其实，那只是绩效考评，绩效考评只是绩效管理过程中的一个环节，它绝不等同于绩效管理。完整的绩效管理是包括绩效计划、绩效考评、绩效分析、绩效沟通、绩效改进等方面的管理活动。绩效管理是通过对企业战略的制定、目标分解、业绩评价，并将绩效成绩用于企业日常管理活动之中，以激励员工业绩持续改进并最终实现组织战略目标的一种管理活动。

（2）沟通不畅，反馈不及时

要做好绩效管理工作，就必须有良好的沟通与反馈机制，让员工充分了解企业绩效管理的目标、作用、成果。公司中大多数部门领导不重视与员工进行沟通和为员工提供不断提高自身能力的机会，缺乏管理技巧，公司要加强对各级管理人员管理技能方面的培训与开发。

（3）绩效管理与战略目标脱节

公司各部门的绩效目标不是从企业的战略逐层分解得到的，而是根据各自的工作内容提出的，是自下而上申报，而不是自上而下分解。这样，绩效管理与战略目标就出现了脱节现象，难以引导所有员工趋向组织的目标。

（4）绩效指标设置不科学

选择和确定什么样的绩效指标是考评中一个重要的也是比较难以解决的问题。公司在实践中追求指标体系的全面和完整，对于所采用的绩效指标，职能部门考评的是部门职责的完成情况，员工考评的是德、勤、能、绩等一系列因素，可谓面面俱到。

（5）绩效考评存在主观性与片面性

健全的绩效考评制度旨在通过对员工过去一段时间内工作的评价，判断其潜在发展能力，并作为对员工奖惩的依据。但在实践中，绩效考评的正确性往往受人为因素的影响而产生偏差，常见的如月晕偏差、类己效应、趋中效应、近因效应等。绩效考评制度中的缺陷大部分来自考评的主观性与片面性，其结果势必影响绩效考评的可信度与效度。

2）企业社会工作介入绩效管理

企业绩效管理不仅要实现绩效考评模式的转变，更重要的是实现从单一的绩效考评向有效的绩效管理提升，建立起完整、科学的绩效管理体系。企业有必要借助社会工作者的力量，让其作为调停者、裁判，使得绩效评估更加公平。

（1）完善的绩效管理体系构成要件

①设定绩效管理目标；

②持续不断的沟通过程（可以通过企业社会工作者进行沟通）；

③记录员工的绩效表现，形成管理文档；

④绩效考评；

⑤绩效管理体系的诊断和管理水平的提高。

（2）增强绩效考评的可操作性

①在企业人力资源管理实务中，强调“以岗位为核心的人力资源管理整体解决方案”。实际上，这是指企业人力资源管理的一切职能都要以工作分析为基础。工作分析是现代人力资源管理的所有职能，即人力资源获取、整合、激励、控制、调整和开发等工作的基础和前提，只有做好了工作分析与设计，才能据此完成企业人力资源规划、绩效管理、职业生涯设计、薪酬设计管理等工作。在做工作分析和设计时，不仅需要人力资源管理人员主观评价和客观实际相结合，同时需要企业社会工作者的协助。企业社会工作者作为独立于员工和人力资源管理人员的第三方，在与员工的长时间接触中会独立地作出判断并及时反映员工的需求，便于工作的顺利进行。

②绩效考评指标应尽量量化，以提高考评工作的可操作性并确保考评结果的客观性、公正性。设定可行的考评指标时要注意两点：一是考评指标应尽量以可量化的、可实际观察并测量的指标为主，并且能科学确定各考评指标之间的权重；二是在确定考评指标的内容时，要考虑企业的实际特点，建立符合企业自身管理要求的指标体系。确定合适的考评指标体系和指标值，不仅能激发员工个人的内在潜力，为实现目标而努力，而且是对员工个人能力的认可。考评项目不应过多，过多易使员工难以分清主次。考评指标值定得不应过高或过低，“让员工必须通过努力能达到”作为一个合适的“度”。为每个员工确定明确的工作目标，从而实现员工的自我控制。

③员工的绩效目标来源于部门目标的层层分解和职位应负的责任。绩效目标

的设立是一个协调过程。员工的绩效目标大多数直接来源于部门的绩效目标，而部门的绩效目标来源于企业的经营计划，这保证了每个员工都按照企业要求的方向去努力。只有这样，企业的战略目标才能真正得以落实。目标太高，会让人望尘莫及而产生畏惧感；目标太低，又会让人轻松懈怠而无所追求。

（3）建立健全绩效反馈机制

①绩效沟通是绩效管理的重要环节，其主要目的在于改善及增强考评者与被考评者之间的关系；分析、确认、显示被考评者的强项与弱点，帮助被考评者善用强项与正视弱点；明晰被考评者发展及训练的需要，以便日后更加出色、有效地完成工作；反映被考评者现阶段的工作表现，为被考评者订立下阶段的目标，作为日后工作的标准。

在绩效管理循环中，绩效目标一定要由管理者和员工经过充分沟通，双方共同确定。良好的沟通首先应建立并维护彼此的信任关系。建立信任关系是绩效沟通成功的首要前提，对营造平等的沟通氛围、做好绩效面谈工作起着非常重要的作用。企业社会工作者在绩效管理中最重要的作用就是进行绩效沟通。作为独立的第三方，企业社会工作者在双方沟通中起着不可小觑的作用，他们不仅可以客观、准确地反映问题，而且可以大大减少人力资源部门的工作负担，提高工作效率。

②基于绩效沟通的绩效评价是绩效管理的核心环节，是通过岗位管理人员或岗位关联人员与该岗位员工之间有效的双向或多向沟通，依据考评标准和实际工作完成情况的相关资料，在分析和判断的基础上形成考评成绩，并将考评成绩反馈给员工的一种工作制度。绩效评价应预先建立健全绩效反馈机制，如果有些员工对自己所得到的绩效评价结果有不同意见，可以在一定时间内通过该程序谋求分歧的解决。如果分歧很大，就需要更多的沟通，同样可以借助企业社会工作者的力量进行多方面的分析，权衡孰重孰轻，以便工作顺利进行。

③绩效面谈是经理与员工共同确定下一绩效管理周期的绩效目标和改进点的主要方式。做好绩效面谈工作，才能在双方对绩效结果和改进点达成共识以后，确定下一绩效管理周期的绩效目标和改进点。做好绩效面谈工作要求经理在同员工进行面谈前一定要进行绩效诊断。通过绩效改善计划的制订来帮助员工在下一绩效周期进一步改善自己的绩效，这也是帮助员工进行职业生涯规划和职业生涯设计的一个重要过程。如果经理的力量达不到，可以借助企业社会工作者这样的第三方进行有效的沟通，表达双方各自的诉求。

（4）创新绩效激励体系，加强绩效压力的设定与应用

绩效管理的最后阶段是应用开发，对绩效成绩的应用包括以下六个方面：工资调整、绩效薪酬分配、层级晋升与职位调整、教育培训、激励和指导员工职业发展。创新绩效激励体系在绩效管理应用开发阶段具有十分重要的作用。

激励机制作为企业人力资源开发与管理工作的重要组成部分，要与人力资源

管理的其他环节相互联结、相互促进。合理及有效的激励机制可能成为现代企业制度下企业规避员工道德风险的重要手段。创新绩效激励体系要在企业内部形成共同的价值观和健康向上的新型文化；要很好地设计能配合企业战略实现的关键性业绩评价指标，开展战略性业绩评价与绩效激励。实行战略性激励对企业实现全面和可持续发展是至关重要的。

企业单用物质激励不一定能起作用，必须把物质激励和精神激励结合起来才能真正调动广大员工的积极性，通过提供工作的挑战性、责任和机会，在内在层面满足员工多方面的需要。物质激励是现代企业主要的奖励方式，但是仅靠物质激励是远远不够的，这就需要企业人力资源部门充分掌握不同员工的不同需求，从而实现对员工的精神奖励以及对其生活的全方位关怀。企业社会工作弥补了这一不足，通过在日常生活中的沟通，了解员工的工作、生活状态，给予其精神上的关怀与感情上的慰藉，帮助员工建立对企业的归属感，使员工全心全意为企业付出。

（5）明确定义合理的绩效标准，选择搭配合理的考核方法

绩效标准在整个考核过程中是重要的一环，却常常被人忽略。工作分析明确了该做的事情，而绩效标准说明其必须达到的程度，二者结合起来才能把对员工的要求解释清楚。根据不同的绩效标准，考核者还要科学地搭配绩效考评方法。

明确设定绩效标准主要有三个目的：①引导员工的行为符合既定的工作标准。国际知名专家、美国管理协会会长杰姆士·L. 海耶士曾说过："如果您切实地与您的下属一起建立起绩效标准，并且说明了您对他们的要求，那么即使您从不考核他们，也仍然是桩值得的事，因为大多数人都想做好工作，使上司能接受自己。"②建立公平的竞争机制。科学地设定绩效标准并使每位员工心里有数，查找自己的绩效与标准的差别，这样有利于竞争机制的形成。③奠定公平考核员工的基准。

有效的绩效标准是根据工作而来的，因此岗位说明书的内容就是绩效考评的基础。绩效标准应是可以达成的、易于了解的、明确且能衡量的，所以，岗位说明书一定要符合绝大多数员工的能力，如果大部分员工不可能达到这样的标准，绩效考评注定是失败的。此时，可以通过企业社会工作者发放设计好的问卷以了解员工对绩效考评制度的满意程度，发挥绩效考评的真正作用。

总的来说，绩效管理是一个系统的、动态的管理过程。我国企业要实施绩效管理，就必须根据企业自身的情况，深刻认识自身在绩效管理方面存在的问题，上至高层领导、下至基层员工，都要从观念上进行彻底改变，对绩效管理有一个系统的、全面的认识，建立一个有效的绩效管理系统，在绩效管理的过程中进行持续不断的沟通，实现组织绩效和组织核心能力的不断提升。同时，借助企业社会工作的力量，全方位配合人力资源部门做好相应的工作，了解员工的需求与能力，适当调整绩效管理的方针策略，使员工更好地为公司服务，为公司软实力和硬实力的同步发展贡献力量。

绩效管理如今正处在一个逐步发展和完善的阶段，随着各种问题不断被发现、被解决，绩效管理一定会走向成熟。

案例链接3-2　　阿里巴巴绩效管理的实践与组织

由于无法科学地识别员工当期的贡献，很多公司都以工资为基数结合绩效进行奖金的发放，虽然这让员工有了安全感，但和公司整体绩效以及个人贡献的关联性就大打折扣了。如果这样，一个低薪却作出了突出贡献的员工就无法从这个机制中受益。从2010年起，阿里巴巴的年终奖不再与工资挂钩，而是根据员工对公司的贡献分配。它由所属子公司、部门以及员工个人的绩效决定，绩效对于价值分配的影响就更大了。绩效管理无外乎目标设定、过程管理、绩效评估、反馈改进。由于互联网业务的变化性，阿里巴巴在目标设定中更强调参与感、进取性，通过严格的评估持续激发组织和团队的活力；同时，面对快速的组织变革调整，他们也在绩效管理如何匹配助力上进行了很多思考。

1）目标设定：回归客户价值，共同规划

和其他目标管理思路一样，阿里巴巴绩效管理的第一步是目标设定，一个是定，一个是晒。“定”是要回归客户价值，定目标就是明确战斗的方向，通过有意义的目标凝聚人心、聚起人气。在确定绩效目标的时候，一定要回答这四个问题：我们公司或者团队到底是做什么的？我为谁服务和要给别人解决什么问题？别人能做为什么我们还要做？我们现在要做的跟原来做的有什么不同？“晒”是上下左右，用各种方法去晒，要使人人知道目标，人人理解目标，人人相信目标，人人支持目标。

在定目标的过程中，阿里巴巴特别强调参与感，大家共同看应该做什么事、应该定什么样的目标，即“共同看见、共同规划、共同执行和共同复盘”，用组织和团队的目标连接个人的目标。为了让组织活力能够充分地发挥，阿里巴巴开发了“三板斧”、晒KPI等组织发展的工具和方法。

2）绩效评估：业绩与价值观的双轨制考核

在目标的确立过程中，相对很多以执行力著称的企业，阿里巴巴其实更强调对目标的理解和对齐，但对形式上的量化或数据化倒不是那么严苛，结果却要进行3-6-1的正态分布，所以对干部和HR的成熟度要求是非常高的，否则这个权力就是“双刃剑”。

阿里巴巴采取业绩和价值观双轨制考核，结果要好，过程也要好。价值观考核的方法在不断变化，在公司发展的前10年，价值观需要不断强化，让大家不断地认知，那个时候业绩考核和价值观考核是并轨制，两个都是要打分的，最终产生绩效结果。

3）绩效等级分布：3-6-1强制分布

虽然正态分布强制排序的绩效评价体系一直颇受争议，但阿里巴巴采取的也是强制分布的绩效评价体系。阿里巴巴的绩效评价体系有严格的排序，以前是2-7-1，现在是3-6-1。

通过强制打分、排序，30%的员工可以被评为“最好”，10%的一定会被评为“较差”，60%的人为“一般水平”，每次考评，团队的分数都要符合3-6-1的分布。阿里巴巴的绩效评价有不同的方式，一般而言，M3/P8及以下，实行通关制，即季度考核、年度总分依据员工四个季度的平均分和价值观改进趋势给出。M4/P9及以上，不实行通关制，就是以述职为主要方式直接打总分。这也体现了越到高层越考核长远的战略思考和步骤，要不断地设定和厘清目标；越到基层越关注动作的结果与规范，要不断地调整KPI的思想。

4）绩效面谈

绩效面谈是绩效反馈的一种重要形式，下面重点分享阿里巴巴管理者绩效面谈的应用指南。

阿里巴巴绩效面谈的原则是什么？

●立场要坚定，今天的最好表现是明天的最低要求

●你是绩效管理的Owner

●公正、真诚、善意

●丑话当先

●不要轻易被不重要的事情所左右

●永远No Surprise!!!

阿里巴巴绩效面谈主要问什么？

●你如何解释这次讨论的目的？

●这次讨论要达到的目标是什么？

●你如何鼓励员工参与这次讨论？

●这次讨论，员工可能提出的问题是什么？

●哪些是员工的突出优点？你如何表扬？

●哪些是员工存在的问题？你怎样指出？

●对于员工存在的问题，你的具体建议是什么？

●下一步的行动方案是什么？

阿里巴巴绩效面谈建设性反馈是什么？

（1）建设性反馈的关键点

●建设性反馈应集中于潜力点

●建设性反馈是提请人们注意问题或潜在问题的信息

●建设性反馈本身并不解决问题，但它为解决问题或进行其他进一步行动开启了大门

●给予或接受建设性反馈的关键是保持相互尊重和相互学习的态度

（2）建设性反馈的关键行动

●表达你积极的意图

●具体描述你所观察到的情况

●说明那种行为或行动的影响

●征求对方的答复

●集中讨论解决方法

●总结及表示支持

阿里巴巴绩效面谈负面反馈是什么？

如何指出改进点，这是需要管理者的勇气的，阿里巴巴对负面反馈有如下建议步骤：

●具体描述下属的行为：耐心，具体，描述相关的行为（所说，所做），对事不对人，描述而不是判断

●描述这种行为所带来的后果：客观，准确，不指责

●探讨下一步的做法：提出建议并指出这种建议的好处

阿里巴巴绩效反馈的注意要点是什么？

●重点突出：必须有所侧重，本次谈话的重点内容是什么？这个重点内容是一个偶然的Case还是员工总体上给你留下这个印象，发生不止一次？如果全面铺开，没有重点，全是负面反馈，员工很容易觉得你在秋后算账

●一致性：平常你给员工的反馈和本次谈话的反馈是否一致？不一致会让员工觉得混乱和惊讶，你再试图寻找案例说服员工，员工也会觉得你似乎在秋后算账

●指出改进方向：和员工谈话时集中于建设性反馈，可以使用时光倒流的方法让员工自己分析如果回到当初，他会怎样做

●探讨如何改进：最重要的是探讨如何改进，增强员工的自我认知，使他感受到你的真诚，充满信心去改正

5）组织形态："来之能战，战完能散"的灵动模式

互联网产业竞争激烈，随着现代组织模式演进，自组织的形态在阿里巴巴的组织变革中也得到了验证。阿里巴巴的组织形态由原来按部门条线的组织发展为按事情、按项目、按战区的组织模式。绩效管理如何让这种"来之能战，战完能散"的灵动组织模式发挥作用？一方面是在过程中获取信息与获取资源，另一方面是评估。这二者相辅相成，但因为组织变化快而变得困难。

资料来源 经韬纬略智库. 阿里巴巴绩效管理的实践与组织［EB/OL］.［2022-11-28］. https：//zhuanlan.zhihu.com/p/448717488.

3.4.3 薪酬沟通

薪酬是连接组织与员工的重要桥梁与纽带，但薪酬也是一把双刃剑：它可以是激励员工努力工作、提升工作绩效的推力器；也会削弱员工的动力，造成员工的不满和抱怨。所以，进行薪酬方案的沟通势在必行。

在企业人力资源管理实践中，薪酬沟通往往受到人力资源管理者的忽视。一般来说，主要有两方面的原因：一方面的原因是企业的薪酬设计不合理，或者不能得到前后一贯的执行；另一方面的原因是企业拥有设计完备的薪酬方案，但为了对薪酬保密而不与员工进行沟通。这就成为企业社会工作者的一项重要任务——进行薪酬沟通，他们的主要任务是辅助薪酬管理人员回答有关薪酬方案的问题并努力让企业中的管理者和员工接受它。企业社会工作者在以下步骤中都将发挥重要作用：

1）确定目标

不同的薪酬沟通方案要实现的目标不同，但也有相同之处，我们将这些相同之处称为薪酬沟通方案的一般目标，而将各个方案中独有的目标称为特殊目标。薪酬沟通方案的一般目标有三个：

①确认员工完全理解新的薪酬体系的所有组成部分；

②改变员工对薪酬决策的看法；

③激励员工在新的薪酬体系下充分发挥自身能力，将工作做好。

确定了薪酬沟通方案的一般目标后，还需要确认特殊目标。而特殊目标需要根据企业的实际情况确认，分别考虑企业在组织和人员管理方面所存在的问题。

2）获取信息

在目标确定的情况下，下一步骤是从管理者和员工那里收集必要的信息，这些信息应该涉及他们对薪酬方案的看法和理解，包括他们对薪酬方案的态度。这些信息的运用和以上确立的目标应一致，应确保公司以及员工的需要和关注点能够得以体现。

企业社会工作者应该做的是询问员工的看法、意见，评价他们的态度，帮助公司了解员工在想什么和为什么这么想。

为了设计一个有效的薪酬沟通方案，应收集一些有用的信息。收集信息所使用的方法一般包括：

①问卷；

②非正式网络；

③焦点组访谈；

④面对面访谈；

⑤高管人员面谈。

3）制定薪酬沟通策略

在收集和分析完员工态度与观点等一系列信息之后，下一个步骤是在既定的框架内制定薪酬沟通策略。这个策略是支持目标和引导特定行动的总体方案。

制定薪酬沟通策略的一般步骤是：

①给所有员工分发备忘录；

②安排关键管理人员召开一系列会议；

③开发和员工之间的持续沟通项目；

④对管理人员进行培训；

⑤薪酬沟通策略的最后也是最重要的一步，是召开正式的沟通会议。

4）评价方案实施效果

在项目结束后，要评价薪酬沟通方案的有效性，主要包括：

①通过问卷、焦点组访谈和非正式网络从员工那里获取必要的信息，包括有关态度、观点和行为的信息；

②许多相同的问题会被问到，这时要特别关注与薪酬沟通方案相联系的新的特殊问题；

③比较从员工那里获得的“之前”和“之后”的回答；

④评价应在正式沟通会议之后的4~6个月内进行，以便员工有时间适应新的薪酬体系。

案例链接3-3　如何与员工沟通薪酬问题

某公司招聘商务专员，给出的起薪点最多不超过2 800元，用人部门对应聘者A比较满意，经过和HR的沟通，表示可以接受A入职。但当薪资谈判开始之后，A表示，自己要求的起薪点最少要到4 000元。

此时，HR总监开始和A进行薪资谈判，他首先分析了A的能力和性格特征，并结合其个人经历（名校毕业），分析其究竟是基于哪个职位提出的期望值；继而将其目前的性格、能力同她想应聘的岗位进行比较分析，帮助她认识到，以她目前的条件，暂时还无法做到更高的职位，也就拿不到她自己心里想要的4 000元薪资。听完分析后，A沉默不语，实则其内心已经有所认同。于是，HR总监又向她介绍了该公司的发展前景、人文环境和为员工设计的职业规划等。最后，HR总监建议她回家考虑考虑。招聘结束后没多久，A就打来电话，表示愿意接受该公司的起薪并入职。

资料来源　佚名. HR薪资谈判技巧［EB/OL］.［2023-06-27］. https：//wenku.baidu.com/view/870accf8b4daa58da1114a05.html.

3.5 企业社会工作和福利管理

3.5.1 福利

福利作为培养员工对企业的归属感和忠诚度的独特手段，历来被企业家及管理者们所重视。福利是企业通过增加收入和设施、建立各类补贴制度和举办文化体育活动，为员工提供生活方便、减轻员工生活负担、丰富员工文化生活而从事的一系列事业的总称。它是个人消费品分配的一种形式，同时也是报酬分配的一个重要组成部分。福利和工资分配所依据的原则不同，工资分配所依据的是“按劳分配”原则，其水平根据工作人员劳动的数量、质量确定；而福利是根据整个社会的生活和消费水平，有条件、有限度地解决和满足员工的物质文化需要。在现代社会，福利的形式和内容非常多，国内外已经设计和使用过的就不下百种。这里结合我国企业涉及的员工福利，择其要者简述于下。

1）国家法定福利

国家法定福利是由国家相关法律和法规规定的企业必须为员工提供的福利项目，它为员工提供了工作和生活的基本保障，在员工遭遇失业、疾病、伤残等特殊困难时给予及时救助，提高员工防范风险的能力。从我国目前情况看，我国的法定福利主要包括以下几项：

（1）法定社会保险

法定社会保险带有强制性、统筹性、基础性的特点。在我国主要有养老保险、失业保险、医疗保险、工伤保险、生育保险等。企业要按照员工工资的一定比例为员工缴纳社会保险。

（2）法定假期

①公休假日。公休假日是劳动者工作满一周后的休息时间。《中华人民共和国劳动法》（以下简称《劳动法》）规定：国家实行劳动者每日工作时间不超过8小时、平均每周工作时间不超过44小时的工时制度。用人单位应当保证劳动者每周至少休息一天。

②法定休假日。法定休假日就是员工在法定节假日要享受休假，我国目前的法定节日包括元旦、春节、清明节、劳动节、中秋节、国庆节和法律、法规规定的其他休假节日。

③带薪年休假。带薪年休假是指员工工作满规定的时期后，可以带薪休假一段时间。劳动者连续工作一年以上的，享受带薪年休假。具体办法由国务院规定。

（3）住房公积金

住房公积金是指单位及其在职员工缴存的长期住房储蓄金，包括员工个人缴存的住房公积金和员工所在单位为员工缴存的住房公积金，它属于员工个人所有。

员工在下列情形之一下可以提取住房公积金：①购买、建造、翻建、大修自住房；②离休、退休；③完全丧失劳动能力，并与单位终止劳动关系；④户口迁出所在市、县或者出境定居；⑤偿还购房贷款本息；⑥房租超出家庭工资收入规定的比率。

2）企业自主福利

企业自主福利是企业根据自身实力，为满足员工更高层次的需要、提高员工生活水平和质量而提供给员工的附加福利。企业自主福利的形式是多种多样的，其目的是使员工产生对公司的依赖感和忠诚度，提高凝聚力。企业自主福利包括以下几种形式：

（1）企业补充养老计划

企业对员工实行补充养老计划，有助于提高员工的保险水平，为员工退休后的生活提供更好的经济保障。其具体做法有：团体养老金计划、延期利润分享计划以及储蓄计划。

（2）集体人寿保险计划

人寿保险是市场经济国家的一些企业所提供的一种最常见的福利。大多数企业都采用集体人寿保险。在多数情况下，企业支付全部基本保险费，附加的人寿保险则要员工自己承担；在个别情况下，即使是基本保险费也要按一定比例在企业和员工之间分摊。

（3）健康医疗保险计划

健康医疗保险计划的目的是减少员工生病或遭受事故时本人或家属所遭受的损失，通常有两种方式：集体投保和加入健康维护组织。有些企业还采取自保形式，企业自己划出部分资金作为员工的保险金，以控制健康保险成本。

企业可以采取加入健康维护组织的方式为员工提供健康医疗保险服务。和其他保险计划一样，加入健康维护组织也有固定的缴费率，但是这种做法有助于降低企业的保险成本。

（4）员工援助计划

员工援助计划是企业针对诸如酗酒、吸毒、赌博或压力问题等向员工提供咨询或治疗服务的正式计划。

（5）咨询计划

企业可以向员工提供广泛的咨询服务，包括投资理财、婚姻家庭、职业生涯发展、法律事务、退休咨询等。

（6）教育援助计划

教育援助计划是针对那些想接受继续教育或完成学业的员工实施的一种很普遍的福利计划，分为内部援助计划和外部援助计划。内部援助计划主要指企业内部的培训。外部援助计划主要指学费报销计划。学费报销可以采取全额报销和部分报销的形式，也可以采取每年给予固定金额的补助等形式。

（7）生活服务计划

生活服务计划包括儿童看护帮助、老人护理服务、饮食服务、健康服务等。儿童看护帮助和老人护理服务可以使员工将更多的精力集中在工作上，从而使缺勤现象大大减少，生产率也有一定上升。其形式包括弹性工作时间、长期保健保险项目以及公司自助的老年照顾。

3.5.2 员工福利改革

近年来，随着社会经济的发展，员工的压力普遍增大，身体健康状况大不如前，知识型员工“过劳死”的消息时有耳闻。与此同时，工作倦怠、工作-家庭失衡等一系列问题也逐渐被社会所关注。于是，解决员工工作以外压力造成的工作效率下降、员工流失率升高、士气低落等问题，越来越多地引起企业人力资源工作者的关注。企业对员工的福利也在进行改革，以适应更多员工的需要。员工福利改革主要涉及以下几点：

1）员工福利以人为本，注重与企业人力资源管理战略相匹配

迫于新经济发展的巨大压力，很多企业已经开始重新设定其用人战略并应用于实践。对企业来说，重要的是理解员工的贡献，设法留下优秀员工。但在新的时代背景下，回报的结构发生了变化，员工不仅需要较高的工资，还需要长远的获利可能、继续学习和发展的机会，以及良好的工作环境。西方国家的企业已经开始努力调整薪酬管理思路，设计合适、完善、充满人情味的员工福利制度，试图为员工提供一个良好的、可持续发展的平台，创造员工和公司共赢的局面。员工福利改革是体现以人为本、匹配企业人力资源管理战略的，是为企业发展着想的。

2）员工福利突出服务，是满足员工需求的动态管理

在以人为本的管理理念下，最近十几年，西方国家在员工福利项目上实行跟随企业战略、满足员工需求，突出服务的动态化管理。公司首先要了解员工的思想和需求，从某种程度上说，员工的需求也会随着自身条件的改变和市场的不断变化而变化，所以，公司在探索员工需求的过程中要采用动态的观点和手段。

3）员工福利注重沟通，体现个性化特征

在员工福利计划管理上，要注重与员工的沟通，重视员工的选择，满足员工的个性化需求。近年来，西方国家盛行一种自助餐式的福利计划，又称菜单式福利计划或弹性福利计划。这种特殊的计划是指公司向员工提供一个可供选择的福利清单，允许员工在一定的限额内，根据自己的偏好选择其中的一部分。自助餐式的福利计划为员工提供了选择的自主权，促进了员工和企业之间的沟通，强化了公司与员工之间的相互联系，可以在一定程度上提高员工的工作满意度。

另一个个性化特征是企业在员工福利设计中注重满足员工的自我发展需求，为员工提供更多的教育培训机会。公司鼓励员工接受继续教育，并为员工报销学习费用。各种各样的培训不仅可以提高公司对各类专业人士的吸引力，也极大地提高了在职员工的工作满意度和对公司的忠诚度。

4）员工福利社会化

员工福利管理开始强调社会化，突出体现在主体多元化方面：一是企业通过签订合同把自己的福利计划外包给专业公司去做，即当前流行的第三方管理；二是在企业实施具体福利项目中借用专业机构的力量，包括企业年金计划的投资决策制定，员工援助计划的评估、制订和实施等。

3.5.3 社会工作介入员工福利管理

员工福利是企业社会工作重要的组成部分。现在大多数企业在管理改革的过程中都提出了以人为本的口号，但在具体实施过程中很难体现出来。社会工作者就是基于对员工、企业、社区、社会的深入理解，关心员工的生理、心理、社会需求，同时考虑个人、企业与家庭的利益，在宏观上倡导员工福利政策、制度建设，在中观上协调社区和企业组织设计、开发满足员工需要的福利设施和提供多样化的福利服务项目，在微观上满足不同员工群体、家庭和个人的需求，提供具体的福利服务，弥补管理非人格化所导致的疏离倾向，提高企业员工福利水平，增强企业的凝聚力和竞争力。

1）目前我国企业员工福利中存在的问题

在人才竞争日趋激烈的今天，提供更具竞争力的员工福利成为越来越多企业管理战略中至关重要的一个环节，但是，员工福利仍然是我国许多企业管理中非常薄弱的环节，其激励效果并不理想。主要存在以下问题：

（1）固守公平原则，缺乏激励性

我国大部分企业的福利体系相当薄弱，即使制定了相关的福利政策，也存在平均化倾向。企业的福利被员工认为是普惠性的，并不与绩效挂钩，久而久之，员工认为福利就是企业付出的薪酬的一部分，是企业必须做的，因而感受不到企业的关怀，并导致企业福利成本攀升，更无法获得福利成本应带来的收益。一方面，这种管理模式增加了企业的成本；另一方面，这种管理模式也无益于调动员工的积极性。

（2）福利项目设计单一，忽视员工的需求

传统的福利制度是为员工提供相同的福利，而且很多年都不改变，但是随着劳动力构成的变化，不同文化层次、不同收入层次的员工对福利的需求存在较大差异，而传统的福利制度却相对死板。一方面，企业付出了大量的成本；另一方面，员工根本不需要某些福利。这种福利提供与员工需求之间的脱节造成了很大浪费，也无法实现企业的目标。只有充分了解员工的需求，设计出的福利项目才是丰富的、有针对性的。忽视了员工需求的福利项目是很难让员工接受的，因此福利的设置应紧扣员工的需求。

（3）漠视普通员工的福利，激化劳资矛盾

近年来，员工福利计划的不健全越来越成为我国企业发展的软肋。虽然一些企业家在公开场合也把以人为本的信条挂在嘴边，但真正执行起来就大打折扣。我国许多企业除了为员工提供法定福利，即政府为保障员工利益强制执行的福利之外，对非法定福利普遍不太重视。甚至对于法定福利，由于劳资双方信息与话语权的不对称，企业执行力度也不够，员工利益得不到保证。另外，一个亟待引起重视的现象是，国内一些企业只重视高级员工，如高层经理级别的员工福利，对中下层员工的福利视而不见。企业的发展需要每一个员工的努力，只有让大多数员工有归属感，企业才能焕发活力，进而获得持续的高效益。

（4）员工福利工作从业人员严重不足，专业性不强

员工福利工作是集社会工作、人力资源管理、心理咨询与企业管理等于一体的综合领域管理和服务工作。员工福利工作人员不仅需要具备相关的保险知识，还需要有企业管理方面的经验，懂得人力资源管理和社会工作方面的知识。随着员工福利被越来越多的企业所重视，我国的员工福利发展面临一个重大挑战：社会需要越来越多的员工福利专业人员，但现实是懂员工福利的专业人员严重匮乏。

上述问题的解决有赖于社会工作专业人员的介入，社会工作者可以依据其对个人、家庭、群体、企业、社区及社会的独特理解，运用社会工作独特的专业视角、专业的方式方法，实现其对我国企业员工福利工作的创新。

2）社会工作介入我国企业员工福利的改革和创新

社会工作介入员工福利应强调如下策略：

（1）尊重员工的独特性，体现福利激励功能

企业中的福利制度是针对企业员工的一系列有关安全健康、生活保障、社会保险及退休养老等方面的措施与规定。随着经济的发展、组织间竞争的加剧，深得人心的福利待遇比高薪更能有效地激励员工。高薪只是短期内人才资源市场供求关系的体现，而福利反映了组织对员工的长期承诺。正是由于福利的这一独特作用，许多在各种组织中追求长期发展的员工更认同福利待遇而不仅是高薪。所以，企业的福利设计应与员工的绩效挂钩，让员工通过自己的努力来获取福利，从而有利于对优秀员工和核心员工的工作进行肯定。另外，福利也要适当拉开档次，打破平均主义，充分体现对个人价值的回报。

（2）充分考虑员工的需求，设计丰富的福利项目

福利项目的设计首先应能够满足员工的需要。忽视民意设计出来的员工福利项目往往只能起到事倍功半的作用，所以要充分了解和把握员工的需求。一是站在员工的角度来体验和考虑他们的要求，了解他们所处的环境和他们的真实感

受。二是把员工当作企业的主人去尊重，了解员工的动机、情绪、信仰、价值观等。三是加强交流和沟通，建立内部正式和非正式的主动沟通及反馈渠道，通过情感沟通了解不同员工的不同需求，也了解他们不同时期的需求重点。对于各种福利项目，不同的员工有不同的偏好，只有在充分了解、合理引导员工需求的基础上设计福利项目，才能体现福利价值。

（3）协调企业的劳动关系，重视企业的长期效益

在中国的劳动力市场上，即使员工与资方自愿签订了劳动契约，即使国家明确规定了员工的法定福利，员工仍然处于弱势地位。部分企业为了最大限度地追求利润，不重视员工福利管理。社会工作者要帮助构建和谐企业，使企业始终保持发展活力。首先，要使领导加强员工福利意识，在发展经济的过程中让员工利益得到保障，应想方设法兼顾企业与员工的利益，企业的竞争归根结底是人才的竞争。其次，要协助员工设计职业生涯规划，充分发挥员工的主观能动性，帮助每个员工实现自我价值，通过做好员工的职业生涯开发和管理，把企业的人力资源最大限度地变成人力资本，这样企业才能最终实现未来的愿景。

（4）增加福利的种类和福利的多样性，提高福利效能

在人才竞争日益激烈，竞争手段日益人性化、知识化和多样化的今天，企业引才、用才、留才机制也在不断创新和发展。企业在追求利润最大化的进程中对人工成本控制的要求和员工在追求自身价值最大化的过程中对福利水平提高的要求始终是一对尖锐的矛盾。而统一的福利计划往往无法考虑到员工多样化的需求，从而削弱了员工福利实施的效果。社会工作介入员工福利设计，在总成本不变的情况下，应设法通过增加福利的种类和福利的多样性，提高福利的效用，实行弹性福利制，让员工自主选择。

3）员工福利工作方式方法创新

第一，企业社会工作者运用个案工作方法，视员工及其家庭为个案工作的对象，直接面对员工或其家属提供咨询与辅导、家庭治疗、经济援助与救济以及亲子关系服务，也包括针对具体个案进行跟踪、转介与服务评估。

第二，企业社会工作者运用小组工作方法，处理员工社会关系困扰和群体发展面对的一些共性问题，将小组视为治疗对象。在员工福利服务中，可以让员工在小组中学习和思考，彼此分享感受和经验，并共同计划未来，互相协助，达到员工团队建设、互相支持以及赋权的目的。

第三，企业社会工作者运用社区工作方法，在员工福利工作中充分了解社区资源，并与拥有这些资源的机构保持联系，必要时转介特殊的个案。社会工作者可以被视为企业的一个功能区，以咨询者和促进者的角色协助企业去计划、协调、整合所有相关的员工福利方案和福利计划。

第四，企业社会工作者运用社会工作理论和方法，将企业员工福利政策转化为实际的服务；社会工作者还可以协助企业及员工了解国家的劳动就业策，并监

督相关部门切实执行这些政策。

第五，企业社会工作者可以协助企业组织调查、了解和评估企业员工的福利状况，以及劳资关系状况、劳资之间的问题与冲突和应该采取的行动，充当企业与员工之间的桥梁与纽带，反映员工声音，传递企业讯息；协助企业人力资源和工会等部门寻求、调动和合理运用福利资源，防止浪费。

4）员工福利的内容和服务对象的创新

近年来，随着中国改革进程的加快，市场竞争日趋激烈，员工对福利的需求越来越高，但是，多数企业的员工福利内容比较陈旧单一且流于形式。社会工作介入员工福利服务，倡导人性化管理，需要相应地拓展员工福利的服务内容。

第一，在员工个人层面，促进员工身心健康，指导其提高生活品质；对有生活困扰、工作上遭遇困难的员工，给予咨询和辅导服务，以协助解决其个人问题；帮助员工缓解压力；推进员工建立良好的人际及工作关系；促进员工家庭和睦，改善夫妻、亲子关系；促进员工工作和生活的平衡；协助员工自我成长，引导其职业生涯发展，使其在工作中有良好表现。

第二，在企业组织整体层面，设计一套未来的工作计划，丰富企业的福利制度，满足员工不断变化和提高的需要，特别是心理层面的需要；提供员工援助方案，为员工提供多样化的援助；落实企业或工会的员工福利及医疗卫生方案，并协助拟订此方面未来的创新计划，提高员工的各项满意度，增强员工的向心力和凝聚力；改善组织的氛围，提高员工士气。

第三，在社区层面，要善用社区资源以满足员工的需求，并与拥有这些资源的单位保持密切联系；向在职员工或退休员工介绍社区的有关活动。

第四，在员工群体层面，对不同年龄、工龄、学历、岗位、家境、性别的员工的利益和诉求给予关注，协助企业组织拟订切实可行的有关妇女、青年、少数民族、进城务工人员等员工福利计划，制订人力资源计划，为相关部门提供决策参考。

第五，在员工福利专业建设层面，加强对一线工作人员的培训和督导，培养工作人员的专业敏感性，及时了解员工的工作表现，并给予适当的协作和转介；记录各种服务资料，建立一套档案系统，以供延续工作分析之用。

案例链接3-4　贴心的福利——阿里巴巴的福利计划

阿里巴巴作为国内的电商巨头，员工福利在业界被交口称赞。阿里巴巴为员工提供的福利是丰富多样的，考虑到了员工对于经济、生活、健康方面的诸多要求，可以说非常周全和完备，也体现出阿里巴巴对于自己员工真心实意的关爱。其具体包括以下几个方面：

1）经济保障

（1）无息置业贷款

早在2011年，阿里巴巴就向员工推出了总额为30亿元人民币的“iHome”无息置业贷款。凡在阿里巴巴服务期限满2年、工作地在内地（大陆）的正式员工，需购置员工工作地首套住房者（以家庭为单位），可向阿里巴巴申请上限为30万元人民币的无息贷款。

（2）阿里巴巴教育基金

阿里巴巴拿出5亿元设立了教育基金，除了与杭州市已有学校进行合作，为阿里巴巴员工的孩子提供部分入学名额之外，还利用这个基金投入硬件设施建设，联合相关教育机构共同办学。

（3）物价及子女教育补贴

阿里巴巴内地（大陆）基层正式员工，均可领取一次性2 000～3 000元不等的物价补贴和子女教育补贴。

除以上三项计划以外，阿里巴巴还设立了“iHelp蒲公英计划”，向罹患重大疾病的员工及其家属提供5万～10万元援助金；“iHope彩虹计划”则针对家庭特别困难的员工提供3万～5万元的特困援助金。阿里巴巴还为改善员工居住、工作环境打造了“亲橙里”项目，据阿里巴巴内网消息，符合条件的员工可以按市场价六折的价格购买亲橙里的住房，每平方米1万元的售价被誉为“行业里的顶级福利”。

2）生活相关

（1）美食餐饮

阿里巴巴总部的食堂可以吃到全国各地的食物，食堂是按照地区划分窗口的，而且里面的食物全是每个地区的特色。作为阿里巴巴的员工，不必抱有吃遍全国的梦想，只要你好好上班，阿里巴巴的食堂就能满足你吃遍全国的需求。食堂的价格也非常亲民，也就是向员工收个成本价，阿里巴巴还会向员工提供餐补。

（2）免费健身房

阿里巴巴总部拥有一个1 000平方米、功能齐全的免费健身房，员工可以跑步、打乒乓球、跳操、练空中瑜伽等。

（3）孕妇休息室

为了方便准妈妈休息和哺乳期妈妈备奶，阿里巴巴总部每层楼的安静位置都安排了妈咪休息室和备奶间，房间全都配置专属门禁，私密且温馨。孕妇休息室有专用躺椅，备奶间有冷藏柜和置物架。

（4）阿里日

2005年，阿里巴巴把5月10日定为“阿里日”，之后每年的这一天，阿里巴巴都盛情邀请员工家属参观公司、了解公司。“阿里日”更广为人知的另一项内容就是集体婚礼，马云会亲自做证婚人。到2018年的13年间，已经有近2 000对新人在阿里巴巴员工的见证下喜结连理，组成新的家庭。

（5）子女教育

阿里巴巴还为员工提供“iBaby”子女教育关怀项目，即提供子女入学道路上的政策咨询和及时有效的教育资讯传播，解决困难家庭子女的学前和小学教育问题；定期开展育儿培训、亲子活动、制作亲子杂志等丰富的员工活动。

3）健康保障

（1）年度体检

阿里巴巴为员工提供每年一次的身体健康检查，全面检测员工的身体状况，尽早预防各类健康风险。体检结束后，会邀请专家上门解读，让体检不再只是一种形式，全面关注员工的身体状态。

（2）孕期关怀短信

阿里巴巴为准爸爸、准妈妈准备了孕期关怀短信，陪伴员工一起呵护生命的成长。

（3）健康大讲堂和沙龙

阿里巴巴邀请行业内资深专家或知名人士，为员工及其家属提供疾病防治、职场压力、亲子教育、婚恋家庭等一系列身心健康精品课程和沙龙。

（4）补充医疗保险

阿里巴巴为员工购买了综合医疗保险，急诊及住院费用可以根据药品种类按相应的比例报销，减轻员工的医疗负担，让员工无后顾之忧。

（5）补充生育保险

女员工在收获生育宝宝的喜悦的同时，还可以享受阿里巴巴给予的100%合理生育费用报销。

（6）重疾就医协助

一旦员工被确诊为重大疾病，阿里巴巴将最大程度地向员工提供就医通道、疾病解读、愈后评估等医疗协助，并由资深心理专家为员工及其家人共筑心理桥梁，共渡生命难关。

（7）健康服务中心

阿里巴巴为员工提供常见的疾病咨询、药品管理和其他健康服务。

（8）“康乃馨”关爱父母计划

每个在职员工，除了自己每年一次的公费体检外，还享有2名公费体检的名额用于父母体检。阿里巴巴的合作体检机构在全国100多个城市都有分支机构，员工可在全国范围内带父母体检。

4）假日福利

除了正常的国家法定节假日以外，阿里巴巴的员工还享受以下假日福利：

（1）年休假

试用期即可以享受年休假，第一年和第二年是7天，以后逐年增加两天，最多15天。

（2）特色路途假

为探望异地的父母、配偶，阿里巴巴每年提供一次最长3天的路途假，让员工与家人享受更多的家庭时光。

（3）孕产假

男员工有陪产假，女员工有超长带薪孕假，哺乳期还可以每天提前半小时下班。

5）其他福利

“一年香、三年醇、五年陈”本身是形容酒的，现在却用来纪念员工进入阿里巴巴的岁月。马云会给“一年香”一枚纪念徽章，给“三年醇”一个白玉吊坠，给“五年陈”一枚白金戒指。

资料来源　佚名．阿里巴巴的员工福利案例［EB/OL］．［2023-06-27］．https：//www.hrsee.com/？id=820.

3.6　企业社会工作与劳动关系管理

3.6.1　劳动关系概述

1）劳动关系的概念

“劳动关系”一词是从英文“labor relation”翻译而来的。高斯博（H. Gospel）和帕尔默（G. Palmer）在《英国的产业关系》一书中将劳动关系表述为：一种通过提供体力和脑力劳动来换取雇主所提供报酬的经济、社会和政治关系。

《中华人民共和国劳动合同法》（以下简称《劳动合同法》）规定：“中华人民共和国境内的企业、个体经济组织、民办非企业单位等组织与劳动者建立劳动关系，订立、履行、变更、解除或者终止劳动合同，适用本法。国家机关、事业单位、社会团体与其建立劳动关系的劳动者，订立、履行、变更、解除或者终止劳动合同，依照本法执行。”根据《劳动法》的规定，劳动关系是指用人单位招用劳动者为其成员，劳动者在用人单位的管理下提供有报酬的劳动而形成的权利义务关系。劳动关系就其构成形态而言，可以分为个体劳动关系和集体劳动关系。

劳动关系因生产要素不同的所有者而产生，它是产权关系的另一种表现形式，而与劳动分工无直接联系。劳动关系是社会生产过程中产生的客观条件——生产资料（资本）与生产的主观条件——劳动力相互结合的具体表现形式，二者的结合在使劳动过程得以开始的同时，也形成了现实的劳动关系。

劳动关系的本质是劳资双方合作、冲突、力量和权力的相互交织。劳动关系是以劳动换取报酬的经济关系，劳动力作为一种特殊商品，又具有人身和社会属性，即在获取经济利益的同时，劳动者还要从工作中获得尊严、价值和满足，因而劳动关系同时又是社会关系，其特点是“平等性兼隶属性，人身性兼财产性”。调整劳动关系要以加强和巩固伙伴关系为原则，以双赢为目标，使劳动关系得以良性发展。

2）劳动关系的基本特征

第一，劳动关系的主体是雇主和雇员双方，工会在劳动关系中充当了重要角色，而政府作为第三方，其职能是运用法律和经济手段调节劳动力市场。

第二，劳动关系的确立是通过契约形式（劳动合同）认定的，目的是保证劳动关系双方当事人的利益。

第三，劳动关系的建立以市场机制为基础，形式上表现出平等性（等价交换和双向选择）。

第四，劳动关系的实质是对抗性的，这是因为生产资料占有上的不平等决定了双方（雇主与劳动者）的不平等关系。

3）劳动关系的发展阶段

当今资本主义国家的劳动关系是劳资双方不断冲突和斗争的结果。根据美国学者希尔费丁对劳动斗争的分析，劳动关系的发展经历了三个阶段：

第一阶段，劳动关系表现为独立的资本家和独立的工人之间的关系。在这一阶段，工人处于非常不利的位置。

第二阶段，劳动关系表现为独立的资本家与组织起来的工人之间的关系。这时，工人有了自己的利益组织——工会，劳资双方的力量发生了变化，劳动力市场的无序竞争现象逐渐消失了。

第三阶段，劳动关系表现为组织起来的资本家和组织起来的工人之间的关系，更确切地说，是资本家组织和工人组织之间的关系。在劳资双方的斗争中，为了得到有利于自己的条件和结果，企业和工会都会根据具体情况的变化不断改变自己的斗争策略和手段。

3.6.2 劳动关系协调的四大原则

1）合法原则

依法处理劳资矛盾，依法维护劳资矛盾当事人的合法权益，是解决我国劳动关系矛盾应遵循的基本原则。这也是完善我国劳动争议处理制度的首要条件。其法律依据包括：①劳动法律，如《劳动法》《中华人民共和国民事诉讼法》等；②劳动行政法规，如《失业保险条例》《女职工劳动保护特别规定》《禁止使用童工规定》《国务院关于职工工作时间的规定》等；③劳动规章，如《最低工资规定》《工资支付暂行规定》；④地方性劳动法规、规章，劳动自治条例和单行条例，劳动法律解释等；⑤劳动合同、集体合同和用人单位规章制度。

2）劳资协商原则

劳资协商是指劳动者和生产资料所有者因享受劳动权利和履行劳动义务而发生矛盾和冲突时，双方就工资、待遇、福利、安全、劳动保护以及产品价格制定、利润幅度大小等直接影响劳动者生活和工作条件的问题，进行协商和谈判，以达成和解协议的行为。一般来说，劳动者由工会组织代表，生产资料所有者由雇主协会、董事会或国家职能部门代表。当然，协商和谈判的内容、方式、程序会因各国经济制度与文化历史背景的不同而有所不同。

3）三方原则

通过建立健全劳动行政部门、工会和用人单位三方代表机制，发挥三方代表在劳资矛盾和争议处理中的实际作用，依法、及时、公正、合理地化解劳资矛盾和冲突，这是国际上的通行做法。我国已批准《三方协商促进实施国际劳工标准公约》，并在劳动争议处理和最低工资法规中贯彻了三方原则。

三方原则下的调解是在第三方的主持下，依法劝说劳资矛盾双方进行协商，在互谅互让的基础上达成协议，从而消除矛盾、解决纠纷的一种方法。仲裁是指将争议交给争议之外的第三方，由其对双方的纠纷居中调解，并作出具有约束力的裁决。

按照《三方协商促进实施国际劳工标准公约》的精神，作为基层群众性组织的企业劳动争议调解委员会，由工会代表、职工代表、企业行政代表三方组成；地方劳动争议仲裁委员会设在县、市、市辖区一级，是依法独立处理劳动争议的专门机构，由劳动行政部门代表、工会代表、用人单位代表三方组成。

4）弱者保护原则

对劳动者和用人单位来说，作为团体的用人单位的地位和支配能力远远高于作为个体的劳动者，因此，现行劳动法在总体上倾向于保护劳动者一方的权利，比如签约、悔约、协商的权利。

就劳动者群体内部来说，妇女、老弱病残及经特许的未成年劳动者因为自身条件的欠缺，更需要得到法律的保护。这种保护主要通过法律、法规对福利、工时及休假的特殊规定并限制用人单位使用前述人员从事部分不适宜工种等来实现。

在实际运用中，由于传统观念的束缚和法律知识、人权意识的欠缺，一方面，用人单位对弱者保护原则重视不够；另一方面，劳动者也不懂得运用该原则来保护自己的合法权益，因而还需要进一步宣传和完善。

3.6.3 劳动争议处理机制与社会工作的介入

劳动争议处理机制是在市场经济环境下，由特定的机构按照法律规定的原则与方式处理劳动者与用人单位之间的矛盾和冲突的一种机制。劳动争议处理机制是我国解决劳动冲突的法律准绳和法律依据。

1）劳动争议处理机制的构成与原则

劳动冲突的类型可以分为以下几种：因签订劳动合同发生的争议，因履行劳动合同发生的争议，因变更劳动合同发生的争议，因解除、终止劳动合同发生的争议，集体合同争议等。我国处理劳动冲突的劳动争议处理机制包括协商机制、调节机制、仲裁机制、诉讼机制。

在具体处理劳动冲突中，应遵循以下基本原则：

（1）合法原则

处理劳动冲突时，必须坚持以事实为根据、以法律为基准，依法处理劳动争议案件。这里的法包括依法签订的劳动合同、集体合同，依法经职工代表大会讨论的企业规章制度，这些都可以成为处理劳动争议的根据。

（2）公正原则

平等对待劳动冲突双方，使劳动者和用人单位处于平等的法律地位，不因劳动者和用人单位存在隶属关系就赋予用人单位特权。

（3）及时处理原则

劳动冲突一旦发生，相应的负责机构应该尽快处理完毕，以减少对劳动者工作和生活的影响。我国的劳动争议处理机制运用法律的强制力，整合政府、工会和企业的资源，以协调各方力量来应对。

2）劳动争议处理机制存在的问题

在现实生活中，劳动争议处理机制存在一定的问题和缺陷，使其在劳动冲突中难以发挥有效作用，主要不足有：

（1）劳动争议处理机制的组织缺陷

企业可以设立劳动争议调解委员会，负责调解本企业发生的劳动争议。劳动争议调解委员会由职工代表、企业代表和企业工会代表三方组成。劳动争议调解委员会的调解通常被称为基层调解，而且调解的具体程序在现行的法律、行政法规中都没有明确规定。关键在于，三方代表存在一定的逻辑冲突。

从三方代表的规定可以看出，职工代表与企业工会代表是代表不同利益的，而工会是工人群众的代表和利益维护者，职工的利益是工会的最高利益。三方代表的规定把工人和工会作为两个利益主体，这是一种原则错误。

在实际运行过程中，用人单位往往和劳动行政部门形成一致的利益，而工会和职工方面形成另一方，三方实际上成了两方；又由于工会组织本身的局限性，工人的利益在劳动争议处理中常常处于不利地位。

（2）劳动争议处理机制调解范围的局限

《劳动法》规定："因签订集体合同引发的争议通过行政程序协调加以解决；只有因履行集体合同而引发的争议才能通过仲裁和司法程序予以解决。"因此，根据对冲突的不同处理方式，冲突可以分为权利争议和利益争议。仲裁和司法程序作为强制力手段，只能处理在履行合同的过程中发生的冲突，即权利争议，而不适合解决劳动合同签订过程中发生的利益争议。而在现实生活中，这种利益争议还是普遍存在的，亟须另外的解决办法出现。

(3) 执法的监管力度不够

我国在劳动领域有了一定的法律、法规可以遵循，但是，有法不依的现象仍然比较严重，违法必究的原则也没有得到切实履行，这些都说明在劳动领域的执法监管力度比较薄弱。我国真正意义上的劳动执法监督机制没有确立起来，对劳动领域中发生的故意侵害劳动者权益、损害劳动者利益的现象还不能有效地遏制，这些都或多或少地增强了违法企业的侥幸心理，从而使劳动者的权利更易被漠视、权益更易被侵犯，处于更加弱势的地位。

3) 社会工作对完善劳动争议处理机制的意义

一般来说，在构建和谐劳动关系的过程中，企业作为一个经济主体，应当发挥积极的功能和作用。比如，建立企业内部危机处理机制，在劳动者和管理者之间建立良好的信息沟通机制；提高企业员工参与管理的程度，开展多种形式的劳资合作；实现企业的规范化管理。这些功能看似与企业的经济利益相违背，但从长远来看，是有利于企业的长足发展的，是现代企业管理的重要内容。然而，在现实生活中，企业作为一个独立的利益主体，在获取信息、整合资源和获得政府帮助等方面都比单个的劳动者具有优势。它首先是一个经济实体，经济利益是其首要关注的问题，但是经济利益并不是唯一的目标，而且在追求经济利益的同时，关注劳动者的利益也是企业不可推卸的责任。

工会作为代表工人利益的组织，理应代表工人的利益，但是在现实生活中，工会组织往往没有切实履行维护工人权益的职责，成为企业领导意志的执行机构，从而奠定了资强劳弱的基础。这就亟须外界支持力量介入，为劳动者赋权，使其能充分利用法律武器维护自身权益，同时整合多种资源以增强劳动者的力量。在市场经济条件下，社会工作在劳动冲突的处理和缓解中具有极为重要的作用。

4) 社会工作在劳动冲突处理中的工作模式

社会工作不仅具有特定的价值体系、专业伦理，而且拥有科学的方法和手段，是一种运用科学的方法来助人的活动。在劳动冲突的处理中，社会工作者要善于运用调解的方式来化解劳动冲突。社会工作方法具有独特的过程模式和组织模式，相对于法律手段而言，这就降低了劳动冲突的处理成本，同时可以在一定程度上弥补法律手段的缺陷和不足。

(1) 社会工作在劳动冲突处理中的过程模式

社会工作的过程模式是指社会工作者通过一系列的步骤和环节来提供服务的实务模式。它具体包括以下环节和步骤：初步接触、调查和确认、分析和诊断、干预、评估。这是社会工作者在实际工作中总结出来的工作步骤。

初步接触是指通过各种途径初步了解服务对象，主要是员工面对的困难和问题。在劳动冲突调解的社会工作中，了解问题的途径主要有：服务对象的求助信息和社会工作者的主动发现。

调查和确认是指社会工作者在发现问题或者接到当事人的投诉之后，通过现场实地调查或电话询问等方式，对其反映的问题进行调查和深入了解，以确定当事人所反映的问题是真实存在的，同时判断问题的性质、现状和困难程度等。

分析和诊断是指深刻剖析问题的本质，揭示问题的症结，分析问题化解的方式，寻找解决问题的切入点。

干预是指在对问题的性质有了一定的分析和诊断之后，对劳动冲突进行的直接干预。具体而言，社会工作者充分利用各种资源和用人单位进行沟通，告知其违法或不作为之处，使其意识到自身的行为已经对劳动者的正常生活和工作造成损害，已经侵害了劳动者的合法权益等，必须停止原有行为，同时依法对劳动者合法权益受到的损害进行补偿，从而使劳动者从弱势困境中摆脱出来，重新进入工作和生活的正常轨道。

评估是指对整个服务活动进行评价。这一环节主要发生在社会工作发达的国家，评估由社会工作者和服务对象共同参加，当评估结果和计划目标一致时，此项社会工作即宣告结束。

目前我国在劳动领域的纠纷调解是特定组织在国家法律、法规的基础上，依据社会工作的过程模式而展开的环环紧扣的服务。这种劳动冲突处理的过程模式既彰显了国家法律的尊严，又维护了弱势群体的利益，它普遍存在于劳动纠纷处理事件中，有效维护了劳动者的权益。

（2）社会工作在劳动冲突处理中的组织模式

社会工作的组织模式是指组织和运用社会资源进行社会工作实践、提供服务的方式。由于社会工作的组织模式是对资源的整合和运用，因此，社会工作的组织模式与国家经济体制和政治体制密切相关。

按照社会工作理论，社会工作的组织模式有多种形式：福利服务者提供模式、求助者求助模式、资源获取模式、服务提供模式。每种模式都有其固有的特点，资源的提供者可以是国家行政机构，可以是专业的服务组织，也可以是非政府组织。

在劳动领域，社会工作者应该根据具体情况，构建本土化的组织模式。

①劳动冲突处理中社会工作者的角色。

社会工作是利用各种资源实现助人目标的过程，社会工作者在此过程中扮演多种角色，发挥多种功能。

社会工作者首先是社会秩序的维护者。社会工作的价值体系和专业伦理使其通过解决社会问题、预防社会问题、参与制定和修改政策来创建和维护稳定的社会秩序，由此就使社会工作者成为社会秩序的维护者。这种维护是通过修正社会政策、维护弱势群体的利益、使人民安居乐业而进行的，是从社会长远发展着手进行的建设性社会秩序维护。

在社会工作价值体系指引下，社会工作具有助人、救难、解困和发展的功能，其中助人是最基本的功能。在社会工作者与受助者之间互动而进行的助人过程中，社会工作者扮演了服务提供者、支持者、倡导者、管理者、资源获取者和政策反馈者的角色。因此，在劳动冲突处理领域，社会工作者在以上专业伦理和价值观念的支撑下，主要就是通过助人来化解劳动冲突，通过为政策的实施提供反馈来维护社会秩序。

案例链接3-5　某网络科技公司诉蒙某某确认劳动关系纠纷案

某网络科技公司系外卖配送服务商，负责某外卖平台苏州吴江步行街站点的配送业务。蒙某某在该站点从事外卖配送工作。2018年10月4日，蒙某某在送外卖的过程中发生交通事故。根据工商登记，蒙某某于2018年10月10日领取了个体工商户营业执照，名称为昆山市某工作室。后蒙某某申请劳动仲裁，请求确认其与某网络科技公司自2018年3月1日起存在事实劳动关系。仲裁委裁决后，该网络科技公司不服，诉至法院。法院认为，蒙某某提供的证据能够证明某网络科技公司对其进行考勤、派单等管理，双方之间的关系符合劳动关系的法律特征。某网络科技公司提供昆山市某工作室签订的“项目转包协议”一份，主张蒙某某已经是个体工商户，故不应认定双方之间存在劳动关系，但该协议上无蒙某某的签字，也无昆山市某工作室的盖章，某网络科技公司亦未提供证据证明该协议已实际履行。该个体工商户的成立时间为2018年10月10日，在蒙某某发生交通事故之后，不应影响蒙某某受伤时双方劳动关系的认定。一审法院判决确认蒙某某与某网络科技公司之间自2018年3月1日起存在劳动关系。该网络科技公司不服上诉，二审法院审理后作出终审判决：驳回上诉，维持原判。

资料来源　佚名. 苏州中级人民法院发布10个劳动争议典型案例［EB/OL］.［2023-06-27］. https：//www.thepaper.cn/newsDetail_forward_13891425.

②现阶段社会工作的发展中存在的一些问题。

在现阶段的劳动关系领域，社会工作的发展还存在一些问题，主要表现在以下几个方面：

第一，工会组织的弱点使社会工作者在处理劳动冲突时难以整合相应的资源。工会组织的领导人往往由企事业单位的领导兼任，这就大大削弱了工会的独立性和工人利益的代表性。比如，工会中的维权联络员一般是由企事业单位的领导兼任的，在繁忙的公务下，他们往往没有时间行使维权联络员的职责，而从事一线维权的社会工作者也难以整合这些维权联络员的资源，从而使维权的网络化陷于虚置状态。

第二，工会组织缺乏相应的监督管理权力，弱化了社会工作的力量。社会工作者在实际维权工作中也感受到，由于工会缺乏监督管理权，社会工作者难以发挥相应的作用。当发现企业有违反法律、法规的行为时，只能与相应的职能部门联系，而没有权力直接处理，这种中介或联络的功能削弱了社会工作者一线维权的力度。

第三，社会工作者待遇不高，社会工作队伍人才流失严重。社会工作者固然需要高风亮节，需要拥有高尚的道德和情操，拥有贡献社会的远大理想，但是，他们作为社会主义市场经济的劳动者，其劳动价值也需要有一定的体现。这不仅是市场经济体制的内在要求，而且表达了整个社会对社会工作者劳动的承认和尊重，是对助人者的尊重。这种仅凭社会工作者个人思想觉悟的工作方式亟须改变，社会工作者的待遇需要提高至与其他人员同等的水平，并且要制度化。

以上问题会产生一个共同的结果，就是使社会工作表层化，并且难以从根源上消除劳动冲突。

针对以上问题，当务之急就是为社会工作者赋权，并且将社会工作者对劳动冲突的调解纳入制度化轨道。制度化意味着对社会工作者的贡献的承认和认可，意味着对企业社会工作的重视和对人的劳动的尊重。当然，具体的操作程序和途径还需要在实践中探索。这是在当今市场经济条件下构建和谐劳动关系的必要途径，也是整合各种社会资源、有效处理劳动冲突的必经之路。更加有效地处理劳动冲突能够进一步为创建和谐劳动关系作出贡献。

当然，在我国的劳动关系领域，以工会为主体的社会工作模式是社会工作本土化的探索，要完善我国的社会工作模式，还有很长的路要走。因此，在劳动关系领域，发展和完善我国的社会工作模式，是应对当前多元化、复杂化的劳动冲突的有效途径，也是构建社会主义和谐社会的应有之义。

聚焦民生　**服务农民工公益法律服务行动启动**

2023年1月，全国总工会、司法部、全国律协联合印发了《关于开展2023年“尊法守法·携手筑梦”服务农民工公益法律服务行动的通知》（以下简称《通知》），启动新一年服务农民工公益法律服务行动。《通知》明确，2023年，各地工会、司法行政部门、律师协会将联合开展行动，面向以农民工为主体的新就业形态劳动者，提供公益性、专业性、综合性法律服务，推动健全新就业形态劳动者合法权益保障长效机制，为满足新就业形态劳动者多元化法律服务需求、构建和谐稳定的劳动关系提供支撑。

2023年的公益法律服务行动围绕“深入学习宣传贯彻党的二十大精神，加强新就业形态劳动者权益保障”主题，以新就业形态劳动者为重点对象，持续深化多部门联动协作，广泛发动社会力量参与，通过法治宣传、法律咨询、法治体检、争议调解、法律援助等多种形式，深入推进新就业形态劳动者思想政治引领与合法权益保障，力求进一步提升广大新就业形态劳动者的法治获得感和满足感。

《通知》要求，各地工会、司法行政部门加大与人社、法院、企业代表组织等部门的协作配合力度，强化新就业形态领域劳动争议源头治理，推动企业内部建立多种形式的沟通对话机制，要求各地工会探索推进在劳动争议案件较多、劳动者诉求反映集中的仲裁院、人民法院设立工会法律服务站，为新就业形态劳动者提供法律咨询、文书代拟、案件代理等“一站式”法律援助服务。

此外，各地还将组织社会专业律师对接新就业形态领域行业协会组织、平台企业及其合作用工企业等，深入了解新就业形态劳动用工状况，组织开展劳动用工“法治体检”活动，为新就业形态劳动者集中的企业提供劳动用工法律风险评估和咨询建议服务。

“尊法守法·携手筑梦”服务农民工公益法律服务行动自2017年启动实施以来，已连续开展6年。2021年10月至2022年4月，各地共组建“工会干部+律师志愿者”服务分队4 200余支、组织律师近14 000人，采取“线上+线下”相结合的形式，开展普法宣讲2.9万场次，提供法律咨询90.2万人次，惠及劳动者1 028万人；深入5.2万家企业开展劳动用工“法治体检”，提供法律风险评估2.5万件次，帮助建立完善劳动关系矛盾预防化解机制1.5万项；参与调处化解劳动争议案件5.3万件，办理法律援助案件3万件，涉及劳动者6.9万人次，为劳动者挽回经济损失14.6亿元。

资料来源　郝赫. 2023年“尊法守法·携手筑梦”服务农民工公益法律服务行动启动[N]. 工人日报，2023-01-07（01）.

本章小结

人力资源管理经历了经验管理阶段、科学管理阶段、工业心理学阶段、人际关系运动阶段、现代人力资源管理阶段的发展变化。近半个世纪以来，社会化生产进程的加快，尤其是信息技术的发展为人力资源管理改革带来了巨大的挑战。本章通过对人力资源管理和企业社会工作两个不同学科的概述与综合，介绍了它们在公司中的不同作用和共同理念，分别从人力资源的四个主要方面，即职业生涯规划、薪酬绩效管理、福利管理和劳动关系方面介绍了社会工作的作用及意义，还阐述了人力资源管理发展和人才胜任力模型，以加深对企业社会工作的了解。

复习思考题

（1）简述人力资源管理的发展阶段。

（2）人才胜任力模型有哪几个？

（3）什么是职业生涯规划？企业社会工作者如何帮助员工进行职业生涯规划？

（4）什么是绩效管理？企业社会工作和绩效管理有什么关系？

（5）什么是福利管理？企业社会工作如何介入福利管理并对其进行改善？

（6）什么是劳动关系？处理劳动争议有什么方法？

案例分析题

变革时代，壳牌的人才管理

（1）人力资源部门如何帮助企业设计高效的人才招聘流程，提高人才招聘与甄选的效率？

与其他世界500强公司相同，壳牌倾向于从内部提拔中高层管理者。当然，如果业务发展过快，企业内部无法提供相应的人才，壳牌也会考虑从外部招聘和填补。因此，每年的应届毕业生成为壳牌人才的主要来源。

针对应届毕业生进行招聘时，壳牌奉行“严进”的原则。很多企业采取“宽进”的原则，员工进入企业后经过竞争的自然选择，达到优胜劣汰的目的。相比之下，壳牌在招聘过程中有一套非常完善的人才测评工具，多角度衡量候选人的领导力潜质。

壳牌在人才招聘过程中，更重视领导能力，而非专业是否对口。依据这个原则，壳牌采取了非常严格的招聘选拔机制。每年，即便是壳牌全球人才需求非常大的运营部门，人才招聘的数量也就两三百人，而招聘过程主要考查候选人是否具备未来领导者必须具备的领导力潜质。在对新员工进行入职培训时，壳牌非常注重在工作中进行实践和学习。员工需要在第一个工作岗位上学习基本的知识和技能，同时壳牌会安排导师、同伴等帮助新员工在具有挑战性的工作中学习必备的技能。

此外，壳牌还建立了非常完善的轮岗机制，内部建立了一整套公开招聘的体系。每年，员工在制订业务计划的同时也需要制定个人发展规划，这成为员工未来轮岗时重要的参考依据。直线经理在进行工作安排时，需要检查员工目前所做的工作与未来所希望从事的工作之间的差距，了解员工未来的愿景和职业规划方向，从而在工作中给予员工相应的协助，安排员工在合适的时间进行轮岗，培养员工针对特定岗位的关键能力素质。

针对具有社会经验的人员进行招聘时，壳牌制定了非常严格的招聘选拔体系，主要分为三个环节：

第一，针对专业知识技能的考查，主要通过项目演示的方式进行。候选人通过分享过去曾经负责实施的项目，展示自身的专业技术能力。

第二，针对领导力的考查，主要通过候选人的行为进行考查。根据候选人在过去的工作经历中的某些行为，多维度判断候选人是否具备关键的领导能力。例如，根据候选人在与人打交道、创业等过程中所表现出来的具体行为，对候选人的领导力潜质进行考量。

第三，针对关键岗位候选人长期发展的潜力进行考查，主要通过测评工具进行判断。例如，考查候选人是否具有宏观的战略思维能力，就可以通过具体的测评工具进行探究。

通过三种不同的考查方式，对候选人进行综合判断。

（2）大多数企业在激励和保留高绩效员工方面有哪些误区？人力资源部门如何采取具体措施，帮助企业成功打造高绩效组织？

建立高绩效组织最为关键的角色是领导者，因为领导者可以真正创造或者建立高绩效文化。高绩效组织依靠的是高绩效文化，而非某些绩效表格和工具。在组织中，人力资源部门每年会设计不同的项目，将财务回报与业务指标相连接。但是，设计的业务指标很难让所有人都满意，因为这个过程包含对市场、客户、内部资源投入的预测，也充满了诸多不确定性。只有深谙业务的管理者才能灵活、科学地设计业务指标，帮助员工不断进步，形成高绩效的企业文化。

在帮助企业打造高绩效组织方面，人力资源部门要深刻了解组织业务，只有这样才能在设计业务指标时进行科学取舍。同时，最为重要的是领导力培养，因为体系和制度无法预测一些不可控的因素，而卓越的领导者才能真正把员工的潜能激发出来，帮助员工成就卓越的绩效。因此，打造高绩效组织首先要建立高绩效文化，而培养具备市场洞察力、应急突变能力并且胆识过人的领导者是建立高绩效文化的根本所在。

（3）现在很多企业人力资源管理普遍存在员工流失率偏高、敬业度较低的问题，壳牌采取了何种措施激发员工的活力同时又使其敬业度不断提升？

壳牌一直非常重视从长远的角度出发，帮助员工制定职业发展规划，培养其领导力和专业技能。在进入中国初期，壳牌虽然业务不多，但非常重视对大学毕业生进行招聘、选拔，并通过轮岗和海外工作经历，对他们进行培养。我本人在壳牌的职业生涯也经历了两个阶段，先后在澳大利亚和中国香港的分公司负责人力资源相关工作，这些海外经历让员工感受到在壳牌可以收获不同的学习和成长机会。

除了快速成长带来的自豪感和期望，提升员工敬业度的另外一个重要因素是企业要积极履行相应的社会责任，成为良好的企业公民。在中国，壳牌一直积极履行社会责任，也多次荣获企业社会责任的奖项。同时，壳牌也非常重视在社区进行投入，积极参与志愿者项目，在企业公民角色方面的投入也收到了很好的反馈。这些措施进一步增强了员工的自豪感和归属感。

最后是人性化的管理。在企业管理过程中，壳牌将人性化渗透到方方面面。在安排员工进行海外轮岗时，壳牌会首先根据员工的个人意愿进行安排，同时也会考虑员工家属的需要。对于没有轮岗的员工，壳牌会帮助员工积极发展自身的潜能，找到自我才能施展的空间。

资料来源 王晶. 变革时代，壳牌如何实施人才管理［EB/OL］.［2023-06-27］. https://zhuanlan.zhihu.com/p/468748673.

讨论题：

（1）壳牌在招聘选人和职业生涯规划上是如何做的？如果需要企业社会工作介入，应该如何去做？

（2）壳牌在绩效管理上是如何做的？请分析其优缺点。

（3）请分析壳牌在福利管理上的优势，并说明企业社会工作如何帮助改善职工的福利。

（4）此案例是否体现了劳动关系？请说明。

（5）通过此案例，你认为什么样的企业应该率先引入企业社会工作？

第3章案例分析提示

第4章　企业社会工作与企业文化建设

学习目标

✓ 了解什么是企业文化；
✓ 掌握社会工作的专业价值观；
✓ 了解企业文化的功能；
✓ 了解什么是文化建设；
✓ 了解我国企业文化建设存在的问题；
✓ 掌握企业社工对企业文化建设的作用；
✓ 掌握企业社工如何进行企业文化建设。

引例

疫情时期海底捞彰显新的企业文化

2020年1月3日，武汉市卫健委发布了关于不明原因的病毒肺炎情况通报。1月9日，专家组判定不明原因的肺炎病毒为新型冠状病毒。1月19日，确诊病例已上升到136例。1月20日至22日，新冠肺炎事件持续发酵，湖北省启动了突发公共卫生事件二级响应。1月23日，武汉“封城”，新冠肺炎疫情的发展趋于严重，波及国内大部分地区。全国各地纷纷启动公共事件一级响应，正常的社会生产生活秩序被打破。

面对突发的公共卫生事件，海底捞的管理高层迅速作出反应，成立了防控疫情总指挥部。海底捞的五位核心高管悉数进入应急指挥状态。董事长张勇作为总指挥，负责搭建“战时”组织架构；首席运营官杨小丽担任第一副总指挥，负责门店员工的安置和防疫；首席战略官周兆呈担任第二副总指挥，负责紧急上报机制；执行董事施永宏担任第三副总指挥，负责物资供应分配；决策委员会委员苟轶群担任第四副总指挥，负责资金调度管理。同时，海底捞成立武汉现场总指挥部，指挥武汉地区27家门店的疫情工作和员工安置。疫情蔓延后，海底捞在全国范围内成立了24个城市区域现场指挥部，每个指挥部都设置现场总指挥、副总指挥和组员，每个指挥部都配备了物流供应和食品安全管理人员。

1）强调永不停歇的企业创新文化

海底捞注重创新，创新服务让海底捞走出了一条特色餐饮企业之路，独秀于众多餐饮企业之中。身处疫情之中，海底捞仍然不断寻求突破点，努力摆脱疫情的困扰。疫情打破了企业原有的经营模式和管理方式，为了在疫情中求生存，谋求疫情之后的长期发展，海底捞对经营模式、组织架构乃至接班人计划进行了一系列变革。疫情改变了大众的消费模式和生活方式，传统的堂食业务短期内无法全面恢复，营业额直线下降。海底捞另辟经营思路，在营业期间着重开拓半成品市场、推出生鲜直配便民服务，淘宝直播“深夜食堂”，提供外卖服务，发展智慧餐厅。传统的组织架构无法应对特殊时期的状况，紧急搭建的“战时”组织架构成为最高效的组织系统，对变幻莫测的疫情进展随时作出决策并快速执行。疫情让海底捞经历了一场大考，也让海底捞思考：未来的海底捞将走向何处？谁带领海底捞走得更好更远？2020年4月，海底捞宣布了接班人计划，要在所有员工中选择一位“爱海底捞、业务熟练、能洞察人性的领导者”。无论是疫情期间改变经营模式、调整组织架构，还是实施接班人计划，都体现了海底捞注重创新的文化理念。将不断创新作为企业的价值观，海底捞才能从容地在疫情中保持正常运转，尽快恢复业务，提升员工的工作效率。

2）体现出强烈的企业应急文化

新冠肺炎疫情暴发，很多企业猝不及防，造成停工停产、物资囤积、人员闲置，遭受的经济损失让企业举步维艰，这种时候尤其考验企业的危机防范与应急能力。海底捞作为遭受疫情冲击最为严重的餐饮企业，在此次危机中展现出快速灵活的应变能力，采取了及时有效的应对措施。在总指挥张勇的带领下，海底捞平安度过了疫情带来的危机。疫情之初，海底捞食品安全管理中心接连向全国门店下发《关于冬季预防诺如病毒等冬春流行性疾病的预警通知》和《关于武汉不明原因肺炎防控备忘录》，要求各门店员工认真学习；提醒员工武汉出现不明原因肺炎，要避免去人群聚集地；要求门店持续关注不明肺炎的消息和员工的身体状态。疫情扩散之后，海底捞迅速搭建起“战时”组织架构，按照城市设置总指挥进行决策，辅以各类组员协调配合抗疫工作，确保决策效率和执行力。“战时”组织架构按照梯级设置后备人选，任何一级人员出现发烧等症状，后备人员即刻替补，以此充分调动企业整体的防疫抗疫能力。

3）重视打造企业健康与安全文化

海底捞经营的成功在很大程度上是把“人性化”管理模式实行到极致。一直以来，海底捞对门店的考核指标不是利润，而是顾客满意度和员工满意度。不仅顾客能享受到超预期的服务体验，每一位员工也得到充分的尊重和关爱，尊重人性需求的管理与完善的福利体系激励员工群体为企业付出高效率的工作行为，企业和员工的黏合度非常高。可以说，海底捞是一家推行“以人为本”管理理念的典范企业。身处疫情之中，海底捞对员工的安抚、处置与工作规范的要求使企业“以人为本”的文化理念得到进一步发展。疫情初期，员工人心惶惶，对病毒的恐惧使员工产生了严重的心理负担。海底捞及时推出心理咨询，为员工进行心理疏导，缓解员工的精神压力。海底捞实行严格的封闭管理制度，尽可能切断病毒来源对员工的侵袭。它所做的这一切都围绕一个原则：把员工健康和安全放在第一位，一个员工都不能落下。企业复工后开发的各种新业务模式和严格可控的堂食营业模式也渗透着企业对于顾客和员工安全负责的理念。可以说，海底捞的企业文化在注重员工归属、尊重的基础上又强化了员工的健康和安全。

4）展现高度的企业社会责任文化

特殊时期，社会责任是衡量企业价值理念的重要判断标准。海底捞在抗疫中积极采取行动，2020年春节期间的疫情高峰期就向湖北省捐赠各类物资合计500万元，包括采购各种医疗防护物资300万元、为医护人员提供200万元方便热食的自热火锅。为了缓解武汉百姓生活物资紧缺的局面，海底捞又捐赠了16余吨各类蔬菜。2月中旬，海底捞又向湖北一线医护人员捐赠自热火锅2万盒。这些物资都是疫情持续期间海底捞在艰难维持自身运转时硬挤出来的，体现了其作为大型餐饮企业的社会责任感。即便是在恢复营业后发生了“涨价风波”，海底捞也及时调回价格，并就企业的不当行为向社会公众道歉。这一系列行为无不表明海底捞既是一家会经营的餐饮企业，也是一家有社会责任担当的企业。

资料来源 崔健．后疫情时期餐饮企业文化重塑研究——基于海底捞应对疫情的启示[J]．现代商业，2021（32）：77-79.

4.1 企业文化与社会工作专业价值观

4.1.1 企业文化概述

“企业文化”是企业文化学一个最重要、最基本的主体范畴，这一范畴的生成、发展和确立标志着企业文化学科的诞生。

在现代社会，从一定意义上讲是企业推动着人类的发展。企业运营情况的好坏对国家经济有非常直接的作用。目前，全球经济发展的基础是企业。企业是整个社会科技进步的一大主体。

顾名思义，企业文化是发生在企业中的文化，但实际上，对于什么叫企业文化，无论是国内还是国外，众说纷纭，莫衷一是。

沃特曼①和彼得斯②在《追寻卓越》一书中认为："企业将其基本信念、基本价值观灌输给它的员工，形成上下一致的企业文化，促使广大员工为自己的信仰而工作，也就是产生强烈的使命感，激发最大的想象力和创造力。"他们把企业文化概括为"汲取传统文化精华，结合当代先进的管理思想与策略，为企业员工构建一套明确的价值观念和行为规范，创设一个优良的环境气氛，以便整体地、静悄悄地进行经营管理活动"。

迪尔和肯尼迪认为，企业文化由五个方面的因素组成：

①企业环境，这是对企业文化的形成和发展具有关键影响的因素。

②价值观，是企业文化构成的核心因素。

③英雄人物，他们将企业价值观人格化，为员工提供具体的楷模。

④礼节和仪式，即企业的日常惯例和常规，向员工表明企业所期望的员工行为模式。

⑤文化网络，即企业内部主要的"非正式"联系手段，是企业价值观和英雄人物传奇的"运载媒介"。

总的来说，西方学者比较统一的观点是：企业文化的主要内涵是价值观，是一个企业组织内部所形成的独特的文化观念、价值观念、信念、历史传统、价值准则、行为规范等；依赖这些文化，企业内部各种力量统一于共同的指导思想和经营哲学之下。企业文化是在企业长期的经营活动中不断总结成功经验和失败教训后逐渐形成和发展起来的，其核心内容是企业精神和企业价值观。

因此，企业文化就是企业作为一个社会群体特殊存在的样式，是企业的生存和发展方式。企业文化具体表现为企业整体的思想、心理和行为方式，通过企业的生产经营、组织运营表现出来，是企业内部全体成员共同认可和遵守的价值观念、道德标准、企业哲学、行为规范、经营理念、管理方式、规章制度等的总和，以人的全面发展为最终目标。

当前，企业快速发展，企业文化的建构早已成为企业高级管理者的建设目标。企业文化作为企业无形资产的象征，蕴含的一个重要内容就是对员工的人文关怀。

人文关怀就是对人的生存状况的关怀、对人的尊严与符合人性的生活条件的肯定、对人类的解放与自由的追求。一句话，人文关怀就是关注人的生存与发展，就是关心人、爱护人、尊重人，是社会文明进步的标志，是人类自觉意识提高的反映。人文主义是以人为本位的世界观，集中体现为对人本身的关注、尊重和重视，它着眼于生命关怀、着眼于人性，注重人的存在、人的价值、人的意义，尤其是人的心灵、精神和情感。人既是社会的主体、历史的主体，又是自身

① 沃特曼，美国管理学家，他与彼得斯合著了《追寻卓越》一书。
② 彼得斯，全球最著名的管理学大师之一、商界教皇、管理领袖中的领袖、后现代企业之父。

存在的价值主体。人不同于一般的“物”，它的根本是“内在”而非“外在”，因此，文明建设的根本是精神。人文精神倡导把情感看作人的基本存在方式，社会要关注人的精神状态和内在需求，避免人的异化。

社会工作把企业文化建设当作自己的服务内容，主要是在企业组织中传播平等、公正、和谐的文化理念和尊重、理解、合作的工作态度，以及团结、互助、友爱的组织氛围，以促进企业提高管理水平，增强凝聚力，促进企业使命、愿景、核心价值观的进一步清晰，激发员工的主动性、积极性和创造性，产生更大的经济和社会效益。

4.1.2 社会工作专业价值观概述

著名的社会工作专家布特雷姆（Z. T. Butrym）在其著作《社会工作本质》中指出，社会工作的哲学思想主要来源于三个假设：第一，对人的尊重；第二，相信人有独特的个性；第三，坚信人有自我改变、成长和不断进步的潜能。上述哲学思想深刻影响了社会工作专业实践的价值观与伦理发展，也对社会工作的服务模式的变化与发展产生了不可忽视的影响。因此，对社会工作者而言，理解社会工作价值观的内涵并深入了解社会工作价值观的体系，对真正内化专业理念和付诸专业行动不仅是必要的，也是十分重要的。

1）社会工作专业价值观的内涵

所谓专业价值，是针对“个人价值”而言的，是指一整套指导专业行为和认知活动的思想、观念和基本原则。专业价值不仅受到一个社会的传统观念的影响，也受到科学技术发展以及社会变迁等因素的影响。社会工作的专业价值是指社会工作者长期奉行和遵守的一整套指导其实践的原则与理念。

社会工作专业价值体系形成于它的产生和发展的百年历史过程中，并在近些年得以系统化。20世纪70年代中期，社会工作者对专业价值观曾有过广泛而深入的讨论，并一直强调专业实践中价值观的重要性。因此，长期以来，社会工作者一直坚守专业价值理念并将其付诸实践。

社会工作专业价值观不同于个体的价值观，也不同于一般的社会价值观，它是社会工作者专业共同体内部一种总体的价值偏好，代表整个专业团体内部对社会正义、服务、个人价值与尊严、人类关系重要性、社会团结等的一般看法以及对专业活动标准的认定。专业价值观的建立与践行是社会工作专业化的重要前提，也是社会工作专业区别于其他专业的一个标志。在社会工作领域，专业价值目标包括终极目标和工具性目标。前者主要关注人类社会的总体福利、正义制度的安排以及社会工作者的重要任务，后者通过专业行动实现有关具体事务的目标。对社会工作来说，重要的专业价值包括正义、平等、责任、自我实现、自我决定、知会同意、诚信等。

2）国际社会工作界认同的专业价值观①

作为一种职业和一个专业，社会工作实践已经跨越了国界，它在国际人道主义援助、地区发展、教育、扶贫、医疗服务等众多领域发挥显著作用。作为一个广泛得到认可的专业，社会工作价值观的基本理念也得到了国际组织和机构以及各国社会工作者的认同。总之，目前国际社会工作界把社会工作价值观归纳为如下六个方面：

（1）服务大众

社会工作者应当将服务社会中有需要的困难人群作为自己的首要任务，要超越个人利益为社会大众提供专业的社会服务。

（2）践行社会公正

社会工作者追求社会公正，在服务中与服务对象一同工作，了解他们的问题和需要，在执行社会政策过程中倡导公正并寻求积极的社会变革。

（3）强调服务对象个人的尊严和价值

社会工作者应对每一个服务对象都给予关心和尊重，应充分认识和理解服务对象在生理、心理和社会文化等方面的差异，同时对文化和种族的多元性保持开放态度。

（4）注重服务中人与人之间关系的重要性

社会工作是处理人的问题的工作，涉及人与人的沟通和互动行为。因此，社会工作者应充分认识人与人之间关系的重要性，包括设身处地为他人着想（即换位思考）、建立积极和良性的沟通交流关系、帮助服务对象建立积极的人生观、彼此分享和相互帮助。

（5）待人真诚和守信

社会工作者应坦诚地对待服务对象，并能认识到自身的不足，能真诚地分析自身的问题，坚持专业的使命、价值观、伦理原则与标准，并有效地运用它们开展社会服务。

（6）注重能力培养和再学习

社会工作者要不断地提升自身的专业能力，并保持一种开放的心态和好学的精神，坚持在实践中再学习和再教育的理念，不断接受新观念、学习新知识、掌握新技能，从而提升专业实践的效率与效果，增进服务对象和社会大众的福祉。

3）社会工作专业价值观的操作原则

在专业实践活动中，社会工作者可从以下几个方面实践专业价值观：

（1）对服务对象的接纳

在专业服务过程中，社会工作者要从内心接纳服务对象，将他们看作工作过程中的重要伙伴，对服务对象的价值偏好、习惯、信仰等都应保持宽容与尊重的

① 全国社会工作者职业水平考试辅导教材编写组. 社会工作综合能力（初级）[M]. 北京：中国建材工业出版社，2011：19.

态度，绝不能因为服务对象的生理、心理、种族（或民族）、性别、年龄、职业、社会地位、信仰等因素对他们有任何歧视，更不能因为上述原因而拒绝为服务对象提供社会服务。在这里，接纳不等于认同，它是指社会工作者对服务对象在价值观与个人背景特征等方面的一种包容，也是社会工作者对社会大众统一的服务态度，是建立专业助人关系的重要前提。对服务对象而言，他们每个人都有权利获得专业社会工作者提供的专业服务。

（2）对服务对象的尊重与包容

在这里，尊重的含义不仅在于对服务对象保持符合社会文化习俗的礼节和称谓，更重要的是要认识服务对象自身的生命价值和其他基本权利，充分保障他们获得基本的资源和可靠的专业服务的权利，帮助他们解决困难，满足他们生存和发展的需要。对社会工作者来说，尊重不仅是一种思想上的认知，还是一种道德上的实践。在服务过程中，社会工作者不应将自身的价值观强加于服务对象，更不应指责和批判服务对象的言行和价值观，也不能向服务对象宣泄自己的负面情绪。社会工作者可以和服务对象共同分享与服务内容有关的个人感受和经验，以及对有关问题的看法，并提供解决问题的建议，但社会工作者不得直接或间接迫使服务对象接受自己提出的意见或建议。

（3）注重个别化原则

每个人都有权利和机会发展个性，社会工作者应当尊重服务对象的个体差异，不应当使用一般或统一的服务方法回应他们的独特需要，要充分考虑服务对象在性别、年龄、职业、社会地位、政治信仰、宗教以及精神或生理等方面存在的差异及其与社会主流价值之间可能存在的冲突，尊重个性化需求，充分挖掘个人潜能。不过，不同的社会工作方法在应用个别化原则时应有所区别。个案工作方法强调个别化原则，而小组工作方法和社区工作方法则相对关注服务对象的共性需求。

（4）自我决定与知情同意

在社会工作实践中，社会工作者要与服务对象保持良好的沟通。社会工作者有义务向服务对象提供必要的信息。服务对象有权在充分知情的前提下选择服务的内容、方式，并在事关服务对象利益的决策中起主导作用。如果服务对象没有能力进行选择和决策，社会工作者应根据法律或有关规定由他人代行选择和决策权。自决权是个人尊严的体现，除非万不得已，即便社会工作者出于好意，一般也不能代替服务对象做决定，因为这样做可能不利于服务对象维护自尊和挖掘潜能。

（5）注重为服务对象保密的原则

社会工作者应当保护服务对象的隐私。未经服务对象同意或允许，社会工作者不得向第三方透露涉及服务对象个人身份资料和其他可能危害服务对象权益的隐私信息。在特殊情况下必须透露有关信息时，社会工作者应向有关机构或部门报告，并告知服务对象有限度公开隐私信息的必要性及采取的相关保护措施。如果在紧急情形下，必须违反保密原则而来不及报告，社会工作者事后应当提供相关的证据并补办手续，以记录必要的工作程序。

4.1.3 社会工作专业价值观的内容和实践

1）社会工作专业价值观的内容

社会工作专业价值观是指一整套用来指导和支撑社会工作者开展专业实践的理念和判断。社会工作专业价值观受人文主义、人道主义、实证主义、实用主义、集体主义等各种意识形态的影响，成为一种系统的、成熟的引领社会工作者开展专业实践的指南，同时它也是内化于社会工作者专业实践的精神标准。20世纪六七十年代，巴特莱特（H. M. Bartlett）等社会工作专家就提出，以价值为本的六个方面值得社会工作者关注，在专业实践中，社会工作者遇到伦理冲突时，要首先考虑这些基本原则：第一，个人是社会主要的关怀所在；第二，在任何社会中，人与人之间的关系都是相互支持、相互依赖的；第三，个人应该对他人负责；第四，人类有共同的需要，但是个人又与其他人不同；第五，民主社会最主要的特征是个人充分实现其潜能，个人通过积极参与可以承担其社会责任；第六，社会有责任为个人的自我价值实现扫除障碍。

具体而言，社会工作者专业价值观可以通过以下五个方面来体现：

（1）社会工作者对服务对象的看法

在实践中，社会工作者应将服务对象看作一个与自己有平等价值的人，是有潜力改变和有能动性的个体，要充分相信服务对象自身所具有的优势，并在工作过程中注意倾听服务对象的声音，将他们视为合作伙伴，确立与服务对象的民主工作关系。

（2）社会工作者对专业实践的看法

社会工作者应坚持专业立场，在实践中努力提高专业服务的质量，不断学习和补充专业理论、技巧和知识，提高专业实践的效率，改善服务的效果，强化专业服务标准。作为专业共同体的一分子，社会工作者要积极促进专业发展，并坚信社会工作专业实践在社会发展中的作用。

（3）社会工作者对服务机构的看法

社会工作者常常是在机构中开展服务的，因此，社会工作者应维护服务机构的政策、立场和管理规则，在社会服务过程中尽力做到公正、合理地处理个人与机构之间的关系，尽量避免在外部对服务机构进行批评。在机构管理实践中，社会工作者有权对服务机构的运作、服务模式、人员管理等提出自己的意见或建议。同时，社会工作者也有义务帮助服务机构的管理者不断提高管理与服务水平。

(4) 社会工作者对公共福利发展的看法

在实践中，社会工作者应不断改进专业实践，提高专业服务水平和总的社会福利水平。在社会福利资源分配过程中，社会工作者要注重公平正义原则，对弱势人群的需要给予优先满足。社会工作者在推行社会政策和提供社会服务的过程中，要兼顾效率与公平，减少资源浪费，增强服务效果，最大限度地满足服务对象的需要。

(5) 社会工作者对社会发展与社会进步的看法

在任何国家或地区，社会工作者都是一群有理想的专业工作者。在实践中，社会工作者对社会前途和远景目标始终持有积极乐观的态度，他们相信社会发展的美好未来，并愿意付出持续不断的努力，通过专业实践和服务推动社会进步的进程。当然，社会工作者不是空想主义者，也不是简单的理想主义者，而是他们相信社会发展过程中会出现各种曲折和困难，但他们坚持认为，通过人类不懈的追求和奋斗，通过不断完善社会福利制度和不断改善社会服务，人类社会就可以变得日益美好，人与人之间的关系就能获得质的改善。

2）我国社会工作专业价值观的实践

在中国，社会工作价值观的确立不仅应该借鉴国际经验，更要考虑具体的国情、社情和民情。从本质上看，社会工作价值观是在本土文化下实践的价值积淀。当前，中国社会工作职业化和专业化是在中央和各地政府的直接领导与推动下开展的，是建设社会主义和谐社会和实践科学发展观的重要组成部分，具有很强的自上而下的色彩。同时，中国社会处在转型过程中，社会工作价值观也应反映时代的要求和民众的需要。因此，在建立和发展中国社会工作价值观时应注重以下几个问题：

(1) 以人为本，回应需要

社会工作是一种帮助人解决困难、协调人与环境之间关系的服务活动，它与人的问题和需要息息相关。因此，社会工作者应该本着为服务对象着想和谦和的态度，真诚地对待服务对象的问题和需要，及时地回应，并通过专业服务来满足服务对象的需要。以人为本不仅应体现在社会工作的具体服务中，还应体现在社会福利政策的制定和实施中。

(2) 接纳和尊重

在社会工作实践中，社会工作者要通过初步的接触与沟通等专业活动与服务对象建立相互之间的信任关系，从而开展进一步专业服务。对社会工作者来说，无论在哪一个阶段的服务过程中，都应该发自内心地、真诚地对待所有服务对象，对其采取接纳和尊重的态度。

在实践中，接纳意味着社会工作者不因服务对象的年龄、性别、种族、生理及心理状况、宗教信仰、政治倾向等对他们采取歧视态度或拒绝提供专业服务。对所有社会工作者而言，对服务对象的接纳是一种一贯和统一的原则或立场。

同时，对社会工作者来说，尊重不仅意味着在服务过程中对服务对象保持必要的礼节与称谓，更重要的是对服务对象的需要和问题进行倾听和回应，以及在服务过程中真正将服务对象视为改变的一种力量。针对不同的服务对象和不同的问题及需要，社会工作者要善于倾听、理解和回应，同时与服务对象一起寻找恰当的解决问题的策略与方法，从而维护服务对象的合法权益，提升其社会功能。

（3）个别化和不批判

由于社会工作实践提供的是与人有关的专业服务，社会工作者应充分尊重每个服务对象的个性与人格，充分理解服务对象之间存在的差异。对社会工作者来说，即使是提供同一类专业服务，也要注意避免将服务对象看作相同的个体，要充分考虑个人特质（如年龄、性别、种族、生理和心理状况、文化背景、职业、社会地位、宗教信仰、政治倾向性等）对服务需求和服务模式的潜在影响。社会工作虽然是一种价值主导的专业实践，社会工作者仍要避免将自己的价值观强加于服务对象，不应指责和批判服务对象的言行与价值观，更不应将自己的负面情绪发泄到服务对象身上。在专业服务的各个环节，社会工作者应始终坚持自我决定原则，不应直接或间接地强迫服务对象接受任何决定与服务。

（4）注重和谐，促进发展

建设和谐社会是党中央当前和未来很长一段时期内坚持的主导政策方针，也是指导社会建设的核心原则。社会工作是社会福利事业的重要内容，也是促进和谐社会建设的主要手段。在社会工作过程中，专业社会工作者要将和谐与发展作为自己的重要价值观。和谐的内容包括多个层面，涉及家庭关系和谐、人际关系和谐、群体关系和谐、干群关系和谐以及社区和谐等。发展要求社会工作者不断探索与总结新的理论、经验和方法，不断提升社会行政与社会服务的水平，通过人性化的、有效的社会行政与管理落实社会政策，提供有效的与适当的社会服务，解决各种社会问题，满足不同人群的社会需要。

（5）平等待人，注重参与

社会工作实践建立在专业的工作关系基础上，它要求社会工作者与服务对象相互理解与合作，形成有效的工作关系，共同面对问题、解决问题。在这一过程中，社会工作者要充分尊重服务对象的意愿和想法，主动询问服务对象对问题的看法，尽量减少主观判断和意见。在针对服务对象的需要满足和问题解决策略上，社会工作者要与服务对象进行良好的沟通，尊重服务对象个人的意见和决定，避免因个人的主观独断和偏见造成对服务对象的伤害。在社会福利政策的推行过程中，社会工作者作为政府的代表或被委派推行服务，要尽可能站在服务对象的立场上，多倾听服务对象的真实想法和意见，尽可能提升政策和服务的效果。

（6）道德与责任并举

社会工作是一个服务过程，也是一种道德实践。社会工作者要将助人、满足困难人群的需要和解决实际问题等放在第一位，在服务过程中履行专业承诺。社会工作的目标就是通过专业服务和干预，帮助服务对象增强自身的能力，提升他们生存和发展的潜能。在此基础上，社会工作者要帮助服务对象树立责任意识，逐步强化自我改变和自我发展的能动性，减少服务对象对制度和外部支持体系的依赖，真正达到助人自助的目的。

（7）个人潜能提升与社会发展相结合

社会工作要帮助社会中有困难和有需要的人，通过提供必要的资源或服务，提升他们的自信心和能力，从而使他们自立自强。社会工作的目标不仅是帮助有困难或有需要的个体和群体，解决其现实生活和发展中的困难，改善他们的社会功能，促进他们融入社会，更重要的是，社会工作还要致力于通过制度建设和政策改革来推动社会进步，促进社会发展，实现平等和公正。社会工作实践既注重个人的需要与服务，也关注社会层面的改革与政策变革。因此，社会工作者要在帮助个人和实现社会发展两个层面上努力促进人类、制度与环境之间的和谐。

4.2 企业文化的疏导功能

4.2.1 企业文化的功能

企业文化是企业的灵魂，是推动企业发展的不竭动力。企业文化是在一定条件下，企业生产经营和管理活动中所创造的具有该企业特色的精神财富和物质形态。它的内容非常丰富，包括经营哲学、价值观念、企业精神、企业道德、团体意识、企业形象、企业制度，其核心是企业的精神和价值观。完善的企业文化建设可以使企业满足自身和市场的需求，从而实现健康有序的发展。

1）企业文化的导向功能

企业文化对企业领导者和员工起到的引导作用体现在两个方面：经营哲学和价值观念的指导。经营哲学决定了企业经营的思维方式和处理问题的法则，这些方式和法则指导经营者作出正确的决策，指导员工采用科学的方法从事生产经营活动。

2）企业文化的约束功能

企业文化的约束功能主要通过完善管理制度和道德规范来实现，主要体现在两个方面：有效规章制度和道德规范的约束。企业制度是企业文化的内容之一，是企业内部的法规，企业领导者和员工必须遵守和执行，从而形成约束力。道德规范从伦理关系的角度来约束企业领导者和员工的行为。

3）企业文化的凝聚功能

企业文化以人为本，尊重人的情感，从而在企业中营造一种团结友爱、互相信任的和睦气氛，能强化团体意识，使企业员工形成强大的凝聚力和向心力。共同的价值观念形成了共同的目标和理想，员工把企业看成一个命运共同体，把本职工作看成实现目标的重要组成部分，使企业内部步调一致，形成统一的整体。这时，“企业兴我兴”成为员工发自内心的真挚感情，“爱公司如家”就会变成他们的实际行动。

4）企业文化的激励功能

共同的价值观念使每个员工都能感受到自己存在和行为的价值，自我价值的实现是人的最高精神需求的一种满足，这种满足必将形成强大的激励。在以人为本的企业文化氛围中，领导与员工、员工与员工之间互相关心、互相支持，特别是企业文化建设取得成功，在社会上产生影响，企业员工会产生强烈的荣誉感和自豪感，他们会加倍努力，用自己的实际行动维护企业的荣誉和形象。

5）企业文化的调适功能

调适就是调节和适应。企业各部门之间及员工之间，由于各种原因难免会产生一些矛盾，解决这些矛盾需要各自进行自我调节；企业与环境、顾客、其他企业、国家、社会之间都会存在不协调、不适应之处，这也需要进行调节和适应。企业哲学和企业道德规范使经营者和普通员工能科学地处理这些矛盾，自觉地约束自己。完美的企业形象就是进行调节的结果。调适功能实际上也是企业文化能动作用的一种表现。

4.2.2 企业文化具有疏导功能

我们的生活处处是文化。如果作为一名员工，发生在其上班的时间、空间里的文化活动、文化现象叫作“事业文化”的话，那么，在8小时之外的各种文化活动、文化现象则可叫作“业余文化”。也可以说，人们的文化生活分为事业文化和业余文化两部分，而企业文化的发展不仅有效地调控事业文化生活，而且有效调适业余文化生活，这是越来越明显的事实。

随着市场经济的不断发展和体制改革的不断深化，人们日益注重精神生活的改善，逐渐改变旧的消费观念，将吃、穿、玩、乐融为一体，业余文化生活、文化娱乐的价值日益显现出来。作为企业文化一部分的业余文化活动，不仅成为紧张工作之余的体力、脑力恢复性的调适，而且进一步成为人们娱乐、享受、愉悦身心的调适，戏剧、摄影、美术、书法、雕刻、音乐、舞蹈、朗诵、演讲、棋类、集邮、缝纫、养花、钓鱼、旅游、滑冰等都是一些具体形式。这些在传统观念中并不怎么重要的消遣娱乐活动为丰富生活提供了可能性。

具体来说，企业文化的疏导功能有如下几种形式：

1）能量补偿调适

市场经济的发展，特别是第三次科技革命带来的经济社会的现代化发展，使企业员工的劳动节奏、协作关系和生活观念发生了一系列变化。快节奏、高效益、重信息、讲信誉已成为当今企业之风尚。在这种背景下，各种企业文化活动使人们已消耗掉的能量得到补偿，并迅速增加。

2）丰富精神调适

改革开放以来，员工的消费方式发生了变化，人们不断改善物质生活，同时不断使精神生活更加丰富多彩。人们要求融吃、穿、玩、乐为一体，需要通过身体和思想的放松，开展竞技，欣赏艺术和大自然，以满足生活需要。于是，人们在文化设施日益增多、文化活动形式日益多样化、文化活动内容日益新颖的企业文化中得到了调适。

3）自由发展调适

不论是养花、钓鱼，还是欣赏音乐、美术，或是阅览书报等，都不单单是消遣。正如联合国《消遣宪章》中所说，消遣为人们提供了激发其基本才能的变化条件，这就是“意志、知识、责任感和创造能力的自由发展”。

4）愉悦身心调适

阿里巴巴全球有5万多名员工，每个区域的工作环境大不相同，条件比较好的是杭州总部西溪园区，这里临近杭州5A级景区西溪湿地公园，环境和气候非常好，园区也非常漂亮。楼房不高，围绕着一个人工湖，园区有专门一栋楼房是为访客设计的。园区里有很多为方便员工设计的设施，园区规模也非常大，从环境来说幸福指数为5颗星，优美的园区环境使人的身心得到愉悦和调适。

4.2.3 企业文化疏导功能的应用——闲暇活动

在工业发展的过程中，泰勒的科学管理体制以及后来出现的福特主义特别重视效率。效率崇拜导致生产节奏进一步加快，工作量猛增，破坏了员工工作与闲暇的平衡关系，人们感到巨大的压抑感和匆忙感。当社会变得越来越工业化、技术化、现代化时，社会以及个体就对闲暇有了越来越强烈的需求。闲暇对员工的意义在于以下几个层面：

1）恢复身心，促进员工的身体和心理健康

恢复身心是闲暇活动的基本功能。闲暇活动可以使员工的身心得到放松，体力得到恢复，促进个人的身心健康。

通常情况下，人们所从事的工作都带有相当程度的强迫性和被动性。长此以往，不管是陷入烦琐事务的办公室人员还是处于流水线上的工人，都会身心俱疲。人们长期处于紧张、单调的工作中，会导致健康问题，引发诸如偏头痛、消化不良、肿瘤、高血压、心脏病等疾病，工作压力过大也会影响员工的心理状态。员工在进行闲暇活动时，可以在其中寻找生活的快乐，摆脱工作对心灵的束缚，促进自身的心理健康；同时，员工对工作和生活也会有更高的满意度，自我效能感更强。

2）提升员工的素质，发展员工的才能

这个层面主要强调闲暇的发展功能，发展功能具有积极性、主动性和创造性。与工作相比，闲暇的发展功能是具有补偿性的。补偿性是指找回被工作破坏的精神和生理平衡的可能性。

在“知识爆炸”“信息雪崩”的知识经济时代，人们在工作中也会遇到新问题，这就要求人们利用闲暇时间去思考和学习。员工可以利用闲暇时间进行新知识、新技能的学习，精益求精，发展丰富多彩的兴趣，以此来进行自我充实、自我提高、自我完善、自我实现，提升人的价值，发挥人的全面才能。

3）激发员工的创造力

创造力来自自由的闲暇活动。许多科学技术的创造和发明都是在闲暇时间的思考中产生的，是人们在精神状态极度放松时的茅塞顿开。闲暇活动还具有丰富性和自主性，在五彩缤纷的闲暇活动中，人们的思维不受束缚，能自由思考，并在放松状态下产生灵感，迸发出智慧的火花。人们不拘泥于陈规，找到新的视角、新的观念或在旧观念之间建立新的联系，从而激发出创造力。

4）有利于促进员工之间的社会交往

对员工来说，闲暇除了具有心理学功能之外，还具有社会功能。在现代的劳动条件下，快节奏的生活、高强度的压力减少了员工的闲暇时间，城市中的“钢铁森林”导致了人与人之间的交往障碍，人与人之间越来越疏离，越来越冷漠。人类都有爱与归属的需要，如果员工有充裕的闲暇时间，必然能增加他们之间的交往。闲暇是表达感情、增进了解、发展亲密关系的好时机，人们可以在交往活动中体验到人与人之间久违的温暖与关心。

4.2.4 企业文化疏导功能的应用——企业生活

运用人文关怀和文化疏导方法缓解员工的心理压力，调节员工的思想情绪，是当前企业人力资源部门探索的重要课题。下面结合一些实际发生的案例说明企业运用人文关怀和文化手段实现的一些改变。

1）心理角色转换——提高员工对工作的满意度

这是指一个人在实际工作环境没有改变的情况下，通过名誉、福利等待遇的改善，实现心理角色的转换，提高对工作的满意度。

某集团公司对行政管理干部的选拔方式是从有一定的专业知识、技术专长和成绩突出的技术工人中挑选。这种选拔方式指导思想正确，但也会带来一定的负面后果，即被选中的员工离开原工作岗位后，如果没有合适的人选替补上去，会导致产品质量下滑，生产受到影响。如果不采取这种方法选拔干部，则会使一些有贡献的员工产生心理上的不平衡，从而影响他们的生产积极性，进而影响他们家属的情绪。

面对这种情况，该集团公司人力资源部门导入了一种“H”形的双通道人才激励机制，即对在关键技术岗位上工作出色又有一定管理能力的技术工人，采取两种并行的激励措施：如离开后该岗位有人替代，不会影响生产，可考虑提升行政职务，到管理岗位担任管理工作；对暂时无人可替代，离开后生产会受到影响的技术工人，在职称上给予提升，通过评审授予技师、助理工程师、工程师等技术职称，在工资上与同级行政干部享受同等待遇，在福利上安排分期分批出国休养。为进一步调整这些员工和家属的心理不平衡感，该集团公司人力资源部门还明确规定，类似对象在出国休养时，家属可陪同，其费用由该集团公司承担。同时，该集团公司人力资源部门在安排其出国前，会专门发公函到其家属单位，表扬他们的工作情况并说明出国休养的原因，希望对方单位在假期上给予支持。"H"形双通道人才激励机制的实施，使该集团公司关键技术岗位上的员工实现了心理角色转换，尽管他们还在原岗位上，但他们的心理已转换为专业技术干部角色。同时，收入和福利的提高使他们达到了心理上的平衡，到其家属单位的褒奖宣传则进一步提高了他们的心理满意度。

2）人格尊重和压力传递——帮助员工实现自身价值

这是指对有发展潜力的大学毕业生员工，企业为其搭建施展才能的舞台，消除其自卑心理，提高其工作责任意识，同时在工作上施加必要的压力，促使其较快成长。

某进出口公司是一家外贸专业公司，近几年业务发展迅速，随着业务的快速发展，需要提高管理水平和管理人才紧缺的矛盾也日益突出。该公司人力资源部门在分析发展过程中的人才瓶颈问题时发现，在不少大学毕业生员工中存在一个心理问题，即这些大学毕业生员工学习意识强，工作勤奋努力，但由于他们是非名牌大学毕业的，且业务能力相对比较弱，与该公司原来的业务骨干相比，他们有一定的自卑心理，导致其在工作中仔细有余、大胆不足、成长不快。针对这种心理状况，该公司人力资源部门从三方面采取措施，进行改善：一是帮助外地大学毕业生员工到当地人事局办理 A 类居住证，让他们享受到与当地员工同样的社会保障待遇，从心理上消除外地人与当地人的思想鸿沟；二是开展老业务骨干与大学毕业生员工的"双结对"活动，通过大会签约的形式，结成了 16 对"双结对"，明确规定在业务知识上老带新，在外语、科技知识上新帮老，从人格上确立新老员工的平等地位；三是搭建青年员工成长平台，在工作上给大学毕业生员工压担子，让他们清楚地知道该公司的经济考核指标。该公司人力资源部门还破格提拔了 3 名大学毕业生员工为总经理助理，提拔了 8 名大学毕业生员工为各业务部负责人，在公司管理和业务拓展上让青年员工挑大梁，使他们在心理上建立起"天生我材必有用"的自信心。两年多的实践证明，该公司青年员工在内部管理和业务发展上发挥了十分重要的作用。目前该公司日常管理协调工作基本上由总经理助理承担，业务量的 40% 由青年员工完成，该公司的新业务门类基本上全由青年员工在开发。青年员工通过心理调节建立起来的自信心在工作中得到充分认可，他们自身的价值也得到了充分的体现。

3）期望实现及精神激励——满足员工的表现欲

这是指对有一定艺术特长又有较强表现欲的员工，通过特定环境的设计，为满足其表现欲创造较好的条件，通过精神激励提高企业的凝聚力。

某集团公司下属企业有一位爱好唱歌的女青年，曾受过专业训练，并在全国比赛中得过奖。到该企业工作后，因工作性质关系，表演的机会较少，但她的内心总希望领导能给她创造一些展示歌唱才华的机会。了解了她的这种心理期望后，该企业党支部在当年的春节联欢会上为她安排了两个独唱节目，她也不负众望，将两首歌唱得声情并茂。但在演唱过程中，由于会场观众注意力分散，加上主持人经验不足，观众反应平平，以致她在演唱中发出“请给点掌声”的请求也未得到满足。对这种情况，该集团公司有关部门的领导觉得她的表现欲、心理期望非常强烈，而且歌也唱得有一定水平，于是，有关领导专门找她进行了沟通，进一步掌握了她的期望心理，并在该集团公司企业领导干部联欢会上再次为她安排了独唱节目。演出前，吸取上次的教训，主持人对其出场、演唱间歇等细节做了专门设计。到正式演唱时，她人还未亮相就赢得了满场的掌声，于是她信心大增，超常发挥，一首歌唱下来，获得了 5 次满场掌声和 2 次献花，极大地满足了她的表现欲。通过这次演唱机会，她既实现了展示才华的期望目标，也增强了对企业的认同感，激发了她在工作中的积极性和主动性。

4）精神福利制造及目标企盼——化解员工的工作压力

这是指在企业内部开展以精神激励为主的、低标准的、固定的员工福利活动，通过活动项目的设置，制造员工的企盼心理；通过活动的开展，营造领导与员工之间无拘无束的交流环境；通过交流，让员工宣泄不良情绪，达到化解工作压力的目的。

现代企业中，员工的工作都是快节奏、高强度、超负荷的，某集团公司也不例外，部分员工在休息日自觉到公司加班的情况也时有发生。如何化解过大的工作压力，保持员工身心健康，成为该公司工会重点关注的问题。该公司工会在听取大部分员工意见的基础上，实施精神福利制造计划，落实人文关怀，通过行政贴一点、工会帮一点、员工出一点的办法，筹措较少的费用，每年在相对固定的时间，安排全体员工进行一次短途旅游，并规定参加这种活动不分领导群众，一律集体坐大客车，以方便相互之间的沟通和交流。该计划实施 4 年来取得了良好的效果，一进入下半年，员工就会企盼今年的活动如何搞，很多员工还主动帮工会出主意，设计活动内容。这种活动的开展，制造了领导与员工相互进行感情交流和沟通的机会，使有些平时不善于与领导接触的员工也能无拘无束地与领导交流，把心理的困惑和家庭的困难向领导倾诉，使积压在心中的不良情绪得到宣泄，从而化解了平时的工作压力，也营造了公司良好的干群关系氛围，推进了公司的和谐发展。

5）环境改善及工作再设计——掌握员工家庭情况及化解矛盾

这是指在发现员工出现异常情况时，通过心理疏导的方法，了解问题发生的原因，并采取改善工作环境的方法帮助员工解决实际困难，化解员工的心理障碍。

某房产公司有一位业务经理，他专业基础知识扎实，协调能力强，工作态度认真负责，是一位称职的专业型干部。但该员工有一个公认的缺点：经常上班迟到，下班早退。对此，其他员工颇有微词，在业绩测评中意见也较大，有人甚至提出要他下岗。针对这种情况，该公司人力资源部门做了调查，了解到该员工的妻子是某跨国公司的地区主管，工作非常繁忙，经常要出差到国外去，根本无暇照顾家庭。而他们的孩子尚小，正在上幼儿园，每天接送的任务就全部落到他身上，迟到早退也就成为经常发生的事情。他自己也感到心理压力很大，既不可能让妻子回来照顾家庭，又不知该如何解决这个问题。摸清情况后，该公司人力资源部门的工作人员与他做了深入交流，既肯定了他的工作态度和成绩，又指出了问题的严重性和影响程度，同时，根据他家庭的实际情况，结合该公司的岗位调整，让他先下岗一段时间，全身心地解决好家庭问题，然后再对他的工作环境进行改善，重新安排他到自由度相对较大的岗位上工作。

6）换位思考及人性化操作——化解员工与企业的利益冲突

这是指在企业减员分流工作中，企业领导通过与员工开展对话沟通，启发员工进行换位思考，让员工理解企业为什么要调整、在调整中如何保障员工的合法利益、如何通过人性化操作使员工的利益达到最大化，从而化解员工与企业之间的利益冲突，保持企业和社会的稳定。

一般来讲，企业在调整中为减少冗员，实施离岗员工买断工龄、分流走向社会的政策，必然会引起员工与企业的利益冲突。从企业角度来讲，分流员工是无奈之举，给员工经济补偿不能违背法律、政策规定和过度脱离社会平均水平；对员工来讲，自己辛辛苦苦在企业工作了几十年，到头来还要走向社会自谋生路，心理极度不平衡，所以，经济补偿是在企业争取利益的最后一次机会，当然是争取得越多越好。这类矛盾在企业调整中必然会发生。某国有企业集团人力资源部门在化解这类矛盾时，采取换位思考的方法，与分流员工群体中有影响力的员工一对一地进行交流，细心地做他们的思想工作，让他们设身处地从企业领导的角度思考问题，向他们提问，请他们回答分流政策应该如何制定。在与这部分员工基本达成共识、降低其经济补偿期望值的基础上，再通过摸排全体分流员工的情况，掌握每一个员工的真实想法和家庭经济状况，为确有困难的员工提供帮助，先缓解其实际困难，再解决其分流经济补偿问题。该集团人力资源部门通过多方面开展疏导工作，有效地化解了员工与企业的利益冲突，取得了企业和员工双方都比较满意的结果，比较平稳地完成了企业结构性调整和国企员工身份转变的工作。

7）热点制造及过程影响最大化——激发员工的工作兴奋度

这是指针对员工在流水线上长期从事单一乏味的工作而产生的工作厌倦心理，通过开展有影响力的热点活动，激发员工的兴奋度，较好地消除员工的工作厌倦心理，并把因精神兴奋而产生的工作激情落实到生产工作中，从而提高企业的劳动生产率。在流水线生产企业，生产动作单一而枯燥，在这种岗位上工作的员工很容易产生厌倦心理，降低劳动效率。为使流水线生产员工保持较高的工作兴奋度，就需要在企业中开展有相当影响力的热点活动，并使活动过程的影响发挥到最大程度，从而形成集中员工注意力的新的聚焦点，转移其厌倦情绪，激发员工新的工作激情。某服装公司人力资源部门较好地掌握了服装生产流水线上员工的厌倦心理，运用过程影响最大化工作理念，通过设计在全公司有影响力的群体性活动项目，制造兴奋点，吸引员工的注意力，消除员工的厌倦心理。该服装公司人力资源部门每年组织一次操作练兵运动会和一次文体娱乐运动会，分别在上半年和下半年进行。每次运动会都设置动员、培训、比赛选手选拔、初赛和复赛、决赛等环节，一次活动全过程长达3个月左右，全体员工以生产班组为单位参加比赛。在这个时间段，再利用各种宣传手段，大张旗鼓地宣传报道各个环节的进程和结果。通过这些工作的开展，员工的注意力被牢牢地吸引在活动上，对比赛始终保持较高的兴奋度。同时，员工为了取得较好的比赛成绩，会在生产中运用较好的操作方法，这样就在不知不觉中提高了企业的产品质量。最后，该服装公司人力资源部门为比赛的优胜者举行隆重的颁奖仪式，进一步提高员工的荣誉感，使他们对下一次活动充满期待。如此周而复始，再配合其他小型群体性活动的开展，使员工的心理始终保持一定的兴奋度，从而缓解了对流水线生产的厌倦心理，提高了企业的劳动生产率。

8）预期目标认可——先进管理技术的推广运用

这是指企业在管理工作中为提高管理效率，在导入新的管理方法过程中，通过预先设置目标，破除员工对工作驾轻就熟、不愿更新的心理习惯，强势推进新的管理方法，从而提高企业的管理效率。

一般来讲，人们在工作中会有驾轻就熟的心理习惯，在企业管理中也是一样，对自己熟悉的一套做法难以轻易舍去，对先进的管理方法不肯轻易接受。某进出口公司在推行外贸ERP管理工作中就遇到了这种心理习惯造成的干扰。如何疏导这种心理习惯，破除先进管理方法推行中的思想障碍，该公司人力资源部门受到有些商家在推销过程中让顾客先尝后买的启发，确定了让员工先体验后执行的推进措施。为此，该公司人力资源部门制定了培训、竞赛、试用等一套完整的推进办法，让员工通过培训和学习认识ERP管理的重要性，通过实际比赛掌握ERP管理的操作性，通过试用期实践了解ERP管理的便捷性，从而改变了员工对ERP管理的偏见，化解了驾轻就熟的心理干扰。通过实施ERP管理，有效地提高了企业的管理效率和风险防范能力。

注重人文关怀和文化疏导是加强企业思想政治工作、实现企业科学发展的具体措施之一。胡锦涛同志指出："科学发展观，第一要义是发展，核心是以人为本。""以人为本"就是既要坚持教育人、引导人、鞭策人，又要做到尊重人、理解人、关心人、帮助人。

4.3 企业社工的文化引领

4.3.1 企业文化建设

1）企业文化建设概述

所有企业都存在企业文化，企业文化的建设过程实际上就是一个将原有的企业文化剥莠存良的过程，通过对企业各种元素的深层次挖掘，使文化由隐性向显性转变，然后将阻碍企业发展的部分剥离，将有利于企业、促进企业发展的部分进行系统整合，形成文化，发挥效应。企业文化建设的本质是为企业打造一整套完善有效的运作体系，这套运作体系可以随着企业的成长而变化，在较长时期内具有普遍适用性。

企业文化是在一定条件下，企业生产经营和管理活动中所创造的具有该企业特色的精神财富和物质形态。企业文化建设是指与企业文化相关的理念的形成、塑造、传播等过程。企业文化建设既是企业在市场经济条件下生存和发展的内在需要，又是实现管理现代化的重要方面。

2）企业文化建设的内容

企业文化建设的内容主要包括物质层、行为层、制度层和精神层四个层次。学习型组织的塑造是企业文化建设的宗旨和追求的目标，从而构成企业文化建设的重要内容。

（1）物质层文化

物质层文化是由产品和各种物质设施等构成的器物文化，是一种以物质形态加以表现的表层文化。物质层文化包括企业生产的产品和提供的服务、企业的生产环境、企业广告、产品包装与设计等。

（2）行为层文化

行为层文化是指员工在生产经营及学习、娱乐活动中产生的活动文化，是在企业经营、教育宣传、人际关系活动、文娱体育活动中产生的文化现象。行为层文化包括企业行为的规范、企业人际关系的规范和公共关系的规范。企业行为包括企业与企业之间、企业与顾客之间、企业与政府之间、企业与社会之间的行为。

（3）制度层文化

制度层文化主要包括企业领导体制、企业组织机构和企业管理制度三个方面。制度层文化是企业为实现自身目标对员工的行为进行一定限制的文化，它具有共性和强有力的行为规范要求，规范着企业中的每一个人。企业工艺操作流程、厂纪厂规、经济责任制、考核奖惩等都是企业制度层文化的内容。

(4) 精神层文化

精神层文化是指企业在生产经营过程中，受一定社会文化背景、意识形态影响而长期形成的一种精神成果和文化观念。精神层文化包括企业精神、企业经营哲学、企业道德、企业价值观念、企业风貌等，是企业意识形态的总和。

4.3.2 企业人文关怀

企业文化侧重于企业核心价值观，通过人文关怀与制度规范引导全体员工向着同一个方向努力前进。传统人力资源管理重理论，强调制度规范，对员工的人文关怀相对较少，企业社会工作恰恰弥补了这一不足。

1) 人文关怀的含义

第一，承认人不仅作为一种物质生命存在，更是一种精神、文化的存在。

第二，承认人无论是在推动社会发展还是在实现自身发展方面都居于核心地位或支配地位。

第三，承认人的价值，追求人的社会价值和个体价值的统一。

第四，尊重人的主体性。人不仅是物质生活的主体，也是政治生活、精神生活乃至整个社会生活的主体，因而也是改善人的生活、提高人的生活品质的主体。

第五，关心人多方面、多层次的需要。不仅关心人物质层面的需要，更关心人精神文化层面的需要；不仅创造条件满足人的生存需要、享受需要，更着力于满足人的自我发展、自我完善的需要。

第六，促进人的自由全面发展。人的全面发展应当是自由、积极、主动的发展，而不是由外力强制的发展，是各方面素质都得到提高的发展或达到一定水平的发展，是在承认人的差异性、特殊性基础上的全面发展，是与个性发展相辅相成的全面发展。

2) 现代企业人文关怀的七要素

(1) 制度是准则

现代企业应该有科学的管理制度，这是企业一切行动的准则。企业内部人文关怀的主体是员工，企业内部人文关怀是通过企业的制度和管理体现出来的，只有与时俱进地完善和丰富管理制度，才能保障人文关怀的有效性和持续性。企业管理者和员工构成一个有机整体，他们既不是相互对立的，又不是彼此矛盾的。管理者和员工都在企业这条大船上，企业的兴旺发达是大家的共同心愿，管理者与员工之间相互尊重、彼此理解、相互关心、彼此帮助，形成一个融洽、和谐的人文环境，符合企业的整体利益和员工的共同利益。

为此，现代企业应该坚持员工代表大会制度，实行内部事务公开。企业要立足于“全心全意依靠员工办企业”来思考问题，深入推行员工代表大会制度，每年举行两次会议，要通过会议总结部署企业的大政方针，并建立三级代表大会制度，形成包括班组在内的四级民主管理网络。企业要加大员工代表大会参与企业管理的力度，涉及改革、改制的有关事项须经员工代表大会审议通过；加强督促力度，及时检查员工代表大会决定事项的贯彻落实情况。企业要扎实推进内部事务公开制度的建设，公开内容向深层次、多领域拓展，突出抓好关系企业生产经营管理和改革发展的重大问题、关系企业员工切身利益的问题、关系企业领导干部廉洁自律方面的问题等。这项工作的落实有利于员工立足岗位，心怀企业，真正当好主人。

（2）情感是纽带

因为制度是规范人们行为的准则，让大多数人能遵守的制度就必须具有人性化特点。已所不欲，勿施于人。中国文化以“情”为特质，中国企业管理模式的成型应当以理性精神为准则，纳情于理，移情于法，建立“情、理、法”相统一的管理模型。实际上，任何管理都应当是“情、理、法”三者统一的，只不过各自的运作机制和管理成本不同，由此引申出不同的管理模型和体制。人文关怀作为一种企业管理方式，应体现在管理的各个环节，从战略规划的制定到具体项目的实施，从规章制度的建立到实际工作的安排，都要体现以人为本的思想。在实际工作中，要尊重员工，相信员工，把员工所思、所想作为管理者决策的第一信号，把员工的情绪和热情作为是否开展工作的标准，把企业的目标化解成员工主动承担的责任。

正因为如此，我们要用情感纽带把全体员工团结起来，也要使生产一线的员工如同生活在一个和睦的大家庭里一样。企业与员工要互相理解、互相沟通、互相支持，上下同心同德、积极进取、奋发有为。企业要始终坚持“全心全意依靠员工办企业”的方针，一切从尊重员工的主人翁地位和首创精神出发，切实维护员工的切身利益。员工及其家庭成员遇到紧急医疗救治、婚丧嫁娶、助学帮扶及日常家庭生活中出现紧急情况、突发事件等各种实际困难时，企业要采取有效手段，及时提供帮助和服务。

（3）环境是舞台

一个整体和谐、环境宜人的厂区，不仅是企业实力与形象的象征，也可以增强企业全体员工的凝聚力和自豪感，从而实现生态效益、经济效益与社会效益的共赢。环境承载着生产、管理、生活的功能要求，一般可分为三个区：生产区、行政区、生活区。生产区是厂区的主体，其环境建设布局要严格符合生产工艺、生产流程和运输的要求，其景观设计要严谨，整体氛围较为简洁，以符合生产要求。行政区通常位于厂区的核心位置，是企业对外形象展示和对外宣传的窗口，是厂区环境设计的重点。生活区是厂内员工的生活、休息场所，包括员工宿舍、食堂、活动场地等，其景观设计要从员工的需求出发，提供人性化的生活和休憩场所。厂区景观的建设必须体现企业的经营理念、团队精神、特色产品和发展方向等企业文化。国内许多大型企业已逐步将厂区景观作为企业文化的宣传主题之一，将企业的经营理念、特色产品、生产流程贯穿在厂区的整体景观设计中，突出企业文化，提升整体形象，以获得更好的社会效益。人文关怀是现代企业文化建设的重要一环，关心员工的生活，就要在进行景观设计时，从员工的日常工作和休憩需求出发，为员工提供人性化空间。如在生产区，运用彩色拼花、树荫下的木质座椅组成小型休憩场地，缓解员工的工作压力；在生活区，设置健身步道、乒乓球和羽毛球场等运动场地，丰富员工的室外活动。

生产现场的环境更是体现人文关怀的一个重要方面。生产作业环境包括工艺、设备、材料、工位器具、操作体位、程序、劳动组织、气象等。清洁、文明的作业环境能保证操作人员在作业中不损害其作业功能，既能迅速、正确地完成任务，又能在连续的工作中无疲劳感，且作业环境对员工身体健康无任何不良影响。因此，企业在全面执行 ISO9000、ISO14000 质量管理体系的同时，要全面深入地推行“5S”[①]（或“XS”）规范化管理。企业要对生产现场的环境绿化、美化、亮化（简称“三化”），“三废”（废水、废气、废渣）和“一噪”（噪声）的监测、防范与治理等工作进行严抓、严控，做到作业区通道宽敞、物流有序、设备完好、堆放整洁、环境优美、文化浓郁。操作体位布置是否合理是员工是否容易产生疲劳感的重要因素，要根据人体工程学原理，保证无论是坐着的操作者还是站立的工作者在工作时都感到舒适。

（4）安全是保障

安全生产工作是人文关怀的保障。它是一项系统工程，需要各方面的共同努力才能实现“零”的奋斗目标。安全生产要以人为本，就是要以保障员工的生命和单位的财产安全为前提，从人文关怀的角度去抓安全、搞建设。安全管理工作归根到底要由人去抓，要靠人去落实。在实际工作中，要时时处处本着“以人为本”的原则落实“安全第一、预防为主”的方针，因为安全管理的对象不仅有物和环境，更重要的是人，也不是只靠少数专兼职安全管理人员就能保证安全。

对生产工人作业现场的安全关怀必须从四个方面入手：一是要以人为本，大力营造车间等作业现场的安全文化氛围。管理部门要严格制定安全制度，张贴警示语（或“安全温情提示”）和安全标志，要提高生产一线安全防护的科技含量，并要切实提供劳动保护用品。二是要认真组织员工学习安全文化理念、法律法规，学习安全管理与救援知识，学习与本职工作有关的安全生产知识，形成制度，常抓不懈，用制度规范员工的学习行为，并用先进典型加以引导；要从员工

① “5S”是整理（seiri）、整顿（seiton）、清扫（seiso）、清洁（seiketsu）和素养（shitsuke）这5个词的缩写。“5S”起源于日本，是指在生产现场对人员、机器、材料、方法等生产要素进行有效管理，这是日本企业独特的一种管理办法。

的思想状况、业务素质、应变能力和安全责任心等方面进行培训，让员工牢固树立“自己就是安全员”的思想，规范员工的安全行为。三是要居安思危，警钟长鸣。在安全生产形势好的时候，坚持“安全第一”，力戒盲目乐观，在安全生产工作中自我加压，反复查隐患、抓整改，定期抓演练、抓总结；在安全生产形势严峻的时候，要勇于接受挑战，提高处理复杂问题的能力。四是要严格安全操作规程，自觉做到无“三违”，实现“三不伤害”。严格安全操作规程要落实在作业现场管理上。各级领导干部要多深入作业现场，要时刻带着问题检查安全生产工作，现场指导安全操作规程和纠正违章，并进行安全教育，及时解决安全生产工作中存在的问题。

（5）激励是动力

激励关怀一般从四个方面加以考虑：物质性的激励（工资、奖金等）、精神性的激励（表扬、评先进、评模范等）、关怀性的激励（报销假期外出旅游费用）、发展性的激励（培训、晋升等）。如今，又兴起了一种现代化的激励手段——股权激励。从目前情况来看，我国企业大多把薪酬因素放在激励的首要位置，充分发挥收入的激励作用。这可以打破传统的工资等级体系，根据不同人员的水平和贡献，采取灵活的工资制度。因此，如何最大限度地发挥人的能力、实现能力价值的最大化是我国企业的关键问题。同时，要建立多方位、多层次、多样化的绩效管理方法，从技能、价值观以及目标实现多个角度进行评价，使团队绩效和个人绩效相结合，加强管理层和员工的双向沟通，将个人绩效改进和职业发展进行有效的结合。

为使优秀人才尽快成长，企业可以采取内部选拔领导人的方式，使优秀人才获得充分的成长空间。关注员工的职业生涯发展，提供内部晋升和职责扩展的机会；为成长中的员工提供授权的机会，使其参与企业决策；结合企业发展和个人成长需要安排适当的培训，使员工不断成长、成熟，并在企业中找到适合自身发展的机会。除此之外，还可以在企业内开展一些主题教育活动。活动宗旨以企业文化建设为统领，贯彻落实企业文化理念、核心价值观和核心行为准则；引导广大干部、员工自觉把理念变成行动，变成工作追求，变成时刻激励自己前进的动力，努力营造奋发向上、超越自我、不断进取的舆论氛围；动员广大干部、员工向高标准看齐，发扬敢于“与强的比、向高的攀、同勇的争、跟快的赛”的精神，执着于“没有最好，只有更好”的追求，立足岗位把工作做得更好。通过深化企业文化建设成果来体现主题教育的成效，不断提升执行力，实现工作最佳化、管理最优化、效益最大化，从而实现企业的和谐发展。

（6）福利是关怀

福利是员工报酬的一种补充形式，也是一种补充的激励机制。“恰到好处”的福利既具有激励效果，又体现人文关怀。目前许多企业都采取了多样化的福利关怀。如采取弹性福利制度，给员工选择福利的机会，允许员工把个人需要与所需福利结合起来。另外，有的企业还把福利与工作年限联系在一起，高年限、高职务的员工有较大的选择空间，充分体现了企业的人文关怀，更有利于长期激励。同时，还要保证福利的质量，加强对福利项目的管理，使福利起到应有的作用。

企业要不断改善生产一线员工的工作与生活环境，丰富他们的业余文化生活，不断提高他们的福利水平。企业在为员工提供施展才干、实现抱负的舞台的同时，还要适当地开展一些文娱体育活动；可开设图书室，免费对员工开放，让员工在业余时间借阅各类书籍；也可开设小型电子阅览室，让员工在休息时能了解各种资讯。企业要切实按照国家规定让员工享受带薪假期。企业可以设立医务室，提供简单的医疗和保健咨询等服务，定期免费组织员工进行体检，并根据实际情况安排员工进行医疗休养。企业要通过货币化原则提供通勤班车，每个月按员工出勤发放工作餐补贴，参照政府的有关规定报销员工子女的入托费等相关费用。

（7）创新是成就

企业要鼓励一线员工在敬业的同时，勇于创新，鼓励员工与企业共成长，在创新中为企业奉献，在为企业奉献中施展才智，并使这种观念成为广大员工的自觉行动。企业可采用“星级员工”“首席工人”“品牌工人”等多种形式，征集员工的各类“金点子”，鼓励他们参加中、高级职业技能培训和等级鉴定，开展岗位技术练兵、技术比武等活动，评选“最佳学习型”“最佳知识型”员工，以学习推动工作，以工作促进学习，营造良好的创新氛围。要让员工感到“人人能成才，处处有舞台”，让他们奉献才智，成就梦想，以创新创效、追求卓越为目标，做好每一项工作、关注每一个细节。企业要通过各种活动，着力培养员工卓越的品德、意识和能力，为企业和谐发展、追求效益最大化做贡献。

现代企业在市场经济中难免会碰到各种各样的困难，但只要我们在日常生产经营中处处体现人文关怀，特别是对坚持在生产一线的操作工人始终做到“以情感人、用心暖人、以亲聚人”，那么我们一定能激发广大员工从容应对各种困难、多做贡献的工作热情，确保作业部门生产经营任务的圆满完成。

4.3.3 我国企业文化建设中存在的问题

1）企业文化建设中存在认识误区

目前，尽管一些企业已经意识到企业文化建设是一种强化员工归属意识、增强员工凝聚力的有效手段，但企业文化对企业管理风格以及员工归属意识的影响较为有限。原因在于，许多企业对企业文化建设的内容存在认识上的不足，它们往往没有将企业文化建设纳入企业发展战略规划中去，仅把服装、口号、徽标等企业文化的外显部分作为企业文化的全部。事实上，企业文化的内核既非纯粹的厂容厂貌、产品形象，也不是脱离企业管理实践的单纯的精神号召，而是企业在长期经营活动中形成的、蕴藏在企业所有活动中的一种内在涵养。只有以企业的具体管理制度、组织机构等为基础，形成一种真正为企业员工所认同和恪守的深层次的企业文化，企业才能具有强大的生命力。

2）企业文化建设中存在文化理想现象

文化理想现象的表现是企业会提出一些不切实际的远大抱负和文化理想，其倡导的理念中会有种超出企业范围、改造世界的使命感。这种文化现象多见于那些由年轻人作为创业主体力量的新兴企业，因为年轻的企业领导人往往具有过于远大的人生理想和脱离实际的工作精神。

3）企业文化建设流于形式

企业文化的核心是"以人为本"，在管理工作中要遵循尊重人、信任人的基本原则，而目前在不少企业中存在对员工的培训走过场、任用人并不是知人善任而是任人唯亲等问题。在人情面前，许多规章制度成为一纸空文，这使企业文化建设流于形式，使企业文化很难发挥其应有的作用。

发生这种现象的原因在于很多人对企业文化的认识过于狭隘，认为企业文化只是一些文娱体育活动，把企业的文娱体育活动开展好了，就是建立了企业文化；有的人把企业文化与企业精神完全等同；有的人将企业文化等同于企业的思想政治工作。凡此种种，都是对企业文化的狭隘理解，偏离了企业文化的本质。

4）企业文化建设缺乏创新

企业文化形成后，具有相对稳定性，而不是绝对稳定性。因为企业面临的外部市场环境以及内部经营状况并不是一成不变的，所以企业文化同样面临一个如何随环境的变化而不断变化的问题。目前，很多企业在建设自身企业文化的过程中并没有考虑到这一点。企业领导必须充分认识企业文化创新的必要性，在企业发展过程中，适时根据企业内外部条件的变化，调整、充实原有文化。

5）企业文化建设缺乏个性

企业文化能够产生凝聚力的重要原因之一是它的独特性。当然，优秀的企业文化在许多方面具有共性，但更突出的是它的独到之处，是它所代表的企业独有的特征。企业文化是企业在特定的文化背景下产生的独具特色的经营哲学和行为理念，是企业的个性化表现。然而相当一部分企业在进行企业文化建设时，并不是根据企业自身的情况确定企业的文化理念，而是盲目照搬照抄国外或国内优秀企业的文化理念，结果使企业文化趋同现象严重，企业自身的文化缺乏个性特征。

4.3.4 我国企业文化建设存在的问题及原因分析

1）对企业文化基本理论的理解存在偏差

企业文化作为一种管理理念在国内得到认同只是近几年的事情，很多企业的文化观念和思想都没有形成共识，从多种关于企业文化的定义中我们就可以窥见我国学术界和企业界目前对企业文化理解的混乱状态，对企业文化的内涵、特点、结构、影响因素、产生条件、产生模式，以及企业文化与思想政治、社会主义精神文明的关系等基本理论的理解偏差，这导致企业文化建设出现了种种问题。我国学术界和企业界对企业文化的基本理论之所以会出现不同的理解，是由以下三个方面的原因造成的：

一是研究企业文化的时间不长。企业文化理论从出现至今也不过 30 多年的时间，发展不是很成熟。而我国对企业文化的研究则更晚一些，真正的研究是近几年才开始的，原来我们并没有“企业文化”这个概念，也就谈不上认真探讨企业文化问题。因此，对企业文化的基本理解就可能不够深刻，理解不深刻就可能有差异，有差异就统一不起来，也就不可能使每个人都能全面理解企业文化的基本理论。

二是对国外企业文化理论的引进不成功。我国目前流行的有关企业文化的基本理论大部分是从国外引进的，而国外关于企业文化的基本理论及内容存在不同的流派，但是我们在引进这些理论时并未加以区分，因而造成了国内对企业文化基本理论的认知偏差。

三是研究人员的基础不同。我国研究企业文化的人员，有的是经济学界人士，有的是哲学界人士，甚至还有文化界人士。这些来自不同研究领域的人士，由于知识背景不同、理解和信息来源不同、研究方法不同，他们对企业文化的理解也有差异。

2）忽视企业成长阶段，盲目建设企业文化

企业文化建设缺乏执行力，一方面是因为企业对务虚工作存在抵触情绪，另一方面企业也对企业文化在实际中能发挥多大效用存疑。对于第二个方面，我们首先要明白两个问题：企业文化对什么有用？其衡量指标是什么？

我们知道，优秀的企业文化能提高企业的经营业绩；反之，则会降低企业的经营业绩。既然企业文化影响企业的经营业绩，那么衡量企业文化优劣及其作用大小的指标必然包含企业经营业绩这一因素。那么，反过来我们要思考的问题是，影响企业经营业绩的因素有哪些？针对我国企业的现状，影响企业经营业绩的主要因素又是什么？

事实上，影响企业经营业绩的因素有内外两个方面：外部因素包括政治、经济、社会、技术和法律等；内部因素包括战略、组织结构、制度、人力资源、企业文化等。国内企业从生存能力、规模、效率、管理和无形竞争力等方面与成熟市场经济国家的优秀企业有较大差距。根据统计，中国企业的平均寿命约为 3.5 岁。很多中国企业“幼年夭折”，而这些企业中的绝大多数为市场业务拉动增长型企业，处于企业成长的第一阶段。对这类企业而言，影响经营业绩的主要是外部因素（如国家产业政策、资源优势等）和内部因素（如战略、市场、人力资源等），而不是企业文化。那么，为什么企业文化建设会出现“说起来重要，做起来次要，忙起来不要”的现象？为什么企业经营者直接负责的主要工作是战略制定而不是企业文化建设？原因在于，对中国的企业而言，企业文化并不是企业取得良好经营业绩的关键因素。与其将有限的资源投入收效甚微的企业文化建设中，还不如多制定些战略、制度，多开展些公关活动。优秀的企业文化必然促进良好经营业绩的产生，但是，良好的经营业绩不必然由优秀的企业文化而来。

3）忽视员工在企业文化建设中的主体作用

领导者在企业中的特殊地位、权力和个人魅力，使他可以通过他的决策、组织、指挥和控制行为强行使员工接受他的意志和理念。领导者也有更多的机会展示他的个人魅力，潜移默化地影响员工接受并模仿他的思维方式和行事风格。因此，领导者在企业文化建设中发挥举足轻重的关键作用。正因为一直以来我们都在强调领导者的重要作用，把企业文化建设看作“一把手”工程，所以才忽视了员工的主体地位，忽视了员工在企业文化建设中的主体作用。

员工在企业中占绝大多数，他们是企业文化的主要认同者和实践者。因此，进行企业文化建设必须发挥员工的主体作用。创新是海尔企业文化的核心。员工的普遍认同和主动参与是海尔企业文化的最大特色。在海尔的成长和发展过程中，涌现出很多将创新文化体现在各自平凡工作实践中的模范人物。正是由于这些平凡的员工直接实践和体现海尔的创新理念，才使得海尔的创新文化在企业中得以建设成功。因此，只有最大限度地发挥员工在企业文化建设中的主体作用，才能提高企业文化建设的实效性，达到增强企业活力、推动企业不断向前发展的目的。

4.3.5 企业社会工作在企业文化建设中的作用

1）企业社会工作的介入

社会工作是一种现代意义上的助人活动，是“以利他主义为指导，以科学知识为基础，运用科学方法进行的助人服务活动”。我国的企业社会工作处于起步阶段，目前主要由政府有关机构，企业的劳动、工资或人事部门，工会和社区实施，发挥其职能作用，在企业思想政治工作、员工集体福利事业方面也形成了比较稳定的做法。针对我国企业文化建设中的问题和不足，企业社会工作可以从以下三个方面介入：

（1）企业社会工作为企业内部提供沟通的平台

企业社会工作可以通过为领导者决策提供意见和建议来促进企业文化的发展，具体措施主要有：运用社会调查方法开展市场与企业文化调研工作，更全面地把握企业文化的现状和未来发展趋势，进而使得企业管理人员能够更好地对自己的企业文化进行定位或再定位；对企业员工开展调查工作，帮助管理人员更好地了解员工的需求，建立一个企业管理人员与员工沟通的平台。社会工作者本身就是一座桥梁，可以增进管理人员与员工之间的互动，共同推进企业文化建设。

（2）企业社会工作可提高企业员工的归属感

企业社会工作是运用社会工作的理念与方法，主要在企业内外从事员工的生产适应、环境协调、福利保障、职业生涯发展等方面的管理工作，其目的是在员工职业与福利发展的基础上提升企业效率。因此，社会工作可以从以下两方面介入：以小组工作方法对企业员工进行培训；激烈的竞争让企业员工的心理不适应越来越突出，如何塑造企业文化、增强员工归属感越来越受到重视。

（3）企业社会工作可以帮助企业健全制度，规范文化建设

企业文化是一个生态系统，需要不断适应内外部环境的变化并作出相应的改革。社会工作者可以协助企业开展一些文体活动，如举办晚会、文艺表演、各种竞赛活动等。这有利于企业内部和谐文化的形成，协助企业管理者开展文化考量和文化变革工作，使企业文化建设走出误区。

2）社会工作者参与企业文化建设

社会工作者可以通过两条途径参与企业文化建设：

（1）直接参与企业文化的设计和构建

企业形象识别系统是由理念识别、视觉识别、行为识别三大部分构成的一个整体，三部分之间是内在一致、相辅相成的。所以，企业形象识别系统的构建也是一个系统过程。社会工作者由于在企业中扮演咨询员、居间调停者、促进者、联结者、评估员、分析员、方案分析者、培训员等角色，对企业情况较为了解，可以直接协助企划部，参与企业文化的设计和构建。

（2）参与企业文化的实施和推行

在这个过程中，社会工作者采用专业的方法和手段，帮助员工完成组织社会化、内化企业文化。

当然，在企业内部开展企业社会工作要结合我们国家的实际情况。我国属于发展中国家，与完成了工业化、企业社会工作发展得相对完善的欧美国家不同，我国的企业社会工作还处在一个萌芽成长期，在文化、制度、习俗、社会心理等方面也与欧美国家不同，所以，关注的重点也应该有所不同。在现阶段的中国，企业社会工作在企业内部应着重发挥四个方面的作用：一是维护员工利益，提供法律及社会援助；二是塑造企业文化，协调劳动关系，缓解工作压力；三是开发人力资源，规划职业生涯，促进员工发展；四是为员工提供辅导，平衡其工作与家庭、劳动与闲暇的关系，促进职业福利的发展。

员工援助计划（EAP）是组织运用科学的方法，积极主动地通过规划、宣传、调研、辅导、干预、评估等精神福利服务，解决员工在社会心理、管理与健康等方面的问题，最终达到发掘员工潜能、提升其工作满意度和工作绩效、提高其工作与生活质量等目的的人力资源管理项目。基于 EAP 的人文关怀环境生态激励，主要是建构人文关怀的工作环境：清晰关怀认知，实践基于 EAP 的支持行为，建立基于 EAP 的人文规范。

①基于 EAP 的关怀认知。

当前，社会正处于一个深刻变革的时代。在转型期，传统社会结构出现了前所未有的分化，经常造成各种无序和失范，容易使人产生价值的缺失、精神的焦虑、职场的危机等。压力疏导已经成为热门话题和人力资源管理中不可回避的重要课题。新时期人文关怀的缺失与不足已成为制约诸多组织领导力与执行力的重要因素，而人文关怀缺失的根本原因在于工作对象的错位。一直以来，对于人力资源管理工作的对象是“人”还是“事”，人力资源管理工作者并没有深刻而全面的认识。人力资源管理工作必须以“人”为出发点和归宿。目前，市场经济容易给人力资源管理工作蒙上功利色彩，加上情感沟通、道德感化、生活关怀等比较缺乏，效益与效率成为压倒一切的重要追求，人力资源管理容易停留在规范工作对象“必须怎样”“禁止怎样”的管理层面，极易出现简单化、物化和非生命化的局面。基于 EAP 的关怀认知有助于将人文关怀和心理疏导落到实处，可以有效促进人力资源管理中人文关怀的回归。人力资源管理工作需要运用 EAP 的策略路径去提升人的心理资本，积极影响员工的精神状态，改善员工的认知、信念、情感、态度和行为等，达到矫正不良心理状态的目的；将 EAP 融入人力资源管理工作，贴近工作，贴近生活，贴近诉求，可以实现人力资源管理工作成效的最大化。基于 EAP 的关怀认知要求上至组织高层领导，下至普通员工，都要有“我为人人、人人为我”“同事之间互相支持、互相理解、互相尊重”的认知，要意识到同事之间互相关怀可以提升工作与生活质量；同事之间可以不是挚友，但起码是伙伴；工作是刚性的，但人际关系应是温情融洽的。企业人力资源部门要着力建设企业长远发展的“软”环境，这是组织发展的动力源泉，更是一种生产力，能使企业形成强大的凝聚力、向心力，能真正塑造团结奋进的团队。企业管理层应切实彰显人本情怀，真正把知识员工看作追求自我价值实现的人，把他们看作组织的主体；而缺失人文关怀，人的发展则变得毫无意义。基于 EAP 的关怀认知就是要让“人才受重视、员工被关怀”，人力资源管理工作更加贴近人的发展，促进员工的内心和谐，构筑企业和谐幸福的精神家园。

②基于 EAP 的支持行为。

基于 EAP 的人文激励固然需要较为系统的认知阐释，但更需要可行的基于 EAP 的操作性实践支持行为。

第一，领导层以身作则。管理是一门艺术，对领导层而言，更多的是“布道”的艺术：出思路、出思想，成为组织发展的思想者、员工观念的引领者和企业文化的实践者。企业领导层要以身作则，带头实践基于 EAP 的关怀认知，做好人文关怀的顶层设计，时刻关注员工感受上是否满意、情绪上是否高兴、认知上是否接受，努力为员工搭建和谐成长的平台，拓宽成长路径；致力于提升员工的安全感、舒适度，改善员工的工作环境，保障员工职业健康；保护员工合法权益，强化员工的管理权、知情权、参与权、表达权和监督权，真正落实企业员工的主人翁地位；切实解决员工最关心、最直接、最现实的利益问题，切实帮助员工减少后顾之忧；关心员工，倾听员工的心声；了解员工的各种需要；体察员工的喜怒哀乐；关心员工的冷热痛愁，想员工之所想、急员工之所急，为员工排忧解难，把温暖送到员工的心坎上。这种关心不仅要体现在物质层面，更要体现在精神层面，比如关心员工思想上的认识、业务上的进步、工作上的适应以及今后自身的发展方向等，努力让知识员工切实感受到工作是享受幸福生活的手段之一，组织是实现幸福工作和生活的场所。

第二，管理层从细节着手。就基于 EAP 的支持行为而言，管理层起着承上启下的作用，从细节着手，关注员工日常工作中的“具体事件”和“细小问题”，大处着眼、小处着手，这是在各种复杂工作关系中提供支持的着力点。细节包括流程规范、环境容貌、卫生整洁、秩序井然、安静舒心等工作环境，于细处见真情，于微处见真诚。[①]知识型员工在日常工作中常充满期待，常遇到机遇，发现问题时也常感到困顿，基于 EAP 的人文关怀支持行为应与之相伴随。管理层情系员工的形象是最鲜活、最直接、最丰富的人文关怀形象。管理层自觉结合部门职责，不推诿、不争辩、不折腾，自觉扩大人文关怀服务职责的半径，将员工的需求当作工作的重要信号，将维护员工的权益当作工作的重要职责，将实现员工的发展当作工作的重要目标，最大限度地消除引发员工心理失衡的内外诱因。

第三，尊重宽容，激发潜能。现代企业的员工，特别是知识型员工一般都个性鲜明，权利意识不强，所以基于 EAP 的支持行为需要真正尊重员工的人格，理解员工的气质，包容员工的性格。在一种宽容、轻松、尊重的环境中工作，员工的各种潜能自然会得到最大限度的激发。尊重员工是人格尊严之本，应将能否真心关心员工、依靠员工办企业作为衡量企业干部胜任素质的重要标志，真正把员工的知情权、参与权、管理权、监督权交给员工，更好地体现员工在改革发展中的主体地位和作用。实践证明，企业对员工的尊重程度有多高，员工激发的工作热情就有多高。尊重包含信任。尊重、宽容这种关爱员工的行为不只是上级对下属的，只有每一个员工都将其内化成自觉的言行，基于 EAP 的人文关怀环境才会逐渐形成。

第四，加强沟通，融洽人际关系。沟通是一种融洽、配合、互补、和谐统一状态的多向平衡活动。管理者应将真心、真情、爱心注入沟通中，与员工进行心连心的沟通与交流，从而使管理者与员工之间由偏见到理解，由疏远到亲密，由格格不入到相濡以沫。沟通能够在管理组织内部形成强大的凝聚力，从而实现管理目标，达到天时、地利、人和的管理境界。人是企业中最珍贵的资源，也是最不稳定的资源，为此，组织需要创造一种以民主为特征的环境机制，强调沟通与

---

① 张宏如. 基于 EAP 的知识型员工激励策略［J］. 中国人力资源开发，2010（3）.

协调，避免内部竞争导致的人才内耗。

第五，困难帮扶，打造团队。营造和谐温暖的人文环境，培养团队精神，体现为相互信任、相互尊重、相互帮助；责任共担、利益共享、共同奉献；主动将自己的行为与组织荣辱融为一体，运用集体智慧将整个团队的人力、物力、财力整合于某一方面，从而迸发出创造力。员工遭遇重大困难时，会意志消沉或心不在焉，这又会直接影响组织目标的实现，基于EAP的人文关怀此时有非常重要的作用。

在实际工作中，关心员工，努力营造一个让员工感到温暖和谐、能力得到充分发挥的人文关怀环境，建立起一个强大的精神家园与文化人格，不良情绪的消解能力也会在不知不觉中得到加强，许多“不平之气”也就自然而然地通过内在的协调机制得到释放。企业要形成奉献爱心、扶危济困的浓厚氛围并建立长效机制，要经常开展“温暖伴我行，帮扶在身边”等关爱活动，使困难职工充分感受到家的温暖和组织的关心，激发其对集体的热爱和归属感。通过科学机制的强化、人文关怀的熏陶，引导员工形成相互关爱、互帮互助的融洽人际关系，缓解个别员工的抑郁、失落等不良情绪，打造幸福企业。

③基于EAP的人文规范。

若执行力不够，基于EAP的人文激励就极易变成一种口号，而表面口号的滥用又会演变成实质的非人文关怀或不人文关怀。美国四大连锁店之一的华尔连锁店在总结其成功的秘诀时概括了一句话，那就是“我们真正关怀我们的员工”。基于EAP的关怀认知和支持行为需要制度来保障，否则就是飘忽的、不稳定的，因此，基于EAP的人文规范需要有化虚为实和由实升虚的过程。化虚为实就是切实制定蕴含EAP人文关怀理念的落实措施、实施细则、具体办法、考核标准，系统落实管理责任，明确责任主体，加大考核奖惩力度，提高基于EAP的人文规范的“狼性执行力”，将人文关怀的企业文化变为企业品质，并转化为现实生产力、安全力和凝聚力，从而让基于EAP的人文规范真正落地生根；由实升虚就是在管理实践中不断总结、提升，将积淀下来的经验升华为观念，丰富基于EAP的人文规范，进一步完善“人性领导力”。

基于EAP的人文规范是为实践关怀认知、落实支持行为而制定、颁布、执行的书面规划、程序、条例及法度的总和。其中既包括人文关怀被明确列入组织规章制度中的有形规范，也包括企业衡量行为对错的道德尺度的无形约束，内容涵盖领导体制、组织机构、管理制度、运行规则以及组织利益主体之间的关系等。基于EAP的人文规范实际上规定了组织所有成员应该遵循的行为方式、程序及处理各种关系的规则，兼具倡导性与约束性群体规范特点，有利于营造人才和谐、快速成长的制度环境，我们要积极推动基于EAP的人文激励环境的营造进程。基于EAP的人文规范从制度层面为员工营造宽松自由的工作环境，建立和谐健康的成长机制，如自由竞争岗位等。基于EAP的人文规范需要系统完善内部提拔制度、参与管理制度、平等沟通制度等系列关怀制度。

当前我国企业社会工作还处于起步阶段，没有很多经验可供参考借鉴，但是企业社会工作在推动企业文化建设方面是有很大优势的。当前的形势对企业和企业社工都提出了严格要求，企业应该更多地雇佣企业社会工作者来进行企业文化建设，而企业社会工作者也要不断加强自身素质的建设，更好地适应当前企业发展的需求，与社会各界人士共同促进我国企业文化建设工作。

聚焦民生　　**推动企业践行社会责任　发展工作家庭平衡文化**

无论中西社会，幸福稳定的家庭对个人的身心健康，甚至财富积累都具有显著的保护效应。然而，近年来我国青年人的婚育率持续走低，2013—2020年，粗结婚率从9.9‰降至5.8‰，人口出生率从13.0‰降至8.5‰，粗离婚率从2.6‰升至3.1‰，呈现去家庭化趋势。这一趋势与新时代背景下人民对美好生活的追求构成张力，亟须经济社会文化体系作出调整，系统地厘清工作-家庭关系，推动企业践行家庭友好社会责任。

推动企业践行家庭友好社会责任须筑造配套社会文化基础。从长远看，企业建立家庭友好型工作制度，既是一种社会责任，为人类社会可持续发展做贡献，也是自身发展的需要。在日趋激烈的劳动力和人才争夺战中，企业通过支持员工扮演好父母角色，平衡好工作-家庭角色，使员工安心、高效地工作，可以提升企业的凝聚力，吸引和留住人才。我国当前快速的人口结构转型昭示着企业践行家庭友好责任、打造家庭友好型工作场所势在必行，而配套社会文化基础的进一步筑造也势在必行。

加大政府对公共服务的投入，为企业践行家庭友好责任创造基础和条件。企业作为市场主体，践行社会责任离不开政府的监督、鼓励和福利托底。梳理北欧国家的经验可知，它们支持性别平等和家庭友好的政策主要有三个核心支柱：一是普及的儿童津贴和日托公共服务；二是慷慨的育儿假和父亲假期配额；三是较小的收入差距和弹性工作制，并不断进行缩短工作时间、提高工作效率的探索。三者相辅相成，其中政府提供稳定的福利和公共服务扮演基础角色。因此，我国在已经实现全面小康、走向共同富裕的时代背景下，各级政府需要加大对住房、幼托、教育、医疗和养老等民生服务及公共设施的投入，通过减税或补贴政策鼓励企业践行家庭友好政策。

建构“以人为本”的社会共同价值理念，让家庭友好文化在不同社会主体之间实现良性互动和循环。如前所述，若整个社会宣扬“生产高于再生产”的价值观，企业的目标就不会与社会可持续发展目标相协调，就缺乏从人的发展角度思考工作制度和场所设计的内生动力。我们期待一种基于员工、企业、政府和社会达成共识基础上的良性循环，而非因利益博弈产生各种非预期后果。只有共识，才能让社会对政府公共政策形成稳定的信任和预期；只有共识，才能让企业认真思考员工的生活需求和时间轨迹，设计弹性工作制、远程办公、缩短办公室时间等，改变强制和僵化的工作机制；只有共识，才能让员工获得安全感并高效投入，从而对企业产生归属感和认同感，在工作中收获幸福。

面对高度内卷的竞争轨道，每一个年轻人都要反思并树立适当的工作-家庭观。工作是联结个体与社会的纽带，我们不仅需要从中获取维持生活的金钱，还需要获得持久而稳定的人际关系和幸福体验。因此，从精神和实践两个层面，创造性地发展个人生活理想，并积极地选择和投入工作和家庭生活，是个人避免被高度工具化的唯一道路，也是推动企业践行家庭责任和发展工作-家庭平衡文化的个体力量。

资料来源　刘汶蓉. 推动企业践行社会责任　发展工作家庭平衡文化 [N]. 中国妇女报，2022-03-28 (5).

本章小结

企业文化是在一定条件下，企业生产经营和管理活动中所创造的具有该企业特色的精神财富和物质形态。它包括经营哲学、价值观念、企业精神、企业道德、团体意识、企业形象、企业制度，其核心是企业的精神和价值观。本章首先对企业文化进行了概述，并介绍了企业文化的功能，然后详细讲述了社会工作的专业价值观，重点阐述了企业文化建设以及企业社会工作者对企业文化建设的作用和具体建设措施。

复习思考题

(1) 什么是企业文化?
(2) 简述社会工作的专业价值观。
(3) 简述企业文化的功能。
(4) 什么是企业文化建设?
(5) 简述企业文化建设的目标及步骤。
(6) 企业社工如何进行企业文化建设?

案例分析题

R公司的企业文化建设

R公司成立于2022年1月，是一家高新技术光伏设备生产企业。其员工总计500人（2023年1月的数据），男女比例约为7∶3，大专以上学历员工数占到总人数的62%，主要以20～29岁的年轻人为主，这个年龄段的员工占到了

51%。调查发现，R 公司的企业文化建设不尽如人意，突出表现在员工对企业文化的低认知度上，高达 57.8% 的员工不了解 R 公司的企业文化。这一状况削弱了员工对企业的归属感，增加了员工的流失风险，超过四成（45.9%）的员工表示会在近期跳槽。与此形成鲜明对比的是，R 公司高层管理者有着强烈的企业文化建设意愿。在调查时，企业高管正在制定基于 7S 现场管理理念的企业文化，这一理念体现了“团队”“诚信”“进取”“爱心”“人性”“尊重”“沟通”等要素。有意思的是，调查表明，员工对这些优秀企业文化要素有着普遍的高认同度。员工对本企业文化的低认知度和对优秀企业文化的高认同度恰恰反映了 R 公司在企业文化建设方面的滞后。R 公司出现企业文化建设滞后的主要原因在于：

①企业文化宣传途径单一。调查显示，员工主要通过同事之间的交流获取企业文化信息，这一比例超过了 50%，其他途径则远远低于这一比例。

②企业文化打造与企业文化内化脱节。R 公司非常重视企业文化的基本理念，在吸收国际成功经验的基础上，已经确立了自己的文化理念，但是 R 公司将过多的精力放在搭建企业文化平台上，忽略了如何将这些理念内化于员工的日常工作中，造成了上热下冷的局面。

③企业文化建设缺乏上下沟通。R 公司在企业文化建设中，主要利用科层行政体制的特点自上而下地灌输，较少听取来自基层的反馈。这种做法既影响了企业文化的传播效果，又限制了企业文化的涵盖内容。针对企业的文化建设需求，社工开展了多项社会工作实践。

讨论题：

（1）什么是企业文化？该公司的企业文化是什么？

（2）在企业文化建设中，社工应体现出怎样的价值观？

（3）针对该公司企业文化建设滞后的原因，如何改进？

第 4 章案例分析提示

第5章　企业社会工作实务模式

学习目标

✓ 了解企业社会工作的起源和发展；
✓ 了解企业内部购置模式的特点；
✓ 了解企业内部购置社工的优点；
✓ 熟悉企业内部购置社工的不足以及建议；
✓ 了解工会购置模式的特点；
✓ 掌握工会购置模式的优点；
✓ 理解及掌握工会购置模式的不足与建议；
✓ 了解社区设置模式的优点；
✓ 掌握社区设置模式的不足和建议；
✓ 理解和掌握派遣机构企业社工介入的现状；
✓ 掌握派遣机构企业社工介入的必要性；
✓ 了解派遣机构的发展与企业社工；
✓ 掌握派遣机构企业社工存在的问题；
✓ 了解其他购置模式。

引例

深圳龙岗“企业社工”

2010年，深圳市冠旭电子有限公司与至诚签约，购买了两名专业社工服务，并在该公司成立了社工服务中心。此举开创了龙岗区企业自主购买社工服务的先河，也是深圳社工“主动断奶”、无须政府出资购买的第一例。

2011年，龙岗成功运作“来深建设女青工融入城市计划项目”等三个面向企业的社工服务项目；同年10月，全国首届企业社会工作建设论坛在龙岗举办。

2012年，该区设有8个和谐劳动关系社工综合服务站，形成了企业社工岗位、企业社工项目、企业社工服务站三位一体的企业社会工作发展体系。

2013年，深圳市龙岗区被民政部确定为全国首批企业社会工作试点城区之一。

2015年，龙岗区社会组织参与编撰了一部全国性的社会建设工作指南——《企业社会工作服务指南》。

当社工在国内还是个新名词时，深圳市龙岗区就率先开始将社会工作引进企业，探索“企业社工”这一新事物，构建一种政府、企业、社会组织等多方合作的新模式。

资料来源　丁玉冰. 社工传爱　情暖人心——深圳龙岗“企业社工”运作模式实践回顾［EB/OL］.［2023-06-24］. https：//politics.gmw.cn/2020-09/24/content_34219427.htm.

企业社工是以专门从事企业员工福利关怀工作的“福利秘书”为职业在美国起源的，其岗位名称为“工矿辅导员”时，是20世纪70年代大规模在台湾地区推广的时候。这两种类型其实都是在企业内设置专门的管理岗位。

20世纪40年代，由于战争，美国海员工会中的成员大量死亡或受伤严重，受伤的海员及海员家属缺乏社会的抚慰与支持。基于这些没有得到安慰的人群，海员工会聘请了一些专业的社会工作者，建立了“咨商部”，寻求他们的帮助，而不是一味地像从前那样对社会工作者充满敌意。咨商部专门从事轮运公司内部的企业社会工作。这个项目得到了很多人的认可与支持，很多工会都效仿这种模式，“工会购置社工”的企业社工实务模式也因此发展起来。

到了20世纪70年代，香港地区社会工作兴起，当时是从工人集中居住区开始企业社会工作的（称作“劳工社会工作”），这是因为项目经费不多，专业的社会工作者人数也较少。最初的主办者如1967年的“公教职工青年会”等是一些宗教团体，它们在秀茂坪社区成立了“秀茂坪职工青年联会”，对秀茂坪社区内所有企业的青年职工提供社会工作服务。香港地区的这种社工实务模式也是一种以社区为平台，向社区内的所有企业相关员工提供企业社会工作服务的社区设置模式。[①]

关于台湾地区企业社工的实务模式，台湾地区行政管理部门的劳工委员会在《员工协助方案宣导手册》中分为四类：联合服务中心，就是由一些相近行业的小规模企业联合成立一个“社工服务中心”，对联合体内的员工提供相应的服务；内部设置，就是在企业内设置；外部委办，就是由专业的社工机构管理与接手企

① 高钟. 企业社会工作概论［M］. 北京：社会科学文献出版社，2007.

业需要服务的项目；共同委办，即相邻地区、较小规模、相近行业的企业将一些共同的需要服务的项目委托给某个专业的社工机构承办。台湾地区的四种模式中，共同委办对中小型企业来说效果是很明显的，也是很有效的。内部设置这种模式是十分常见的。虽然外部委办这种模式当年在台湾地区动用了政府的行政力量，但相当多的中小型企业还是采用了共同委办形式，而不愿去成立这种“联合服务中心”，因为实际操作起来还是有很大难度的。

在相关企业社会工作的教科书上可以看到，海外关于企业社工模式的实务、理论都传到了我国，相应的章节中有专门的介绍。但从深圳与苏州的实践来看，中国目前推行的主要是企业内部购置、工会购置、社区设置三种模式。此外，因为大陆目前企业社工开展尚不普及，且政府也未像台湾地区那样以行政力量来推动，中小型企业也未认识到员工需要这类社工服务，所以，外部委办、共同委办、联合服务中心这三种模式目前的发展和运用还不是很普及。但这三种模式在今后应当是可以实行的，所以，我们这一章就将它们列入“其他模式”中。

5.1 企业内部购置模式

企业内部购置模式目前在中国有两种实务形态：一种是先通过民政部门等政府部门向社会工作机构购置，先指定特定的社会工作机构之后，再和相关企业协商，将社工安置在企业内部开展企业社会工作，一段时间后，政府撤出之前投入的资金，企业再直接购置相关联的社会工作机构；另一种是像深圳市冠旭电子有限公司那样，由企业直接与企业社工机构商定而购置。这两种形态虽然看起来不同，但最终都将企业社工放置在企业内部，开展企业社会工作，所以我们将这两种实务形态并为一种。

由于这种在企业内部设置社会工作机构的模式最能体现企业管理边界清晰、场域封闭、效益直观、人员可控等特征，故最受企业管理者的欢迎，所以，如今大量企业在设置企业社会工作机构时，会采取这种模式，如东莞裕元集团、深圳市冠旭电子有限公司等。这种模式是目前我国企业社工运用得最多，也是发展趋势最好的模式。

5.1.1 企业内部购置模式的特征

企业内部购置企业社工，从广义上说，就是把企业社工当成企业中的一位专门工作人员或企业的一个管理机构。采取这种模式的大型企业，像东莞裕元集团，就是基于其公司员工人数较多而设置机构的。而像深圳市冠旭电子有限公司这样规模较小的企业就只设置了1~2名企业社工，他们隶属于该企业的人力资源部（由于企业社工在工作内容上有很多与人力资源部门相近与重合之处，所以，现在我国除了特别大的企业另设一个与其他部门平级的社工机构，如东莞裕元集团的“员工生活辅导中心”外，一般企业是将企业社工的机构或人员放在人力资源部门，具体业务、计划等均先报人力资源部门，再往上报；也有少数企业将企业社工置于办公室或综合处中）。

如果企业内部购置了专门的企业社工机构与工作人员，企业社会工作者作为企业的一个有机组成部分，也需要像企业内其他机构的人员一样，有工作计划、专门的办公场地、年终总结、经费预算等。同时，由于企业社会工作者按级别来说也是管理人员，所以必须按相应的级别安排就餐食堂和住宿场地。企业社会工作者是一个特殊的群体，由于其内在的特殊性，有很多工作是需要在员工下班后才能开展的，而且往往是员工下班后到企业社工宿舍来交流，所以，很多企业考虑到这一特殊性，不但按管理人员级别给企业社会工作者安排宿舍，而且特殊照顾为1人1间（一般企业管理人员是2人1间宿舍，员工是6~8人1间宿舍），以便满足员工的隐私保密要求。

企业内部购置社工，要按管理人员待遇安排住宿与管理，同时，因为企业社工要用相当多的生产时间之外的时间从事员工服务工作，所以企业社工的加班量往往也是管理人员中最多的。

5.1.2 企业内部购置社工的优点

1）方便与各部门之间的协调

企业内部购置社工同企业内管理层员工的身份一样，都是企业管理人员，在整个企业管理层中有相同的管理路径，遵守同样的管理规范，同时也共享一样的公司管理资源，所以，企业社工与管理层中的其他部门与人员在工作目标上有高度的一致性，而他们的共同目的就是促进企业效益提升与发展。其不同之处在于，企业社工与管理层中的其他部门与人员在工作理念、工作方式、工作接触的对象等方面存在差异。企业管理层这一共同的位置决定了企业社工与其他部门的工作人员在很多问题上容易取得共识，这样关系就比较容易协调，工作也就能配合好。

2）能迅速在企业中建立工作关系

企业社工内置于企业之中，在日常工作中与企业员工朝夕相处，有的甚至住在同一栋宿舍楼里，因此他们能够与企业内的员工很快熟悉起来。在此基础上，企业社工与员工能够建立起很好的工作关系，这样就能及时地发现员工中的思想情绪异常问题。发现问题后，企业社工要及时介入，进而降低恶性事件发生的概率。此前有很多案例都是因为企业社工在企业或宿舍内及时发现员工的异常并及时介入而消除了隐患与危机。这种对异常事件的及时介入与处理，也是很多企业高级主管愿意出钱购买社工进入企业内服务的主要原因。

3）合乎企业管理规范，容易获得企业高管支持

企业内部购置的社工实际上就是企业管理层的组成人员，从某种意义上说，也是企业主聘请的工作人员。企业社工是合乎企业的管理规范和运行体制的，因为企业管理者会把企业社工当成自己人，放心地与企业社工合作，而且社工被置于整个企业的管理层之中，成为这个科层组织的有机组成部分，符合企业的管理规范，企业调动、运用起来也十分方便。此外，企业社工作为企业的一个管理部门，它的所有工作和其他管理机构的工作一样，都要按程序汇报、申请、审批后执行，整个年度的工作计划在前一年年底就要与当年的工作总结一道汇报上去，企业主对企业社工的整个工作状态与下一步的工作发展都一目了然，因此，企业社工很容易得到企业高管的支持。

4）有专门的办公场地与经费支持

企业社工与企业共同组成一个经济共同体，是企业内一个专门的管理机构（或人员），像企业的其他管理机构和管理层一样，都拥有较为宽敞的办公场地和充裕的活动经费，企业社工的经费是按照社工所提的年度预算而批准的专门的年度工作经费。充裕的活动经费与宽敞的工作场地对企业社会工作的顺利开展有极大的促进作用。

5.1.3 企业内部购置社工的不足之处

1）企业福利与社工原则的悖论

这类悖论很多，如企业很多福利按等级享有，而社工的原则是追求平等和一视同仁等，这些悖论在不同程度上给企业社工实践带来困扰，如深圳很多企业都出现了企业社工不能享受企业福利的问题。由于企业内部购置的企业社工是企业管理人员，所以企业要按照管理人员的标准发放福利；而中国香港等地的企业社工机构与督导则认为企业社工不能接受这些企业福利，因为这有可能影响企业社工的公正性。但这样一来，企业社工不能像同科室、同处室其他同事那样享受同等的企业福利和待遇，就会因此而感到一种无形的歧视。这是因为企业福利往往是由社工去争取，并积极参与组织才发放的，而到了最后，企业社工却被排除在外，这种心理打击所造成的失落感与沮丧感非常强；好不容易融入企业这个集体之中，现在又被自身的制度隔离出来，这很容易给企业社工带来失落感，觉得前期的工作都白做了，做来做去把自己做到员工之外了。

2）投入产出常受质疑

企业对任何一笔投入都要考虑直接的产出，投入的直接目标与存在的意义就是企业的利润。企业社工在企业中所组织的很多活动的投入与产出并没有直接的关系，基本上都是间接的、长期的收益，因此，企业社工在提出活动经费预算时，常常受到有关部门的质疑，甚至是阻碍，给工作的开展造成很大的干扰。

3）员工信任感的建立需要一个比较长的过程

部分员工还担心企业社工会因为企业管理的需要，把他们谈到的一些个人隐私透露给有关管理人员，故在个案工作中常常有所保留，从而给企业社工工作的开展带来困难。这种因企业社工管理人员的身份而对其公正性的怀疑需要时间来证明，更要通过具体的案例来证明，要在具体工作中让员工认识到企业社工是公正的，解决员工需要与企业管理的目标是一致的，而不是此消彼长的“零和”关系。

4）公正性常受怀疑

前面谈到因为企业社工是企业管理层中的一部分，所以企业员工需要很长一段时间才能信任企业社会工作者。也就是说，企业员工对社工的信任感与公正性需要一段时间才能证明。其中最为重要的是，企业社工需要通过一些具体的案例向所有员工说明企业社工虽然是企业主聘请的管理人员，但这种管理是以“自助助人”的人性化理念进行的，是建立在社工价值观基础之上的。企业社工虽然提供的是有偿服务，拿的是企业发给的薪酬，但并不是无原则地倾向企业主的，也不会因此透露员工的私人信息与双方的谈话内容，那样反而对企业的长期发展不利。企业要长期可持续发展，必须使员工处在一个公正的生产环境之中。如果企业主不能公正地对待自己的员工，那么员工也不会公正地对待企业，员工可能罢工，也可能辞职，这样的后果就使企业不能很好地发展，进而破产倒闭。同样，企业社工也不能无原则地偏向员工，因为这样有失公正，企业主会觉得其投资得不到正常的收益，就会关厂走人。因此，公正是有利于企业主与员工双赢的基本原则，偏向任何一方的行为都是一种短视的“自杀”行为。社工其实是企业主与员工之间沟通的桥梁与中介，是中立者，而不是某一方的代言人。

5.1.4 预期与建议

企业内部购置企业社工这种模式虽然在目前的中国并不是很常见，但它代表了中国企业社工发展的一个主要趋势。从长远来看，如果改进企业内部购置社工服务的一些不足，企业内部购置社工可能成为我国企业社工实务模式发展的主体。对于如何改进其存在的一些不足之处，我们有如下建议：

1）采取各种方法与员工建立信任关系

前面已经提到，企业员工会对企业社工产生怀疑，这种怀疑会给双方的信任关系建立带来一定的困难，但是与此同时，企业内部购置社工也给社工带来了大量接触员工的机会。除了员工的睡眠时间外，企业社工在食堂、宿舍与其他工作场所及休息场所都有机会与企业员工接触，在接触中与企业员工培养感情，增进了解，在此基础上建立与企业员工的彼此信任关系。这种“同在一锅抡勺”“同桌的你”“睡在上铺的兄弟”的“零距离接触”是最容易建立长久的信任关系的。需要注意的是，企业社工的姿态不要高高在上，要有一定的亲和力，与企业员工打成一片，建立良好的关系，努力融入企业员工的群体中。

2）以社工实践证明社工的公正性

要不断宣传企业社工的公正性，同时也要在实践中不断地证实企业社工的公正性。当介入企业管理人员与一般员工的人际关系冲突时，企业社工要摆明自身中立的态度，秉承实事求是的原则进行公正的处理，最终用公正的处理结果向员工证明社工的公正性与中立性，从而使员工心悦诚服。

3）用数据说明投入与产出

企业的直接目标是利润，所以企业最重视企业内的产出与投入，这对企业社工也是一个新的挑战。但是企业社工也并不是只有投入，而没有产出的。企业社工的任何一项服务都有相应的产出，只不过这种产出是长期的、延时的，而不是及时的、直接的；同时，企业社工的服务不但有有形的产出，更有无形的产出——对企业文化与企业形象的提升有内在的促进作用。

企业社工对相关活动所形成的有形产出和无形产出都会用真实的数据予以说明，并整理成文字材料与电子材料加以保存。企业社工的重要任务之一就是收集数据、统计数据并且有效地分析数据，最终对处理过的数据进行保存。例如，对于企业员工的文体娱乐活动，这类投入表面上好像没有什么产出，但实际上这类活动可以增强企业员工的向心力与凝聚力，对降低员工流失率与投诉率是有重大帮助的。同时，员工的生产作息通过这类文化活动得到了保证，这样可以舒缓员工紧张的工作情绪，帮助员工陶冶情操，舒缓心情，进而可以提升企业员工的工作积极性和主动性，增强员工的责任感，提高工作效率。此外，这类活动还会间接减少企业员工的生产事故，降低病假和旷工率、产品残次品率。但是，这是一种间接的作用，要经过一段较长的时间才能体现出效果。因此，企业社工可以一年为一个时间段，每年年初，对上一年的各项相关数据进行统计与存档，并对一些引起负面作用的数据进行分析，然后针对这些负面因素提供相关服务，消除这些负面因素的影响。到年终时，再将新的统计数据与上一年的数据进行比较，这样，这种投入与产出的收益关系就可以显现出来了。

4）灵活对待企业福利与社工守则

企业福利是企业在法定福利保障之外给予员工的一种人性化关怀，企业社工作为企业的员工是可以而且也应当享受的；如果不享受，那么实际上是将企业社工排除在企业员工之外，不但会使企业社工受到伤害，而且对其下一步工作的开展极为不利。对此，我们建议灵活对待，不能死守教条。如果是一些节假日的郊游福利，完全应当让企业社工一道参与，没有必要禁止；如果是实物福利，则应当由企业社工先接受，然后再交给社工机构，由社工机构以某种等价的福利再发放给社工。这样就既不伤害企业社工的感情，也保证了社工的职业守则，两全其美。

5.2 工会购置模式

中国对企业建立工会有法律上的强制性要求，我国的企业，无论大小，都建立了工会；而对暂时未建立的，各地市一级工会都有具体的计划安排，在若干时间内必须把企业工会建立起来。因此，在我国，企业工会是企业内最大的独立社团组织。

工会的本质属性是维护企业员工的合法权益，并在确保法定福利的同时，为员工争取更多的企业福利。这个属性也在某种程度上与企业社会工作者的一部分工作内容相吻合。香港地区的企业社工以工会为依托开展企业社会工作就成为一个常例。20 世纪 70 年代，香港地区劳务社工开展工作之际，在民间团体中，除了教会之外，工会就是最主要的平台。

以工会为平台开展企业社会工作，在内地目前只有深圳进行了具体的实践。深圳市总工会于 2008 年聘请了深圳市东西方社工服务社的 1 名社工，派驻艾美特电器公司开展企业社会工作，取得了很好的效果。

5.2.1 工会购置模式的特点

工会购置模式的购买方是各级工会（企业工会，区、市工会）组织。这与美国当年海员工会的做法稍有不同。海员工会是自己直接购买，成立专门的劳工服务机构。深圳是由市级总工会向社工机构购买，然后派驻到具体的企业工会中。这种差异是因为国情不同，所以工会的组织形态也不同。美国的工会一般是按行业划分的，我国的工会是按区域划分的。

工会购置模式下企业社工的特点在于：

第一，作为工会内置的工作人员或机构，企业社工的所有预决算书、活动安排和工作计划都必须交给工会审批。这与企业内部购置社工不同，企业内部购置社工由企业进行计划与预决算的审定，工会购置是作为工会活动的有机组成部分在工会的统一规划下展开的。

第二，作为企业工会的一名成员，企业社会工作者除了为员工提供社工服务之外，还要参加企业工会的各项行政工作，如下级工会委员会的例会、工会组织的建设、工会的福利活动等。

第三，企业社工作为企业工会的工作人员，其工作的重点是为员工提供社会工作方面的服务。而这种服务是按工会的系统予以安排的，不是通过企业内的管理层提供的，所以企业社工的办公场地、活动费用都由工会提供。

5.2.2 工会购置模式的优点

工会作为中国法定的工人团体，在工会会费的提取、企业建会等方面有很多法律上的强制性保障，特别是工会在企业中有一个自成体系的独立组织系统与网络。工会不但活动经费有法定保障，其活动场地也有法定保障，并且能得到各级政府与工会系统的支持。例如，深圳2 000人以上的企业只要能提供足够面积的场地，深圳市图书馆就为其配齐所需要的图书，并且这个图书馆还纳入市图书馆统借统还系统。因此，企业社工由工会购置，就可以充分利用工会的网络、财力、人力资源，开展企业社会工作。具体而言，其优点如下：

1）工会的场地可以利用

企业工会的很多场地并不是由自身设定的，往往是企业社会责任守则或法律强制性规定的。如深圳艾美特电器公司工会就有一栋办公楼，里面图书室、棋牌室、书画室等文化场所一应俱全。此外，该公司工会在这栋楼中专门为企业社工设置了“个案访谈室”。很多企业工会都有这种条件，也都可以用作企业社工的办公与活动场地，这样可以提高资源的利用率和固定资产的利用率。

2）工会的人力资源可以充分利用

企业单纯地靠企业社工中的个人或少数人是无法组织、开展一些活动的，还需要人力资源部门给予大力协助，而工会有这方面的资源优势。所有的企业员工都是工会会员，都有义务参与工会的各项活动。同时，工会在多年的活动中，也广泛吸收与动员了很多志愿者，组织了志愿者队伍。如艾美特电器公司工会在1万名员工中就有一支800人左右的志愿者队伍，艾美特电器公司社工的很多活动都是在这批志愿者的参与和支持下开展的；否则，少量社工是根本无法应付繁重的工作的。

3）工作经费有充分保障

前面说过，企业内部设置社工，其活动经费预算经常不被理解，故其往往不能得到顺利批准，企业社工在反复向有关部门说明、解释的过程中付出的成本极大，不仅浪费了时间，也耗费了钱财。这种情况在工会内置社工中是不存在的，这是因为工会经费本身就是为员工服务的，工会对社工在员工活动上的投入很容易理解，对活动费用也很容易达成共识，所以，工作开展比较顺利。

4）工会联络的资源也可利用

由于工会成员涵盖了所有的员工，青工、女工均在其内，因此，青工的组织——共青团、女工的组织——妇联，都与工会有工作对象与内容上的涵盖与重合。改革开放之前，在国企中，这些团体分别设置并行政化，从而形成了一个庞大的脱离生产与管理的社会服务机构，企业不堪重负。在企业改制过程中，相当多的企业就将其裁并、削减，归并于企业工会之中，由工会设专人去负责这方面的工作。艾美特电器公司就是这样做的。这是一种很好的形式，既保留了这个特殊的关怀机构，又减轻了企业的负担。同时，这种模式也给工会内的企业社工提供了工作上的便利。因为企业社工与工会一样，所面对的服务对象是包括青工、女工在内的所有员工，现在与这些专门的机构和工作人员同在企业工会内工作，不但可以利用他们的专业经验，还可以借助他们的资源，更好地开展针对女工与青工的服务。

5）工会的网络可以利用

工会是有庞大的社会组织网络的，工会深入企业中的每一个部门，包括每一个科室和班组；而在企业之外，工会可以联系区工会、市工会乃至省工会，并与它们形成一个互为支持的体系。企业社工在企业内往往是一两个人，如果重新建立网络，需要耗费很多时间，而借助工会现成的网络，将员工组织起来，这对企业社工顺利开展工作是十分有利的。

5.2.3 工会购置模式的不足之处

工会购置企业社工服务有很多的优点，但任何事物都有两面性，这种模式也不是尽善尽美的，也存在相应的不足之处。

1）工会与企业并峙的关系掩盖了企业社工中立原则

员工团体形式的工会是一种与企业并峙的社团组织，所以很多企业管理人员对此是持怀疑态度的，这也是很多外资企业迟迟不愿成立工会的原因所在。一些工会的工作人员也受到这一理论的影响，对企业管理人员抱有一些看法。企业社工对于企业与工会、企业与员工应采取一种中立立场。企业社工应认识到，企业与员工由于做事情的出发点不同、看待事情的角度不同，因此会造成不同程度的误会，但在本质上是没有利害冲突的。企业和员工只要在企业社工的帮助下，实现良性互动，就能化解矛盾，促进双方共赢发展。但是企业社工作为工会购置的工会成员开展相关活动时，就会掩盖这种中立的地位与原则，这就需要企业内部其他管理部门协调和配合，帮助企业社工开展活动。然而，这些部门是很难出手帮助企业社工的，这时企业社工就需要工会向企业最高层级管理部门申请，在得到最高层级管理部门的批准后，才能得到企业内部其他部门的支持和配合。企业管理部门与工会分属两个不同体系，管理部门不会接受工会的安排与请求，而只会接受本体系的指令。这与企业内部购置社工完全不同，企业内部购置社工与所有管理部门同属企业管理体系，相互之间沟通比较容易。

2）专业化易被掩盖与忽视

社工与工会以群体力量为后盾，与以集体协商、行政管理为主的模式有根本区别，社工有专业化的价值理念与工作方法。但是，企业社工作为工会内置的工作人员，不得不遵从工会的工作安排，从事工会的行政工作。持续相当一段时间之后，这种以行政为主的工作方法可能会冲淡社会工作的专业方法，企业社会工作者就会失去自我，忘记企业社会工作的本来意义。专业化被行政化所掩盖，也会失去工会购置社工的本意（其本意是想利用社会工作方法弥补工会行政方法之不足，而不是让社工成为工会的普通员工）。

3）工作重点易受冲击

企业社工作为工会聘请的员工，平时不可避免地要从事工会的各项行政与福利工作。特别是在工会员工的设置上，多数企业为了节省人工成本而予以忽略。对于新来的、年轻的社工，工会往往如获至宝，将很多积压的工作堆到企业社工面前，一些企业甚至将其作为老年管理人员退休前的过渡岗位。所以，有的企业社工不做这些工作是不行的，但长期做下去，为员工提供社工服务这一工作重点必然被冲淡，且被边缘化。

5.2.4 预期与建议

我国企业的工会在相当长的时期内是企业内最大的、合法的群众社团，工会也会加快其去行政化的步伐，而向民间社团本色回归。因此，在相当长的时期内，工会购置企业社工的模式尽管存在种种不足，但从整体上来看，还是一个利大于弊的模式，是值得进一步推广的。要改进其不足，我们有如下建议：

1）工作重点的自觉把握

工会购置企业社工不可避免地要从事工会内部的相关工作，这也是社工争取工会的网络与资源、融入工会体系的一个重要途径。企业社工要用专业的自觉和工作重点的自觉来做一些日常的行政工作，以免冲淡针对员工的服务这一工作重点。其中最重要的是，要认可企业社工对企业员工服务的重要性，要用社工的专业理论与方法去影响工会的负责人，并将这些专业的理论知识用到工会的日常工作中，使二者相互支持。

2）中立原则的自觉坚持

前面已经提到，由于企业社工是企业购买的一种企业服务，所以企业员工对企业社工这个职业及其工作持一定的怀疑态度，认为他们是偏向企业主的，会将员工的隐私泄露出去，不相信他们会保持中立。其实社工的中立原则并不在于社工由什么机构购买、拿谁的工资，它是一个内在的根本原则，中立原则使社工在处理问题时，站在法律与真理一边，而不是站在企业主一边，也不是站在员工一边。这种以法律与真理为依归的原则，对企业和企业员工以及双方矛盾的化解都是有益的。依法办事，在法律的框架内求得双方的妥协，这对于双方的发展都是有利的、是双赢的。任何人都不能违反法律，违反法律就会受到法律的惩处，就会给当事人造成很大的损失。因此，中立原则是为了双方避免共输，而争得双赢。如果将上述道理普及于企业之内，得到企业上下的一致认同，那么就会得到双方的支持。因此，企业社工若能自觉坚持中立原则，并就内在的双赢道理与双方沟通，那么社工无论在哪个机构，其中立化都是可以得到支持的。

3）社工专业化理念与方法的自觉坚持

尽管目前中国企业工会行政化的痼疾比较严重，但已经在一步步地减弱过程之中。为了不让工会的行政化掩盖社工的专业化，企业社工就要对本专业的理论与方法有高度的自觉与坚持。其实这种自觉与坚持对受过四年以上社工教育与训练的职业社工来说还是能做到的。特别是深圳等地的社工机构还设置了专业的督导，当遇到困惑时，可及时向督导反映，从督导处得到专业化的提醒与帮助。

5.3 社区设置模式

这种模式最初是在香港地区兴起的。社区设置模式不是社区“购置”模式，这种模式不像上面两种模式一样企业社工所在的服务平台即服务的购买方，这种模式是由第三方组织或政府购买后，从事企业社会工作方面的服务。1967 年，香港明爱基金会下属的社工在秀茂坪社区成立了“秀茂坪职工青年联会”，针对社区内的青年工人提供组织、培训、发展、成长等方面的社工服务，收到了比较好的效果，后来又进一步扩充到退休老年员工以及所有有需要的员工。之后，香港地区的荔枝角社区等也借鉴这一模式，纷纷仿效而成立了各种职工联会。这种在社区设置企业社工的模式就成为企业社工实务的一个重要模式。2008 年，明爱基金会在苏州外来工集中的木渎镇设置了“工友家园”，就是这种模式的演变。2011 年，深圳尚德社工服务社亦根据深圳社工协会的安排，在深圳宝安区南岗海华公园社区设置了企业社工服务点，开始了这一模式的尝试。“社区设置”这一企业社工模式在内地逐渐开始了它的破冰之旅。

5.3.1 社区设置模式的优点

社区设置模式从香港地区发源，逐渐走向内地，是因为它适应内地的需要。中国文化背景中除了血缘认同外，另外一个最重要的认同就是地缘认同。所谓“老乡见老乡，两眼泪汪汪”，其实就是地缘认同的亲情外溢。社区其实是一个很重要的地缘认同，特别是中国目前城市化发展很快，大量农民工进入城市，他们因收入较低，再加上地缘关系等初级支持网络的影响，一般都集中居住在城市的城乡交接部。如苏州西部木渎镇就有 20 多万外来人口居住，而他们打工的企业往往在苏州东部的工业园区。之所以住得这么远，一个很重要的考虑就是木渎镇是苏州的城乡交接部，租房价格比较低。

当然，社区设置模式之所以有生命力，还有一个更重要的原因，就是很多企业不为员工提供宿舍，或者只有少量宿舍，只提供给刚入职的新人，大量成了家的员工或者有两年以上工龄的员工就只能到外面去租房。这也给企业社工设置在社区创造了条件。

社区设置企业社工的优点如下：

1）服务成效明显

社会工作理论认为，任何个人的问题都是因为当事人与其周围环境的良性互动遇到了障碍，而在这个系统的环境中，家庭环境对员工是最重要的环境。因此，需要企业社工深入社区，到员工的家庭内部了解基本信息并进行系统的家庭治疗，帮助员工消除家庭互动的障碍，建立一个健康的、没有缺陷的家庭支持系统。而社区内设置的企业社工在其工作之初就直接进入服务对象的家庭环境之中，故而对问题的诊断与评估都能更及时、更准确，其服务成效也更明显。

2）容易开发社会资源

相对于企业内部购置或工会购置企业社工模式，社区设置模式更有利于社会资源的开发。企业社工设置在社区之中，经常与社区政府、社团以及其他社会机构发生联系。社工专业理论与方法能给这些机构的工作提供一些帮助，同时，社工也需要得到它们的支持，以便为服务对象争取更多的社会资源。双方由于同在一个社区之中，“远亲不如近邻”的关系有助于彼此良性互动。有了这种良性互动关系，社工就容易借助社区内的街道办事处、社团以及其他社会组织所拥有的资源为社区内的企业员工服务。比如，借助妇联的资源为女性员工或男性员工的家属服务，借助学校的资源为员工子女服务，借助社区司法调解的资源为员工的婚姻家庭问题服务等。

3）工作时间适合

企业社工无论是工会购置还是企业内部购置，针对企业员工的服务时间实际上都会受到生产时间的限制和影响。生产时间包括人际关系冲突的时间，人际关系的冲突是需要企业社工介入调整的。除此之外，一般来说，企业社工对员工提供服务的时间主要是员工生产时间之外的中午或晚上。中午因员工午餐、休息时间短，是不合适的，所以企业社工主要的工作时间是在晚上员工下班之后。但在企业中，除了未成家的青工（很多企业只有刚来不满1年的青工）住在企业内部宿舍外，很多员工在企业外居住。所以，企业社工要为其提供服务，还是要到员工所住的社区去。社区设置企业社工的模式正是满足了这种内在需要，所以，才有广阔的发展空间。

4）公正性易于显现

社区设置企业社工，不是由某一方购买的，而是由非政府组织直接设立的，政府和一些机构提供的金钱资助全部用于对社区的企业员工的服务，企业社工与提供资助的任何一方都没有实际的雇佣关系和交易关系。只有这样，企业社工服务的公正性才不会被企业员工抑或其他人怀疑，企业社工由此也很容易与社区内的服务对象建立起信任关系。基于这种信任关系的建立，企业社工也很容易将社区内的员工组织起来，形成一支义工队伍。香港地区秀茂坪社区与荔枝角社区都是这样，社工进入后很快与社区青年员工建立起信任关系，然后建立起社区“职工青年联会”等组织，成为社工指导下的一支有力的义工队伍。

5）社工机构投入少、效益好

社工机构作为一个社会服务机构，虽然不像企业那样直接目标是利润，但也要讲投入与产出，如果投入过大，社工机构也无法承担。同样，无论是企业内部购置还是工会购置，对于大量的员工不多的中小型企业来说，它们都认为成本过大；而如果由社工机构派驻的话，同样也会因为服务对象有限而加大成本。在社区设置社工，可以向众多的中小型企业员工提供服务。这样，企业社工投入的人力、财力并不多，但服务对象因打破了企业的内在界限，范围就扩大了许多，社工机构可以取得投入少、见效快的显著成绩。

5.3.2 社区设置模式的不足

社区设置企业社工模式有很多优点，但也存在一些不足之处。

1）服务质量受影响

影响企业社工服务质量的一大重要因素就是社区服务对象的背景复杂与数量庞大，如深圳宝安南岗海华公园社区有数万名外来工，但只有1名社工，不到半年，这名社工就提供了120余人次的个案咨询服务、50余家的入户探访服务，还有不计其数的电话咨询服务。对于大量的工作和少数的企业社工这种情况，企业社工的服务质量是得不到保证的，是不可避免会受到影响的。比如，很多个案无法做全，只能是初见成效后即停止，根本就无法做跟踪与回访的工作。

2）办公、活动场地与经费困难

社工的办公、活动场地和经费都是由社工机构自我承担的，而我国社工机构刚刚兴起，所以其经费十分有限，企业社工在社区开展工作就会由于这种内在限制而受到影响。苏州“工友家园”虽然有明爱基金会每年近20万元的投入，还是捉襟见肘，难以为继。深圳的社会工作开展较好，社工机构在政府购买的服务中，有按人安排的20%的办公费和6 000元的活动费，一个社区一般只设2～5名社工，但即使将他们这些费用一分不留地全拨到社区，也不能满足其工作需要。同时，缺乏办公与活动场地也是一个大问题，社区内的活动场地往往在社区建设之际就被有关部门分用净尽。企业社工作为后来者，又无财力购置新的办公与活动场地，只能向有关部门或社区居民租用。但租来之后，还要进行起码的装修与布置，对于社工机构来说，这也是一笔不小的投入。

3）服务对象复杂，工作量大

社区人员的特点是工作条件、工作环境、生产组织模式和工作所在的企业都是不同的。除此之外，企业员工自身也是有很大差异的，他们来自五湖四海，原有的地域文化背景、教育背景也有很大的差异，因此，相对于企业内部购置和工会购置的企业社工只为某个企业的员工服务，其生产组织模式具有单一性来说，社区设置的企业社工的工作对象要复杂得多，从而对企业社工提出了更高的要求。

社工服务的对象不仅有企业在职员工，还有很多退休员工，也包括在职与退休员工的家属。由于现在社区规模一般比较大，三五万人的社区很常见，而目前我国的社会工作者人数极为有限，有时数万人的社区也只能派驻一两名社工，社工的工作量之大到了无以复加的地步。

5.3.3 预期与建议

社区设置企业社工因为能以较小的投入收到较好的效果，所以，尽管这种模式存在一定的不足之处，但在今后中国企业社工的发展中会成为一种主要的模式。我们应扬长避短，分析并克服其不足，保障这一模式的顺利发展。为此，我们建议如下：

1）社工要不断接受培训，持续学习

社区中员工的家庭背景、文化水平、所处的企业和行业以及工作的环境和压力都是不同的，而且差异性很大，这就对企业社工的知识和能力构成了巨大的挑战。一方面，企业社工机构要主动关心社区设置的社工，主动并有计划地组织这些社工接受培训和进行知识拓展训练；另一方面，社区内的社工要不断地加强自我学习，不仅是理论上的学习，更要提高相关技能，不断地修炼自身，充实与改善自身原有的知识结构。社区设置社工的培训应当多于企业内部购置或工会购置社工的培训，也就是说，在培训问题上，要经常给社区设置社工“吃小灶”。因为社区设置社工的服务对象的复杂性、多变性、流动性都远远超过企业内部购置与工会购置社工。

2）努力发掘社会资源，解决经费与办公、活动场地问题

由于社区设置企业社工的经费由第三方组织或政府承担，所以非常有限。要顺利开展一次社区活动，社工要努力获取社会资源的支持，如政府、基金会、社会团体的支持，也要发挥自身善于开发与联结社会资源的专业优势。企业社工组织的很多活动都可以联系政府、机构和社区，与它们共同承办，由它们提供相应的经费与人力、物力。办公与活动场地也可以采用这种办法，社工要极力去游说政府与有场地的团体和机构，在它们的支持下获得廉价或免费的办公与活动场所，这样也能在不同程度上节约成本和项目经费。

3）尽快建立义工或志愿者队伍

以人数极少的专业社工对社区中众多的员工及其家属开展社工服务，是无法持久，也是无法保证服务质量的，因此，社工进入社区后的首要任务就是建立一支义工或志愿者队伍，以这支队伍为依托，提供社区内的企业员工所需要的服务。香港地区社工当年在秀茂坪、荔枝角社区就是这样做的。他们首先在热情高、参与性强的青年工人中建立了团体——“职工青年联会”，然后，通过这个联会开展青年员工的成长与发展工作，再以这批青年义工为依托建立老年员工的“长明灯小组”，形成专门帮助退休老年员工的志愿者队伍。香港地区的这个经验是值得内地采用社区设置企业社工模式时予以仿效的。

5.4 劳务派遣机构内设置模式

劳务派遣是近十几年来出现的一种新的用工形式。劳务派遣也可称为租赁劳动力，指的是派遣机构与劳动者签订劳动合同并且负责给劳动者支付薪金，在此之后，派遣机构把劳动者派遣到用工的其他单位中去，而涉及的用工单位需要支付给派遣机构一笔费用。

劳务派遣用工形式有两大好处：一是可以降低成本，在社会保险办理和合同管理方面为用人单位提供专业的服务。用人单位实际上需要承担劳务派遣公司的服务费、派遣劳动者的薪酬、社会保险的相关费用。二是可以使机关事业单位和国有企业突破用工编制的束缚和限制。劳务派遣这种用工形式虽然有很多好处，但其最大的弊端在于它使得同一个企业中出现了两种用工机制，且劳务派遣人员的工资也得不到保障。劳务派遣人员的工资和各项福利都远远低于企业中的正式员工。正因为劳务派遣有这种弊端，所以《劳动合同法》明确规定"劳务派遣一般在临时性、辅助性或者替代性的工作岗位上实施"。由于使用劳务派遣工减少了企业的用人成本，所以，我国的劳务派遣工早已突破了"临时性、辅助性或者替代性的工作岗位"的限制，[①]很多劳务中介服务机构因很多企业采用这种用工方式而得以生存和发展，它们顺应这些用工企业的意愿从事劳务派遣服务。

劳务派遣工的特点是：他们不但与劳务派遣机构签订了劳动合同，还与用人企业签订了劳务派遣协议，用这两种合同规范了劳务派遣机构、用人企业和劳务派遣人员在派遣期间的权利和义务，以及在派遣期间劳务派遣机构和派遣人员的隶属关系。由于劳务派遣人员与用人企业没有这种隶属关系，容易出现"用人不管人、管人不用人"的局面，所以劳务派遣人员基于自身身份的特殊性，迫切需要企业社会工作者的介入。

面对两个利益团体，即劳务派遣人员与用人企业，劳务派遣机构既需要派遣人员满足用人企业的需要，也需要用人企业满足自身的业务量和声誉的需求，所以在用人企业和派遣员工之间周旋的派遣机构需要用特定的方式和规范，在面对劳务派遣人员对"二等公民"身份的不满以及用人企业强势地位的巨大压力时，其对于企业社工的需求也较为迫切。前面已经谈到，企业社会工作在国外发展很迅速，效果也很好，基本上解决了企业存在的问题，为企业员工和企业的发展提供了良好的环境与条件。苏州的劳务派遣机构也开始在这方面进行尝试。如苏州最大的劳务派遣公司——汇思人力资源公司就在制定了对劳务派遣工全方位管理制度的同时，设置了"运协员（政委）"职务，提供企业社会工作性质的员工服务。

---

① 高钟，海丰. 企业社会工作实务［M］. 北京：中国社会出版社，2012.

5.4.1 派遣机构企业社工介入的现状

劳务派遣机构的利益主体主要包括劳务派遣机构、劳务派遣人员、用人企业，所以劳务派遣是一种利益关系非常复杂的用工形式。其中，劳务派遣机构是劳务派遣人员和用人企业之间的桥梁，派遣机构让劳务派遣人员在相应的、合适的用人企业工作，劳务派遣人员一般从事基层工作；派遣机构需要同时衡量用人企业和劳务派遣人员的标准，派遣机构的利益就取决于这种关系的平衡。鉴于这种状况，在企业内部一般会设置很多机构来维持这种平衡。

1）后勤部

劳务派遣机构有很多业务部门，每个业务部门（如制造承包、人事外包、资源委托等）都会设立一个后勤部，后勤部执行的行政事务并不是一般意义上的人事行政中的行政事务，对业务部门完成工作后的满意程度的回访是后勤部的主要工作，这种工作的性质其实在一定意义上是对业务部门效率的监督。

后勤部的工作内容比较简单，一般分为两个部分：一部分是室外，另一部分是室内。室外工作人员的工作基本上就是每天奔走于劳务派遣人员与用人企业之间，对双方进行访谈，通过访谈了解派遣的业务部门是否能够正确地估计劳务派遣人员的实际价值；室内工作人员的主要工作是通过微信、电话、电子邮箱等现代通信方式了解劳务派遣人员在用人企业中的工作和生活状况。因此，后勤部的工作也是很有挑战性的。其实，后勤部是派遣机构的一个公关部门。劳务派遣的荣誉感是劳务派遣人员能够在用人企业有归属感的依据，也是影响企业竞争力的重要因素，后勤部的主要目标与宗旨就是增强劳务派遣人员的荣誉感。因此，后勤部室内、室外的所有人员的主要工作就是深入用人企业和劳务派遣人员中，了解劳务派遣人员和用人企业的真实想法和需求，只有这样，才能够协调各方面的工作，使企业有更好的发展和规划。

在劳务派遣机构中，后勤部的主要工作内容是为劳务派遣人员提供后勤支持，是为劳务派遣人员服务的，所以，后勤部需要做的工作还有很多，这也是企业社工所需要的工作的组成部分。

2）员工关系部

员工关系部的主要活动内容包括员工每月的素质培训、节日问候等。员工关系部的主要工作是通过策划和开展相应的活动形成企业文化。基于其主要活动和工作内容，员工关系部在劳务派遣机构中处于十分重要的地位。

员工关系部在确保和维护企业主要利益的基础上解决员工物质、生理和心理上的问题，其主要内容为：第一，按照需求不定期地举办一些会议，通过了解员工的主要问题，在生活上多给予员工帮助，尽显企业的人文关怀；第二，通过在节假日等重要的日子给员工发放一些符合员工需求的物质福利来提升员工的归属感。员工关系部开展工作的方式主要是在有限的时间内，在企业中举办形式多样的室内外活动，并以此提升企业员工的士气，使劳务派遣人员能够放心地在企业中工作，放下戒备心，忘掉生活和工作中的所有烦恼和不如意。员工关系部通过一系列娱乐活动培养员工的团队精神，提升员工对企业的归属感，使劳务派遣人员坚信在遇到生活、工作上的困难时，任何机构都会帮助他们解决困难、舒缓压力，替他们分担一些棘手的事。而员工关系部这样做的目的就是增强劳务派遣人员的稳定性，进而保证劳务派遣机构的经济来源稳定与用人企业的劳动力来源稳定。

员工关系部其实就是企业社会工作部，比如企业社工要组织一次“华之杰”妇女节活动，企业社工要全程参与策划、筹备和现场布置等一系列程序。在活动中，首先要宣传妇女健康的重要性和在工作中自我保护的相关内容，然后是文艺表演。劳务派遣机构在活动中要为现场的员工准备小礼物，如小吃或者笔记本等日常办公或生活用品。员工通过互动和小小的比赛获得相应的奖品，包括旅游券、笔记本电脑等。在互动过程中，企业社工通过与企业管理者和员工交谈了解到员工与管理者都很享受活动的氛围和内容，都非常喜欢这种类型的活动。企业中的派遣员工希望多组织一些这样专门为他们设计与开展的活动，以消除以前那种被歧视的压抑心态，且企业中的派遣员工是承认与肯定员工关系部企业社工的成绩的，事实证明这种企业社工的介入方式是十分有效的。

3）员工保障部

企业员工是社会保险的主体、社会主要的保障对象，也是社会劳动者的主要组成部分，企业员工的权利也包括享受社会保险待遇。派遣机构的员工保障部是一个在社会保障方面保障劳务派遣人员权利的部门。企业员工享受的社会保险待遇包括三大类：第一类是死亡后的保险，这主要包括遗属保险和丧葬保险；第二类是永久没有工作能力的保险，包括养老保险和残疾保险；第三类是暂时没有工作能力的保险，包括失业保险、健康及疾病保险、工伤保险、生育保险。派遣机构员工保障部的主要工作就是帮助员工进行公积金缴纳、社保缴纳以及其他商业保险的缴纳，同时在法律允许与企业提供资金的范围之内给予出现事故、工伤和意外的员工在资金、物质和精神方面的帮助，利用法律维护员工的合法权利和利益。

5.4.2 劳务派遣机构企业社工介入的必要性

劳务派遣是一种新型商业运行模式，其涉及的法律关系表现为服务关系与新型的派遣关系的相互结合，企业社工的介入能够更好地维持和调节三个主体之间的利益和关系的稳定，所以说它是企业员工与用人企业以及劳务派遣机构利益关系中的润滑剂。

下面，我们从两方面来探讨企业社工介入的必要性：

1）自身竞争力的要求

劳务派遣机构作为人力资源的服务机构，需要得到用人企业的青睐和劳务派遣人员的信任。换句话说，要在商业服务过程中获得企业利润和良好声誉，就需要劳务派遣机构和劳务派遣人员共同努力。这种双向服务的中间地位使劳务派遣机构如同走钢丝般地在派遣员工与用人企业的不同需求间周旋、协调。这种工作其实就是企业社会工作在某个方面的表现。

企业社会工作者的介入会受到劳务派遣机构的影响，而企业社会工作者的主要职责是尽最大努力维护三者之间的平衡。

2）派遣机构的特性

派遣机构是一种服务型企业，它不仅要满足劳务派遣人员社会生活的需要，也要满足其经济生活的需求。派遣机构赚取的服务费取决于机构中派遣人员的数量，所以，派遣机构的声誉与发展的关键就是劳务派遣人员的稳定，而劳务派遣机构的稳定发展又离不开企业社工。

随着经济的发展，社会分工越来越细。在当前的经济形势下，劳务派遣机构可以通过为企业提供劳务派遣工来获取利润。这种盈利模式涉及的利益主体是三方面的，多样的利益主体容易导致更多的矛盾。劳务派遣机构通过专业的企业社工可以获得更好的发展，而此时企业社工的角色就是润滑剂和催化剂。

5.4.3 派遣机构的发展与企业社工

派遣机构是现代市场经济发展的产物，在其发展过程中有两个条件不可忽视：其一是发展环境的和谐，其二是社工的介入。

1）派遣机构的中介地位使其扮演了社工角色

企业在市场竞争中会把大部分时间和精力用于企业核心竞争力的建立，而其前提就是企业内部和谐。一部分大型企业把人事行政方面的边缘事务外包给劳务派遣机构，这时劳务派遣机构的重要工作就是帮助企业完成招聘员工、发放工资、管理相关资料、缴纳保险、维护权益等方面的事务。此时，企业社工的作用是帮助劳务派遣机构和用人企业进行交流。劳务派遣机构会安排相关的企业社工深入企业内部，帮助企业完成一部分人事行政工作。除了这些基本的工作之外，企业社工还会负责解决劳务派遣人员生活或工作上遇到的困难，帮助员工处理生活中的相关事宜，起到润滑剂的作用。企业员工在遇到困难的时候会找企业社工帮忙，而企业社工也会在自己的能力范围内，竭尽全力帮助有困难的员工摆脱困境。

例如，某劳务派遣机构的陈小姐是一位资深的企业社工，由于陈小姐工作成绩突出，被上级提拔到了管理层。陈小姐在谈到社会及市场对企业社工的要求时，认为这二者之间的关系是密不可分的，她称："市场就是床，而企业社工是床上的被子，床上不能没有被子，光有被子而没有床也是万万不可以的，这两种物品是紧密相联的，缺少任一物品都不行。缺少企业社工的企业也无法平稳地发展。”派遣机构在企业与派遣员工之间的这种中介地位，实际上是扮演了企业社工的角色。

2）新农民工“三高一低”的特征需要企业社工引导

派遣员工的主力军是社会中被称为农民工的劳动力，这些派遣员工按照时间来划分，可以分为第一代农民工和新生代农民工。新生代农民工产生于20世纪80年代，并作为劳动力于20世纪90年代后期进入城市，成为农村户籍及少数具有城镇户籍的劳动力。新生代农民工的主要特征是物质和精神的享受程度高、受教育程度高、职业期望高。如今大部分孩子都能够完成九年义务教育，甚至能够读到中专和大专，这也是基于改革开放、人民生活水平的提高以及文化的普及和社会的发展。教育水平的提高使得新生代农民工的职业期望也随之提高，他们对物质和精神享受的要求也提高了。

对企业中管理人员的野蛮的处事方式，他们不会忍耐，往往采取辞职的手段。这也是企业社工受到劳务派遣机构青睐的原因，但同时这也给劳务派遣机构的员工管理提出了更大的挑战。

新生代农民工的“一低”指的是那些从学校毕业之后进入城市打工，没有务农的经验，对工作的心理承受能力和工作耐力比较低的农民工。这些农民工的普遍特征是吃苦能力较弱且个性张扬，服从意识和心理承受能力较低，与他们眼中的野蛮管理时常发生冲突，从而给企业管理带来了新的挑战。这也是很多企业不愿直接管理员工，宁愿选择劳务派遣工的原因所在。

案例链接5-1　　一位新生代农民工的谈话

企业社工在对新生代农民工进行访谈时，遇到一位穿着和行为都比较前卫的女孩子王小姐。她1989年出生，宿迁人，虽然年纪小，但是社会经验丰富，高中毕业就出来打工了。她说话喜欢用一些较前卫的词语，她说：“工作有的是，这家不行就换那家，不怕没工作。”“现在的社会，活着就是要懂得享受，不要在乎那么多，活得潇洒才是重要的。”“他们算什么，不要把我惹毛了，小心我找人揍他们！以为有那么点权力，就能把我怎么样了？”“没事，想来他们没我们也是不行的。你想啊，我们都不干了，他们的产品怎么生产，订单就完成不了啊！”这位女孩子的话有一定的合理性，即劳务派遣机构与企业都不能没有员工，在员工管理上要尊重员工。但她也暴露了青春期的狂躁心理，缺乏法治观念，暴力倾向严重。这样的新生代农民工给用人单位带来了很大的压力。因此，派遣机构的企业社工要利用小组活动的方法去帮助新生代农民工，让他们对社会、对人生、对自己、对企业能有一个全面的认识，从而设计好自己的职业生涯与人生的发展道路。

资料来源　高钟，海丰．企业社会工作实务［M］．北京：中国社会出版社，2012.

3）发展的环境

竞争需要良好的环境、高速发展的企业及杰出的人才。企业的发展离不开良好的环境，需要明确的发展方向和目标，而企业中人际关系的和谐是影响生产力和竞争力的重要因素。"天时不如地利，地利不如人和""两人同心，其利断金"，人和是企业发展的最重要的环境。派遣机构更是这样，它们更需要营造这种和谐的环境。

5.4.4 派遣机构企业社工存在的问题

企业社会工作目前处于发展探究阶段，相关理论还不完善。由于劳务派遣机构对于企业社会工作介入的全新性，企业社工的操作性和规范性还在探索之中。

首先，劳务派遣机构的行为目的比较偏向用人企业，这也间接地说明劳务派遣人员在这方面是处于弱势地位的。企业社会工作是介入企业和员工之间，劳务派遣机构的商业运营方式也主要是处理用人企业、劳务派遣机构、劳务派遣人员三方的关系。这三方的关系具体为劳务派遣人员与劳务派遣机构之间的派遣关系、劳务派遣机构与用人企业之间的合作关系、用人企业与劳务派遣人员之间的薪酬和劳务关系。在这种背景下，社会工作的最主要内容就是维护劳务派遣机构与用人企业之间的关系，劳务派遣人员就会因此处于弱势地位。

其次，由于企业社会工作者需要扮演很多社会角色，所以其可能有严重的角色分裂情况。企业社会工作者在扮演众多社会角色的同时，也需要掌握各种技能。在劳务派遣机构中，企业社会工作者被分配到各个部门，这样容易造成处理一个问题时出现多个中介人的情况，给事主带来不必要的干扰。

最后，企业社会工作者缺乏专业知识，应通过学习前辈处理事情的经验和教训，并利用自身的生活经验来处理用人企业和员工之间的关系。

5.5 其他购置模式

内地和香港的企业社工模式目前只有前面介绍的四种，还没有出现台湾地区总结的企业社工服务模式，如外部委办、共同委办、联合服务中心等。这几种模式在台湾地区盛行的原因就是其内在合理性，所以我们应该了解将来可能出现的这些企业社工服务模式。

5.5.1 外部委办

外部委办指的是企业出资委托一些企业之外的社工机构为企业内的某些项目提供相关服务。这种模式属于委托式服务，对被委托的机构人员有比较严格的专业性要求，时间上也是很紧迫的；而社工机构也能抽调精兵强将集中服务，所以，这种模式的服务比较容易获得，其服务对象也能信任其保密性和公正性。这样一来，双方的信任关系就很容易建立起来，在服务过程中也能享用最新的专业信息和技术，因此，服务质量非常高。由于外部委办的服务专业性非常强，所以其有很大的可能性会在大陆发展起来。矿难事故、自然灾害和大型安全事故给企业带来的破坏等都适合用这一模式来处理。

这一模式的缺点在于一项服务终止后，委托双方的承诺就此结束，所以缺乏一定的连续性。在这种模式下，企业社工在进行服务的过程中要注意跟踪，维护以往的服务项目和对象，保持企业与服务对象之间的沟通和联系，这样就可能将断断续续的服务变为连续的服务，将外部委办变为内部购置。

5.5.2 共同委办

共同委办是台湾地区企业社工发展中的一个创举。当时台湾地区经济的主体是大量的中小型企业。虽然这些中小型企业也很需要企业社工的服务，但它们仅采用了外部委办模式，一些需要连续服务的项目很难跟进；若要这些中小型企业单独购置企业社工，它们又承担不起服务成本。因此，台湾地区同质性较强、行业相近、区域相邻的企业就联合起来，将一些共性问题共同委托给专门的社工机构，由社工机构对其进行服务和组织，从而达到资源共享、服务共享的目的。

共同委办模式的优点在于能够在保持服务连续性的同时，以较小的投入获取较大的服务成效，所以比较适合中小型企业的需求。如这些企业中一些普遍的、共性的员工培训、拓展教育、联谊等活动，采用这种形式最好。这些中小型企业不但具有很多的共同点和共同的问题，也有很多个性问题，而这些个性问题就需要企业社工提供更加个性化的服务。这种个性化服务无法包含在共同委办的合同与协议之中，就又得回到有个性化需求的企业进行“外部委办”的模式中。所以，共同委办往往因这些个性化的需求而解体。

5.5.3 联合服务中心模式

这也是台湾地区中小型企业为了应对自身对企业社会工作的需求所做的一个创举。在社工服务过程中，共同委办模式没有办法包容一些企业的个性化需求，所以共同委办模式就解体了。为了解决上述问题，台湾地区的一些中小型企业就联合起来，成立一个提供专门、专职服务的社工服务中心。这种做法实际上就是将一个企业内部购置社工的模式扩大为联合企业内部购置社工的模式。联合服务中心模式除拥有资源共享和整合资源的优越性以外，由于其为联合企业内部购置，所以企业内的员工若有什么需求，都可以得到企业社工的服务。联合服务中心模式在联合体内购置了专门的社工机构和企业社工人员，对企业员工突然出现的问题能及时介入，特别适合企业中突发事件的处理，很受中小型企业的欢迎。虽然这种模式有很多优点，但其有个基本前提，那就是这些联合起来的中小型企业必须是地域相邻的。如果这些企业分别处在较远的区域，则这个联合机构的办公与活动场所就无法设立，更无法在突发事件发生时及时介入。

此外，联合服务中心模式还具有一定的挑战性，即如何分摊服务费用。服务费用是需要由各个企业分摊的，这也是联合服务中心模式的一大特性。由于各个企业的管理人员素质、对服务的需求、员工的素质、企业的规模都有一定的差异，所以费用是不能够均摊的。如果按服务的项目具体落实，工作量很大，也很难精确计算，特别是联合服务中心的办公费用很难按服务项目去分割。因此，这种模式的实际操作难度很大。

聚焦民生

2023年政府工作报告：支持社会组织、人道救助、社会工作、志愿服务、公益慈善等健康发展

2023年3月5日上午9时，第十四届全国人民代表大会第一次会议在人民大会堂举行开幕会。时任国务院总理李克强代表国务院，向十四届全国人大一次会议作政府工作报告。

李克强总理在报告中指出，2022年是党和国家历史上极为重要的一年。党的二十大胜利召开，描绘了全面建设社会主义现代化国家的宏伟蓝图。面对风高浪急的国际环境和艰巨繁重的国内改革发展稳定任务，以习近平同志为核心的党中央团结带领全国各族人民迎难而上，全面落实疫情要防住、经济要稳住、发展要安全的要求，加大宏观调控力度，实现了经济平稳运行、发展质量稳步提升、社会大局保持稳定，我国发展取得来之极为不易的新成就。

报告指出，五年来，我们推进政府依法履职和治理创新，保持社会大局稳定。在加强和创新社会治理方面，推动市域社会治理现代化，完善基层治理，优化社区服务。支持社会组织、人道救助、社会工作、志愿服务、公益慈善等健康发展。

这对公益行业及行业从业者来说是一种极大的激励和肯定，将为行业发展注入强劲动力。

报告还简述了2023年工作重点，其中推进乡村振兴工作、推动发展方式绿色转型、保障基本民生和发展社会事业等方面的内容，对公益慈善事业的发展提出了新的要求和期望。

报告指出，五年来，我们切实保障和改善民生，加快社会事业发展。贯彻以人民为中心的发展思想，持续增加民生投入，着力保基本、兜底线、促公平，提升公共服务水平，在发展中不断增进民生福祉。

资料来源　皮磊. 2023年政府工作报告：支持社会组织、人道救助、社会工作、志愿服务、公益慈善等健康发展［N］. 公益时报，2023-03-07（02）.

本章小结

目前我国企业社工的实务模式主要包括四种，分别为：企业内部购置模式、工会购置模式、社区设置模式和劳务派遣机构内设置模式。这四种模式有各自的发展背景和特点，本章对这四种实务模式的优缺点进行了描述和分析，还提出了相关的建议和解决方法。

20 世纪 70 年代在台湾地区发展起来的外部委办、共同委办和联合服务中心这三种模式，是大陆没有发展的企业社工模式。这三种模式未来是有可能在大陆发展起来的，应吸收这三种模式注意中小型企业的需求这一合理的方面，将之引导到已有的四种模式中去。

复习思考题

（1）简述企业社会工作的起源及发展。
（2）简述企业内部购置模式的优缺点及建议。
（3）简述工会购置模式的优缺点及建议。
（4）简述社区设置模式的优缺点及建议。
（5）简述劳务派遣机构内设置模式的优缺点及建议。
（6）简述其他购置模式的内容。

案例分析题

员工危机介入案例——恋情受挫的青年

某年夏天，22 岁的男青年阿胜试图自杀。阿胜与女友同在冠旭公司上班，近期有了矛盾，女友提出分手，阿胜上楼让女友下来谈清楚，由于是晚上，女友不愿下去，在争执拉扯中阿胜以跳楼要挟女友跟他出去，但被保安拦住，并被请到保安室。阿胜的情绪很激动，一度作出自杀行为，被保安制止，后来保安打电话给社工，社工介入此事件。

据了解，阿胜的家庭状况是：父母健在，他与父亲关系不好，在平时与同事的交往中，也不愿提及父母。阿胜的婚恋状况是：阿胜与女友相恋半年，之前是在不同工厂做工，阿胜今年 6 月份来到冠旭公司，不久后就将女友介绍到厂内，两人在两星期前关系一直不错，阿胜对女友极其关心。阿胜的个人情况是：和女友交往之前有一些朋友，有了女友之后，基本上不和之前的朋友联系，且情绪易激动。他目前的健康状况是：因小时候扭伤后没有处理，导致现在手疼，打算近期做手术。他的经济状况是：出来打工后，自己养活自己，但因为要动手术，经济上并不宽裕。

经过保安的介绍以及与案主、案主女友交谈，社工初步评估其问题如下：

（1）案主在恋爱关系中角色扮演失败，不平衡感较强。

案主在扮演男朋友角色时，以自我为中心，过分干预女友的生活。当两人不在同一个工厂工作和生活时，案主的行为和表现让女友很高兴；但在同一个工厂工作时，过度干预导致女友对其不满，使案主认为他付出的爱得不到相应的回报。

（2）案主存在非理性信念。

在与案主交流的过程中，社工发现案主将生活的重心都放在女友身上，以前的支持网络也出现了问题，所以恋爱中出现的很多问题会使阿胜接受不了，甚至导致他崩溃。

（3）家庭功能受阻。

家庭是一个人的重要支持网络，在阿胜的支持网络里却没有来自父母的支持。据阿胜讲述，小时候他的父亲不重视他，导致其手伤留有后遗症，阿胜与父母的交流因为这件事受到影响。在他出来打工后，父亲提出要给他钱治疗手伤，但阿胜拒绝了。

讨论题：

（1）简述服务对象的特点。

（2）简述本案中社工的特点。

（3）谈谈你对企业社工的认识。

（4）简要分析社工介入前后案主的变化。

第5章案例分析提示

第6章 企业社会工作的评估体系

学习目标

✓ 掌握企业社会工作评估体系；
✓ 明确服务指标设定的影响因素；
✓ 掌握服务的流程和步骤；
✓ 了解企业社会工作服务的具体流程；
✓ 熟悉服务指标体系图；
✓ 了解服务指标体系考核评估。

引例

2021中国企业社会责任高峰论坛

2021年12月16日，由《公益时报》社主办的“2021中国企业社会责任峰会”（以下简称峰会）在北京举行。峰会以“新发展、新担当”为主题，邀请不同领域的企业代表就社会责任相关话题进行分享，并发布了《2021中国企业社会责任观察报告》。

中国企业社会责任峰会由《公益时报》社于2011年发起，每年举行一次，旨在弘扬先进的社会责任理念和公益慈善文化，号召更多企业参与公益、践行社会责任，打通企业社会责任履责渠道，链接政府、企业、社会组织、媒体等机构，协助企业更加科学、精准、高效地开展公益项目。

《公益时报》社总编辑赵冠军在致辞中表示，“如何应对挑战、坚定信心，成为更有活力、创造力和竞争力的市场主体，成为更有社会价值的商业机构，做新时代的‘好公司’？这是新时代给企业和企业家们提出的一道必答题。不断提升经营能力和管理水平，开展基础研究和科技创新，响应国家重大战略号召，在守法经营做大‘蛋糕’的同时，积极履行社会责任、实现社会价值、参与社会公益事业，成为有担当的企业和企业家们的共同选择。”

截至2021年，《公益时报》社已连续11年举办中国企业社会责任峰会，收录的企业社会责任优秀案例超过2 500个，见证了一批又一批履行社会责任的企业，践行作为公益媒体的责任与担当。

《2021中国企业社会责任观察报告》通过征集近500家企业的社会责任案例，精心组织、多维评审，评选出了一批有影响力的社会责任案例。这些案例涉及儿童、养老、助残、乡村振兴、科技向善等多个领域，入选项目具有覆盖面广、影响力深、持续时间长、受益人群多、社会价值高等特点，成为企业社会责任的优秀样本，具有较高的社会价值。

峰会邀请部分入选《2021中国企业社会责任观察报告》优秀案例的企业代表进行了专题分享。

中国石化集团公司党组宣传部部长、新闻发言人、社会责任办公室主任吕大鹏谈道，企业社会责任是一个企业在国际上的旗帜和通行证，中国石化应在报国为民的基础上加上一条造福人类，以推动社会责任项目的品牌化，打造中国企业负责任的国际形象。

思利及人公益基金会理事长、无限极（中国）有限公司公关传播总监张前介绍了无限极构建的“五个一”社会责任体系。他谈道，无限极在快速发展的同时，始终坚持把企业社会责任融入公司文化中。

上海医药大健康云商股份有限公司CEO、总裁刘斌认为，企业是否具备社会责任意识往往影响千家万户的福祉，传播企业社会责任已成为一项意义重大的活动，成为彰显社会商业道德的风向标。

世界黄金协会中国区CEO王立新介绍了“《疫问疫答》——世界黄金协会新冠肺炎公益教育项目”，呼吁社会各界人士更积极地参与公益活动。

玛氏中国宠物营养企业事务副总裁安宁表示，企业应将专业知识、技术和科学理念赋能社会，通过开展玛氏宠物的“宠享潮生活项目”，全面推动人宠和谐社区环境的建设和发展。

东陶（中国）有限公司副董事长兼总经理小野徹也介绍了“TOTO水环境基金”资助和开展节水、环保方面的公益活动。他谈道，该基金成立14年来，通过持续开展节水技术及政策培训，以及大学生奖学金、爱水一课堂宣传等各种项目，在中国宣传节水、环保理念。

宝宝树集团众鸣党支部书记王玉通过展示宝宝树“乡村医生项目”等公益活动，介绍了宝宝树依托公司在母婴领域的行业优势，在母婴健康、扶贫济困、教育助学以及社区发展等方面开展公益服务，形成了“2+1+6”的公益体系。

微众银行企业市场及创新业务部品牌及营销管理室经理曾琳介绍了微众银行

通过开展“企业+‘助力企业100%公益行动’”，实现微众银行作为小微企业成长的陪伴者、见证者。

强生中国总裁委员会成员，强生眼力健大中华区、澳大利亚及新西兰区域副总裁，强生全球社区影响力委员会中国区主席王利平表示，强生全球社区影响力希望实现到2030年在中国帮助包括护士及社区健康工作者在内的20万名基层医务工作者，并使2 000万人获益的目标。

面对百年变局和世纪疫情，中国企业不应被动履行社会责任，应更多拥抱社会、解决社会问题、创造共享价值。中国企业正通过各种方式寻找新契机，在不确定性中开创新局面，形成可持续发展的未来，更好诠释“新发展、新担当”的企业社会责任精神。

资料来源 佚名. 2021中国企业社会责任峰会在京举行［N］. 公益时报，2021-12-21（08）.

社会工作评估是社会工作实务发展到一定阶段的产物，是社会工作实践的有机组成部分，在很大程度上决定助人活动的最终效果。作为社会工作的重要组成部分，企业社会工作者秉持助人自助的工作理念，通过专业的工作方法，帮助服务对象走出困境、发挥自身优势，与周边环境更好地共处。但怎样检验社会工作的工作成效？社会工作者是否达到了预期的目标？这些都需要一套专业的评估体系来衡量，同时这套体系也为进一步改善服务以达到更好的目标提供了依据。

6.1 服务指标设定的影响因素

在进行服务指标设定之前，我们需要对与指标设定相关的各方面进行考虑，包括服务指标的设定要达到怎样的目的，在制定服务指标时我们需要考虑哪些相关因素。这些都是我们在设定服务指标时应当关注的基本点。

6.1.1 服务指标设定的目的和意义

近几年，企业社会工作在我国有了初步发展，各项相关服务正在逐步健全。金蜜蜂中国社会责任报告显示，自2012年开始，中国企业社会责任报告取得了较大的发展，在2016年出现了2021年前的最高值，由此可见，企业社会工作在我国不断发展并且处于一个快速发展的时期。

由于企业社会工作在我国处于起步阶段，仍然属于一个新兴的服务领域，因此，迄今为止，我们仍缺乏一个对企业社会工作成果进行评估的体系。政府大量引进社工人才进入相关企业，如果缺乏一个统一的衡量标准，将使企业和政府陷入不知其付出和收益是否价值对等的困境中，也给评价企业社工的工作价值增加了困难。如果有一套统一的指标衡量企业社会工作的实务过程，不仅能摆脱企业社工的工作不被认可的窘境，更有利于企业社会工作的进一步发展。一套完善的评估体系会使未来中国企业社工实务的开展有章可循、有据可依，从而获得更健全有序的发展。

6.1.2 服务指标设定的特点

企业社会工作本身具有独特性，不同于其他社会工作服务机构，企业社工的评估指标要考量的因素不限于服务这一个方面。使用企业社工的主体是企业，服务的人群是企业员工和企业管理者。企业是一个经济实体，其主要目标是追求利润最大化，关注的焦点是投入和产出的比率。在指标的设定过程中，我们不仅要对社工服务进行考核，同时还应对由于社工服务而产生变化的企业管理进行重点考核。因而，企业社会工作的服务指标需要双重变量的考核，这是企业社会工作评估指标的独特之处。

6.1.3 服务指标设定的考虑

1）服务需求评估

企业服务需求评估的目的是界定企业及其员工的问题。企业社工通过访谈、问卷等方法收集第一手资料，获得员工和企业的直接信息。根据企业社会工作者所了解、掌握的员工与组织所存在的问题，在调查、研究的基础上，对问题的根源、解决的途径、成本与收益等进行分析，由此制定服务的目标和具体的任务。服务效果评估的指标大部分是根据服务需求评估中的目标和任务来界定的。

服务需求评估的内容包括两个方面：

（1）员工需求

①生存的需求，如工资、奖金、福利等物质保障。

②安全的需求，如生产环境安全、工作稳定。

③职业生涯发展的需求，如晋升、培训、发展规划等。

④人际交往的需求，如同事关系、上下级关系、社交网络等。

⑤家庭幸福的需求，如工作与家庭的平衡、夫妻和睦、子女教育顺利、老人赡养无忧等。

（2）企业需求

①生产率方面的需求，如出勤、工作效率等。

②企业人员变动的需求，如员工稳定、竞争力强等。

③医疗保健费用降低的需求。

2）不同的企业社工介入模式有不同的服务指标体系

从第5章中我们了解到，我国企业社工的介入模式主要有企业内部购置模式、工会购置模式、社区设置模式、劳务派遣机构内设置模式等。这四种模式在具体的社会工作服务过程中有各自的实施步骤、实施特点、实施场地，这些不同势必会影响服务指标的制定。例如，在企业内部购置模式下，企业社工主要是在工余时间提供服务；在工会购置模式下，企业社工除了承担社会工作外，还必须承担一部分工会的行政工作；而在社区设置模式下，社工主要是在社区为员工及其家属提供服务等。这些特色使社工的工作目标不尽相同，因而各种模式的服务指标体系也是不同的。

6.1.4 服务指标设定的要素

在服务指标设定的过程中，需要切实符合企业的环境以及企业社工的工作内容，同时要有科学的指标和专业的标准。在这里，我们借鉴高钟对服务指标的设定。首先看一下服务指标的设定需要考虑的三大要素——层次、权重、服务时长。

1）层次

服务指标分为三个层次，分别是一级、二级和三级。一级指标包含四个组成部分：企业文化建设服务、企业社会责任落实服务、企业员工服务和社区建设服务。其中，每个一级指标之下又设置了若干二级指标，二级指标又衍生出若干三级指标。这样层层分解，使各指标更加明确具体，更加方便企业的系统化操作。三个层次的指标是一个树权分枝结构，下层指标是上层指标的组成和支撑，上层指标对下层指标进行指导和统辖。

2）权重

权重代表每个指标所占的比例，主要根据企业社工的工作重点和其作用大小来确定。在企业中，员工服务是社工服务的重点，是整个企业社工服务的关键部分，注重对员工生活的开导和对员工能力的发掘，其地位高于其他指标。相对而言，企业文化建设服务、企业社会责任落实服务对于企业社工而言，其发挥的作用有限，所以权重也就相对较小。

3）服务时长

大多数情况下，企业社工的上下班时间按照所在单位的工作时间来具体安排，一部分特定或者特殊岗位的社工的服务时长按照实际情况确定，除了设置正常的上下班时间外，还有加班和值班制度。在一些地区，社工值班是义务的，这部分服务时长不应当被忽略，可以考虑用加班费弥补，或是社工派出单位与企业商讨进行经济补贴。

6.2 服务流程与步骤

6.2.1 企业社会工作服务过程的特点

企业社会工作是将社会工作的基本原理和工作方法运用于企业内外，对员工的生活状况、生产适应、环境协调、福利保障、职业生涯等方面进行管理，以促进员工的职业发展，从而进一步提升企业的效率。这项服务在企业内进行，有不同于其他领域社工服务的五大特点。

1）服务对象的整体性

在企业社工的服务体系中，它的服务对象是企业组织中工作的员工、领导、工作团体、家庭、社区等群体。这种服务体系不同于其他社会工作，服务对象既有企业中处于弱势地位的员工，也有处于领导地位的管理者，还有整个企业或组织。面对不同的服务对象，企业社会工作者要灵活变通服务手段，帮助不同的服务对象达到他们预期的目标，帮助他们从困境中解脱出来。

2）福利性

企业社工在企业中进行的服务涵盖方方面面，不仅为员工提供法律援助、协调劳资关系，还帮助员工解决在心理、生理、家庭和社会生活中遇到的困境和压力，以保障员工的身心健康，挖掘员工的工作潜力，使员工更好地适应工作环境。企业社工的服务不仅解决了员工的工作困难，更本着公益性和利他性为员工提供更多与生活息息相关的私人问题解决方案，这也保证了企业和员工的和谐共处、共同成长。

3）手法多样性

企业社会工作的服务手法囊括了几乎所有社会工作实务的方法，包括个案工作方法、小组工作方法、社区工作方法、社会行政工作方法、社会工作研究方法等。同时，企业社工根据具体企业的运营目标，根据服务对象的客观情况，根据服务主体的能力、认识和影响力，有弹性地主动调整服务方案，达到企业和社会工作服务的动态平衡。

4）任务的阶段性

企业社工的服务是一个多阶段的复杂流程，服务过程中各个阶段有不同的特点，彼此之间是一种顺畅的衔接关系，同时也存在交叉和重叠的部分。在企业社工服务的过程中，每一个阶段都同等重要，每一个阶段都有和相邻两个阶段有联系的具体任务，并且每一阶段的完成都需要十分专业的社会工作技巧。每一阶段都环环相扣，牵一发而动全身。

5）价值观的综合性

企业社工的服务不仅要遵循社会工作的基本价值准则，还强调各个阶段服务对象的参与和对服务对象的接纳，也强调遵守社会工作的职业伦理，对服务对象负责，调动服务对象的积极性。

6.2.2 企业社会工作服务的具体流程

企业社工服务的具体方法尽管有所不同，但它们的服务流程是相差无几的，个案工作方法、小组工作方法、社区工作方法在运用过程中可做相应的改动。总而言之，企业社工服务的具体流程分为五大阶段：专业关系建立阶段、预估阶段、服务计划阶段、服务介入阶段、服务测评和跟进阶段。

1）专业关系建立阶段

在整个企业社工服务流程中，建立关系是关键的第一步，社工与服务对象专业关系的建立为后面的四个阶段做了最初的铺垫。在企业社会工作服务中，社工和服务对象的关系具有双重性。首先，二者是同事关系；其次，二者是工作层面的专业助人关系。这就使二者之间的关系具有复杂性，既具有同事之间随意、自由的关系，又必须秉持专业的原则使二者之间建立专业的服务关系。

同事关系是在工作中自然形成的，这种关系自然存在。社工需要解决的就是建立专业的服务关系。这种专业的服务关系使双方在提供服务和接受服务时更加专业，这是一种相互信任、相互合作、平等的、伙伴式的关系，这种关系的建立会受到第一层关系的影响，因而是一个渐进的过程。

企业社工和服务对象的专业关系的建立需要一个过程，我们将这个过程划分为四个时期。

（1）接案

双方未明确服务关系之前，一方寻求服务但仍未成为服务对象，这时社工和服务对象都在衡量对方是否符合自身的标准，这就是接案时期。当服务对象和企业社工的目标达成一致时，二者才开始建立专业关系。

（2）了解服务对象

建立关系首先要了解服务对象的特征，包括服务对象的来源和寻求服务的类型。对待不同的服务对象，社会工作者需要运用不同的应对技巧。服务对象的来源主要包括主动求助、外展和转介。主动求助是指服务对象主动寻找社工，请社工提供帮助；外展是社工自己寻找服务对象；而转介是由中间机构或中间人介绍服务对象。寻求服务的类型包括工作问题、人际关系、家庭生活、个人心理等。社会工作者根据服务对象的不同来源和寻求服务的类型分类处理，有针对性地采取措施。

（3）预估服务对象的问题和需求

这是进行服务前的关键一步，通过预估案主的情况来进行服务前的准备工作，可以有效调动可利用的社会资源，更有效地完成工作任务，使后期的服务更加精准有效。企业社工通过对服务对象需要解决问题的预估来判断此案是否在自身所及的范围之内，若超出自身的知识范畴，可寻求相关专业机构的帮助。

（4）建立专业关系

通过初期的接触和预估，接下来就是建立专业的服务关系。在这一环节，社会工作者要本着真诚的原则，与服务对象沟通，交流想法和感受。当然，信任关系是必不可少的关键点。此外，服务对象和企业社工要明确自身的角色、应尽的责任。专业关系基础建立得牢靠，会为下一阶段工作的顺利进行提供条件。

2）预估阶段

预估阶段是指收集和服务对象有关的资料，以便进一步了解服务对象，研究其问题形成的过程，是依据既定情境中的事实与特点推论出有关服务对象问题含义的暂时性结论的逻辑过程。①

预估阶段首先是了解服务对象存在的问题以及问题的性质、成因、程度，了解服务对象受问题的影响有多深。其次，在预估阶段要了解服务对象的人格特征、能力、优势、弱势以及个人的生活经历和行为习惯。此外，对服务对象身边的环境应有所了解，包括其家庭、朋友、工作环境、邻里关系等。

预估阶段分为三大部分，分别是收集资料、分析资料、形成问题。

（1）收集资料

为了达到最佳的服务效果，社会工作者必须在事前详尽掌握服务对象的基本资料。首先是服务对象个人层面的资料，包括年龄、工作、职位等基本信息，服务对象对现存问题的主观态度，服务对象解决问题的动力来源，以及其生理、心理、情感、智力等方面的基本状况；其次是环境层面的资料，包括服务对象的家庭状况、社会环境两个方面；最后是服务对象个人和周边环境的关系，包括公司环境、社会环境、个人关系网络对服务对象的影响等。

（2）分析资料

在广泛收集服务对象个人资料的基础上，采用科学的统计方法，对已有的资料进行系统化处理。这样企业社会工作者可以由原始零散的认识提升到系统化的层面，对服务对象形成更加理性的认识，弥补作为同事关系的感性认识，可以使未来的服务更加客观，抓住服务对象的本质问题，更精准地解决问题。

（3）形成问题

通过对资料的收集、分析，企业社会工作者凭借自己敏锐的分析能力，对服务对象的问题进行归纳总结。首先是确定服务对象的问题和需要，明确问题的性质及产生原因；其次是明确服务对象的困境以及周边环境的情况。

3）服务计划阶段

明确了服务对象的问题之后，下一步就是企业社会工作者同服务对象一起制订问题的解决计划和相关措施。计划是企业社会工作者在介入之前的核心工作，对全局起关键性作用。拟订计划是一个理性的思考过程，是在对服务对象基本状况评估基础上的工作延续。计划主要涵盖三个方面：首先是服务目的和目标，这是企业社会工作服务要达到的成果。目的是企业社会工作服务的长远目标，目标则表示每个阶段的近期具体目标。目的和目标表明了服务对象可以改变的方向，在服务过程中极为重要。其次是关注的问题和对象，这是社会工作者和服务对象在预估阶段所共同确定的问题。关注的对象是指介入行动所要改变的系统，又叫作目标系统，这是整个介入工作的核心部分，包括个人、家庭、群体、组织和社区等。最后是介入策略，对每一个对象的服务都要有相应的实施策略，主要是指社工介入服务对象的需要与问题的整体方案，是改变服务对象态度和行为的一整

① 全国社会工作者职业水平考试教材编写组. 社会工作实务［M］. 北京：中国社会出版社，2008.

套方法。在制定介入策略时，企业社会工作者需要注意服务过程对企业和利益相关者可能产生的影响。

4）服务介入阶段

在制订了服务计划之后，企业社会工作者与服务对象按照已有的目标和策略将服务计划应用于服务过程，这是整个企业社会工作服务过程的重心。

服务介入要求企业社工从五方面着手：第一，协助服务对象排解负面情绪；第二，协助服务对象修正行为偏差；第三，支持服务对象的自我肯定、发掘潜力；第四，寻求社会资源，改善周边环境；第五，在服务的过程中继续预估，修正和补充服务计划。①

根据企业社工在服务介入的过程中具体操作方法的区别，可以将服务介入划分为个案工作方法、团体工作方法和社区工作方法三种。

（1）个案工作方法

个案工作方法是企业社工采用面对面、一对一的方式进行专业辅导和治疗，运用专业的理论帮助服务对象个人解决心理、生理、家庭问题，达到个人良好的状态。由于服务对象是员工个人，每个个体面对的问题不尽相同，尤其是在处理一些特别的心理问题时，社工应该采用个案工作方法进行疏导服务。在个案工作中，服务对象可以增强个人的生活适应性；调试社会关系，建立较好的人际关系网络；调试自我，促进个人人格发展。

适用于个案工作方法的五个类型分别是一般性咨询问题、人际交往与感情问题、家庭问题、适应问题、情绪问题。

案例链接 6-1　　王芳的烦心事

王芳，女，42岁，曾是厂里的技术骨干，5年前因照顾生病的婆婆辞去了工作。现在婆婆病故了，女儿也考上了重点中学，她想出去工作，却遭到了丈夫和女儿的反对。丈夫认为自己是企业的管理干部，整天忙忙碌碌，无暇顾家，收入也可以，老婆就应在家好好照顾他和女儿。女儿也怕母亲工作后无法为自己烧饭，同样反对母亲上班。王芳执意去找工作，但连续找了几个星期也未找到合适的工作，原来的技术用不上了，又干不了体力工作。王芳对自己的现状感到很苦恼，整天闷闷不乐，脸上没了笑容，晚上也睡不好，情绪低落。后经邻居推荐，来找社工帮助。

（2）团体工作方法

团体工作方法又叫小组工作方法，由于应用于企业，因而被称为团体工作方法。企业中团体工作的对象主要包括直接从事生产的员工和各部门领导。对员工

① 高钟，等. 企业社会工作概论［M］. 北京：社会科学文献出版社，2007.

的团体工作主要是协助他们适应工作环境、解决心理问题、增加生活情趣、学习交往技巧、改善劳资关系等；对各部门领导的团体工作包括增进管理能力和领导能力、帮助了解员工心理、协调劳资关系、寻求有效的生产方式等。

在进行团体工作的过程中，企业社工调动团体中的成员团结协作、互相帮助，以协调团体成员和他人的配合，进而共同解决所面对的问题和困难，通过团队的力量来解决难题。

(3) 社区工作方法

社区工作方法又称社区组织或宏观实践，这种工作方法要达到的目标是：在一个社区或其他地方为满足广泛的需要而调集资源，并不断在需求和资源之间进行调整；通过帮助人们开发、增强和维持参与、自主与合作的能力，使他们更加有效地克服困难，达到目标；改变社区和群体之间的关系以及决策权的分配。

任何企业都处在一定空间区域内，这就是社区，企业的运转和员工的工作、生活以及社区的建设、发展密不可分。企业社工开展各项活动，调动企业员工参与的积极性，明确社区的需求和问题，调动社区资源，争取外力协助，有计划地解决和预防社会问题，改善社会关系，减少冲突，增强凝聚力，促进社区进步。

在解决企业员工的问题时，不能脱离员工的生存环境单一看问题，要结合社区的资源和力量，进行最佳整合，以达到解决问题的目的。

5）服务测评和跟进阶段

测评是完成整个服务之后的关键阶段。经过建立专业关系、预估、制订服务计划和服务介入几个环节之后，需要测评企业社会工作实务的效果到底如何，这就需要对企业社会工作者的服务情况进行测评。根据测评的结果及时对企业社会工作实务的效果、过程进行反思，以求在后面的跟进步骤中作出改进。

测评阶段的工作分为三大模块：第一是测评前的准备工作，需要明确测评目的、测评主体、测评条件；第二是设计测评方案，包括测评要解决的问题、解决问题的方法和程序，明确测评者参与测评的各个方面的关系、测评成果的主要表现形式；第三是实施测评方案，当测评方案确定之后，测评就进入实施阶段，主要包括收集和分析测评资料、制定测评指标体系、实施测评、测评分析和总结。

测评工作完成后，就进入结案和跟进阶段。根据结案的方式方法，可采用不同的跟进类型，主要有服务结案后的跟进、服务关系结束后的跟进、转介后的跟进。由于企业社会工作周期的循环性和不完整性，跟进的工作要时刻进行，每一个阶段的任务要灵活变动，不可照本宣科及绝对化操作。

6.2.3 企业社会工作实务案例

1）案例描述

(1) 基本情况

小张，35岁，已婚，有一个6岁的儿子，在河南老家由父母照看。他担任北京某企业部门主管，工作了7年，妻子随其从老家出来，在同一企业的食堂工作。

夫妻二人没有共同的住房，只能各自住企业提供的宿舍，平日里二人会因一点小事儿斗嘴，但关系还算融洽。但近日小张发现妻子行为反常，经常有陌生的电话打过来，还不时地删除手机短信。经过一些日子的观察，小张发现妻子与食堂的一位厨师关系异常，于是小张怀疑妻子有了外遇。

一天晚上，小张去妻子的宿舍，忽然听见屋里有男人的声音，随即叫妻子开门，可等了一会儿门才打开。进屋后，小张发现妻子衣衫不整，厨师藏在厕所中。小张十分气愤，但妻子跪在地上一再保证二人未发生任何关系，只是对方有不轨行为，被自己拒绝。此事被上层领导得知后，经过调解，小张与妻子的矛盾才得以平息。

此次事件后，小张对妻子已经没有信任感，因婚姻家庭问题情绪波动异常，经常感到精神紧张，不仅影响了感情和家庭生活，更严重影响了日常工作状态，于是他主动找到社工小Z求助。

（2）问题分析与评估

社工第一次和小张见面时，发现小张的精神状态很不好，情绪低落，蓬头垢面，面部表情僵硬、沮丧，黑眼圈明显，说话有气无力。

与小张见面后，小Z召集了自己所在机构的其他社工，介绍了小张的基本情况。经分析后，大家找到了服务对象身上存在的一些问题，并提出了相应的干预计划。

①存在的问题。在情感上，服务对象情绪低落，尤其在事发之后，对妻子爱恨交加，心里矛盾；在性格上，服务对象性格敏感，猜疑心理明显。

②干预的目标。学习情绪管理方面的技巧；协助服务对象增进夫妻间的感情，重建夫妻之间的信任，维护婚姻稳定。

③服务策略。采取“认知行为治疗”为服务对象提供帮助。服务对象在经历了妻子出轨事件之后，个人价值观产生了错位，认为只有形影不离地监视跟踪才可挽救婚姻。

社工通过接纳、支持，帮小张重新树立对此事的认知态度，并帮助他恢复正常的夫妻关系，使他掌握适当的情绪管理知识和技巧。

④干预阶段。

第一阶段：运用社会工作的技巧，使服务对象的情绪得到宣泄，与之建立良好的信任关系。

第二阶段：在信任的基础上，帮助他加强情绪管理，进一步克制自己的情绪和行为。

第三阶段：积极和他的妻子沟通，改善夫妻关系。

干预过程的具体实施：

建立良好的信任关系：通过倾听、接纳、同理心、引导等技巧帮助服务对象疏导低落的情绪，并适当地使其情绪得到宣泄，从而逐渐建立与服务对象的信任关系。社工聆听结束后，引导服务对象换位思考，协助他分析过去行为的合理性和不合理性，以及与期望的后果之间的偏差，让服务对象充分认识到自己行为的后果。

加强情绪管理：进一步了解服务对象的情绪和感情需求，根据服务对象的具体情况和需求，与服务对象一起制定服务推进步骤；服务对象要和妻子谈一谈，社工协助服务对象确定与妻子谈话的内容和方式、个人情绪管理的方案，以及在谈话中可能出现的问题的解决方案，以促进服务对象和妻子关系的改善，维持服务对象婚姻的稳固。

经过多次交谈，夫妻感情逐渐转好。服务对象表示，他们夫妻间的信任感逐渐增强，现在他经常去接妻子下班，妻子也换了岗位，最近心里也踏实了许多。服务对象还时常向社工咨询情绪管理的技巧和方法，在家庭生活中，他也会尽量控制自己的情绪。

2）案例跟进阶段

服务对象的婚姻基本恢复正常，服务对象的努力被大家认可，他们的夫妻关系明显改善，夫妻感情明显好转；通过和服务对象回顾结案以来的变化，并对服务对象正面的变化给予肯定，结合之前设定的目标告知服务对象此案已结。然后，社工协助服务对象一起拟订后期的改善方案，以巩固服务成效，并向服务对象介绍后期跟踪回访的服务计划，服务对象也表达了对社工的期望和建议。

3）评估阶段

在经历了妻子出轨事件后，虽然妻子已经知道错了，但是服务对象对妻子产生了不信任感，担心妻子会再次出轨，因此他采取了很多不合理的行为和方式。如果过度担心某件事情发生，就会变得焦虑不安，过分敏感，反而不能有效进行处理。同时，这种担心也可能加剧自己内心的不安和焦躁，从而增加不良事件发生的可能性。服务对象担心妻子会再次出轨，因此采取了跟踪监视等方法，这一方面容易引起妻子的不满，另一方面这种焦虑的情绪也在一定程度上加重了婚姻关系的紧张，影响服务对象个人和家庭生活，反而不利于维护自己的婚姻。

①评估办法：过程评估；目标达成评估；个案结案评估表；社工自我评估。

②介入成效：婚姻关系稳定，自我情绪管理有了改善。

③检讨及结论。

4）评语

这是企业社会工作服务中比较成功的案例，对社工本身的成长有很大帮助，也对企业的良性发展起到了推动作用，为员工营造了良好的软环境。社工运用个别化原则，制订了服务计划，且计划切实可行，效果明显。

6.3 服务指标体系

6.3.1 服务指标体系图

企业社工在完成服务后，需要用一套专业的评估指标体系进行评定，这套服务指标体系采用量化的标准进行科学评估，如图 6-1 所示。

6.3.2 企业社会工作实务案例

1）企业文化建设，权重 30%，服务时长约 706.2 小时

企业文化是连接企业与员工的纽带，也是企业赖以生存和发展的核心，更是企业形象的内在支撑。进入 21 世纪以来，我国许多企业都将文化建设作为企业的核心竞争力来打造。海尔集团成立“文化中心”，由总裁张瑞敏亲自负责；康师傅在大陆总部设立“文化设计中心”，总裁亲自带领 200 多名高级管理人员到苏州学习慈善文化；华为成立于 1988 年，从成立之初就明确定位企业文化，叫作“狼性文化”，是一种带有野性的拼搏精神。中国很多一流企业都非常重视文化建设，就是因为企业文化能将人心凝聚，迸发出更强大的团队精神。企业是一个经济共同体，它将无数个体凝聚在一起，若企业缺乏文化作为纽带，仅仅依靠纪律和金钱来维持是无法长久发展的。

文化有三个层面，分别是核心层的文化价值观、文化制度和最表层的器物文化。根据三个层面的文化特性，我们将企业文化建设的一级指标分解为价值观建设、制度建设、形态文化建设三个二级指标。

（1）价值观建设，权重 8%，服务时长约 188 小时

①厂规提炼，权重 3%，服务时长约 71 小时。

厂规厂训是企业的文化标牌，也是企业运行的安全轨道，中国台湾长鸿益集团的经典厂训就是“失败是迈向成功应付出的代价”。深圳艾美特电器公司以“和合”为企业文化核心，并由此产生了“和善、合用、合作、和平、和谐”五大理念。

厂规厂训作为企业文化价值观的提炼，各企业对此都十分重视，一个好的厂训会对员工起到导向、约束、提升、激励的效果，企业会在设立之初将企业文化作为重中之重进行考量。社工在这个过程中并非无所作为，社工本着“以人为本，助人自助”的价值观为企业员工服务，因而有了社工的介入，企业文化会得到升华。社工的介入具体包括：入职前了解企业文化与厂规厂训；争取与企业一把手交谈一次；与企划部门交流三五次；调查厂规厂训实际执行情况；对现有厂规厂训作出评估；将评估形成文字材料，交企业社工机构审阅。

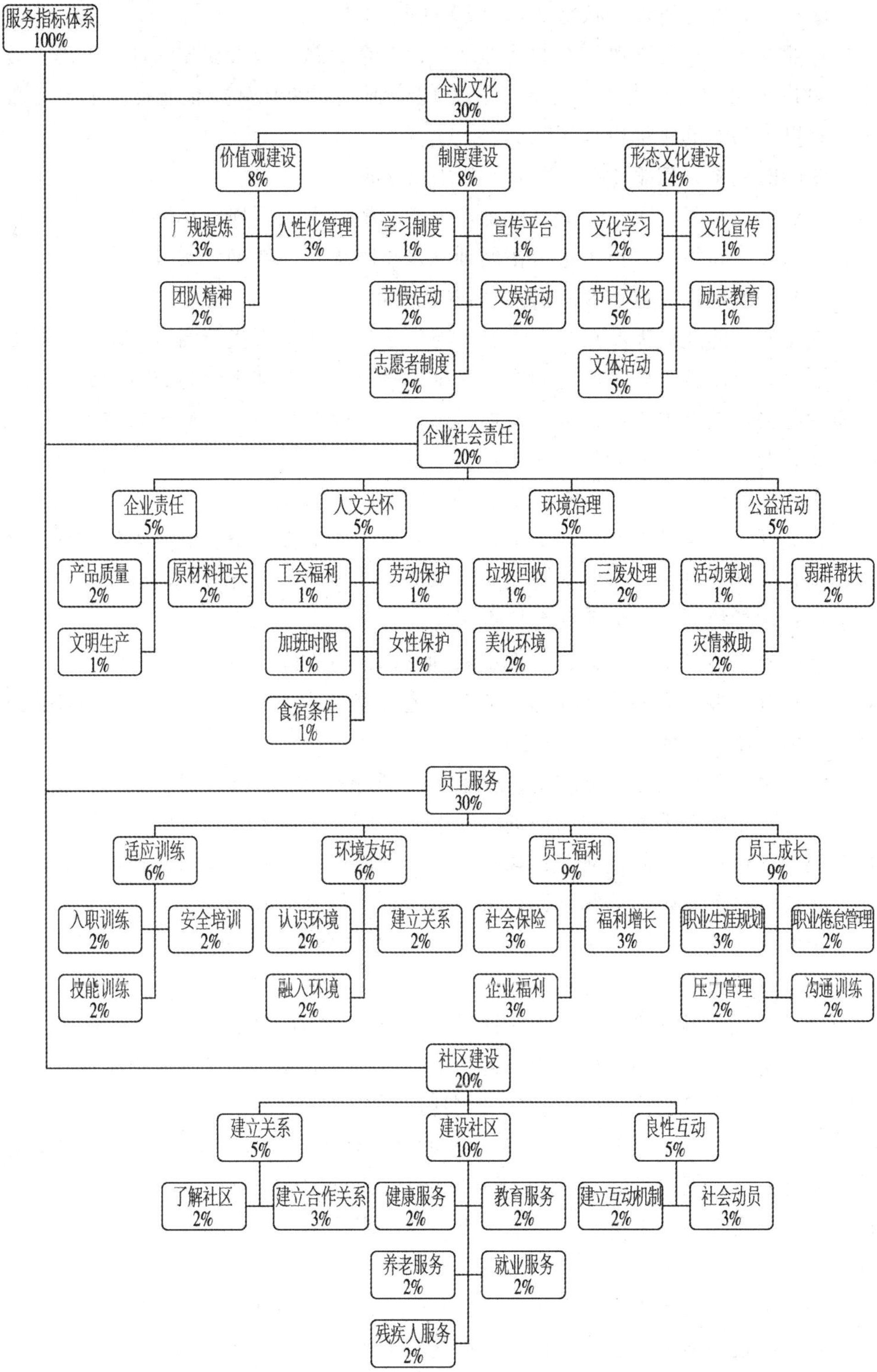
服务指标体系 100%
企业文化 30%
价值观建设 8%
厂规提炼 3%
人性化管理 3%
团队精神 2%
制度建设 8%
学习制度 1%
宣传平台 1%
节假活动 2%
文娱活动 2%
志愿者制度 2%
形态文化建设 14%
文化学习 2%
文化宣传 1%
节日文化 5%
励志教育 1%
文体活动 5%
企业社会责任 20%
企业责任 5%
产品质量 2%
原材料把关 2%
文明生产 1%
人文关怀 5%
工会福利 1%
劳动保护 1%
加班时限 1%
女性保护 1%
食宿条件 1%
环境治理 5%
垃圾回收 1%
三废处理 2%
美化环境 2%
公益活动 5%
活动策划 1%
弱群帮扶 2%
灾情救助 2%
员工服务 30%
适应训练 6%
入职训练 2%
安全培训 2%
技能训练 2%
环境友好 6%
认识环境 2%
建立关系 2%
融入环境 2%
员工福利 9%
社会保险 3%
福利增长 3%
企业福利 3%
员工成长 9%
职业生涯规划 3%
职业倦怠管理 2%
压力管理 2%
沟通训练 2%
社区建设 20%
建立关系 5%
了解社区 2%
建立合作关系 3%
建设社区 10%
健康服务 2%
教育服务 2%
养老服务 2%
就业服务 2%
残疾人服务 2%
良性互动 5%
建立互动机制 2%
社会动员 3%

图 6-1 服务指标体系图

②倡导人性化管理，权重3%，服务时长约71小时。

企业社工主要负责调研企业管理现状，与企业总负责人交流人性化管理重要性，对班长级的管理人员进行人性化管理培训，并使其掌握企业社工的基本理念，将以人为本的精神贯彻到基层。

③团队精神，权重2%，服务时长约47小时。

企业社工主要负责在工会、后勤等部门的配合下将厂规厂训和团队精神在厂内进行宣传，并每年对员工进行拓展训练，将团队精神贯彻到实践当中。

（2）制度建设，权重8%，服务时长约188小时

文化制度的建设需要员工的积极参与，正如在我国历代统治者开国之初都要“制礼作乐”。制礼，就是制定制度；作乐，就是将制度文化变为成俗。因此，一个企业的文化制度建设应作为重点项目进行。制度是全体员工的导向与约束，也必须有企业社工的积极参与。

①建立各级学习制度，权重1%，服务时长约24小时。

企业社工要帮助企业确立员工学习的标准，包括说服企业负责人建立学习制度；与企划部门制定本企业各部门的学习任务和规划；与宣传部门合作，宣传学习心得；定期检查学习情况，写检查报告。

②建立宣传制度与平台，权重1%，服务时长约24小时。

企业社工要在各种平台上进行宣传，包括建立厂刊、厂报、宣传栏等制度；通过微信、微博、QQ等进行网络宣传互动。

③建立节假日文化活动制度，权重2%，服务时长约46小时。

企业社工要对节假日的活动进行安排，包括对全年节假日作出相应的文化报告；根据文化报告，制订活动计划和预算；监督活动开展，作出评估报告。

④建立员工文娱活动制度，权重2%，服务时长约46小时。

企业社工要安排员工进行文娱活动，主要任务包括：调查企业文娱活动设施，作出评估报告交给企业主管部门；对全厂员工的兴趣、特长进行调研，进行问卷调查并写出评估报告；组织兴趣娱乐小组，寻找积极活跃者，确定活动项目；与兴趣娱乐小组的积极分子一起制定奖惩制度，定期检查制度的完备性。

⑤制定志愿者制度，权重2%，服务时长约46小时。

在文化建设中，需要足够的人手协助完成任务，这就体现了志愿者的重要性。企业社工需要承担志愿者队伍建设的任务，具体包括：建立志愿者招募制度，制定志愿者培训制度，制定志愿者工作制度，制定志愿者宣传制度，制定志愿者奖惩、检查制度。

（3）形态文化建设，权重14%，服务时长约330小时

文化建设中最表层、最具体、最直观的工作即形态文化建设。企业社工的大部分日常工作都聚焦在此，权重大，工作量大。

①落实员工的学习任务，权重2%，服务时长约46小时。

企业社工通过组织员工进行班前学习，建立读书小组、读书会，并在每年的联欢节日举办演讲比赛，通过这几项活动落实员工的学习任务。

②厂报、厂刊、宣传栏、文化站等事项的落实，权重1%，服务时长约23小时。

③节假日的文化活动，权重5%，服务时长约118小时。

节假日的文化活动包括元旦新年晚会、元宵节灯谜联欢会、清明节春游活动、中秋节联欢活动、全年节日活动总结评估五大部分。

④新工人励志教育，权重1%，服务时长约24小时。

企业社工每年为新员工举办两次励志讲座，对新员工进行励志培训。

⑤员工文化娱乐活动，权重5%，服务时长约118小时。

企业社工与工会合作，组织篮球、乒乓球、羽毛球、围棋、象棋、绘画、书法、手工、声乐等文体比赛，包括活动的前期准备、活动后的评估总结。

2）企业社会责任，权重20%，服务时长约470.8小时

（1）企业责任，权重5%，服务时长约118小时

①产品质量，权重2%，服务时长约48小时。

企业社工应辅助企业担负起保护消费者权益、保证产品质量的责任，主要包括每年不定期对企业的产品质量进行总结评定，同时参与企业存在质量异议的产品的处理工作。

②原材料把关，权重2%，服务时长约48小时。

企业产品的质量至关重要，影响产品质量的关键是原材料的采购。企业社工首先要联系相关的质检部门，对原材料的采购进行把关；其次要与企业的产品管理部门进行沟通，加强把关。

③文明生产，权重1%，服务时长约24小时。

企业社工要协助企业进行合理组织、均衡生产。所谓均衡生产，通常是指企业及其各个生产部门（车间、工段、班组）在每个相等的时间（旬、周、月）内，都能按照计划进度完成相等的或递增的工作量，并根据期量、品种和质量标准，均衡地完成计划规定的任务。同时，要严格工艺纪律，严格贯彻操作规程。工艺纪律是企业职工在执行各项工艺管理制度和工艺文件时所必须严格遵循的规定。此外应进行标准化作业，规范工作秩序，协调人际关系，使上下合理衔接。

（2）人文关怀，权重5%，服务时长约118小时

①工会福利，权重1%，服务时长约24小时。

企业社会工作者从社会工作的角度出发，协助工会共同落实和完善工会的福利保障工作，主要是从企业的角度对工会的福利计划提出完善建议。此外，还要协助工会具体落实员工福利，特别是要落实对弱势群体的保护政策。

②劳动保护，权重1%，服务时长约24小时。

劳动保护是员工权益保护的重要部分，生产安全是一个企业工作的重中之重。企业社工要积极、主动地与生产安全部门配合，切实保障员工的安全、健康，这是企业长足发展的根本。企业社工要保证生产防护措施安排到位，每月要定期进行安全巡视；社工在每年的生产旺季之前要同生产安全部门进行沟通，做好防护用具的准备工作，进行安全生产宣传；此外，企业社工要不断同监督部门合作，对企业的安全防护措施作出评估。

③女性保护，权重1%，服务时长约24小时。

在企业中，女性的权利大都难以得到保证，企业社工要将保护女员工、维护女性独有权利作为工作的重点，包括与人力资源部门合作，对女员工的工作作出适当调整，加强“三期”保护；在国际劳动妇女节组织女员工开展各种活动，发放福利；同工会、妇联合作，加强对女员工生病、怀孕的保护。

④食宿条件，权重1%，服务时长约24小时。

企业社工要帮助员工获得良好的食宿条件，主要工作内容有：保证宿舍居住条件，定期进行检查；保障食堂饮食安全，同时要保质保量。

⑤加班时限，权重1%，服务时长约23小时。

企业社工一方面要与后勤部门沟通落实加班人员的各项生活安排，包括饮食安排、交通安排；另一方面要与人力资源部门沟通，限制、平衡加班时限。

（3）环境治理，权重5%，服务时长约118小时

党的十八大把生态文明建设提到了首位，党的二十大报告进一步强调要推动绿色发展，促进人与自然和谐共生，这也要求企业重视承担环境保护的责任。环境污染日益严重，人们对环境的保护也应更加重视。保护好环境才是企业长足发展的基础，作为社工，虽然不能直接参与企业生产，但可以通过协助、监督等方式帮助企业履行保护环境的职责。

①垃圾回收，权重1%，服务时长约24小时。

企业社工要在企业内部普及垃圾回收利用的知识，首先是对保洁员、食堂工作人员进行集中培训；其次是与高管合作，在企业内设置垃圾分类、回收桶；最后是同垃圾回收站做好沟通，落实废品回收利用的措施。

②“三废治理”，权重2%，服务时长约47小时。

企业社工可以要求企业内的相关部门配合进行“三废治理”宣传教育；同时在节能方面，要求企业进行节能生产；与技术部门沟通合作，进行调研，降低企业能耗。对于员工，企业社工应倡导节约用水用电，进行节能知识普及。

③美化环境，权重2%，服务时长约47小时。

企业社工应与企业配合，敦促企业对周边环境进行治理美化，包括植树种草、绿化造林、改造周边的废弃土地、大面积绿化，为企业创造良好的周边环境。

（4）公益活动，权重5%，服务时长约118小时

慈善事业是企业社会责任的重要组成部分，也是企业树立自身形象的关键组成部分。企业通过参与慈善事业，投入财力、物力、人力，相应地会得到信誉、知名度和形象宣传。企业社工在企业中可运用专业能力帮助企业在社会慈善方面做得更加出色。

①活动策划，权重1%，服务时长约24小时。

企业社工要对企业内外的困难群体进行调研，并依据企业自身的情况和实力对企业做慈善的水平进行评估并进行策划，同时对已经开展的慈善活动进行评估和维护。

②弱群帮扶，权重2%，服务时长约47小时。

在养老恤孤方面，企业社工在调研的基础上，一方面要对社会中的孤寡老年人进行救助，招募志愿者并动员企业员工进行慰问活动；另一方面要对儿童进行救助，包括弃婴、病婴、孤儿、失学儿童、留守儿童、辍学儿童等。

在残疾人救助方面，企业社工在调研的基础上同人力资源部门合作，将有就业愿望且有能力工作的残疾人安排到企业工作。另外，同特殊教育部门合作，在企业内开展教学活动，帮助残疾人，并举办多种活动，邀请企业内的残疾人参加。根据企业资源和慈善计划，定期对周边的残疾人给予物质和资金支持。

③灾情救助，权重2%，服务时长约48小时。

当灾难发生时，按照计划实施灾难救助，最后对灾难救助情况作出总结评估。

3）员工服务，权重30%，服务时长约706.2小时

员工服务是企业社工最主要的工作，它的权重最大，工作时间也是整个服务指标中最长的。

（1）适应训练，权重6%，服务时长约141小时

生产适应是企业社工在企业中提供的最基本的服务。特别是对于新入职的员工而言，他们觉得企业的环境是陌生的，缺乏基本的概念和适应能力，因此，企业社工在企业中就要发挥应有的作用，引导员工步入工作正轨，避免发生恶性事故。在这方面，企业社工要倾力介入。

①入职培训，权重2%，服务时长约47小时。

企业社工应当对新入职的员工进行第一次入职培训，这需要人力资源部门、生产部门、安全部门的人员参加，企业社工也要从社工的角度进行生产适应方面的培训，了解新员工心理上有哪些不适应。新员工培训结束后，企业社工就要充当咨询员的角色，帮助新员工解决生产上的问题。此外，新员工的岗位匹配也是日后社工工作的重点，社工需要时常进行员工调查，查看岗位与员工的匹配度。

②安全培训，权重2%，服务时长约47小时。

安全培训是企业生产经营的重要环节，一般是由企业的安全部门安排人讲授。企业社工首先要对工作人员进行培训，让他们形成并坚持按时作息的习惯，杜绝第二天疲劳工作的状况；其次要让员工学会在生产中对自己的情绪进行管理；最后社工要走进员工宿舍，检查公共休息空间，与不适应者进行及时沟通，化解员工的焦虑和心理障碍。

③技能训练，权重2%，服务时长约48小时。

技能训练是在入职培训中进行的，由生产部门派人讲授。在具体的实践方面，需要企业社工进行监督和管理。

（2）环境友好，权重6%，服务时长约141小时

①认识环境，权重2%，服务时长约47小时。

环境包括内外部环境两部分，企业内部环境包括在入职培训时介绍的企业历史、生产的产品、生产环境等基本状况，社工要从企业员工的视角出发，对员工的生活环境进行重点介绍。企业外部环境包括企业所在的社区状况、企业的周边环境，要让员工了解上下班的具体路线。

②建立关系，权重2%，服务时长约47小时。

在员工认识了企业内外部环境后，还必须帮助员工建立新的社会关系。这包括三个方面：引导以地缘为基础的老乡关系、以同一宿舍和部门为基础的业缘关系；与工会合作，开展专门的拓展训练；开展联谊舞会，建立男女员工之间的正常异性关系。

③融入环境，权重2%，服务时长约47小时。

在企业内部帮助员工建立工作关系，在企业外部帮助员工拓展社会关系。这主要包括三个方面：与周边政府组织、社会工作者合作，组织企业员工参加社区的各种文娱联谊活动；与社区教育部门合作，组织员工学习文化知识，提高知识技能，提升学历；组织员工参与志愿者服务。

（3）员工福利，权重9%，服务时长约212小时

①社会保险，权重3%，服务时长约71小时。

随着企业社会责任的落实，多数企业都会按国家法律的要求，与员工签订法定劳动合同，同时缴纳各种法定的社会保险金。企业社工在这方面的工作量不是很大，主要是进行咨询服务、个案介入，配合人力资源部门联系社保局，协调企业员工离职后的保险转移；配合工会同城市卫生部门、医院等机构联系进行企业员工的体检、职业病防治。

②福利增长，权重3%，服务时长约71小时。

员工与企业共享企业发展成果的最主要途径是建立员工的福利（包括工资和各种福利）增长机制。就这方面而言，企业社工应做如下工作：工资增长咨询，制定年终工资奖励制度。

③企业福利，权重3%，服务时长约71小时。

企业福利是每个企业为了激励员工、增强企业凝聚力而根据自己的经济实力和自有资源对内部员工实施的一些福利制度。企业社工需要配合工会做好以下工作：组织“福利委员会”，建立企业特有福利。

（4）员工成长，权重9%，服务时长约212小时

员工成长服务是针对员工的成长和发展而进行的服务项目，而不是将员工作为机械的生产工具来使用。社会工作的基本价值理念是：每个人都有潜力。将员工个人的潜力开发出来，促进个人的进步与发展，需要企业社工为员工提供服务。

①职业生涯规划，权重3%，服务时长约71小时。

帮助员工了解自身的优势和弱势，制定符合每个人特质的职业生涯规划，这是企业社会工作者的重要任务。这些任务包括：与人力资源部门配合，对员工进行职业倾向专业测试，让员工对自己的职业倾向有初步了解；帮助每个员工制定自己的一年成长规划；在年终时对员工的成长状况作出总结，并制定第二年的成长规划。

②压力管理，权重2%，服务时长约47小时。

企业员工因为压力过大会出现心不在焉、创造力下降等现象，从而导致企业生产力损失。为了预防和减少压力对员工个人和组织造成的消极影响，发挥其积极效应，企业社工需要帮助企业员工进行压力管理。企业实施职业压力管理能有效地减轻员工严重的心理压力，保持适度的、最佳的压力，从而使员工提高工作效率，进而提高整个组织的绩效、增加利润。企业社工应该根据每个员工不同的个性和压力来源进行具体而全面的分析，对于调控能力和抗压能力强的员工来说，其心理承受能力强，他们能很好地处理和缓解压力。当心理调适能力弱的员工遇到压力时，他们可能无法及时调控压力，这时就需要企业社工对他们给予更多的关心和帮助。进行压力管理可以分为宣泄、咨询、引导三种方式。

③职业倦怠管理，权重2%，服务时长约47小时。

每个人在职业生涯中都会不可避免地出现职业倦怠的情况。职业倦怠从根本上讲，是个人的自我认知与社会环境之间出现了差异。企业社会工作者的任务就是扭转这种差异，需要做的工作有：在企业的各种宣传平台上进行职业倦怠基本知识的宣传教育，预防职业倦怠；发现有职业倦怠的员工后，及时介入个案治疗，帮助员工走出困境；对于因职业倦怠辞职的员工进行适当的跟踪服务，为矫正成功的员工提供复岗工作的机会。

④沟通训练，权重2%，服务时长约47小时。

沟通包括两方面：一方面是上下级的沟通；另一方面是同级员工之间的沟通。对于上下级的沟通，企业社工主要针对管理者进行培训，管理者与员工之间缺乏有效沟通往往导致下级管理者和员工牢骚满腹，士气低落，互相之间产生误

解和摩擦。企业管理者与员工进行沟通时，应该掌握好说、听、问三个技巧。为了促进员工之间的沟通，企业社工要与员工进行交流，了解不同员工的心理状态，通过举行专业沟通培训并定期举办员工交流会、联谊会，增进员工之间的友谊。

4）社区建设，权重20%，服务时长约470小时

企业是一个经济实体，其发展离不开周边环境的支持，与其关系最密切的周边环境就是社区。企业要成为一个负责任的社区成员，就必须参与社区服务，以回馈社区提供的各种资源支持。社区服务分为三个步骤：

（1）建立关系，权重5%，服务时长约117小时

企业要履行社会责任，参与社区建设，首先要与社区确立合作关系，因而第一步就是了解社区。企业社工作为企业社会责任的落实者，要进行以下工作：

①了解社区，权重2%，服务时长约47小时。

了解社区是社区服务的前提，包括对社区全面的软件和硬件调查（基础设施、教育、养老、环境、政府机关、非政府组织、媒体等），然后对社区的服务需求进行评估。

②建立合作关系，权重3%，服务时长约70小时。

在了解社区之后，根据了解到的情况进行评估，与社区中的政府机关、媒体和非政府组织建立合作伙伴关系。具体工作包括对政府机关、媒体、非政府组织进行评估，考察其可利用的资源，然后按照评估结果作出规划，逐一联系各个机构，与之建立密切的合作关系。

（2）建设社区，权重10%，服务时长约235小时

①健康服务，权重2%，服务时长约47小时。

企业社工主要针对社区居民的健康进行服务，包括倡导健康生活理念、举办健康生活宣传活动；为社区提供财务支持；通过志愿者组织社区居民进行文体活动。

②教育服务，权重2%，服务时长约47小时。

企业社工主要针对学生开展教育服务，包括社区中的幼儿园、小学、中学、大学的学生，通过制订服务计划，如设立奖学金，帮助困难学生；在财力允许的范围内，资助社区内的教育机构。

③就业服务，权重2%，服务时长约47小时。

就业服务针对失业人群开展，包括提供职业技能培训、开展综合管理能力培训。

④养老服务，权重2%，服务时长约47小时。

养老服务是针对老年人进行的服务，主要是在节假日探望老人，组织志愿者为社区需要照顾的老人提供长期、持续的服务。

⑤残疾人服务，权重2%，服务时长约47小时。

针对为残疾人提供的服务制订助残计划，组织志愿者对残疾人提供一对一的家庭服务。

（3）良性互动，权重5%，服务时长约117小时

企业作为社区的一员，要践行自己作为合格公民的职责，这样才能与社区建立良性互动。其中，企业社工需要协调以下两个方面：

①建立互动机制，权重2%，服务时长约47小时。

通过和社区政府、新闻媒体、非政府组织、学校、医院等机构合作，建立良性互动机制，并安排相应的实践计划。

②社会动员，权重3%，服务时长约70小时。

企业要融入社区中，必须与社区进行文化互动，共同营造新的社区文化。企业社工可在节假日组织社区人员和企业员工进行联欢活动，同时建立企业同社区信息交换的机制。

需要注意的是：此服务指标体系适用于企业内部购置模式，工会购置模式和社区设置模式可以参照该模式作出适当的调整。

6.4 服务指标考核评估

6.4.1 服务时长层面的绩效考核评估

在服务指标考核评估体系的解析中，我们对工作所占权重和服务时长都做了初步的规定，因此，对企业社工的服务指标考核首先是工作量。企业社工的工作时间是固定的，全年的服务时长约为2 354小时。我们将2 354小时按照服务权重的不同进行了划分，根据划分进行初步分类统计。

1）调研、评估、总结，权重17%

根据服务指标体系，这类工作大约占到17%，约410小时工作量，调研、评估、总结报告应有26份左右。

2）咨询、沟通、交流，权重16%

这类工作大约24次、389小时，按照平均每半小时对一个人进行一次咨询沟通服务，则一年为600～800人次。

3）组织各类小组活动，权重10%

组织小组活动的次数很多，这是企业社工从事的较多的工作，一年工作量约为240小时，按照每次活动的工作量为8小时计算，则全年需要安排30次活动，即每月2～3次。

4）举办教育培训活动，权重25%

在进行新员工培训、文化建设等方面，需要进行大量的教育培训，一年的工作量约为603小时，大约每个月进行2次培训。

5）推进知识宣传、稿件投放，权重 10%

几乎每个分类中都包含宣传，有 15 次，工作量约为 198 小时。

6）个案服务，权重 4%

个案服务一年 6 例，服务时长约为 85 小时。在千人以上的企业中，每年进行 6～8 例服务，每次时长 8～14 小时。

7）行政、督导、公关等服务，权重 18%

这类服务一共 20 次，服务时长约为 429 小时，包括巡视宿舍、食堂，写工作日记等。

对服务指标体系解析的具体项目进行初步归纳，一共包含七大类；将工作量按七大类进行统计，方便企业社工和服务企业在工作时有一个初步的统计思路。

6.4.2 专业层面的绩效考核评估

专业层面的绩效考核分为五大部分，主要根据企业的现实需求和企业社工按照这些需求所做的实际工作的专业绩效进行考核。

1）服务对象满意度考核，权重 30%

这主要是在服务结束后，服务对象根据企业社工服务的满意程度进行打分，企业社工将评分表格存档，作为服务考核的重要指标。

2）档案考核，权重 25%

企业社工组织的所有活动，包括个案、小组、社区活动，都必须有文字记录，所有的咨询服务都必须转化成文字形式的记录。这些文字都要存档，作为考核的凭证。

3）志愿者考核，权重 20%

志愿者考核分为三个层面：一是志愿者队伍的建设考核；二是对志愿者服务理念的考核；三是志愿者对所参加的社工活动进行评估。

4）合作单位与人员评估，权重 15%

企业社工在工作过程中要接触许多部门，每次活动结束之后，企业社工需要请合作单位对参与人员的服务情况作出评估，作为企业社工服务的重要考核指标。

5）自我评估考核，权重 10%

这是企业社工自己对自己的评价，对于每个月所做的项目要进行月末总结，依次考量自身服务的情况，也能依此对服务对象的状况进行总结。

6.4.3 企业层面的绩效考核评估

1）可量化的统计考核，权重 60%

对企业社工的工作评估包含对企业社工自身服务的考核和对企业产生影响的

评估。通过对比企业社工在进入企业服务之前企业各方面的指标数据和企业社工服务之后企业各方面的指标数据，得到一个差值，这个差值就是企业层面的绩效考核评估，主要包括以下几方面：

①各方投诉率的变化，包括员工、客户、居民三个方面，权重15%。

②员工工作情况的变化，包括员工请假率、旷工率、辞职率、冲突率，权重15%。

③企业生产状况的变化，包括安全事故率、残次品率、节能率，权重15%。

④企业总产值、人均产值、医疗费用、福利费用的变化，权重15%。

上述四个方面是企业社工进行服务之后对企业产生的间接影响，是因变量的范畴。企业社工的服务在这些方面不会立竿见影地体现出来，但在短时间内，这些方面会产生微小的变化，可以通过问卷调查的方式进行量化考核。

2）定性的考核评估，权重40%

企业社工除了为企业带来可以测量的效益外，还会带来一些无形的、不可测量的收益，如企业文化软实力的提升。对这些方面进行考核，就需要对这些指标进行操作化处理，转换成可以直观考量的变量。定性的考核评估包括以下几个方面：

①媒体对企业宣传表彰的数量变化，权重10%。

②政府对企业宣传表彰的数量变化，权重10%。

③社区对企业宣传表彰的数量变化，权重10%。

④政府、社区、其他企业到本企业参观学习的次数变化，权重10%。

6.4.4 考核评估安排

1）企业社工工作自我评估

企业社工需要每个月按照服务指标体系的四个方面对自己进行专业的绩效评估，每个月的总结可选定一个固定时间进行，完成后交给社工机构一份报告，自己存档一份。年终总结一式三份：服务企业一份、社工机构一份、自留存档一份。

2）社工机构考核评估

企业社工由社工机构派出，社工机构应当定期对派遣的社工进行工作检查和评估，考核结果存留社工机构一份、反馈企业一份。

3）企业考核评估

企业对社工的服务进行评估包括三个方面，分别是平时考核、年终考核以及企业变化评估。

4）考核评估结果

服务时长层面、专业层面和企业层面的绩效考核评估可以分别进行。在对考核进行汇总的过程中，应注意三者的权重分配，工作量考核的权重是10%，专业绩效考核的权重是50%，企业层面的考核权重是40%。

汇总之后的成绩可分为四个等级：85分及以上为优秀，75分至84分为良好，60分至74分为及格，60分以下为不合格。

聚焦民生　　**微光成炬暖民生**

在你我身边，有这样一群人：他们以生命影响生命，倾情关爱，帮困难者解忧；他们以助人自助，赋权增能，扶无助者前行。

他们是资源链接落地者、有机生活倡导者、文化挖掘传承者、社会和谐建设者、公益促进推动者；他们有一个温暖的名字——社会工作者。

党的十八大以来，宁夏回族自治区民政厅认真贯彻落实习近平总书记关于社会工作重要指示精神，全面落实民政部关于加强社会工作人才队伍建设决策部署，强化社工机构培育、地方标准研发、专业实务培养、岗位人才开发、素质能力提升、专业服务增效，推动社会工作点滴小爱“聚沙成塔”，用“微”服务释放“大”能量。

近年来，宁夏紧紧聚焦脱贫攻坚、聚焦特殊群体、聚焦群众关切，围绕社会工作专业化、职业化、本土化发展，在巩固拓展脱贫攻坚成果、助力乡村振兴、创新基层治理、参与疫情防控中彰显社会工作专业人才作为。

2021年以来，自治区民政厅以社工站建设为平台，统筹整合政府购买社会救助、养老服务、儿童福利、社会事务等4大类服务资金9 000多万元，实施项目281个，覆盖城乡低保、特困人员、困境儿童等10类困难群体，提供心理疏导、照料护理、社会融入、能力提升、资源链接等服务，提供个案、小组、社区服务5万余次，受益人群20万人次。

同时，自治区民政厅通过“社工+志愿者”“社工+心理+N”等模式，指导100家社会工作机构和近300个志愿服务团体，开通心理咨询热线12条，组织2 000余名社工、心理咨询师，积极参与疫情防控，为被隔离人员和群众开展物资配送、核酸检测、个案帮扶、心理干预等专业服务，让社工服务在群众家门口升级、在群众心里升温。

从脱贫攻坚到乡村振兴，从基层治理到疫情防控，十年来，宁夏社会工作者像种子一样扎根基层沃土，输出专业优质服务，让人民群众生活更有温情、更有品质、更有尊严。

资料来源　马强，刘媛. 微光成炬暖民生——宁夏社会工作这十年回顾［J］. 社会与公益，2022（09）：22-25.

本章小结

本章重点介绍了企业社会工作的评估体系。首先明确了企业社会工作服务指标设定影响因素；然后对企业社会工作服务的具体流程进行详细的解释，包括五个阶段。本章的重点是服务指标体系，它包含四个一级指标，每个一级指标下又包含若干二级指标，每个指标的权重都有所差别。最后是对服务指标体系的评估，这是企业社会工作者服务情况的最终评定环节。综合来看，本章内容是企业社会工作实务的核心环节，需要学会灵活运用。

复习思考题

（1）简要说明服务指标设定的影响因素。

（2）服务的流程和步骤是什么？

（3）根据服务指标体系图设计一份服务计划。

（4）运用本章所学，为下列案例中的企业制订一份计划，帮助企业渡过难关。

案例分析题

“不要烫伤我的童年”项目涉嫌“套捐”？

2021年9月5日晚间至9月6日，一张题为“实锤！公益组织自曝骗取腾讯配捐全流程”的长图在公益圈流传。据其所述，2021年9月5日15时49分，一名昵称为“明明”的微信用户发布朋友圈，表示“你做公益我报销。有笔款需要不同微信捐出去，每个微信号最多捐1 000元，大家捐了的发截图给我，统一建群报销”。随后，该用户晒出支付记录和捐赠证书作为证实，并继续发圈表示“已筹集994万元，冲刺1 000万元……联系我报销，又做公益又报销”。

上述项目为腾讯公益平台上线的“不要烫伤我的童年”项目，有人声称“腾讯配捐支持公益组织已有数年，一直有传说称公益组织或基金会提前准备，甚至还有动用公款、抽出资金来假装捐款，来骗取腾讯配捐，但一直没有证据出现……接下来，看腾讯公益怎么说、怎么办吧”。

腾讯公益平台信息显示，“不要烫伤我的童年”项目的发起方为中国社会福利基金会烧烫伤关爱公益基金，收款机构为中国社会福利基金会，执行机构为中国社会福利基金会烧烫伤关爱公益基金。网传骗取腾讯配捐是否属实？“明明”是否为机构工作人员或“水军”?《公益时报》记者对此进行了调查。

烧烫伤关爱公益基金：当事人并非机构工作人员或志愿者

2021年9月6日，《公益时报》记者联系到烧烫伤关爱公益基金秘书长张代玉。张代玉向记者证实，网传截图提到的微信用户“明明”发布募捐消息为真，自己已经找到当事人了解具体情况，并上报中国社会福利基金会。在记者采访期间，爱无痕烧烫伤康复关爱中心的办公室电话频频响起，疑似有多人打来咨询网传事件相关情况。

“‘明明’不是我们的工作人员或志愿者。”张代玉表示，“直到昨天晚上，我们才看到发生了这样一件事。我们联系到本人，向她了解情况。”

张代玉提供的微信聊天记录显示，一名昵称为“明明”、头像与网传当事人一致的微信用户表示，自己系“明明”本人，自去年起开始了解“不要烫伤我的童年”项目。昨日（2021 年 9 月 5 日）她在朋友圈看到很多人发布腾讯公益捐赠信息，于是联系到一位医生，希望能给“不要烫伤我的童年”项目捐钱献爱心，随后发朋友圈号召家人朋友捐款，没想到却导致公益活动备受质疑。

张代玉告诉记者，“明明”过去在某知名大学就读，通过同学了解到中国社会福利基金会烧烫伤关爱公益基金，随后又参加了学院组织的活动，到门诊科室参观，看到了很多烧烫伤的孩子。昨日她联系的医生是烧烫伤关爱公益基金创始人、烧伤整形专家孙医生，希望为公益助力。

孙医生向记者证实，当时自己发布了关于烧烫伤科普视频的朋友圈后，“明明”联系到自己，表示很想参与，自己告诉她可以通过腾讯公益捐赠。后来知道发生这样的事情，他也有点被打击到。

“配捐规则在平台上有明示，每人每天可获配捐总额最高为 999 元。她计划投入数万元，这个钱需要发动更多人来捐。”张代玉表示，“我们也是想有更多公众参与到公益事业中去的，但绝不会像网传的那样，用公款来做这种事。腾讯公益已经联系到我们，暂停相关项目的筹款。我们对此表示接受，并欢迎各家机构来审查我们的账户，后续也会在公众号发布声明。”

网传当事人：原本我计划捐 5 万元以内

经过多方联系，记者联系到网传当事人“明明”。“明明”证实，去年在校期间，她通过同学的介绍了解到“不要烫伤我的童年”项目，并曾到门诊科室看望孩子，就此认识了孙医生。

“明明”表示，昨天下午自己刚刚睡醒，看到朋友圈到处在分享腾讯公益的筹款活动，自己也想捐款助力。一开始，她捐了 1 000 元，将项目分享到朋友圈和多个群，却发现应者寥寥。于是她发布了多条朋友圈，即网传图片提及的，表示朋友可以加入捐钱，自己给他们报销，预算是 5 万元以内。没承想，最后有人怀疑自己诈捐、套取公司公款报销。

“从 2014 年开始，我参与了多个公益项目当志愿者，还曾和辽宁省丹东市联名出品了一款七星级草莓，帮助当地乡村振兴。有时自费达五位数，甚至六位数都有。”“明明”提到网传流言时依然愤愤不平，“我名下的公司在 2016 年已全部注销，没想到热心做公益花了几万元还出事。”

对于网传“百万配捐”，“明明”表示匪夷所思，她表示，“我发一下就是号召我的亲人朋友们，最后参加我的捐赠的，有我爸妈、弟弟们、小姨、舅舅，还有4位朋友和我的4个小号。这些我都报销了，还有一些朋友捐赠后没有找我。本以为计划花5万元能获得一些配捐，没想到只有几十元。几十元配捐的事情弄成这样实在心累。”

“明明”提供了一张今晚21时23分的截图。记者看到，图片显示共有17位好友参与捐赠了“不要烫伤我的童年”项目。

“明明”还称，相关信息还曾发到朋友群。曾有人提醒她删除，最后她删除所有相关朋友圈的时间大致是9月5日20时。对于朋友圈可能被谁截图，她表示不知情。

各方陆续回应

记者注意到，9月6日下午开始，各方陆续对事件作出回应。

15：50，公众号“腾讯伙伴”发布《关于涉嫌违规项目的情况通报》，表示接到用户关于中国社会福利基金会下的“不要烫伤我的童年”公益项目（腾讯公益平台项目ID：19364）涉嫌违规套捐的投诉，已暂停“不要烫伤我的童年”项目在腾讯公益平台上筹款，冻结“不要烫伤我的童年”项目在“99公益日”期间获得的由腾讯基金会提供的配捐和激励，并通报中国社会福利基金会对涉事项目进行核查，尽快公示核查结果。《公益时报》记者通过腾讯公益平台查询，发现“不要烫伤我的童年”项目已经无法搜到。

21：30左右，中国社会福利基金会通过公众号发布《关于我会“不要烫伤我的童年”公益项目在“99公益日”活动中涉嫌违规的调查声明》一文，表示：尊重腾讯公益对“不要烫伤我的童年”公益项目（腾讯公益平台项目ID：19364）所采取的处理措施，暂停“不要烫伤我的童年”公益项目在“99公益日”期间的互联网筹款活动，并称“‘不要烫伤我的童年’公益项目已募资金（公募筹款部分）由本会财务账户封存暂管，待事实查明后依法依规处理；积极配合上级主管部门及腾讯公益的调查，接受社会监督，承担相应法律责任”。

随后，爱无痕烧烫伤康复关爱中心也通过公众号发布《关于烧烫伤关爱公益基金参与“99公益日”的情况说明》，表示已经完成初步调查，称当事人“作为捐赠人，本意初心都是朴素的，但因为不了解公益平台参与规则，实际做法确实不妥”，并表示，“我基金在此次活动中从未组织开展套取配捐的行为，并对违规行为保持‘零容忍’。网络上各种以‘一个社会组织的人准备大笔资金，套取配套捐款’‘公款挪用做捐款’‘骗捐’的种种揣测均不属实”。

资料来源　马兴帆．“不要烫伤我的童年”项目涉嫌“套捐”？[N]．公益时报，2021-09-07（07）．

讨论题：

（1）分析上述案例中的问题是如何造成的。

（2）该事件产生了怎样的影响？

（3）结合本章的知识，如果你是一名企业社工，你将怎样避免这种事情的发生？

第6章案例分析提示

第7章　企业社会工作个案工作实务

学习目标

✓了解企业社会工作个案工作的本质；
✓掌握企业社会工作个案工作的模式与技巧；
✓了解职业生涯的概述；
✓了解职业生涯管理的概述；
✓掌握企业员工发生应激的原因；
✓掌握企业如何进行员工的应激管理；
✓掌握企业如何对员工进行危机管理；
✓了解员工在职业生涯规划中发生危机的表现；
✓了解员工援助计划的含义与本质；
✓掌握企业如何对员工实施援助计划。

引例

工作压力大、节奏快　谁来保障职场“打工人”身心健康

工作压力大、节奏快　身体健康频亮红灯

手指间歇性抽搐疼痛，颈椎总是酸胀发麻，肩膀时不时发出预警……这些身体不适的状况，冯女士几乎每天都要经历。今年29岁的她在北京市朝阳区一家民企担任商务专员，已入职3年半。

冯女士说，这些小毛病几乎是在工作第一年就“找上了她”。尽管公司平时不怎么加班，但是工作时间内强度比较大，再加上工作需要久坐和长时间操作电脑，冯女士的手指会时不时疼痛，有时甚至弯曲困难，颈椎和肩膀更是僵硬肿

胀，偶尔会疼到无法继续工作。

因为身体上的疼痛，她曾先后两次前往北京交通大学社区卫生服务中心问诊，医生诊断她得了腱鞘炎，通过拍片子发现颈椎并无大碍，但是需要好好休养。

“医生直接告诉我，就是久坐和长按鼠标导致的，让我注意休息，可是工作忙起来根本没办法。”冯女士说。她平时也会通过按摩缓解疼痛，但是效果都不明显，疼痛仍然时有发生，“这年头哪个打工人没点儿身体问题的烦恼”。

心理健康问题严重　尚未得到充分重视

在职场健康话题下，心理问题正在困扰越来越多的员工。

“整晚睡不着，躺床上就想吐，头疼得不行，脖子也疼。”栗女士神情平静地对《法治日报》记者讲述自己心理问题严重时的症状，她的头发染成了有个性的紫红色，笑起来开朗又大方，但她在无数个夜晚“头疼得想撞墙”。

栗女士今年30岁，在北京一家税务咨询机构担任商务兼会计。据她回忆，她有上述症状已经一年多了，实在忍不了才去北京一家医院看了医生，医生诊断她患有双相情感障碍，抑郁和躁郁双向，不能控制自己的情绪。

2019年年末，栗女士因为账上有一分钱对不上，她用了整整一周时间找原因，“对账对到干呕”。因为她的工作面对的是企业客户，所以服务态度要特别好，而且处理的问题都是雷同的，“尤其是前半个月，基本上就是重复再重复，感觉永远望不到头”。

如今，栗女士仍需要服用安定类的药物，头和脖子渐渐不疼了，也基本上能够确保在半夜入睡，但还是有轻度抑郁症状。

资料来源　陈磊. 谁来保障职场“打工人”身心健康［N］. 法治日报，2021-02-01（04）.

如今职场中员工的压力是如何产生的？企业管理者应如何对员工进行心理援助？

7.1　企业社会工作个案工作的本质与模式

7.1.1　企业社会工作个案工作的本质

1）企业社会工作个案工作是一种特殊的社会关系

在企业社会工作个案工作中，社会工作个案案主与工作者之间是一种特殊的社会关系，而不是完全的个性之间互动的个人关系，也不是完全的角色之间互动的群体关系。他们之间特殊的关系主要表现在以下几个方面：

（1）个案工作关系是角色与个性的互动

企业社会工作个案工作者必须持有正确的社会工作的价值观，要尊重他人，有利他、敬业、公正的价值理念，以严格的行为规范要求自己；要严格遵守职业行为准则、专业伦理和道德规范，运用科学的知识和方法武装自己；案主会表现出纯粹的个性，不需要受到任何限制和约束，展现最真实的自己，而工作者要表现出信任、同理心和接纳。

（2）个案工作关系具有利益单向性的特点

企业社会工作个案工作者与案主的关系是一种单向性的利益关系，而不像一般的社会关系一样是互利的。个案工作的主要目的并不是图任何人的回报，而只是为了案主的利益。

（3）个案工作关系是专业的动态过程

个案工作的过程就是企业社会工作个案工作者与案主的互动过程，双方主体的存在为社会关系的产生提供了可能，双方主体的互动才使社会关系得以实现。企业社会工作个案工作关系的互动性表现得尤为突出，在互动中实现尊重、关怀，排除案主的心理障碍，使其恢复能力，开发潜能。

2）企业社会工作个案工作是一种信息沟通活动

企业社会工作个案工作就是一种交叉式信息沟通活动。个案工作的信息活动依据沟通对象不同，可以划分为两种情形：一种情形是企业社会工作个案工作者与其他人员沟通，给其他人员一些实际的帮助，还要做大量的心理辅导工作；另一种情形为企业社会工作个案工作者与案主沟通，这种沟通手段贯穿企业社会工作个案工作者本职工作的全程，包括接案、与案主会谈、收集资料、判断评估、实际介入、个案结束。

3）企业社会工作个案工作是一项助人自助的专业

（1）帮助案主恢复自助能力

个案工作的目标是既治标也治本，当然更注重治本。既要帮助案主解决面对的具体问题，更要帮助案主恢复、培养自助的能力。个案工作的目的是助人自助，不是大包大揽，否则，容易使案主有依赖性，而这种依赖性的持续发展，会使案主原有的自助能力萎缩、丧失。

（2）在助人的过程中企业社会工作个案工作者也得到成长

从动机角度看，企业社会工作个案工作是以案主的需要为本，要求工作者所有的方案设计、工作实施以及整个工作过程，都必须围绕案主的需要进行，而且要求企业社会工作个案工作者时刻提醒自己要为了满足案主的需要而与案主互动。但从工作效果角度看，企业社会工作个案工作者在秉持个案工作价值观、运用有关知识和技巧帮助案主的过程中，自己也将得到成长。因此，企业社会工作个案工作者应经常反思自己与案主的互动过程，从中总结经验教训，不断觉知和巩固自己的成长和进步。①

① 许莉娅. 个案工作［M］. 北京：高等教育出版社，2004.

7.1.2 企业社会工作个案工作的服务模式

企业社会工作个案工作的服务模式是企业社会工作者针对服务对象设计服务程序、开展专业服务的一套理论和理论指导下相对稳定的服务方式。个案工作的服务模式纷繁多样，在企业社会工作领域，常用的个案工作服务模式有心理社会治疗模式、认知行为治疗模式、理性情绪治疗模式、家庭治疗模式。

1）心理社会治疗模式

心理社会治疗模式是个案工作中最基本的理论分析模式之一，是个案工作者经常采用的一种传统的工作方法。

（1）理论背景

心理社会治疗模式最早是由社会工作者玛丽·杰雷特（M. C. Jarrelt）在1928年提出的。1937年，美国哥伦比亚大学的汉密尔顿（G. Hamilton）出版了《个案工作的基本概念》一书，对心理社会治疗的个案工作理论分析模式进行了系统整理，不过，当时他是以精神分析为主。后来芝加哥大学的托尔（C. Towle）对汉密尔顿的个案工作理论分析模式进行了修正，形成了以心理社会治疗为主的个案工作理论分析模式。20世纪60年代，哥伦比亚大学的另一位学者霍利斯（F. Hollis）出版了《个案工作——一种心理与社会治疗》一书，将心理社会治疗模式发扬光大，使之成为个案工作的一种重要服务模式。

心理社会治疗模式在发展过程中受到各种不同理论的影响，比如心理学的精神分析理论、自我心理学和学习理论，社会学的角色理论和互动理论，人类学的家庭理论及系统理论等。心理社会治疗模式将这些不同理论汇集起来，形成了自己开放的、独特的理论分析模式。

（2）理论假设

心理社会治疗模式的理论假设的核心主要包括以下几个方面：

①对人性的假设。心理社会治疗模式认为个体发展受到生理、心理和社会三个方面因素的重要影响，而且这三个方面的因素互相作用，共同影响个体的成长与发展过程。心理社会治疗模式借用“人在情境中”的概念，把案主放在一个特定的社会环境中去认识，通过了解案主所处的环境来把握他（她）的问题。案主所处的环境一般涉及家庭、亲属、邻里、朋友、工作单位等。

②对案主问题的假设。心理社会治疗模式强调案主的问题与案主感受到的来自过去、现在以及问题处理三个方面的压力有关。过去的压力是指案主在成长早期感受到的未被满足的欲望或者未被解决的情绪冲突压抑在心中；现在的压力是指案主感受到的当前社会环境的压力，压力过于强烈从而使成长早期的问题表现出来；问题处理的压力是指案主对外部环境的理性处理能力以及对自己情绪控制能力欠佳所导致的压力。这三个方面的压力互相影响，最终使案主心理出现困扰，人际关系出现冲突。

③对人际沟通的假设。心理社会治疗模式对人际沟通十分重视，认为这是保证人际互动有效进行的基础，是形成健康人格的重要条件。心理社会治疗模式强调，人际沟通会影响案主的家庭关系和社会角色的扮演。

④对人的价值的假设。心理社会治疗模式认为，每个人都是有价值的，他们都有发展自己的潜能，只是未被开发而已。因此，心理社会治疗模式指出，开展心理社会治疗工作的目的就是挖掘案主的潜能，使其健康成长。

（3）治疗模式和技巧

心理社会治疗模式的具体治疗技术包括很多，比如支持、忠告和提议等。依据治疗技巧的影响对象，可以把心理社会治疗模式的治疗技巧分为两大类，即直接治疗和间接治疗。直接治疗是指个案工作者直接对案主进行辅导、治疗。间接治疗是指个案工作者通过改善外部环境或通过辅导第三者来间接影响、帮助案主。

（4）分析与评价

心理社会治疗模式受到很多人的褒扬，它的一些基本概念也被其他个案工作理论分析模式广泛采纳。心理社会治疗模式采取开放的态度，从生理、心理和社会三个角度探讨案主的问题，分析案主的心理困扰和人际关系的失调，并采取多种治疗技巧帮助案主，取得了良好的治疗效果。

当然，心理社会治疗模式也存在一些局限，尤其是有关理论分析的基本假设。虽然它强调要从案主的生理、心理和社会各方面着手分析案主的问题，但没有说明怎样综合各方面的因素，这导致个案工作者在分析案主的问题时就会出现分类收集资料、简单综合的情况。

2）认知行为治疗模式

认知行为治疗模式是将认知治疗和行为治疗原理结合起来的一种治疗模式。该模式的理论发展可以追溯到俄国心理学家巴甫洛夫（Pavlov）的经典条件反射理论、美国心理学家斯金纳（B. K. Skinncr）的操作性条件作用理论，以及另一位美国心理学家班杜拉（A. Bandura）创立的社会学习理论。

（1）理论假设

认知行为治疗模式是以人的认知和行为作为关注焦点的治疗模式。它包含两个基本假设：

①认知对人的情绪和行为有重要影响。要改变个体的不适应行为或获得适应行为必须通过认知发生作用。因此，认知的改变是实现治疗的手段，行为的治疗与修正其实是一些获得和消除行为的认知过程。

②人的行为会影响人的思维方式和情绪。认知行为治疗模式假设人们在日常生活中要对日常发生的事件进行评估，这样的评估会影响人们的情绪和行为，同时行为又会反过来影响人们的认知和情绪。这样，认知、情绪和行为就会围绕日常生活中的事件形成互相影响的循环圈。

（2）治疗技巧

认知行为治疗模式的治疗技巧比较系统完备，在此探讨以下几种：

①放松练习。放松练习是通过案主的身体放松缓解其生理和心理的各种紧张，以克服焦虑情绪。放松练习的具体方式有很多，其中常见的是一种渐进式放松法。这种方法首先让案主身体的某组肌肉紧张，以便使其了解紧张的感受；其次让案主放松这组肌肉，并要求案主与紧张状态比较，体会放松的感觉；最后通过几次紧张与放松的练习，使案主逐渐能够自觉放松这组肌肉。

②自我管理。自我管理治疗技巧要求案主积极参与行为改变的过程，并对自己的行为变化负责。在行为修正过程中，个案工作者只是帮助案主制订行为改变的目标和计划，指导和监督案主行为修正计划的执行情况，并对案主行为改变的状况进行评估。

③模仿治疗。模仿治疗技术的理论基础来源于班杜拉的社会学习理论，包括两个方面：榜样的示范和案主的模仿练习。因此，模仿治疗技术通常需要个案工作者具体指导和示范。首先，个案工作者需要让案主观察那些需要模仿的行为，了解各种行为的要点；其次，案主具体练习正确的行为，个案工作者需要及时给予案主指导和各种行为反馈，以强化案主的正确行为反应。

④自信训练。自信训练主要适用于人际关系的调整，其目的是帮助案主在人际交往中顺利地表达自己难以表达的各种正面或负面的感受，改善案主的人际关系。自信训练一般需要以下几个步骤：首先，确认需要进行自信训练的问题；其次，提高案主进行自信训练的动机；再次，界定合适行为；最后，进行自信行为的训练。

（3）分析与评价

认知行为治疗模式主要从案主的行为着手，探讨案主行为产生、发展和变化的规律。与其他个案工作分析模式相比，认知行为治疗模式的治疗方法和技术比较系统，而且也比较容易操作，治疗的标准和效果也较易于观察和测量。

3）理性情绪治疗模式

理性情绪治疗模式是由美国心理学家埃尔伯特·艾利斯（Albert Ellis）总结自己多年的临床经验而提出的。该模式主要从案主的理性、情绪和行为等方面着手治疗，采取主动、指导的治疗策略，从而使案主的情绪和行为彻底发生改变。1955 年，他与罗伯特·哈帕（R. A. Harper）合作，正式提出理性情绪治疗模式。20 世纪 60 年代末，理性情绪治疗模式逐渐被人们所接受，成为个案辅导的一种重要治疗模式。

（1）理论基础

理性情绪治疗模式把人本主义作为自己理论的基础，认为人天生就有一种不断追求成长发展的趋势。这种趋势在实际生活中表现出两种不同的倾向：一种倾向是好的，发展出理性、健康的生活方式；另一种倾向是不好的，发展出非理性的信念，容易形成不良的生活方式。因此，理性情绪治疗模式强调，人的自由选择是相对的，每个人的生活受到环境和他人的影响，无法完全随自己的意志而定。

（2）治疗技巧

理性情绪治疗模式以帮助案主改变非理性信念为中心，形成了一套比较完备的流程。在这一流程中，最重要的治疗技巧是在对非理性信念的检查和辩论技巧。

①检查技巧。非理性信念的检查技巧是对困扰案主情绪、行为背后的非理性信念的原因进行探索和识别的具体方法。它主要包括反映感受、角色扮演、冒险和识别。

②辩论技巧。非理性信念的辩论技巧是对困扰案主情绪、行为背后的非理性信念进行质疑和辨析的具体方法。它主要包括辩论、理性功课、放弃自我评价、自我表露、示范、替代性选择、去灾难化和想象。

（3）分析与评价

理性情绪治疗模式比较强调辅导技巧的运用和总结，强调非理性信念对案主情绪和行为的影响，强调个案工作者积极、主动介入个案辅导过程，它的辅导效果明显、直接，而且保持时间比较长。临床实践证明，理性情绪治疗模式是比较有效的个案分析模式之一。

但理性情绪治疗模式也受到一些批评，如忽视与案主建立和谐、信任的辅导关系以及过于强调个案工作者的主动介入等，这些被认为会妨碍理性情绪治疗模式的辅导效果。

4）家庭治疗模式

家庭治疗模式是在传统个人心理治疗的基础上发展起来的。家庭治疗模式是以整个家庭为治疗单位，通过改变家庭的结构与交往方式来发挥家庭的功能，从而使个别家庭成员的问题真正得到解决。家庭治疗模式以系统理论为基础，创始于20世纪50年代，经过60年代的发展，至70年代臻于成熟。家庭治疗有不同的模式与流派，在此主要介绍结构家庭治疗法。结构家庭治疗法是由米纽秦（Minuchin）于20世纪60年代初创立的。

（1）理论假设

①家庭系统。家庭由不同的成员组成，成员之间互相影响，形成一个组织化的系统。家庭作为一个整体，具有单个家庭成员所不具有的性质，表现为家庭成员之间的交往方式和过程。因此，结构家庭治疗法通常不会寻找其潜藏的原因，而是直接试图打断家庭成员间的循环性的互动模式。

②家庭结构。每个家庭都有一定的结构，这种结构涉及家庭系统中的次系统、系统之间的边界、角色和责任分工以及权力结构等。

③病态家庭结构。病态家庭结构会妨碍家庭功能的正常发挥。病态家庭结构主要表现在纠缠与疏离、联合对抗、三角缠和倒三角。

（2）治疗技巧

结构家庭治疗法在进入家庭、评估和介入等环节都有自己的一些具体的技巧，以保证服务介入过程的顺利开展。其中介入阶段的治疗技巧包括重演、划清界限、打破平衡、强调优点等。

（3）分析与评价

结构家庭治疗法强调家庭的结构形态，认为家庭功能不良是因为家庭结构不好，所以解决案主的问题不是直接针对个人问题，而是完善家庭的结构，当家庭结构完善后，家庭就能发挥它正常的功能了。即使个案工作者是一个新手，只要根据家庭互动过程的框架，就能进行治疗，无须就各个不同的个案采用不同的技巧。

结构家庭治疗法有一个理想的家庭结构模式，即西方中产核心家庭。但随着社会的发展、单亲家庭的增多，西方家庭形态正处于重大变化过程中，所以结构家庭治疗法也有一定的局限性。

7.1.3 企业小组工作的技巧

在企业社会工作个案实践中，要将知识和价值观合二为一，并将其转化为行动，巧妙地运用各种技巧，与案主建立良好的信任关系，去回应社会需求和社会关注。与案主之间的信任可推动个案有效进行。

1）沟通的原则

为了使个案工作顺利进行，整个沟通过程应该坚持以下两个基本原则：

（1）培养同感能力

个案工作者同感能力的培养要从以下两个方面努力：一是提高同感的能力，巧妙地运用各种符号，真切、全面、及时地表达自身对案主情绪的了解；二是培养自身的感受能力，同感即感受他人的能力，个案工作者在提高感受他人情绪的能力的同时，也要增强自身的感受能力，只有两种能力相结合，才能帮助案主从更高层面上认知自己，积极面对自身的问题。

（2）树立尊重理念

尊重不仅是个案工作者的基本理念，更应该是其人格的一部分。首先，尊重案主就应重视案主，将其视为独立、有价值、有尊严的个体；其次，尊重案主就应接纳案主，当然接纳并不等于认同；最后，尊重案主就应关注、关怀他（她），令其感受到温暖。

2）个案会谈技巧

个案会谈是指在个案工作中工作者与案主面对面的、有目的的专业谈话。个案会谈的技巧主要包括影响性技巧、支持性技巧和引领性技巧。

（1）影响性技巧

个案会谈的目的就是使案主通过改变自身的认知、行为、情绪从而解决困难，而影响性技巧是指个案工作者为案主提供重要及必要的建议和信息，使其通过自身的理解来解决困难。影响性技巧主要包括提供信息、自我披露、建议、忠告。

（2）支持性技巧

支持性技巧是指个案工作者通过口头和肢体语言，使案主感受到被理解、被尊重、被接纳，从而建立信心的过程。运用支持性技巧，可以使案主表达自身的感受，帮助案主开启话题，主动地参与个案工作的过程。支持性技巧主要有专注、倾听、同理心、鼓励等。

（3）引领性技巧

引领性技巧是指个案工作者引导案主探索自己过往经验的一系列技巧。引领性技巧的运用可以促进案主较为具体、深入地表达，增进个案工作者对案主的了解和认识，推动会谈的进程。引领性技巧主要包括澄清、对焦、摘要等。

3）个案工作评估技巧

个案工作评估是指个案工作者或社工机构对个案工作目标和计划的设计、互动中个案工作者与案主的表现、案主的问题情境及个人功能、相关的个人及社会资源、计划实施的效果和效率等进行的评定。

（1）评估的原则

①定性与定量方法相结合。企业管理要严格，要用指标说明效果，评估工作也要用数字说话，所以，在项目评估和测定工作中，定量是必不可少的。但同时，个案工作的对象并不是同一类人或几类特定的人，而是多种多样的、不特定的、不断变化的社会人。对于这些对象，仅运用定量的方法是不够的，也是不适合的，所以也要运用定性的方法。

②主观性与客观性相结合。评估是一种建立在客观资料基础上的主观判断。

③全面评估与重点评估相结合。评估工作渗透个案工作的方方面面，但这并不是说，事无巨细地都要运用科学的方法和程序对所有的信息进行评估，而是要有所选择、有所侧重，在全面收集资料的基础上对重要的部分进行重点评估。

（2）评估的技巧

①正确运用评估类型。评估的类型有两种：一种是对个案工作中运用的方法、技术和策略进行评估；另一种是对介入效果进行评估。我们要根据评估的目标来正确运用和选择评估的类型，效果评估注重服务工作的成效，运用策略、方法和技巧的评估注重服务工作成效的实现方式。

②合理选用评估方法。常用的评估方法有基线评估、任务完成状况评估和对案主影响的评估。基线评估注重改变过程，需要首先测定改变开始的基点，并与改变后的状况进行比较；任务完成状况评估偏重目标的实现，对任务完成的程度和质量进行评估；对案主影响的评估侧重案主的主观感受，需要案主自我陈述个案工作过程对他（她）的影响和作用。具体的评估方法有很多，个案工作者需要根据评估工作的要求及案主的情况选择合理的评估方法。

③坦诚保密。个案工作者以严格的规范要求自身，对案主的信息要给予保密，向案主说明评估的目的和服务的方法，并且要表达自己的诚意，消除案主的担心。

④案主的积极参与。案主的积极参与是评估工作顺利进行的一个重要前提与条件。个案工作者可以通过不在场、不记名等方式让案主有充分的空间表达自己的想法与感受，积极参与评估过程。

7.2 职业生涯应激管理

7.2.1 职业概述

1）职业的含义

职业是指人们从事相对稳定的、有收入的、专门类别的社会劳动，是一个人社会地位的一般性表现，也是一个人的权利、义务、职责。职业具有经济性，即从中取得收入；职业具有技术性，即可以发挥才能和专长；职业具有社会性，即承担生产任务，履行公民义务；职业具有促进性，即符合社会需要，可提供有用的服务；职业具有连续性，即所从事的劳动相对稳定，是非中断性的。

2）职业的特点

（1）基础性

职业是个人与社会存在和发展的基础，因为职业为人们解决了生活的经济来源问题。人们为了生存，必须从事职业活动，人们的各种社会活动大多建立在职业的基础上，“衣食足而知荣辱”，有了职业生活，才有了其他一切社会活动的基础。

（2）广泛性

职业涉及社会的大部分成员，也涉及社会、政治、经济、心理、教育、技术、伦理等许多领域，因而它具有广泛性。

（3）时代性

职业的时代性有两层含义：一是职业随着时代的变化而变化，一部分新职业产生，替代一部分与社会不相适应的职业；二是每一个社会都有自己的“时尚”，它表现为该社会中人们所热衷的职业。

（4）同一性

在某一类别的职业内部，劳动条件、工作对象、生产工具、操作内容、人际关系等是相同的或相近的。由于情境同一，人们就会形成同一的行为模式，有共同语言，很容易相互认同。

（5）差异性

不同职业之间存在巨大的差异，这些差异包括职业劳动的内容、职业的社会心理、从业者个人的行为模式等。

（6）层次性

众多的社会职业可以分为不同的层次。从社会需要的角度看来，各种职业没有重要与否之分，也没有“高低贵贱”的等级性，但在现实社会中，人们对不同职业的评价的确存在差别。这种职业评价的层次性源于不同职业需要的体力、脑力不同，付出不同，工作复杂程度不同，以及工作的轻松性、教育水平、在工作组织权力结构中的地位、工作的自主权、收入水平和社会声望等方面的差别。

不同职业的差别是社会发展中自然形成的，这种职业层次的差异为人们提供了公平竞争、自主择业的机会，促进了社会的健康发展。

3）选择职业的原则

职业选择的原则可以概括为16个字：择己所爱，择己所长，择世所需，择己所利。

（1）择己所爱

调查表明，兴趣与成功概率有明显的正相关性。在设计自己的职业生涯时，一定要考虑自己的兴趣，择己所爱，选择自己喜欢的职业。

（2）择己所长

不同的职业对从业者的要求不同。任何职业都要求从业者掌握一定的技能，具备一定的能力条件。一个人在一生中不能将所有的技能全部掌握，所以必须在进行职业选择时择己所长，从事有利于发挥自己特长的职业。

（3）择世所需

社会在不断地发展变化，社会的需求也在相应地改变。一个人并不是一定要从事某种新兴的行业，但在选择职业时，一定要分析社会需求，择世所需；否则，很可能走到职业的死角，没有退路。

（4）择己所利

我们不得不承认，职业是我们谋生的手段，是换取个人幸福与快乐的重要途径。当我们寻求个人的职业时，谋求个人的幸福生活成为我们的首要动机，这个动机支配着我们的职业选择。

7.2.2 职业生涯概述

1）职业生涯的含义

职业生涯就是一个人的职业经历，它是指一个人一生中所有与职业相联系的行为与活动，以及相关的态度、价值观、愿望等连续性经历的过程，也是一个人一生中职业、职位的变迁及工作、理想的实现过程。

职业生涯是一个动态的过程，是一个人一生在职业岗位上所度过的、与工作活动相关的连续经历，并没有在职业上成功与失败或进步快与慢的含义。也就是说，不论职位高低，不论成功与否，每个工作着的人都有自己的职业生涯。

2）影响职业生涯选择的因素[①]

个人因素在人的职业生涯中起着基础作用，决定人的发展方向和前景。它包含健康、性别、兴趣、能力、价值观、职业倾向等要素。

（1）健康

身体健康是任何人职业生涯开始的首要条件。几乎所有的职业都需要健康的身体。积极追求健康的人，大多满意他们过去的职业经历。

（2）性别

性别问题对事业的挑战别具意义。每个人都必须找出自己的欲望，以便充分发展自己的性别特色，并使自己能够扮演成功，这就与个人的职业生涯密切相关了。

（3）兴趣

兴趣是指人们力求认识、掌握某种事物，并经常参与该种活动的心理倾向；换句话说，兴趣是人们积极探究某种事物的认识倾向。兴趣是职业生涯选择的重要依据，兴趣可以提高你的工作效率，充分发挥你的才能，兴趣是保证职业稳定性和工作满意度的重要因素。

（4）能力

能力即劳动的能力，是运用各种资源从事生产、研究、经营活动的能力。能力可分为基础能力、专项能力、特长能力、规划能力。

（5）价值观

价值观是指一个人对周围的客观事物（包括人、事、物）的意义、重要性的总评价和总看法。

（6）职业倾向（综合兴趣、能力、价值观）

职业倾向是职业观中的行为成分，是指人们在职业评价基础上形成的一种稳定的行为倾向。

7.2.3 职业生涯管理

1）职业生涯管理概述

（1）定义

简单地说，职业生涯管理就是对员工或企业进行职业生涯规划过程中遇到的困难加以解决和对职业生涯规划相关事宜的管理。

（2）特征

①职业生涯管理是组织为其员工设计的职业发展、援助计划，有别于员工个人制订的职业计划。职业生涯管理是从组织角度出发，将员工视为可开发增值而

---

① 熊苹. 职业生涯规划［M］. 北京：清华大学出版社，2014.

非固定不变的资本。员工通过追求职业目标的努力，谋求组织的持续发展。

②职业生涯管理必须满足个人和组织的双重需要。职业生涯管理着眼于帮助员工实现职业计划，即力求满足职工的职业发展需要。对职业生涯管理的精力、财力投入和政策注入可以看成组织为达到上述目的而进行的较长时期的投资。

③职业生涯管理形式多样、涉及面广。凡是组织对员工职业活动的帮助，均可列入职业生涯管理之中。其中包括针对员工个人的，如建立和执行有效的内部升迁制度等。职业生涯管理同时涉及职业活动的各个方面，因此，建立一套系统的、有效的职业生涯管理体系是有相当难度的。

2）职业生涯管理的意义

职业生涯管理可以实现企业与员工的双赢。员工因职业生涯规划与管理，对自我的优势、兴趣、能力以及职业前景有了较为全面和充分的认识，通过职业生涯规划技术与企业提供的发展通道，实现对职业生涯的管理，提升职业竞争力。企业通过职业生涯管理了解员工的发展愿望、动机与职业兴趣，在组织设计中结合员工的特点，充分实现人岗匹配，最大限度地提高员工工作效能与忠诚度，降低因人员流失而造成的企业成本。

（1）对于企业的意义

①职业生涯管理是企业资源合理配置的首要问题。企业更应注重人的智慧、技艺、能力的提高与全面发展。因此，加强职业生涯管理，使人尽其才、才尽其用对提高其企业资源利用效率具有重要意义。如果离开人的合理配置，企业资源的合理配置就是一句空话。

②职业生涯管理能充分调动人的内在积极性，更好地实现企业的目标。职业生涯管理不仅符合人生发展的需要，而且立足于人的高级需要，即立足于友爱、尊重、自我实现的需要，了解员工在个人发展上想要什么，协助其制定个人发展规划，帮助其实现职业生涯目标。这样就会激起员工强烈的为企业服务的精神力量，进而形成企业发展的巨大推动力，更好地实现企业的目标。

③职业生涯管理是企业常盛不衰的组织保证。任何成功的企业，其成功的根本原因是拥有高质量的企业家和高质量的员工。人的才能和潜力能得到充分发挥，人力资源不会虚耗、浪费，企业的生存和发展就有了取之不尽、用之不竭的源泉。

（2）对于员工的意义

对员工个人而言，进行职业生涯管理的重要性体现在三个方面：

①增强对工作环境的把握能力和对工作困难的控制能力十分重要。职业计划和职业生涯管理既能使员工了解自身的长处和短处，养成对环境和工作目标进行分析的习惯；又可以使员工合理计划、分配时间和精力去完成任务、提高技能。这都有利于强化环境把握和困难控制能力。

②有利于个人过好职业生活，处理好职业生活和生活其他部分的关系。良好

的职业计划和职业生涯管理可以帮助个人从更高的维度看待工作中的问题和选择，将各种分离的事件联系起来，为职业目标服务，使职业生活更加充实和富有成效；能更好地考虑职业生活同个人追求、家庭目标等其他生活目标之间的平衡，避免顾此失彼、两面为难。

③可以实现自我价值的不断提升和超越。工作的最初目的可能仅仅是找一份养家糊口的差事，进而追求的可能是财富、地位和名望。职业计划和职业生涯管理对职业目标的多次提炼可以使工作目的超越财富和地位，追求更高层次的自我价值实现。

3）员工职业生涯自我管理

（1）时间管理——要事第一

时间管理是指你要把有效的时间用在你想要花费的地方，比如你想做的事情或想成为的人。你需要在什么方面进行投资，就会获得什么。比如说你在人际关系上投资，你就会收获好的人际关系；而你在健康上投资，你就会获得良好的健康状况。虽然我们觉得时间管理就是工作时间的管理，或者是和工作有关的时间的管理，但这些时间的分配要涉及多个领域。比如，休息日中你可以在家里休息，也可以在健身房锻炼，你可以合理地分配你的时间，不把它全部用于工作。

（2）压力管理——适度最好

我们之前都感觉我们的压力来源于外部环境，比如工作环境中的压力、公司领导给的压力、公司的氛围以及公司的其他人员强加给你的压力。当然，并不是所有人在同一环境中都感受到压力，有的人在某种环境中会感受到压力，而有的人则不会在同一环境中感受到压力，这样的压力主要不是来源于外部的环境，而是来源于我们自身。所以，承认这一点是非常重要的，在承认的基础上，还要正确地评价及对待我们感受到的压力。

（3）心态管理

心态对于每个人来说都十分重要。心态不同，你对事物的感受就不同。企业员工怀有不同的态度，在同一氛围下就会有不同的看待事物的感受和想法，所以企业员工要保持阳光的心态，改变不良的消极心理，学会享受工作的过程，学会活在当下。在享受工作过程的同时，也要记住不要将自身的幸福建立在别人的痛苦之上，要把握分寸，学会感恩，怀有感恩的心对待他人。在遇到不顺心的事情的时候，要合理地调节自身的状态，不要让消极情绪改变自身的心态；要正确对待压力，将压力变为动力。

（4）沟通管理——只需一颗真诚的心

沟通是人际关系中非常重要的交流手段，沟通是人与人交流的重要途径，但沟通也是需要管理的。沟通需要一定的技巧和场合，企业员工在进行沟通管理时，要注意沟通的场合和沟通者的特征。基于沟通场合和沟通者的特点，选择合适的沟通技巧和手段，对沟通进行有效的管理，这样才能在人际关系中树立好的形象。

（5）健康管理

我们常说“身体是革命的本钱”，健康的身体是从事一切职业的重要支撑。狭义的健康管理仅指在医学领域的针对个体或群体的身心健康的管理。广义的健康管理是建立在生理学、心理学、组织行为学等学科基础上的对个体和组织发展完善状态的研究和实践。对个体的关注要素包括行为、营养、关系、环境、心理等。

4）组织对员工的职业生涯管理

组织对员工职业生涯的管理一般包括职业通道管理、员工职业生涯设计、能力开发、检查评估和反馈修正等步骤。

（1）职业通道管理

职业通道管理是指根据公司业务、人员的实际情况，建立若干员工职业发展通道（即职系），包括管理、技术或营销等，使具有不同能力素质、不同职业兴趣的员工可以找到适合自己的上升路径，避免所有人都挤在管理跑道上。公司应明确不同职系的晋升评估、管理办法以及职系中不同级别与收入的对应关系，给员工不断上升的机会。

（2）员工职业生涯设计

员工职业生涯设计是针对每个员工而言的。公司可以设立职业发展辅导人制度，上层的直接主管或资深员工可以成为员工的职业辅导人。职业辅导人在新员工进入公司试用期结束后，应与员工谈话，有条件的可以使用测评工具对员工进行个人特长、技能评估和职业倾向调查，帮助新员工根据自己的情况，如职业兴趣、资质、技能、个人背景等明确职业发展意向、设立未来职业目标、制订发展计划。

（3）能力开发

公司应结合员工职业发展目标为员工提供能力开发的条件。能力开发的措施包括培训、工作实践和业务指导制度等。公司可以根据实际情况，提供在职培训、脱产培训等各种形式的有针对性的培训，并鼓励员工自我培训。

（4）检查评估

公司应定期组织对职业生涯管理制度的执行情况进行检查，同时对员工进行能力、绩效评估，确定能力开发成果，分析员工是否达到或超出当前所在岗位的资格要求、距离下一步职业目标的差距，以便为下一步职业发展提供依据。

（5）反馈修正

反馈修正是指阶段性的检查评估结束后，向员工反馈评估结果，并根据评估结果帮助员工分析前进途中的问题和差距，提出改进措施或者建议，帮助员工调整未来发展的目标和方向。

7.2.4 应激与应激管理

对应激的管理、感应、认知以及个体行为或组织行为是应激管理的基础。

1）应激的定义和类型

（1）应激的定义

应激的本质就是压力。对于应激的含义，不同学者有不同的定义：

①物质力量的观点。应激是外界的压力，就是外部环境的变化或者影响给当事人的心理、思想、情感等方面带来的反应。

②心理学的观点。应激是人的主观意识和体验，是人对外部事物的认知、感知、解释和防御的应对过程。

③生理学的观点。应激是人体基于需要和防御对身体的唤醒。

④认知理论的观点。应激是需要和处理需要之间的一种关系，是需要超过个人能力的一种存在，这个存在是客观的。

这些定义说明应激不是一成不变的，而是随着不同的事情、不同的人、不同的环境而变化。如果组织或企业能够更好地预防和应对，应激就不会发生，即使发生，应激的程度也很小，所以平时组织或者企业应该更好地预防这些情况的发生。

（2）应激的类型

应激根据不同的标准，可以分为不同的类型。具体类型如下：

①依据应激的客观作用标准，可以将应激分为正应激与负应激。正应激是具有正功能的应激，对于企业和组织中的员工有很好的指导作用，也有利于组织目标的达成；但负应激则相反，负应激是对组织和个人具有负功能的应激，若没有得到预防和控制，会导致员工对待工作没有进取心、工作不努力等。

②按照应激的性质划分，可以将应激分为心理应激、生理应激和躯体应激。

③按照应激的产生来源划分，可以将应激分为社会环境应激、工作应激、家庭生活应激等。

2）应激管理的含义

出现应激问题就必然会出现应激管理。所谓应激管理，就是压力管理，一般是指组织和行为个体对来自社会、家庭等各个方面的压力所实施的控制和疏导的过程，从而使压力转变成员工调动积极性、工作热情、身体健康的内在驱动力，也是使工作效率提高和社会发展的内在动力。

应激管理包括组织和个体两个方面。从组织方面来看，薪酬、工作环境、管理者的行为前后不一致或者工作负担太重、人与人之间不能沟通、工作角色发生转变等，都可能导致组织必须进行应激管理；从个体方面来看，应激管理的主要内容是判别压力源、测量压力的强度、选择应对策略，使个体保持相对乐观的态度和良好的精神状态，从而取得较好的工作绩效，这也是组织和员工实现目标的途径和方法。

7.2.5 应激管理与员工身心健康

国内外的大量研究显示，应激对员工的身心健康有很大的影响，所以，应激管理对于一个企业或组织来说具有正向作用。它是控制和调节应激的手段和方式，若要使应激管理取得更好的效果，就要正确认识和理解负应激可能造成的消极影响和危害。

1）应激是影响员工身心健康的重要因素

随着社会的发展和科技水平的提高，人们的生活节奏不断加快，企业的经营模式也因此发生了变化。在企业经营模式变化之时，员工的压力随之而来，压力的到来也带来了应激问题，这就直接影响了员工的身心健康。企业若想提高员工的工作热情以及生产率，管理者就要做好应激管理工作，调动员工的积极性。

2）负应激对员工身心健康带来的一般后果

由于岗位职责、经济情况等因素的影响，很多员工出现了不同程度的心理问题和压力，具体有：

（1）自卑

有些员工自认为会被别人看不起，究其原因，是因为这些员工的工作环境差、待遇低、薪酬少、社会地位较低，因此员工的自我评价也很低，这就使得员工的自尊心受到严重的伤害，使员工产生逆反心理，对工作的态度变得消极，也严重影响了员工的智力和能力的发挥。久而久之，这种状态会使员工内心苦闷，丧失前进的动力。

（2）焦虑

焦虑起源于生理紧张，且不能有效防御。焦虑状态下的员工产生的症状包括紧张不安、烦躁，经常提心吊胆、处于高度警觉状态，容易激惹等；同时伴随着躯体性焦虑，包括运动性紧张和交感功能亢进等。

（3）恐惧

有些职位由于环境恶劣、技术落后等问题，会经常发生事故，不安全的工作环境会使得员工内心产生恐惧感。此外，害怕新的、陌生的任务，不由自主地担心自己做不好、完成不了任务，也会使得员工产生对工作的恐惧。

（4）抑郁

由于一段时间的烦恼和低落情绪，员工就会发生一些应激反应，具体包括情绪低落、神经敏感，甚至是打架斗殴。

（5）厌倦工作

一些员工由于长期工作产生紧张感，且过度的紧张使得员工个体产生焦虑、头痛、失眠、肠胃功能下降等一系列问题，从而厌倦工作。

（6）高血压

随着员工年龄的增长，有些人出现了高血压症状，40 岁以上人群更为明显。很多因素都会导致高血压的产生，如工作时间长而且压力大、工作环境差、员工休息时间短。除此之外，高血压也与员工的饮食有关，有些员工喜食含盐量高的食品，且压力大的员工习惯性地喝酒，这也是导致高血压的重要原因。

除上述问题以外，有些员工还会出现呼吸系统疾病、急性应激反应、消化系统疾病、负应激引起工作效率下降等。

3）加强应激管理对于员工的身心健康有极其重要的作用

每个企业的员工或多或少都会有压力，若压力过度，就会使压力变为阻力，降低员工对工作的热情，甚至给员工的身心健康带来负面影响。如前所述，应激可以分为两种：一种为良性应激，也称为正应激，这种应激有利于员工的身心健康，也能提高员工的工作热情和进取心；另一种为恶性应激，也称为负应激，负应激对员工的身心健康造成了威胁，也会降低员工的工作热情。所以，加强应激管理对于员工的身心健康有极其重要的作用。企业的应激管理不同于医学上的医疗应激，企业应激管理的操作主体是管理者和员工，主体既然是人，则必然以人为本，以经济效益为中心。应激管理就是管理员工的压力，使压力变为动力，切不可使压力过度，帮助员工消除不良情绪，降低员工对工作的厌倦程度，这就大大提高了对应激管理者的要求。应激管理者不仅要有管理的手段，还要懂得医疗和生理方面的相关知识，这样才能对员工进行更加彻底和效果更加显著的应激管理。

总之，在应激管理时引进精神学和心理学的相关知识，可以使应激管理更加富有人性化，若没有引进这些知识，而是一味地以经济利益为上、为管理要旨，一直忽略员工的感受和心理方面的变化，就对员工的身心健康更加不利了。

实施应激管理，提升员工身心健康有以下途径：

①树立人性化理念。管理者能否调动员工的能动性，从根本上来说，是一个企业能否快速发展的重要影响因素，所以，企业要有效地调动员工的能动性，挖掘员工的潜力。企业要定期为员工进行心理测试，及时了解员工的心理状态和应激水平，并根据实际情况积极采取措施，落实对员工的应激管理。

②增强健康意识，开展健康教育。企业管理者要了解应激管理的重要性，并学习和了解有关应激管理的专业知识。只有了解相关知识，才能提升重视意识，进而有效地对员工进行应激管理。除此之外，还要加强员工对健康意识的培养，使他们了解应激管理的重要性。

③加强员工素质培养，提高员工心理素质。研究发现，同一职位和工作环境的人的心理状况是不一样的，主要是因为人的抗压能力和心理素质不同，所以，提高员工的心理素质也是有效地进行应激管理的重要途径。

④树立应激的社会观念。人们的生存和发展离不开社会和自然环境的应激，

人类也是通过战胜应激，在应激中不断地升华与进步。所以，在面对应激时，人们应该提前做好预防；发现问题时，及时进行管理和决策，对应激做好管理工作。

⑤正确认识自己，摆正自身位置。员工在企业工作时，难免会遇到个人利益受到威胁的情况，那么，当员工个人的利益与团队及企业利益发生冲突的时候，员工应以团队和企业的利益为先，不能损害组织的权益。在面临利益冲突时，要摆正自身的位置，遇事要明辨是非；在处理人际关系时，要严于律己，互相理解。

此外，要陶冶自身的情操，培养良好的性格，若发现严重的心理问题，要及时咨询心理医生。

7.2.6 应激管理与员工的人格修养①

人格虽然是稳定的、不易变化的，但对于员工的压力也是有影响的，所以要促进员工人格向健康发展，做到以下几个方面：

1）正确认识员工人格健康对企业绩效有促进作用，也是做好人格培育的前提条件

员工的人格分为五种，分别是外倾型、宜人型、严谨型、情绪稳定型、开放型。员工的不同人格对于工作绩效的影响也是不同的，具体见表 7-1。

表 7-1 **五大人格的员工工作的表现**

性格	工作不突出的性格	工作突出的性格
外倾型	孤独、不合群、安静、缄默	喜欢参加集体活动、热情、健谈
宜人型	多疑、刻薄、易怒	信任、宽容、脾气好
严谨型	马虎、懒惰、不守时	认真、勤奋、井井有条
情绪稳定型	烦恼、紧张、情绪化	平静、放松、不情绪化
开放型	创造性差、刻板、缺乏好奇心	富于想象、有好奇心

其中，情绪稳定型人格有利于员工集体精神的培养，也有助于培养正确的价值观，容易营造良好的氛围，可以提高工作效率，创造良好的工作环境。五种人格都和员工的工作绩效息息相关，人格健康的员工能有效地应对应激情况，管理者也能够顺利地进行应激管理。通过管理，能够提高员工的自觉性。

2）制定与把握评判标准是培育员工人格倾向的重要因素

在应激管理过程中，评判员工的人格固然重要，但是也要注意评判人格的标准。评判标准如下：

① 裴华. 企业应激管理的研究与应用［M］. 北京：新华出版社，2005.

（1）个人经验标准

评判员工人格的第一个标准就是人的经验。当自身遇到困难时，员工会产生焦虑、失眠等应激行为，此时就需要接受调节，而这就是一个标准。及时地克服心理障碍，有效地进行应激管理，可以帮助员工疏通心理问题，提高工作满意度。

（2）统计标准

这个统计标准有一个定量，叫作心理特征偏离常模。这个量越大，员工就越不正常，因此，管理者可以通过这个定量来了解员工的应激状态，及时有效地进行管理。

（3）医疗标准

这个标准是通过医疗上的数据，把握生物上的标准，把心理的状态进行样本分析，这样可以多角度、全方位地判断行为个体产生的焦虑等应激行为。

7.2.7 应激管理与员工的应对能力

应激管理不是从根本上消除员工的压力，而是有效地控制压力，解决员工的心理问题，将适度的压力变成动力；同时了解造成员工应激的因素：哪些使得员工工作效率降低、哪些造成员工的心理问题；培训员工提高应对能力，有效地进行应激管理。具体做法有以下几个：

1）引导员工正确认识应激源，让员工了解过度压力的消极作用

在工作中，员工会遇到各种应激情况，如果一个企业的工作环境、工作待遇、工作条件都在员工的接受范围之内，那么此时的应激就是良性应激，不但没有危害，还会激发员工的潜能。但是，若员工不能接受目前所处的工作环境的话，则此时的应激就是恶性应激，会给员工的心理造成障碍，甚至使员工的身心健康出现问题。无论是工作环境、社会环境还是人际关系等，都与工作应激息息相关。即使是家庭、社会应激也会影响员工正常的工作状态，从而影响企业的经济效益。但是这些应激不是一成不变的，是可以通过管理来遏制的，所以，正确、有效地认识和遏制应激源十分重要。

2）对于不同的应激源，管理者要具体问题具体分析，引导员工积极应对

面对应激时，除了培养员工的应对能力外，还需要注重以下几个具体的因素，这样才能更好地进行应激管理：

（1）应激信息的及时性和敏锐性

及时掌握应激产生的原因和发展趋势，保持高度的敏锐性，可以在最短的时间内有效地预防应激行为或进行应激管理。这就是说，用最小的代价来克服应激的消极影响。

（2）综合运用多种方式

这些方式包括：预测压力事件并且做好准备；善于抓住时机，及时对应激事件进行处理；积极处理自身能够处理的应激事件；灵活变通应激管理方法；在应激中能够准确、勇敢地说出自身的应激感受；在应激中注意时间。

（3）熟悉处理压力的方法

员工应对自身进行分析，有效地了解自身的优缺点，并选择与自身能力相适应的职位。在员工自身遇到应激问题时，若超出应激管理范围，要及时向组织汇报，与此同时，要加强个人心理和生理压力应对的知识与经验储备，减少工作上的消极情绪。

3）帮助员工运用各种资源，增强应对能力

企业员工由于工作环境、知识积累、专业技能水平的不同，能够使用的资源也是不同的。有的员工有专业知识的优势，有的员工在身心方面有优势。为了开发员工的潜能，具体有以下几个方面需要组织与管理者以及企业社会工作者努力：

（1）培养员工建立正确的信念和价值观

在面对相同的应激事件时，拥有不同信念和价值观的人在处理应激事件时采取的方式也是不一样的。有正确的信念和价值观，就会保持乐观的态度，员工的压力感就会大大降低，甚至会转化为动力，这样就会提高员工的应对能力，使其有效地进行应激管理。

（2）提高员工调整和平衡压力的能力

应激主体直接决定应激的强度，因此要开发应对的组织资源，建立一个有整体性、层次性、结构性的主体，提高员工应对压力的技能和能力，帮助员工消除应激的负面影响，改变工作条件和环境，为员工提供精神和心理的帮助，还可以适当地提高员工的薪酬，改变员工的物质待遇等。

（3）提升员工的业务水平和技能

企业中的应激与员工的业务水平和技能也有很大的关系。当员工的技能和业务水平不能适应企业的目标时，就会产生应激，而要改变这种状况，就要提升员工的业务水平和专业技能。

（4）注重员工的家庭状况和人际关系

员工的家庭状况和人际关系会影响员工的心理状况，从而影响员工的工作状态，所以，要有效地开发社会资源，重视员工的人际关系和家庭状况，帮助员工消除应激负面影响、建立良好的人际关系，帮助解决员工的家庭矛盾，减轻员工的压力。

案例链接7-1　　杜拉拉的故事

杜拉拉的故事之所以风靡一时，是因为我们的城市里有如此多的杜拉拉。不过，每个职场女性都是不同版本的杜拉拉，每个杜拉拉顽强奋斗和光鲜亮丽的背后，都有各自迥异的心路历程，有不为人知的心灵秘密，有难以解决的心理冲突。Lisa，女，45岁，知名外企行政部经理，已婚，先生是某国企工程师，育有一子，今年10岁。主诉为长期工作压力大，经常头痛、失眠。近一个月以来，一直感到胸部胀痛，去医院就诊后，医生诊断为压力大导致的乳腺增生，并无大碍。但Lisa服用药物后并未好转，因而转向心理咨询。从Lisa的表面症状看，这是工作压力带来的心理疾病，即因心理问题导致生理失调。心理状态对身体健康有很大影响，因此要接受这种心理问题的咨询与治疗，必须先了解产生这种症状的内在的、真正的心理因素，消除不良心理因素的影响。Lisa自述工作很忙，常常出差和加班，感到压力很大。但Lisa的这种高强度工作状态已经持续了很多年，并不是近期才出现的，如果把压力大的心理感受归结于高强度工作平静后的突然爆发，又过于简单化。从Lisa的自述中，可以探查到更多的信息，她的压力似乎并不是由于繁重的工作任务本身造成的。Lisa出生于一座小城的普通工人家庭，20多年前毕业于一所重点大学。20世纪80年代，Lisa毕业那会儿，大学生还是炙手可热的香饽饽。Lisa毕业后顺利留校，做了两年的行政工作。学校工作固然稳定，但Lisa觉得自己还年轻，应该过得更有激情一些。加上当时正逢改革开放，去外企工作越来越被推崇。Lisa对于学校之外的世界非常向往，于是在一片不解和惋惜声中毅然辞去学校的工作，来到外企R公司业务部。Lisa喜欢R公司紧张的气氛和快节奏的工作方式，享受每天加班带来的充实感，体验着自己一点点进步所带来的成就感。30岁那年，Lisa晋升为部门经理助理。而这一年，已婚3年的她原本正打算要个孩子，可是她担心生育会影响工作和升职，于是她在升职和生育之间选择了升职。Lisa说先生很理解她，并且同意延迟生育小孩的时间。可是，这一拖便是5年。35岁时，在家人的催促下，Lisa终于有了一个儿子。这一年她离开了R公司。生下儿子后，Lisa休息了半年，给自己充电，很快就重返职场去了T公司。Lisa在T公司很受重用，升职很快，几年以后和先生换了更大的房子，买了心仪的车，把孩子送去学钢琴、绘画。为了更方便生活，Lisa把孩子送去爷爷奶奶家住。两年前婆婆生病住院，不仅不能照顾孙子，还需要别人照顾自己。Lisa每天奔波于家、公司、医院、学校之间，她觉得自己分身乏术。而此时，T公司决定派她赴美国总部进修，这是个千载难逢的机会。然而，Lisa面临的是家庭和事业的抉择，最终她放弃了出国机会。Lisa羡慕那些早婚早育的人，同年龄的朋友里面，多数人的孩子已经读高中甚至大学，已经不需要过多的照顾和担忧，而她自己正处在事业的高峰期，上有老下有小，根本动弹不得。生活和工作的恶性循环开始了，不知道什么时候结束。

资料来源　徐光兴. 企业心理咨询·EAP案例集［M］. 上海：上海教育出版社，2012.

这是一个典型的职场中年女性应激管理的案例。根据世界卫生组织的划分，45～59岁为人生的中年期。在此案例中，Lisa是当今职场中年女性的典型代表。

作为中年人，她上有老下有小，事业处在上升期，家庭也处在关键期。完全不同于二三十岁自由自在、斗志勃勃的杜拉拉，这时的Lisa面临的是生命的全新阶段，随之而来的是自我角色转变和重新自我认知。Lisa的情况正是企业环境不适应。我们谈到职场适应不良时，常常认为只有职场新人才会有环境适应不良的问题，其实不仅是职场新人，职场老手在工作环境发生巨大变化时，也会产生适应不良。

7.3 职业生涯危机管理

7.3.1 危机

1）危机的定义

危机是指由于量变的积累，造成事物内在矛盾的激化，事物即将发生质变或者质变已经发生但未稳定的状态，这种状态导致人们内心的恐慌及对组织和个人的危害。所以，为了阻止危机的发生，需要采取一系列方法，在时间紧迫，人、财、物资源匮乏和信息不充分的情况下，立即进行决策和行动。

2）危机的特点①

（1）紧迫性

危机的紧迫性指的是企业中的危机一旦爆发，它的破坏性就会迅速地释放并蔓延，而且会随着时间的推移而不断恶化，使企业遭受更大的损失。这种紧迫性具体表现在：迅速发展的现代通信技术便利了人们之间的沟通，在信息如此发达的时代，如果企业中的危机爆发没有得到迅速遏制，那么受损的组织形象必然会随着信息的流通而公之于众，因而企业的利益会受到很大的影响；危机事件之间具有传导效应，如果不对危机的发展势头进行有效遏制，可能引发一系列不利后果，导致更大的危机；危机潜伏期所积蓄的危害性能量在很短的时间内被迅速释放出来，并呈快速蔓延之势。

（2）突发性

“千里之堤，溃于蚁穴。”组织中危机的爆发会有一定的前兆，但在危机爆发之前，人们往往不会注意危机发生前的量变过程，抑或是对危机爆发前兆的细小事情习以为常，视而不见。在危机发生以后，人们往往感到突然，束手无策。所以，危机爆发的时间、地点以及影响的程度常常是人们始料未及的。

（3）聚焦性

如今信息传播速度之快、传播途径之多，以及时效的高速化、范围的全球化，危机发展更加迅速。危机也会成为媒体拿来炒作的素材，危机的有关信息主

① 刘刚. 危机管理［M］. 北京：中国经济出版社，2004.

要来源于各种形式的媒体，媒体在对危机进行报道时，包括危机的内容、形式、危害等，都会影响接触者的态度和看法。有些企业在危机爆发以后没有和媒体进行及时、有效的沟通，导致危机不断升级。而危机的利益相关者首先关注企业处理危机的行动和态度，其次才关注危机本身的发展。

（4）破坏性

由于危机具有“出其不意，攻其不备”的特点，所以无论危机的形式是怎样的，都在不同程度上对企业造成破坏，也会引起危机事件当事人的恐慌和混乱。危机的混乱使得人们的利益发生变化，有些人会丧失利益，所以人们面对这种混乱，会产生一种强烈的回到原来状态的愿望，这也是人们会感到危机的突发性的一个重要因素。

7.3.2 危机管理

1）危机管理的定义及原则

（1）定义

普林斯顿大学的诺曼·R.奥古斯丁教授认为，每一次危机本身既包含导致失败的根源，也孕育成功的种子。发现、培育，以便收获这个潜在的成功机会，就是危机管理的精髓。而习惯于错误地估计形势，并使事态进一步恶化，则是不良的危机管理的典型。简言之，如果处理得当，危机完全可以演变为“契机”。

（2）原则

①勇于担责原则。在危机发生时，企业或组织要获得顺利的、长远的发展，就必须勇于承担相应的责任。勇于担责原则主要体现在以下三点：做好物质和心理补偿工作；在危机发生后，应当维护公众的利益，坚持公众利益至上，对利益相关者负责，维系与保证公众的合法权益，而不是把企业利益放在第一位；对事实负责，实事求是，避免欺骗、隐瞒。

②预防第一原则。“凡事预则立，不预则废”“防微杜渐”“防范大于救灾”等古人的生存智慧对危机管理有重要的借鉴意义。很多企业管理者不愿意把钱用在危机的预防上，是因为这些企业管理者存在一种侥幸心理，即认为危机不会发生。其实这种心理是非常可怕的，如果不做预防，一旦危机发生，则会使企业付出更多的财力物力去弥补漏洞，这样是得不偿失的。

③积极主动原则。面对发生的危机，只有掌握化解危机的主动权，让企业或组织行动起来，才能化解危机。积极主动原则主要体现在以下三个方面：危机发生后，要反应迅速，及时查找危机发生的原因，深入危机第一线，公开事实的真相，并制定解决危机的步骤；调动员工的积极性，明确各个部门的职责，统筹全员公关，统一口径，一致对外；发生危机后，不要惊慌，要冷静，要运用自身的智慧来应对危机。

④战略先行原则。对于危机的管理，首要的工作就是树立危机意识，进而形

成危机管理的观念和思想。危机意识会使人们产生动力和执行力；危机观念是危机意识的提升和整合；危机思想则是危机观念的体系化和丰富化，最终形成足以指导危机管理实践的体系。企业全体人员，包括企业的领导人和员工，都要有危机意识、危机观念和危机思想，以最佳的心态来应对危机。

⑤制度保障原则。危机管理的最高境界是让危机不发生，若要让危机不发生，企业必须有一整套危机预防的制度；要在危机来临时从容应对，必须有应对危机的流程与方式；要在危机发生后很好地修复企业形象，必须有形象恢复管理的制度。制度保障原则就非常重要。

⑥全局利益原则。发生危机必然会对企业或组织的无形资产和有形资产造成威胁，管理者会面临企业利益的取舍抉择。危机发生以后，局势不清晰、事态不明朗，管理者在做决策时会游离不定、瞻前顾后。组织领导者在进行决策时，必须以全局利益为先，局部利益服从全局利益。

2）危机管理的 PPRR 模型[①]

（1）PPRR 模型的定义

PPRR 理论是危机管理应用比较广的理论，即由危机前预防（prevention）、危机前准备（preparation）、危机爆发期反应（response）和危机结束期恢复（recovery）四个阶段组成的危机管理通用模式。后来，美国有关组织将其修正为缓和（mitigation）、准备（preparation）、反应（response）、恢复（recovery）四个阶段，所以又称 MPRR 模式。

（2）PPRR 模型的步骤与内容

①预防。一个想成功的企业，必须在危机发生前懂得预防，任何可能导致危机爆发的因素都要被有效地排除掉，防患于未然。有关预防，有以下几个环节：首先要对危机的环境进行分析，评估管理范围内的社会、经济、政治和自然条件等；其次要找出可能导致危机发生的因素，并尽早加以解决。

②准备。关于准备工作，首先要制订应急计划，要在危机发生前就设想好危机爆发可能的规模、方式，并依据这些设想，尽早制订应对危机的方案；其次要建立危机预警机制，依靠参考指标来加以检验。如果这个工作没有做好，就很可能导致本来局部的危机或是程度较轻的危机改变性质，演变成全局性的、程度较严重的危机。

③反应。面对发生的危机，我们要作出适时的反应，危机一旦发生，就要注意以下几点：第一，遏制危机，管理者要在危机发生之时为决策者提供准确而及时的、必要的信息，从而创造迅速出击、解决危机的条件。第二，隔绝危机，将危机限制在一定的范围内，避免危机的蔓延，隔绝的一种途径是通过有效的危机反应机制防止危机扩大或扩散。第三，加强媒体管理，防止谣言流传和虚假信息

① 朱德武. 危机管理：面对突发事件的抉择［M］. 广州：广东经济出版社，2002.

传播。在当今的信息化时代，人们能够及时获取全球的信息，沟通也更加方便快捷。随着网络的发展，媒体所公布的内容在不同程度上影响阅读者的思想和态度，信息技术及传播手段的多元化趋势需要与之相适应的舆论引导方式。

④恢复。在危机过后，需要开展原有事务的恢复和重建工作。一方面要恢复危机中受到的损害，另一方面要弥补受害人的精神损失，避免重蹈覆辙，弥补危机过后的所有漏洞。

3）危机管理的其他理论

（1）危机管理六阶段理论

第一阶段：危机的预防。对于危机的预防，要将所有对企业有害的活动或可能因素都一一列举出来，还要考虑可能的后果，估算预防所需要的花费。虽然对企业所有人员都进行预防很费事，但很实用，这样会避免企业陷入困境。值得一提的是，防范商业危机的重要做法还有谨慎和保密。

第二阶段：危机管理的准备。危机是企业管理工作中不可避免的事情，所以需要为危机做好准备。要在一些细微的地方多留心，要做好行动计划、消防演练、建立重要关系和通信计划等。危机的影响是多方面的，不能忽略任何一个地方。

第三阶段：危机的确认。这个阶段危机管理的问题是感觉危机真的会变成现实，公众的感觉往往是引起危机的根源。

第四阶段：危机的控制。这个阶段的危机管理需要根据不同情况确定工作的优先次序。第一，让一部分员工从事危机的控制工作，让其他人正常地工作，这是一种十分明智的做法；第二，要指定企业的发言人，面对公众的所有发言都要由一人主讲；第三，要及时向员工、客户、供应商等以及所在的社区汇报信息，而不是让他们通过媒体了解信息；第四，危机管理小组中应当有一位唱反调的人，这个人必须是一个在任何情况下都敢于明确地说出自己意见的人。

第五阶段：危机的解决。在这个阶段，由于危机不等人，所以速度是关键。

第六阶段：从危机中获利。从危机中获利就是总结经验教训。如果企业在危机管理的前五个阶段处理得十分完美，或者说没有让危机变得很糟糕，那么这个阶段就可以总结经验教训，提供一个至少能弥补部分损失和纠正混乱的机会。

（2）罗伯特·希斯（Robert Heath）的4R危机管理理论

企业管理者需要主动将危机工作按4R模式划分为四类：减少危机情境的攻击力和影响力，使企业做好处理危机情况的准备，尽力应对已发生的危机，从中恢复。

4R危机管理理论的内容为：

①缩减力（reduction）。对于任何有效的危机管理，其核心内容都是危机缩减管理。有效的做法是：从环境、结构、系统和人员几个方面着手降低风险，避免浪费时间，减少资源管理不善行为，降低危机的发生概率及冲击力。

②预备力（readiness）。预警系统的功能有：激活积极反应系统（如抑制系统）；保护财产和个人（通过发布撤离信号和开通收容系统）；在危机开始发生阶段要很快作出反应（不良变化被注意到并传递出去）。完善的企业危机预警系统可以很直观地评估和模拟事故可能造成的灾难，以警示相关者作出快速和必要的反应。

③反应力（response）。对于反应力，企业首先要解决的就是如何才能获得更多的时间来应对发生的危机；其次要收集更多的信息，更加全面地了解危机的破坏力及影响范围，为危机的顺畅解决提供依据；最后要在危机来临之后，以最小的损失将危机消除。

④恢复力（recovery）。一是指在结束危机时总结经验，以便在今后管理危机中作出更好的预防；二是指在危机发生后要利用手段恢复、提升原有形象和能力。危机一旦被控制，迅速挽回危机所造成的损失就上升为危机管理的首要工作。在进行恢复工作之前，企业要对危机产生的影响和后果进行分析，然后制订有针对性的恢复计划，使企业能尽快摆脱危机的阴影，恢复以往的运营状态。

（3）伊恩·米特罗夫（Ian Mitroff）的五阶段模型

危机管理专家米特罗夫将危机管理分成五个阶段：

①信号探测：识别新的危机发生的警示信号并采取预防措施；

②探测和预防：组织成员搜寻已知的危机风险因素并尽力减少潜在的损害；

③控制损害：在危机发生阶段，组织成员努力使其不影响组织运作的其他部分或外部环境；

④恢复阶段：尽可能快地让组织运转正常；

⑤学习阶段：组织成员回顾和审视所采取的危机管理措施，整理好，使之成为今后的运作基础。

7.3.3 职业生涯危机的表现及管理

1）员工职业生涯危机的表现

（1）第一时段：定位危机。定位危机常发生在大学生毕业时期。大部分的毕业生初次面对社会上形形色色的岗位，难免会眼花缭乱，在感受校外生活的美好之时，也会在新的社会环境中迷失自我，不知如何选择职业和岗位。发生定位危机的毕业生可能走向两个极端：一是过于自卑；二是自视甚高。毕业生几乎都没有求职经验，初次进入人才市场，在人才市场碰壁之后，容易产生自卑心理。这时，一部分毕业生重返校园继续充实自己，把读研究生当成避风港，另一部分人会因为自卑感随便找一份工作。而自视甚高的那部分毕业生对工作单位、岗位职务、福利薪酬都有过高的要求，因此在求职过程中也很可能遇到挫折，从而陷入盲目择业的境地。

（2）第二时段：升职就业危机。这种危机可能发生在工作5~7年以后，也就是 30 岁左右。这一时期，除了少部分人能够如愿以偿地得到升职加薪的待遇，大部分人都不能如意，如果不能正确处理这个危机，就可能用不正确的方式来发泄自己的不满和失意。

（3）第三时段：方向危机。40 岁左右的人可能产生职业生涯的第三时段危机，我们称之为继续前进的“方向危机”。40 岁左右的人，或者已经担任一定级别的领导职务，或者已是这一行的“老法师”，这个时候他们往往会为前进方向不明而感到困惑，于是便产生了所谓中年改行转业等种种问题。

（4）第四时段：饭碗危机。这个阶段的人们基本上就到了 50 多岁的年龄，更加成熟了，但市场经济并不会给老年人的职业生涯以特别的恩惠。在这个时间段，最让人担忧的可能是自己的饭碗。这不仅涉及一般的员工，即普通岗位上的老百姓，也涉及职位较高的领导者。在这个时期，不能有混日子的思想，应当老当益壮、老而弥坚，保持不断进取的精神状态；否则，真的会丢掉饭碗。

2）对员工职业生涯危机的管理

（1）了解员工各个时期的个体职业发展特征

在职业生涯早期，员工有强烈的成功欲和急功近利的心态，大部分员工因为有了收入和积蓄，开始组建自己的家庭。

在职业生涯中期，由于家庭结构和内部关系的改变，员工的职业认同感受到冲击，心理受到某种程度的打击而变得有些焦虑，个人的心理特征发生了变化。不仅如此，由于职业能力的提高和创造力的增强，随着时间的推移，员工事业的发展轨迹发生了改变。

在职业生涯后期，员工家庭情况发生巨大变化，自我意识上升，进取心下降，随着其进取心、竞争力、权力地位的下降，他对组织的贡献也发生变化。

（2）组织对个体职业发展的管理和调节

①对员工进行心理疏导。在职业生涯早期，新员工和企业处于相互熟悉、磨合、适应的过程，或多或少面临许多问题和困惑，这些问题如果得不到及时解决，不但会延长适应期，对员工以后的发展也不利，会加大其跳槽的可能性，导致企业前期的努力付之东流。在职业生涯中期，员工的能力凸显，职位和职别都发生了变化，有些员工晋升了职位，有些员工还在原职位继续奋斗。这时企业应该针对不同情况的员工进行心理辅导，及时发现问题并处理。在职业生涯后期，员工的家庭结构和家庭关系或多或少发生了变化，企业应及时慰问并调节员工的心态。这时好多人都处于即将退休的时期，企业要提前对将要退休的老员工进行心理辅导。

②引导员工进行客观的自我评估，进行职业定位。员工选择进入某一企业、应聘某一职位是建立在他对自己兴趣、能力单方面评价的基础上的，这种自我评价不可避免地带有个人的主观色彩，且有时选择的职位可能不是最适合他自己的。企业在职业生涯管理中，一个重要的方面就是应该认识到影响员工满意度的

因素存在很强的非物质性成分，企业可以根据每种职业锚类型员工的特征，采取不同的职业支持措施。在企业的引导和资源支持下，员工可以对自身有更充分的了解、更客观的评估，使其个性倾向性与职业相吻合，个性心理特征与职业相匹配。企业从职业定位可以判断员工职业成功的标准，从而有针对性地为员工制订职业生涯规划。

③指导员工的早期职业生涯规划。职业生涯规划是指组织和员工个人对职业生涯进行设计、规划、执行、评估和反馈的一个综合性的过程。企业要留人、要发展，应该尽早为员工规划职业生涯，使员工看到未来发展的希望，增强员工的归属感，在员工自身素质提高的同时也就提高了企业的竞争力。企业了解员工个人的发展规划，寻找其与企业理念、目标的最佳切入点，是企业指导员工早期职业生涯规划的起点。要重视通过有效的新员工培训提升员工的职业安全感和工作能力，变利用员工能力为开发员工潜能。

④量力而行，给予员工适度承诺。企业开展职业生涯管理意味着企业和员工之间建立了一定程度的心理契约，也就是企业和员工彼此向对方作出在一定时期内合作的承诺。在员工的职业生涯中，企业对员工的承诺一定要适度，应根据各方面因素综合分析，以作出最具操作性的选择。企业对晋升、轮岗、培训、平衡家庭生活与工作等的承诺程度要有差异，有所侧重，可选择对不同承诺项目不同程度的组合来满足员工需求。企业对员工的承诺必须以企业的兑现能力为基础，要综合考虑企业因素、员工因素以及外部因素。

案例链接7-2　李华的压力

李华自从大学毕业后就进入某公司，从事财务相关工作已经有6年之久。因为目前工作职位没有提升，他的收入仅能维持基本的生活开销，至今还没有结婚。在这6年里，李华的工作没有大的突破，每天重复同样的工作，他从心底已经深深厌倦了这份工作，但是迫于生计又不得不继续从事这份工作。由于心理压力逐渐加大，他在工作中感觉身心疲惫，对工作没有热情，缺乏兴趣。

可见，李华遇到了职业倦怠危机。职业倦怠是指个体因不能有效地缓减工作压力或妥善处理工作中的挫折所形成的一种情绪衰竭、人格解体、个人成就感下降、身心疲惫的综合症状。缓解职业倦怠与心理压力的方法主要有以下几种：

①改变产生职业倦怠的应激源。管理者要给予员工更多关怀，营造宽松的环境与和谐的组织气氛，倡导良性竞争，给予适度的工作压力，以及公平的激励措施等。

②提升自我效能感水平，改善自我的应激能力。通过培训，提高员工的能力与水平，帮助他们提升认识自我与自我调控的能力，寻找合适的应对倦怠与心理压力的方式。

③重视情商管理，建立EAP系统，开展员工帮助计划，即员工心理援助项目、全员心理管理活动。

资料来源　佚名. 李华的压力［EB/OL］.［2022-10-07］. https：//www.gaojiufeng.cn/? id=1923357.

7.4　职业生涯规划

7.4.1　职业生涯规划概述

1）职业生涯规划的含义与特征[①]

（1）含义

职业生涯规划是指个人在职业发展过程中制订长期目标和短期计划，以实现个人职业发展和成就个人目标的过程。它涉及个人对自己的职业兴趣、价值观、技能和能力的认知，以及对职业市场和行业趋势的了解。职业生涯规划能够帮助个人明确自己的职业目标，制定实现这些目标的具体步骤和时间表，并提供指导和支持，使个人在职业生涯中作出明智的决策和取得成功。

职业生涯规划首先要分析个人的特征以及其所处的人生阶段；其次要分析环境，即社会环境和组织环境，然后基于此确定个人关于事业的目标、职业的培养计划，并对每个生涯阶段的顺序、时机、方向进行合理的安排。

（2）特征

一个良好的职业生涯规划应该具备以下特征：

①适应性。要增加适应性，就要考虑各种可变及发展因素，并要注意调整。

②时效性。依据时效性，可以作出预测，对于未来发展的具体目标要制定具体的实施步骤和每个阶段计划完成的时间顺序，这些都可以作为检查行动计划的依据。

③可行性。职业目标和计划的制订要以客观事实为依据，还要基于人的职业生涯的主观和客观因素的分析，不能以不着边际的幻想、空想等延误职业生涯发展的良好机会。

④持续性。职业生涯规划要保证职业生涯发展的各个不同阶段有连贯和持续的衔接。

2）职业生涯规划原则

（1）利益结合原则

利益结合原则就是个人、组织的发展与社会发展相结合的原则。利益结合就是要更好地处理个人与组织等各方面的关系。由于职业生涯方向的多样性，组织

---

① 熊苹. 职业生涯规划［M］. 北京：清华大学出版社，2014.

既要尊重每个人的人格，也要保持工作的战略方向，二者之间的平衡主要取决于利益结合点。

（2）公平、公开原则

对组织而言，企业在提供员工发展的各种信息、教育培训机会、任职机会时，都应当公开其条件标准，保持高度的透明性。这是组织成员的人格受到尊重的体现，是维护管理人员整体积极性的保证，也是人格价值平等的体现。对于个人而言，要运用自身的能力去创造机会、抓住机会。

（3）协作进行原则

协作进行原则即职业生涯规划的各项活动都要由组织与员工双方共同制定、共同实施、共同参与完成。倘若没有协作进行原则，个别人会成为该组织发展战略的受害者。职业生涯规划本是好事，应当有利于组织与员工双方，但如果缺乏沟通，就可能导致双方的矛盾，以至于演化成风险。因此，必须在职业生涯开发管理战略开始前和进行中，建立相互信任的上下级关系。

（4）利益整合原则

利益整合是指员工利益与组织利益的整合。这种整合就是处理好员工个人发展和组织发展的关系，寻找个人发展与组织发展的结合点。每个个体都是在一定的组织环境与社会环境中学习和发展的，因此，个体必须认可组织的目标和价值观，并把他自己的价值观、知识和努力集中于组织的需要上。

（5）时间坐标原则

职业生涯规划制定的每一个目标都有两个时间坐标，即开始时间和结束时间。第一个时间坐标比第二个时间坐标更重要，因为没有行动就不会达到最终的目标。职业生涯规划的内容及其完成都需要时间坐标，这是由生命周期的不可逆性、单向性决定的。

（6）全面评价原则

为了对员工的职业生涯发展状况和组织的职业生涯规划与管理工作状况有正确的了解，要由组织、员工个人、上级管理者、家庭成员以及社会有关方面对职业生涯规划进行全面的评价。在评价中，要特别注意下级对上级的评价。

（7）全程推动原则

全程推动原则是指全过程和全方位地评价职业生涯规划。在实施职业生涯规划的各个阶段中，要进行全过程的观察、设计、实施和调整，检查阶段目标是否实现，以保证职业生涯规划与管理活动的持续性，使其效果得到保证，也使员工在职业生涯规划中不断获得自我成就感，全面发展。

（8）发展创新原则

职业生涯规划和管理工作并不是制定一套程序，让员工循规蹈矩、按部就班地完成，而是让员工发挥自己的能力和潜能，达到自我实现、创造组织效益的目的。一个人职业生涯的成功，不仅是个人职务上的提升，更重要的是工作内容的转换或增加、责任范围的扩大、创造性的增强等。

除上述原则外，职业生涯规划的原则还包括实事求是原则、目标一致原则、动态变化原则等。

3）职业生涯规划中的角色划分

员工的职业生涯目标和规划不仅是员工个人的需要，也是组织的需要，所以职业生涯规划可以将员工个人的利益与组织的目标有效地结合起来。

组织、管理者、员工在职业生涯规划中扮演不同的角色，这三者也是职业生涯规划的内容所在。完整的职业生涯规划应该是组织、管理者、员工共同努力的结果，主要包括：

第一，组织的责任。在员工的职业生涯规划中，组织起着十分重要的作用，其责任是帮助员工制订职业生涯规划以及向员工传递组织的目标和组织职业生涯规划。组织应该基于经验给员工一些关于职业生涯规划方面的忠告和建议，要及时向新员工和即将退休的老员工提供真实和详细的信息。组织的主要责任并不是制订职业生涯规划并承担其责任，而是要改善和创造条件，以便促进员工进行职业生涯规划。

第二，管理者的责任。在员工职业生涯规划中，管理者的责任主要是向员工提供支持、建议和反馈，起到咨询师、评价者、教练和指导者的作用。管理者应该向员工阐明职业生涯规划的程序和步骤并对其进行指导，保证进行职业生涯规划所需要的信息畅通和意见反馈。在最终阶段，管理者要帮助员工评价职业生涯规划中的结论。管理者在员工全程的职业生涯规划中起到催化剂的作用。

第三，员工本人的责任。员工本身对于员工职业生涯规划负主要的责任。因为只有员工才懂得自身真正想在职业当中得到什么，但这些愿望并不是统一的，而是因人而异的。职业生涯规划关系到员工的切身利益，所以必须由员工亲自来做。员工对于职业生涯规划承担最终的责任，应该主动作为，向有关专家进行职业生涯规划咨询等，做好自身职业生涯规划。

4）职业生涯规划的作用

在职业生涯中，要有正确的前进方向、解决难题的措施，要开发自身的潜能，就要善于对自己的职业生涯进行管理和设计，自我变革的重要方式就是职业生涯规划。

（1）职业生涯规划对个人的作用

①可以帮助个人确立自身发展的职业目标。

个人可以通过对自身的分析来认识自己、了解自己，掌握自身的能力、智慧，衡量自身与他人的差距等。通过对自身正确的认识以及对职业的了解，可以正确地选择自己感兴趣的、擅长的职业生涯路线，并且制订个人的实施计划，使自身的能力得到充分发挥，在通过职业生涯规划选择合适的工作之后，结合科学的方法以及自身的能力来化解职业上的危机，使事业获得成功。

②促使个人努力工作。

职业生涯规划不仅是个人朝着职业目标努力工作的路径与依据，也是促使人们努力工作的动力。员工会随着职业生涯规划目标的实现获得成就感。此外，人们会随着时间的推移而改变自身的想法和做法，这样，他们所制订的规划也会随之进行不同程度的调整。

③有利于个人抓住重点。

员工可以通过制订职业生涯规划来认清各项工作的重要程度，如果没有制订职业生涯规划，员工做事情就会无据可依，也容易陷入与目标无关的任务当中。所以，职业生涯规划有助于员工抓住工作的重点，提高工作效率。

④激发员工的潜能。

职业生涯规划能够帮助员工把注意力集中在其工作的重点内容上，尤其是自己擅长的工作或是获益较多的工作，这样会激发员工的潜能，促使员工成功。倘若没有职业生涯规划，那么很多潜力很大且有能力的人容易将其大部分精力分散到一些无关紧要的事务上，不但花费精力和时间，还会使他们忘记自身本应做什么。

⑤实现自我评估。

经常性地对自己的工作进行评估可以帮助员工更好地认清自身的能力大小以及工作的进展情况。如果没有进行职业生涯规划，员工就不会对工作的进展及成绩作出评估。为了有效地实现自身在事业上的成就，员工要对自身的职业、单位、职务等各个方面进行评估。

（2）职业生涯规划对组织的作用

职业生涯规划不仅关系到个人事业的成败，也关系到组织目标的实现，这主要基于职业生涯规划的内容。职业生涯规划的内容包括职业目标的选择以及实现目标的途径，它体现了组织对员工职业生涯的管理，这样可以保证组织对未来人才的需要，也使得组织人力资源能够得到很好的开发。那么，职业生涯规划对组织的作用如下：

①保证组织的人才需要。

组织如果不能有效地对员工进行职业生涯规划激励，就会导致员工降低对组织的忠诚度。所以，组织可以通过为员工制订职业生涯规划，预测组织未来的人力资源需求，通过为员工提供发展空间、开发激励员工的政策等来引导员工将自身的发展和组织的目标相结合，保证组织未来发展的人才需要。

②留住优秀的人才。

优秀人才的流失原因有很多：工薪不理想、福利待遇不高、自身能力得不到发挥，以及组织没有或缺少对员工进行职业生涯规划的指导以及对员工职业生涯的管理等。优秀人才流失会导致企业的人才存量减少，还会增强竞争对手的实力。所以，组织要重视优秀人才的兴趣爱好，让员工承担具有挑战性的任务，让其感到受重视以及对组织有很大的作用。这样，优秀人才才会被留住，才会感受到自身的重要性和使命感，也不会轻易更换工作和组织。

③使组织人力资源得到开发。

组织要重视员工的兴趣爱好，实时对员工的职业生涯进行管理，有效地提高员工的积极性并激发其潜能。与此同时，要将员工的发展与组织的目标相结合，在实现员工的目标时要考虑组织的宏伟目标，并将二者有效地结合起来，合理地指导员工兴趣的开发和调整员工的发展方向，这样不仅满足了员工的需求，也能使组织得到很好的发展，更加适合社会发展和变革的需要。

7.4.2 职业锚

1）职业锚的含义

（1）职业锚的定义

职业锚是由美国的施恩教授提出的，是指人才自身对于职业的选择、定位的“系留点”，就是怎样把自身的职业定位在某个特殊的领域或者位置。人们也经常把职业锚看成在选择职业时人们的价值观，或是人们在早期工作实践中形成的正确的职业自我观，包括正确看清自己、正确树立职业观等。职业锚是人们选择和发展自身职业时的核心，有助于指导、稳定和整合人们的职业发展。

（2）职业锚理论

职业锚理论的主要内容是职业锚的职业自我观及其“三个部件”。职业锚理论指出，一个新的员工在公司的早期实践中以及组织了解自身的同时，也获得了明确的自我认知，进而发展成全面的职业自我观，这种自我观包括以下三个部件，这三个部件也构成了个人的职业锚：

第一个部件是自省的态度和组织观，是指以自我、组织以及工作的社会环境价值观、准则等之间的关系作为基础，强调自我的能力和价值观的形成过程，从而形成自省，主要表现是：人们会逐渐地重视自身擅长的技能或能力，并且会不断地改善不足的地方。

第二个部件是自省的才干和能力，是指以组织工作环境中的工作经验和成功事件为基础，来认知自我的能力。

第三个部件是自省的动机和需要，是指以实际工作中的环境变化等引起的实际工作经验的演变、发展来进行自我测试和诊断，并且通过自我测试的过程来与他人进行反馈，从而认知和自省。

（3）职业锚的三项功能

①识别功能。

职业锚的识别功能是帮助个人了解自己的职业偏好和价值观，从而更好地规划自己的职业发展。职业锚的识别功能可以帮助个人更好地匹配自己的职业选择和组织文化，提高职业满意度和工作绩效。

②驱动和制约功能。

假如一个人发现自身处于一个失败的环境或是不能满足自身需要的环境，他就会选择离开这个环境转向自身向往的、更好的、更加满足自身需要的工作环境中去。这就是职业锚的驱动和制约功能，其对人们选择和确定职业等职业生涯规划活动发挥驱动和制约作用。

③后发功能。

职业锚并不是在人们职业生涯早期就能发现的，而是在若干年之后才会发现。人们通过职业生涯早期的工作经验和实践，认清和明确自身的能力和需求，以及自我能力和价值观的相互关系和相互作用，这样就可以更加有效地选择职业。

2）职业锚的类型

（1）职能型职业锚

职能型职业锚员工的优势在于其拥有专门的技术，他们在选择职业的时候会更加注意自身所从事的实际工作的技术内容和职能内容。这类职业锚员工的自我意识与所处领域中的能力感、成功感、兴趣爱好都密切相关。他们希望自身的职业能够持续发展，而不是从某一专业技术职能管理领域进入到全面的管理中。

（2）管理型职业锚

管理型职业锚员工一般是管理者或者领导，他们内心想要升任总经理或者总裁，他们的目标是管理本身，而通向成功的途径则是职能管理和专业技术。管理型职业锚员工认为他们的能力是分析能力、人际沟通能力和情感能力的综合。分析能力是指在不确定环境下，能够识别信息的不足以及解决问题的能力；人际沟通能力是指具有影响、率领、操纵以及控制组织内部的能力，并能够发现具有这种能力的人才；情感能力是指善于处理感情危机以及人际关系危机的能力，在这种危机下能够承担责任并充满信心地进行自我控制，抵制诱惑。情感能力是管理层的最高以及最主要的素质，而管理角色则是三种能力的综合。

（3）稳定型职业锚

拥有稳定型职业锚的员工重视职业的安全和稳定，主要表现是“唯命是从”，即老板下达的命令会按照原则办好，他们追求体面的收入、安全而又稳定的工作环境、完善的退休方案和较高的津贴。总体来说，稳定型职业锚员工具有两种倾向：一种是居地安全，即稳定地进入一个特定的居住环境，过上安居乐业的生活；另一种是组织安全，是指员工具有成为某一组织的固定成员的保障。

（4）创新型职业锚

组织最需要也最珍惜的就是创新型职业锚员工，其特点主要是希望自身拥有更多的管理权和良好的工作环境，能够施展自身的能力，拥有强烈的成功欲、创造欲、权力欲，能够体现自身的价值。拥有这类职业锚的员工大多不满足于工作现状，力争在工作上取得创新。

(5) 自主型职业锚

自主型职业锚员工一般是自由职业者，其主要特点是拥有摆脱组织管理和约束的愿望，以便从事可以使自身能力得到充分发展的自由职业，寻找更加自由的工作环境。其主要倾向于拥有更多的自主权，他们一般能够发挥很强的想象力和创造力。

(6) 其他类型的职业锚

除了上述五种类型的职业锚之外，一般员工还有其他类型的职业锚。

①劳务型职业锚。

这类职业锚员工在职业生涯中最重要的价值观和动机是为他人提供劳务和服务，如警察为能够抓获犯人、维护治安而感到荣耀；教师因为能够教育学生而感到欣慰；医生以救死扶伤为荣。

②权力型职业锚。

这类职业锚员工以能够管理和控制他人为兴奋点，他们可以在自身职业工作中制约、控制，甚至有操纵别人的权力，如高级管理人员和首席执行官在组织中拥有决策权，他们负责制定战略、管理团队和推动组织的发展；政治家和政府官员通过担任政府职位来行使权力，他们制定政策、管理公共事务和推动社会变革。

③认同型职业锚。

这种类型职业锚员工一般处于底层，他们经常以职业认同为职业锚。这些职业认同一般包括职务标志、单位名称、地区优势等，如为某市长开车的司机、在中央团校工作的门卫等。

3）利用职业锚引导职业的发展

员工个人的职业发展是否成功以及成功程度受到个人智力、工作经验、专业知识和技能等很多因素的影响，但在很大程度上取决于任务性质、员工由于工作产生的压力、培训员工的方法和内容等员工自身无法控制的因素。由于不同职业锚员工感受到的工作压力是不同的，他们对于自身所在的工作环境的要求也是不同的，所以在实践中，人力资源部门要针对不同职业锚员工采取不同的培训内容和培训方法，使员工的优势和潜能得到最大限度的发挥，这是员工职业生涯成功的关键。

一般来说，管理型职业锚员工对于工作的压力感受较大。在高压力状态下，员工会产生焦灼的心理，这不仅使得员工怀疑自身的能力，还会降低员工的工作效率和工作自信心，因而能承受高压力的员工更倾向于利用工作的经验，在管理岗位上安排人际经验比较丰富的员工会取得更好的成效；或者可以对具有管理型职业锚特征，同时又经验不足的员工进行降低压力的培训，加强其人际沟通技巧和管理技能。

稳定型职业锚员工追求安全的工作以及工作环境的安全性，其最终目的是稳定的前途。这类员工倾向使用理性的方法解决问题，从而能够通过最优办法解决问题，他们人际关系方面的压力比较小，所以在高压力的人际关系下仍然能在工作效率和效能上取得较好的成果。若要提高稳定型职业锚员工的工作绩效，只需对其进行工作技能的培训。

7.4.3 员工个人的职业生涯规划

1）明确自己的人生价值观

人生价值观是员工做好职业生涯规则的基础，一个人明确了人生价值观，就清楚了自己未来的工作和生活的奋斗目标，就会为这一目标而努力。

第一，诚心接受职业和组织。每个员工对于自身选择的职业都要充满热情和信心，因为任何职业都不是完美的，都会在某些方面让你感觉到不适应，只有兢兢业业地努力工作，随着时间的积累以及在工作上的表现与成就，才会有发展的前景。

第二，了解自己选择的职业的重要性。一种职业的存在一定有其必然性和重要性。员工在看待自身选择的职业时，要积极对待与职业有关的所有事务，发现并了解自身职业的重要性，激发潜能和责任感。

第三，在前两点的基础上，要形成积极向上的态度。只有这样，个人的思想才能得到升华，形成强烈的职业责任感，自信、自尊、自爱，出色地完成任务，诚信服务组织。在进入组织前，要做好心理和实力准备，培养积极的态度和正确的价值观，这样有利于目标的实现。

2）认识自身的特征

正确认识自我是一个人迈向成功职业生涯的重要一步。首先要了解自己的生理特征，包括性别特点、身高、体重、身体健康状况等；其次要了解自己的心理特征，对自己的性格、智力、态度、爱好等有正确的认识和评价；最后要了解自己的角色、地位、权利、人际关系等社会属性。总之，如果个人对自己想要做什么、喜欢做什么、适合做什么、擅长做什么有充分的认知，那么他的职业生涯规划必将是科学的、合理的。

当然，自己可能很难准确判断自己的各项特征，这时候可以询问身边的人或者寻求专家的帮助，最后自己做综合考量。

3）做好个人的准备

第一，早期职业生涯规划要做到适应组织环境和组织文化，包括接受组织的人际关系，尊重上司，和上司进行有效的沟通，培养自身的团队意识，关注组织的发展，将个人发展与组织的发展结合在一起，并加强自我激励，积极地参与工作；通过注意服饰和仪表、遵章守纪、讲究信用、待人真诚、明确岗位职责、恰当地向上司展现自己来塑造职业形象，并且在做好本职工作的同时，做好晋升的准备。

第二，在职业生涯中期，要明确组织的认同和个人的职业认同，实现理想和现实的一致性，防止工作业绩下滑，积极调整自身的心态和情绪，有效地处理职业中遇到的危机。

第三，在职业生涯后期要为退休做一些准备，也要在临近退休时调整好心态，培养新的接班人。

4）进行自身职业生涯的管理[①]

第一，在职业生涯早期，员工为了更好地实现个人的职业目标，应该按照组织的发展方向和目标来进行自身职业生涯规划管理，具体做法包括：向组织提供自己真实的资料；主动了解别人对自己的认识和评价；努力工作，争取晋升的机会；与管理人员沟通，了解自身的发展方向并制订方案；按照方案努力实现目标；接触不同群体的人员。

第二，到了职业生涯中期，除了早期的准备之外，还要有针对性地进行自身职业生涯的管理，实现既定目标，具体做法是：适当降低目标；学习求职技巧；坚持学习；保持身心健康。

第三，在职业生涯后期，员工面临退休，各方面都发生了变化，所以应尽早做准备，具体做法是：接受能力下降的现实，要尽快适应新角色；接受权力职位下降的现实；提高应对家庭变故的能力。

7.4.4 企业对员工职业生涯规划的优化

1）早期职业生涯管理

在职业生涯早期，组织面临着非常重要的任务，良好的职业生涯管理有助于组织和员工更好地发展，也能激发组织和员工的潜能，组织管理包括以下几个方面：

第一，对新员工进行岗位引导以及配置岗位。岗位引导是指给新员工讲述组织的基本情况，具体包括工资的基本情况、福利、工作时长、工作环境和工作伙伴等。这部分工作大多数是由人力资源部门完成的，主要是介绍组织的发展历程、组织发展的宗旨，培养员工的归属感，进行遵纪守法培训，明确员工发展的需求和方向，帮助员工熟悉工作环境以及尽快进入氛围。

第二，提供给员工的最初任务要富有挑战性。帮助新员工胜任工作，并在富有挑战性的工作中了解员工的能力和专业知识素养，对员工的潜能进行考评，这样管理者才会做到心中有数。

第三，在招聘新员工时要提供未来工作的展望。提前做好针对新员工的工作展望，这样可以避免员工在开始工作后有不适应的情况。所以，在招聘之初就对员工进行工作的说明和未来工作的展望，使他们明白未来工作哪里可以受益、哪

① 杨河清．职业生涯规划［M］．北京：中国劳动社会保障出版社，2005.

部分工作较为困难，组织也可以在未来的工作中看到员工的潜力以及在组织的长期存留率。

第四，严格要求新员工，对员工进行职业生涯规划。员工在刚入职的时候，应该受到专业的、特定的培训，并且要加强员工对自身职业生涯的规划工作。

第五，进行工作绩效评估，提供阶段性的工作轮换。管理人员要对员工进行工作绩效评估，要了解员工的需求。

2）中期职业生涯管理

职业生涯中期是职业生涯最重要的时期，在这一时期，员工可能一方面会取得成就，另一方面会陷入职业低谷，那么就要有效地预防职业生涯中期的危机，要进行及时的处理，具体包括：

（1）为员工提供更多的职业发展机会

组织给员工提供发展机会是留住优秀人才的有效措施，具体做法包括开发新的项目、给予荣誉、轮换岗位等，使员工的需求得到满足，从而鼓励员工，激发员工的潜能。

（2）丰富员工的工作经验

组织要对员工的工作进行再设计，使员工对自身工作进行再认识、再分析、再适应，对工作产生成就感，保持积极的工作态度。平时组织应该多给员工锻炼的机会，并总结经验，使得员工增加自身的工作经验，尽快实现职业生涯规划的目标。

（3）帮助员工解决家庭纠纷

员工的家庭难免会出现各种各样的困难，而家庭问题会影响员工的工作情绪，所以，组织要帮助员工解决家庭冲突，处理家庭事务，平衡工作和家庭的关系。

3）后期职业生涯管理

员工在这一阶段的人生需求变化很大，所以组织要注意处理这一时期员工的职业生涯危机，具体做法如下：

（1）使员工坦然面对退休

在职业生涯后期，员工逐渐衰老，工作能力下降，也不适应学习新的技能，甚至不能胜任工作岗位，所以，组织要说服员工适应和坦然面对这一阶段的变化，对员工进行心理疏导和交流，帮助其放松紧张的心情和状态。

（2）开展员工咨询

开展员工咨询活动，可以使员工更加适应今后的职业生涯变化和提高心理承受能力，组织也可以减少将要退休的员工的工作量，使得员工尽早适应退休生活。

（3）做好新老员工的衔接工作

组织要有计划地安排退休人员离开工作，并招聘新的员工接任岗位，在退休员工离开之前，要做好新老员工的衔接工作，不能因为退休人员的退休而干扰了组织的运转和目标的实现。

案例链接 7-3　腾讯员工的职业生涯规划

腾讯的迅速发展、团队的快速壮大，背后必然有一套好的机制进行管理。腾讯十分重视人才，它会为每一位员工制订各自的职业生涯规划，使每一位员工能清晰自己的职业成长方向及每一个阶段的重心、要求，让员工与企业共同成长。

腾讯为其员工在职业生涯管理中规划了两大发展通道：

①管理发展通道——基层管理者、中层管理者和高层管理者；

②专业发展通道——骨干、专家/资深专家、权威。

在纵向上，腾讯为员工搭建职业发展阶梯，清晰指引员工发展目标，体现了对员工能力发展的期望与要求。纵向上分为六个等级（由高到低）：

LV6——fellow（权威），作为公司内外公认的权威，推动公司决策；

LV5——master（资深专家），作为公司内外公认的某方面专家，参与战略制定并对大型项目/领域负责；

LV4——expert（专家），作为公司某一领域的专家，能够解决较复杂的问题或领导中型项目/领域，能推动和实施本专业领域内的重大变革；

LV3——specialist（骨干），能够独立承担部门内某一方面工作/项目的策划和推动执行，能够发现本专业业务流程中存在的重大问题，并提出合理有效的解决方案；

LV2——intermediate（有经验者），作为一个有经验的专业成员能够应用专业知识独立解决常见问题；

LV1——entry（初做者），能做好被安排的一般性工作。

在以上六个等级里，每个等级又包含三个子等级，分为基础等、普通等和职业等。

LV1为基础等，是指刚达到本级别能力要求，尚需巩固；

LV2为普通等，是指完全达到本级别各项能力要求；

LV3为职业等，是指本级别各种能力表现成为公司或部门内的标杆。

在横向上，按能力与职责相近的原则，腾讯为不同能力的员工设计了不同的职业发展通道。

专业族（S1～S6），包含企管类、财务类、人力资源类、法律类、行政类等。

产品/项目族（P1～P6），包含游戏策划类、项目类等；

技术族（T1～T6），包含软件开发类、技术研究类、设计类、游戏美术类等；

市场族（M1～M6），包含战略类、销售类、营销类、客服类等。

绩效和资历是员工职级晋升的门槛，能否实现专业职级的晋升，最终还要看员工专业能力是否真正得到提升，并达到了目标职级的要求。员工只有不断提升工作能力并创造良好的绩效，才能在公司获得持续的发展。腾讯依据通道/职位建立员工专业技术能力标准，包括专业经验、绩效表现、通用能力、专业能力、组织影响力。在职级评定中，腾讯鼓励员工充分参与，并确保评定的客观与公正。

从腾讯的员工职业生涯规划可知，通过横向、纵向等多维度结合，充分考虑各部门具有不同特性的员工在不同阶段应该选择的发展方向，使员工的发展道路既有选择性，又能目的指向鲜明，避免员工在前进道路上产生困惑。另外，晋升渠道的公开性、透明性能有效保障这个过程的公平、公正。

资料来源 佚名. 腾讯现行人才管理体系［EB/OL］.［2023-06-27］. https：//www.sohu.com/a/242944639_263537.

7.5 心理援助

7.5.1 员工的心理健康

1）定义

员工的心理健康是指员工高度满意又持续的心理状况，主要体现在职业倦怠感、组织归属感、职业压力感、人际亲和感、职业方向感这五大心理状态都是均衡而又积极的。企业可以通过了解员工的心理状态，发现员工在工作中的不足，分析其缘由，并由此制定相应的治疗手段，来帮助员工从焦虑中解脱出来，减轻或释放由职场给员工带来的压力，减少这些压力给员工带来的损害，以确保员工的心理健康。

2）健康的标准

健康是指没有身体上的缺陷和损失，也拥有完整的生理及心理的状态，还伴随拥有良好的道德观和社会适应力。健康=情绪稳定+运动适量+饮食合理+科学的休息；疾病=懒惰+嗜烟+嗜酒。

3）心理健康的标准表现

心理健康的综合标准有五个方面：

①认知正常：对自我和对外界的认识正常。

②个性完整：有独立性、外向性、责任感、活动性。

③情感协调：只有轻度焦虑，但情绪是稳定的。

④适应良好：对于人际关系和社会都有很强的适应能力。

⑤意志健全：有能力和毅力应对挫折和压力。

具体到个人心理健康的标准，体现在以下六个方面：

①善于与他人相处：有好的人际关系，尽量减少人际冲突，有足够的人际交

往的能力和沟通的技巧。

②行为适度：行为具有目的性和自觉性，能够受意识的支配。

③乐于工作：愿意参加工作，对工作的意义和价值有正确的认识，并能在工作中产生成就感和满足感。

④情绪正常：个体活动能够适应社会的要求，使得其处于良好的状态，心理活动趋于稳定和平衡。

⑤自尊自制：有自主性和独立性，有控制自身的心理和行为的能力。

⑥有正确的自知之明和自我意识：能对自身的优缺点、需要、情感、动机进行客观的评价。

4）引发员工心理健康问题的因素

（1）压力

压力影响员工的心理健康，它是一种外部因素，是指能够造成心理及生理功能紊乱的刺激物。工作的压力又称为职业紧张或职业压力，是指由于工作环境、人际关系或有关因素所引起的压力。适度的压力有益于健康，也能够提高绩效，但压力过大会影响员工的身心健康。没有压力会刺激不足，不能加速大脑的运转，员工的能力也无法提升。

压力源分为两种：生活压力源和工作压力源。生活压力源是与员工的个人生活有关的因素，具体包括以下四个方面：生活方式、重要人员的影响、个人生活事件的影响、经济收入的压力。工作压力源是与员工岗位有关的因素，可以分为两类：职业外在压力源，包括职业组织政策、员工本人情况、制度运行等；职业内在压力源，包括工作负荷、劳动条件、劳动任务范围等。

应激或应激反应是指机体受到强烈的因素刺激时出现的非特异性全身反应。应激分为两种：一种是慢性应激，即长期的唤醒状态，持续很长时间，如沮丧感；另一种是急性应激，即短暂的唤醒状态。当刺激事件打破了人的心理平衡状态与负荷能力，或超过了个体的能力所及时，就会体现为压力，并引起应激反应。在更多时候，压力的心理反应表现为消极的一面，长期处于压力状态的人可能出现行为异常，还可能出现一系列的身体疾病。有关工作压力在心理、生理和行为方面的消极后果可以用社会再适应评定量表来衡量，见表 7-2。社会再适应评定量表（Social Readjustment Rating Scale，SRRS）是由美国心理学家霍姆斯（T. H. Holmes）和拉赫（R. H. Rahe）于 1967 年提出的一种测量个体生活事件对心理压力的影响程度的工具。

表 7-3 列出了工作压力所引起的具体症状。

（2）挫折

①挫折的定义。

挫折是人们在有目的的活动中遇到了无法克服的干扰和障碍，其动机和需要不能满足时所产生的消极情绪反应。

表 7-2　　**社会再适应评定量表**

序号	生活事件	分值	序号	生活事件	分值
1	配偶死亡	100	23	子女离家	29
2	离婚	78	24	姻亲纠纷	29
3	夫妻分居	65	25	个人成绩突出	28
4	刑期	63	26	配偶开始工作或离职	26
5	近亲死亡	63	27	开学或放假	26
6	外伤或生病	53	28	生活条件变化	25
7	结婚	50	29	个人习惯改变	24
8	被解雇	47	30	与上级的矛盾	23
9	婚姻和解	45	31	工作时间或工作条件改变	20
10	退休	45	32	搬家	20
11	家庭成员患病	44	33	转学	20
12	怀孕	40	34	娱乐活动改变	19
13	性生活问题	39	35	教会活动改变	18
14	家庭添员	39	36	社会活动改变	18
15	调换工作岗位	39	37	负债不超过 1 万美元	17
16	经济状况改变	38	38	睡眠习惯改变	15
17	好友死亡	37	39	家庭聚会次数改变	13
18	工种改变	36	40	饮食习惯改变	12
19	夫妻不和	35	41	度假	12
20	负债超过 1 万美元	31	42	节假日	12
21	丧失抵押品赎回权	30	43	轻微违法	11
22	工作职责改变	29			

注：记下一年内发生在你身上的每一件生活事件的分值，然后加总算出你的得分。该得分衡量你对疾病和心理健康问题的易感程度：小于 150 分为低度，150~200 分为轻度，201~299 分为中度，300 分及以上为重度。

资料来源　HOLMES T H，RAHE R H. The social readjustment rating scale［J］. Journal of Psychosomatic Research，1967，11（2）：213-218.

表 7-3　工作压力所引起的具体症状

心理症状	生理状况	行为症状
焦虑、紧张、迷惑和急躁	心率加快、血压增高	拖延和避免工作
疲劳感、生气和憎恶	肾上腺激素和去甲肾上腺素分泌增加	工作能力降低
情绪过敏或反应过敏	肠胃失调，如溃疡	酗酒和吸毒
感情压抑	身体受伤	完全无法工作
交流的效果降低	心脏疾病	去医院的次数增加
退缩和忧郁	呼吸问题	为了逃避而过度饮食
孤独感和疏远感	汗流量增加	胆怯和减少饮食
厌烦和工作不满	皮肤功能失调	没胃口、瘦得快
精神疲劳和低效能工作	头痛	冒险行为增加
注意力分散	癌症	侵犯别人、破坏公共财产
缺乏自发性和创造性	肌肉紧张	与家人和朋友的关系恶化
自信心不足	睡眠不好	自杀或试图自杀

资料来源　俞文钊，吕建国，孟慧. 职业心理学［M］. 3 版. 大连：东北财经大学出版社，2014.

②挫折产生的原因。

内部原因包括人际关系障碍、生活上的创伤、个体生理条件的限制、期望和能力的矛盾、学习上的不适应、动机冲突、生活上的创伤。

外部原因分为两种：一种为在社会环境中个体遭受的人为因素，另一种为非人为环境因素。

③挫折的作用。

挫折的积极意义有：第一，挫折能提高人的认知水平；第二，挫折能增强个体的承受力；第三，挫折能激发人的活力。

挫折的消极意义有：第一，减弱个体的成就动机水平；第二，降低个体的创造性思维活动水平。

④遇到挫折时的心理与行为反应。

遇到挫折时的心理与行为反应包括攻击心理与行为、倒退与回归心理与行为、固执心理与行为、妥协心理与行为、压抑心理与行为、自杀心理与行为。

此外，引发员工心理健康问题的因素还有工作狂、完美主义、人际关系差、职业枯竭等。

7.5.2　企业对员工进行心理援助的意义和具体做法

1）企业进行员工心理援助的意义

有效的企业员工心理健康管理可以为企业带来诸多效益。企业员工心理健康管理的目的是提升组织文化，促进员工心理健康，降低管理成本，提高企业绩效。

和谐企业是一个人人都心理健康的企业。企业良好的员工心理健康管理可以给企业带来很多好处，具体如下：

①提高劳动生产率。通过员工心理健康管理，使员工身心更加健康，精力更加充沛，使员工的压力处于最佳水平，提升企业的劳动生产率，增强企业的核心竞争力。

②预防危机事件的发生。通过员工心理健康管理，对员工的压力水平进行监控并提出合理化建议来稳定员工的身心状态，预防员工心理危机事件的发生。

③减少人才流失。实施员工心理健康管理，能够使员工感受到企业对他们的关心和照顾，从而使员工更有归属感，提高员工的工作热情；企业也能因此吸引更多的员工，这样可以大大降低人力资源风险，保护企业的核心资源。

2）企业进行员工心理援助的具体做法

（1）降低员工压力感的做法

①压力的个人调适。要承认压力是无处不在的，要以正确、积极的态度面对压力及压力的影响，以此来掌握自我缓解压力的方法。具体有以下两类：

一是情绪调节法，个人在不改变应激源的情况下，通过改变自己的观念或行为反应来消除和削弱不利的影响。值得一提的是，这种方法是间接的调节方法，在应激源没必要改变及无法改变的情况下是比较理想的。如果应激源改变了，则此方法不但不适用，还会带来新的应激。

二是求助心理医生，这是一种通过直接排除应激源而消除应激影响的方法。这种方法是比较直接和有效的，但在实施过程中要注意行动的社会文化可能性、法律可能性、现实可能性、道德可能性，不能给自己及他人带来不利的影响和后果。

②组织方面的管理策略。对员工进行技术指导和培训，合理地进行人事配置，加强群体建设，辅导及疏导员工的心理，创设良好的人际关系。

（2）挫折心理的对策——心理疏导

心理疏导是指运用一定的心理诱导方法使受挫者通过别人的引导发挥内在潜力，从而消除心理障碍、排除不良行为和不良情绪，明确前进的方向。

心理疏导要在三个层面上进行：一是确定挫折引起的心理反应；二是探寻认知根源；三是找寻挫折的诱因。

此外，还有情境转移法、心理对比法、调整认知结构法、适度对比法、幽默松弛法等。

7.5.3 员工援助计划

1）员工援助计划概述

（1）定义

在企业对员工实施的心理援助方案中，采用最多的是员工援助计划（EAP），它是企业为员工设置的一套长期的、系统的福利和支持项目。这个项目是通过专业人员对企业的建议、诊断和对员工及其家属提供的咨询、培训和心理辅导来帮助员工及其家庭成员解决各种心理障碍和问题，提高员工的个人绩效。

（2）内容

EAP包括压力的咨询、培训教育、宣传推广、组织的改变、压力的评估等多项内容，具体分为三部分：一是对于造成问题的外部压力源的处理，包括排除或减少不适当的环境因素；二是处理压力所造成的反应，包括生理、心理、情绪的疏导和缓解；三是改变个体员工自身的弱点，包括心智模式、行为和生活方式等。具体的做法为通过专业人员的专业技术——心理健康评估法——来评估员工的心理状况，找出影响健康的因素。

心理健康的人善于控制自身的情绪，对于挫折和困难能够作出积极和正面的反应，具有很强的应对能力和社会适应能力；而心理不健康的人，其情绪往往是失落的，在困难和挫折面前郁郁寡欢、自暴自弃，甚至出现过激行为。EAP就是要做好职业心理健康的宣传，利用海报和健康知识讲座等树立员工对于心理健康的正确认识，鼓励员工迎难而上，积极面对困难，改善工作环境；减少或消除导致职业心理健康问题的因素，设法建立一个积极的、支持的和健康的工作环境，一方面改善工作的物理环境，另一方面通过组织结构变革、领导力培训、团队建设、工作轮换、员工职业生涯规划等手段改善工作的软环境，丰富员工的工作内容，指明员工的发展方向；通过压力管理、挫折应对、心态调整、教练技术等一系列培训，不仅可以帮助员工了解职业心理健康知识，掌握心理素质提高的基本方法，增强对心理问题的抵抗力，而且可以帮助管理者掌握员工心理管理技术，在员工出现心理问题困扰时，能够快速找到适当的解决方法；突破含蓄隐秘的传统处理方式，对于受心理问题困扰的员工，提供个别、隐私的心理辅导服务，如热线咨询、网上咨询、个人面询等各种形式，解决员工心理困扰和烦恼，使员工能够以较好的心理状态生活和工作。

（3）目的

人力资源是企业最宝贵的资源，是企业发展的首要动力，EAP增强了员工的满意度和归属感。这可以提高员工的工作效率和生产力，消除那些对工作产生不良影响的因素，减少工作事故，也可以提升员工间的合作，同时还可以增强企业的魅力，吸引人才，减少员工的抱怨，提升员工的积极性等。

（4）服务特点

①为 EAP 服务来访者建立心理方案和备份，以便企业得知其全体员工的心理素质情况。

②EAP 服务时间灵活，方式多样，主要包括 24 小时心理热线、小规模的心理培训、面对面的咨询、大规模心理讲座。

③专业 EAP 咨询机构会恪守职业道德，对于向 EAP 机构提供的任何信息都不会向任何人泄露。

④EAP 不仅保密工作做得好，而且在保密的同时，还会了解员工和企业的各种问题，帮助其解决矛盾，在发生重大问题之前及时和企业或者有关员工进行沟通。

（5）服务分类

①根据服务提供者，可分为内部 EAP 服务和外部 EAP 服务。

内部 EAP 服务是在企业内部配置专门的机构和人员为员工提供服务，比较适合大型的、成熟的企业的 EAP 服务。由企业人员和内部机构提供服务，更加贴近企业和员工的情况，能及时发现问题、解决问题。

外部 EAP 服务是指由外部的专业机构为员工提供服务，企业需要与外部机构签订合同，并且安排 1～2 名专业人员负责联络和配合。

相比较而言，内部 EAP 服务要比外部 EAP 服务节省成本，但是基于员工的心理需求和保密工作，可能外部 EAP 服务机构更加适合且有效。专业的 EAP 服务机构有广泛的网络，能在全国范围内提供服务，这也是内部 EAP 服务所不能达到的水平。所以，在实践中，一般是内外部 EAP 服务结合并用，这样效果会达到最佳。

②根据实施时间长短，可分为长期 EAP 服务和短期 EAP 服务。

EAP 服务作为一个系统项目，应该长期实施，持续几个月、几年甚至无终止时间，但有时企业只在某种特定情况下才实施员工援助计划。比如，并购过程中由于业务再造、角色变换、企业文化冲突等导致员工出现压力和情绪问题；员工在裁员期间出现沟通压力、心理恐慌和被裁员工的应激状态。又如，发生空难等灾难性事件，部分员工的不幸会导致企业内悲伤和恐惧情绪蔓延……这种时间相对较短的 EAP 服务能帮助企业顺利度过一些特殊阶段。

（6）服务内容

服务内容通常包括：鼓励员工在困境中积极找寻方法和应对措施；工作环境再设计和改变；对员工心理问题进行评估；利用海报、健康知识讲座树立员工对心理健康的正确认识；对员工团体进行不同形式的心理咨询；建立员工心理咨询档案等。

2）引入心理援助计划的重要性

从理论上说，EAP 是企业“人性化”管理的一个组成部分，不论是对企业还是对员工的意义都是非常重要的。

（1）对企业

实施员工援助计划可以使企业更加深入地了解员工的具体状况，有针对性地帮助员工排忧解难；通过了解员工的心理问题，及时、有效地帮助其解决问题并保持良好的工作状态，提升员工的忠实度。实施员工援助计划对于企业更加显而易见的好处有以下几个：节省培训开支；提高员工工作士气；减少医疗费用的支出；节省招聘费用；降低管理人员的负担；提高组织的绩效；减少错误的操作；降低员工请假率等。

（2）对员工

EAP具有保密性特征，可以减轻员工的生理、心理和来自家庭的压力，使员工能够全神贯注地投入到工作当中，充分发挥其工作的积极性和创造性，有效地处理人际关系，提高自身工作热情，优化生活和工作情绪，增强适应性，克服不良嗜好。

从目前看来，为了消除或减轻由于种种原因造成的压力所带来的危害，EAP的推广应用势在必行，这一点是毋庸置疑的，但是在EAP的实际实施中，不同的组织必须结合自己的实际情况（企业价值观、愿景、文化渊源等），选择合适的内容，制定有效的应用流程，使这一服务发挥出应有的效果。

3）实施员工援助计划的方法和步骤

（1）签约

签约是实施员工援助计划的第一步，目的在于明确企业存在的问题，通过沟通建立良好的合作关系。

（2）企业诊断

在实施员工援助计划之前，首先对问题进行分析，制订切合实际的援助计划，一般从五个方面进行探究：原因分析、计划分析、创新分析、反馈分析、执行分析。在探究的过程中，可以通过观察、采访等方法搜集信息，采用专业的方法来了解员工的需要，并在此基础之上制订符合员工实际的援助计划，及时将结果反馈给企业。

（3）建立健全沟通机制

企业应注重员工援助计划的推广工作，包括宣传员工援助计划的意义、内容、实施原则和角色定位等。通过全面的宣传工作，不断增强员工的信任感，消除员工的顾虑，使员工乐于参与到员工援助计划中来。各企业有所不同，其所在的行业、规模大小、所在位置等也存在很大差异，所实施的员工援助计划也不相同。一般情况下，一个员工援助计划包含三个层面的工作：

一级预防，即消除问题的诱因，目的在于消除任何导致职业心理问题的因素，建立起良好的环境，可通过改变人事管理制度来实现。

二级预防，即教育和培训，目的在于帮助员工了解心理健康知识并培养其处理心理问题的技能，从而不断增强员工解决心理问题的能力。

三级预防，即心理咨询与辅导，由专业人员为员工提供特别的心理辅导服务，让员工保持良好的工作状态。

（4）企业文化建设融入其中，坚持上下联动、内外结合的原则

充分发挥企业领导的带头作用，打造企业文化，凝聚力量，激发斗志。员工是建设企业文化的主体，只有他们才可以创造出优秀的文化。因此，必须充分调动员工的积极性和创造力，使企业的文化和信念根植于员工的心中，使他们增强荣誉感和责任感，尽心尽力地做好本职工作。

4）我国员工援助计划的弊端和建议

（1）弊端

①模式照搬。

我国企业员工基本上不存在吸毒和酗酒的情况。由于我国的传统文化决定了员工不会因为家庭矛盾来进行心理咨询，他们更加习惯运用自身的资源和能力来解决家庭问题和困难，所以我国的EAP服务方式应着眼于帮助企业员工自己解决问题。但是，目前我国的EAP服务忽视了我国传统文化的背景，纯粹照抄照搬国外的服务模式，认为通过几次简单的心理培训就会解决员工的心理问题，这样的后果就是大部分EAP项目在几次培训后起到的效果不明显。

②不切实际。

我国企业总是将外部专业机构当成救世主，和其他机构确立合作关系之后，就将一切希望寄托于合作方，希望合作方一手包办所有事宜，帮助企业渡过难关，疏导员工的心理。所以，企业在决定引入EAP服务后，不是对自身的情况做进一步分析，以决定与EAP服务机构的合作模式，而是将一切事宜都委托给EAP服务机构。

③片面理解。

一种片面理解是将EAP仅仅视为一种应对员工心理健康问题的临时解决方案。这种观点认为，只有当员工出现明显的心理问题时，才需要EAP。然而，EAP的目标是提供全面的心理健康支持，包括预防、干预和康复。它不仅是为了解决问题，还可以帮助员工提高自我意识、管理压力、改善工作生活平衡等。另一种片面理解是将EAP仅视为雇主提供的一项福利，而不是一个重要的人力资源管理工具。然而，EAP不仅可以帮助员工解决心理健康问题，还可以提高员工的工作满意度、降低员工流失率、提高生产率等。因此，将EAP作为一个战略性的人力资源管理工具来看待，可以更好地发挥其潜力。综上所述，对EAP的片面理解可能限制其在组织中的应用和效果。正确理解和使用EAP，可以为员工提供全面的心理健康支持，同时也可以为组织带来诸多好处。

④盲目引入。

虽然EAP的优点显而易见，可以帮助企业提升员工的绩效，提高员工的幸

福感和忠诚度，同时减少优秀人才的流失，但是这些效果并不一定要引用EAP才能获得，加强企业文化建设及优化管理手段、管理工作环境和内容同样可以提升员工的绩效，提高员工的幸福感和忠诚度。所以，引入EAP在一些人看来只是跟随流行风。

⑤听之任之。

我国企业引进EAP大多是引入时轰轰烈烈，而最后则销声匿迹，所以大部分时候更像是一种临时的活动。造成这种情况的主要原因在于两个方面：一方面是在EAP推行过程中对其掌控不准确；另一方面是引入EAP的目的和需求不明晰。

⑥主体错位。

我国的传统文化决定了我国EAP的模式应该是“企业与员工问题及资源分析、方案建议及培训、协助解决”的运作模式，这种运作模式要求EAP必须以服务对象为主体，EAP服务机构只是方案的设计者，方案实施的引导者、指导者和帮助者，而不是EAP工作的主体。然而，在我国开展EAP服务的机构往往把自己作为EAP实施的主体，把有EAP服务需求的企业及其员工作为EAP的参与者，将其放在被动接受的地位，导致了EAP主体的错位。这使EAP服务在我国企业的实施过程中往往是昙花一现，而不能作为一项稳定的、固定的管理措施或企业文化的重要内容保留下来。

（2）建议

①全面理解，预防为主，咨询为辅。

EAP是指企业通过对员工的咨询和诊断，了解员工存在的心理问题和心理障碍，从而帮助其解决生理、心理、社会、健康和经济问题。其中最核心的是帮助员工解决心理问题，排除工作干扰，疏导员工内心的障碍，帮助员工积极地面对困难，预防问题的发生。重中之重为“预防”，所有的工作都是为了预防问题的发生。因此，我国EAP服务人员和机构要全面了解EAP服务的内涵及外延，建立预防为主、咨询为辅的服务观念，帮助员工进行心理问题的疏导，提高员工对生活的热情和对工作的满意度。

②重视文化，创新模式，突出协助。

EAP服务在我国的引入和发展必须以我国传统文化为背景，要依照我国社会文化构建适合的EAP运作模式，而不是照搬外国EAP服务的运作模式。提供EAP服务的机构首先要帮助企业及其员工了解自身的情况、问题，根据这些基本情况来制订EAP运行方案。方案设计的宗旨是帮助企业及其员工学会利用自身资源，获得自我解决问题的方法和能力。此外，在企业及其员工不能解决问题的情况下，通过为企业提供相应的资源及渠道，帮助企业及其员工解决问题。

③摆正位置，企业为主，机构为辅。

EAP服务机构在推行其基本服务的基础上，要摆正位置，把企业作为EAP

项目推进的主体，把自身作为EAP方案的设计者，方案实施的引导者、指导者和帮助者。引入EAP服务的企业必须明白，方案能否实施，关键还要靠企业这个内因，EAP服务机构只是辅助企业认清问题及企业的资源有哪些，是协助企业设计、实施解决方案的外因。因此，企业必须放弃被动接受的错误观念及行为，积极主动地参与到EAP服务过程中，并在适当的时候建立起自己的EAP服务机构及团队，使EAP成为企业的一项重要管理举措，成为企业文化的重要组成部分。

④充分论证，长久绽放。

企业在决定引入EAP服务之前，必须充分论证三个基本问题：一是引入EAP服务的目的；二是当前企业的短板及其与EAP的关系；三是企业是否有推行EAP的基础。

从理论上来说，EAP服务可以改善企业绩效，但是，不同发展阶段的企业面临不同的发展“短板”，在企业资源有限的前提下，首先解决短板问题才能获得最大的边际收益。因此，企业在考虑是否引入EAP的时候，首先要明确引入EAP的目的是什么，为了实现该目的是否有其他方法，对比EAP投入与产出情况如何等；其次要分析当前企业的“短板”是什么，EAP与当前短板的关系是什么，现行状况下推行EAP会带来哪些结果；最后要分析现有资源是否支持在解决“短板”的同时推行EAP项目。

⑤深入分析，最佳合作。

在决定引入EAP后，必须针对要解决的问题和自身资源做好充分的分析。

第一，分析要实现EAP目标需要解决哪些问题，按照问题的重要性与亟待解决的迫切性进行分类，根据问题分类的结果确定EAP服务的内容。

第二，分析要实现EAP目标可利用的资源有哪些，企业利用资源的方式有哪些。

第三，分析要实现EAP目标需要利用哪些资源，如果内部资源可以解决，那就不需要聘请外部机构；如果需要外部专业机构指导企业有效利用内部资源，可以与专业机构建立教练式的合作模式；如果确实需要依托外部专业机构有效整合内外部资源，则与外部机构建立委托式合作模式。

综上，建议我国企业在决定引入EAP后，一定要在深入分析问题及自身资源的基础上，建立与外部专业机构的最佳合作模式。

⑥把握项目关键，加强项目管理。

项目的开展需要获得企业高层人员的支持，这样才能更好地获得开展EAP的资源。要在企业中利用海报、书刊、会议活动等方式扩大对EAP服务的内容、目的、工作方式等的宣传，加强对EAP相关专业人员的培训，使其能够正确评估员工问题类型，选择恰当的资源。

在项目运作过程中，切记EAP服务的实施是每一个员工的责任和义务，要竭尽全力实施。首先人力资源部门承担EAP的管理责任，EAP工作人员承担项目开展的具体工作，员工的直接上司承担发现、辨别和证明绩效低的员工和协助EAP工作人员及员工分析、解决问题的责任，每一位员工承担如何主动使用EAP服务提高个人工作绩效的责任；其次要开发并建立对EAP工作人员的绩效考核体系，激励其积极开展工作，因为他们的工作会影响其他员工问题的解决；最后要特别注意EAP服务的保密性，必须将保密原则有效地贯穿于EAP实施的全过程。

案例链接7-4　会明心理走进某电力集团为女性职工提供EAP服务

每年的3月8日是妇女的专属节日，在2018年对女性表达尊重的日子里，北京会明成长咨询中心（以下简称会明心理）以“女性职场减压与和谐家庭”为主题走进某大型电力集团，为30多位女性职工提供EAP心理指导服务。汤蕴是负责此次EAP服务的培训师，汤蕴从减轻职场压力以及和谐家庭生活两个方面进行这次心理指导，主要分享了压力的产生和程度衡量、重视沟通方式及自身人格健全、及时调整工作方式和心态，有意识地切换工作和家庭角色、有效沟通和共情的重要性、家庭氛围对其他家庭成员的影响等内容。

课后该电力集团员工刘女士说：“通过此次学习感受到了心理学的实际作用，心理学与我们的生活、工作都有联系，而非神秘的触不可及。心理指导服务可以帮助我们缓解压力、改善工作情绪、增强自信心、提高工作积极性，同时还可以帮助企业减少开支、提高员工士气、提高公司公众形象等。”有调查研究表明，企业在EAP服务上每投入1元，可以节省运营成本5~16元。在世界500强企业中，八成以上的企业为员工提供EAP服务。此次与该电力集团携手进行的心理指导让大家看到了心理学在中国的社会认可度正在逐渐提高，女性的地位也在不断提升。很多企业都设立了“员工帮助计划”的福利，有效地帮助员工解决各种困扰，引导员工充分体验、思考、反省、实践，达到实现自我认知、调整工作方式、提高工作效率的效果，而这一切都促进了企业的长远发展。

在企业EAP服务、职业心理辅导、团队建设规划、创伤危机干预等方面，会明心理经过了多年的发展和沉淀，已经积累了大量的案例和经验。会明心理在新的一年里将继续不忘初心、砥砺前行，致力于为社会提供更好的心理学服务，让更多的人从心理学中受益。

身心都健康，才是真正的健康。员工健康，企业才会健康。员工是企业最宝贵的财富，希望所有企业都能够关注员工的心理健康，为企业健康、高效、长远发展蓄力。

资料来源　会明心理. 会明心理走进某电力集团为女性职工提供EAP服务［EB/OL］.［2023-06-27］. http：//www.huimingcz.com/news/info？id=48.

聚焦民生　EAP护航员工心理健康

2022年8月22日，川庆钻探长庆钻井总公司陕北靖边区域“心灵驿站”聘请的心理咨询师分区块对钻井队员工开展心理辅导活动。

本次活动中，除了正在进行的“十年后”团队作画游戏，还设置了沙盘游戏、心理绘画等环节。长庆钻井总公司工会主席尹川介绍，目前，公司有4 000余名员工驻扎在陕、甘、宁、内蒙古的戈壁高原，钻井施工节奏快，工作相对枯燥，员工容易产生负面情绪和心理波动。因此，公司启动了心理测评工作。在心理测评工作中，一方面分析发生心理问题的诱因；另一方面分批次建立员工“心灵驿站”，设有测评室、沙盘室、减压室等，配备心理测评系统、心理沙盘、身心减压调试训练系统等，员工有了放松和缓解压力的地方，还能进行心理健康方面的咨询。

从2017年起，长庆钻井总公司引进员工帮助计划（EAP），启动各区域“心灵驿站”建设。长庆钻井总公司第四项目部经理、党委书记杨勇平说：“一线钻井员工占到公司员工总数的80%以上。他们远离城市和家人，在戈壁和荒原钻井，时间久了，或多或少会有情绪波动。很多新员工刚从校园进入职场，人际关系简单，缺乏沟通技巧，也需要心理疏导。开展心理帮助和关爱工作，能让他们表达自我，找到自己未来的努力方向，释放紧张和负面情绪，更好地适应钻井队的生活和工作。”

长庆钻井总公司聚焦关心关爱员工，着力从畅通诉求通道、推进“小食堂、小浴室、小卫生间、小活动室”建设、关爱特定员工群体、促进身心健康、激发员工动力和提升服务员工能力六个方面，把企业高质量发展成效惠及广大员工，用心用情用力解决员工困难，改善一线员工工作环境、改善就餐和饮水等生活条件，关爱员工心理和身体健康，增强员工的获得感、幸福感、安全感。

目前，长庆钻井总公司已经搭建了心理测评系统，建立了“筛查-普查-观察”的心理问题排查机制，还建立了员工心理疏导机制，让心理测评和疏导更加精准。

资料来源　董晓燕. EAP护航员工心理健康［N］. 中国石油报，2022-08-29（03）.

本章小结

本章阐述了企业社工个案工作的模式和方法、技巧，介绍了职业以及职业生涯管理的相关含义和特征，着重分析和阐述了职业生涯的应激管理和危机管理，列出了员工在企业日常生产经营中的应激行为及产生原因，并为企业管理者提出了解决措施，即实施心理援助计划，阐述了员工的心理援助计划及其在企业中的实施。

复习思考题

（1）企业社会工作个案工作的模式有哪些？

（2）简述企业社会工作个案工作的技巧。

（3）简述企业员工产生应激的原因。

（4）简述企业是如何对员工进行应激管理的。

（5）简述企业如何对员工进行危机管理。

（6）简述员工职业生涯规划各个时期的表现。

（7）简述企业如何对员工实施心理援助。

案例分析题

选择，人生路上的一种煎熬

小王是一名优秀的大学毕业生，已经工作一年了，专业对口，工作环境和待遇都很好，可是他内心的梦想却促使他想放弃目前的工作，去实现自己心中的那个已经埋藏很久的梦想。高大帅气、积极开朗、健康阳光，是咨询师对小王的第一印象。

“老师，我今年 24 岁，大学毕业已经一年了，我学的是建筑工程专业，现在在上海的一家建筑施工单位工作，做的是市政项目工程，公司的环境、待遇都很不错。”听起来一切顺利，学业有成，工作顺利，那么他还有什么问题呢？因为多数来访者都似有满腹心事，或郁闷或焦虑或胆怯，而面前的小王却前途光明。

“对了，老师，你一定很疑惑为什么我来咨询？是这样的，我原本想大四的时候考研，我对历史学很感兴趣，想在这方面有所造诣。当初报考建筑工程专业，完全是父亲的意思，是为了实现他的梦想。”听了他的这段话，咨询师若有所思。他继续说道：“我自己倾向于继续读研究生，但是我家里的情况给了我很大的压力。父亲希望我从事与建筑有关的工作，而我现在的工作是亲戚介绍的，在一个很不错的单位，如果错过了，今后长辈退休了就不会再有这个机会了。我能进这样的单位很不容易，我也不想辜负家人对我的期望。但是工作一年之后，我内心想读研、想学历史学的冲动还是那样地强烈，我不甘心在这个领域工作。所以这段时间我内心特别矛盾。”在咨询过程中，咨询师知道小王不想在建筑行业干下去但又迟迟下不了决心的理由是：在小王的心中有一个父亲未完成的梦想，父亲渴望上大学，渴望学建筑专业，渴望成为一名建筑师。它犹如一个心结系住了小王在现实生活中的自由活动，而要让小王全心全意地投入现实工作中，就必须解开这个心结。父亲把自己的梦想强加给儿子，小王是一个听话的孩子，不想违抗父亲的意愿，在大学期间学习成绩也非常好。可是他自己的梦想还是一直留在心中，他渴望学习历史学的情感一直被压抑着，一方面是父亲的梦想与对他的期望，另一方面是自己的梦想，当二者发生冲突的时候，小王觉得万分痛苦。在和小王的交谈中，咨询师发现，大学期间他是一名优秀的学生，虽然学的并非自己感兴趣的专业，但他还是学得很好；他也是一个很懂事的孩子，理解父母为他操心；他还是一个很有理想的孩子，心中有自己的梦想。如果这样的孩子执意要实现自己的梦想，必定要辜负很多人的希望，这对于他也是两难的选择。

讨论题：

（1）小王为什么会感到备受煎熬？

（2）阐述职业生涯规划的意义。

（3）你是否也对自己的理想职业进行了梳理？如果没有，可以试着发掘一下自己的兴趣。

第7章案例分析提示

第8章 企业社会工作小组工作实务

学习目标

✓ 重点掌握企业社会工作小组的工作模式与技巧；
✓ 了解企业社工在企业中的作用与沟通过程；
✓ 了解职场沟通的概念及技巧；
✓ 熟悉企业培养员工沟通能力的内容与方法；
✓ 了解企业人际关系管理的内容；
✓ 掌握人际关系管理理论的内容；
✓ 理解及掌握企业如何进行人际关系管理；
✓ 了解团队职业生涯的概念及团队职业生涯管理；
✓ 掌握企业员工的自我激励方法；
✓ 理解和掌握激励理论；
✓ 掌握企业管理者激励员工的方式方法。

引例

晚报上的一篇报道

林某于1996年入伍，后来因公致残，“革命伤残军人证”证明林某为三等乙级残疾（套改后为八级），在市民政局换发的“革命伤残军人证”里同样写着三等乙级残疾。1998年林某退伍后回乡，由县民政局安排在县棉织厂工作，并签了为期3年的劳动合同。2001年11月10日，县棉织厂发出通知，称林某的劳动合同至2001年12月11日到期，要他办理终止劳动合同手续。2003年9月，因县棉织厂改制，林某领了一笔自谋职业安置费后，不仅再也没有享受过伤残军人应享受的待遇，而且没有得到企业主管部门的妥善安置。之后几年，当林某到县棉织厂原主管劳动部门反映情况时却得到了这样的解释："妥善安置"并非一定要安排一个新的工作。按照县劳动部门的有关规定，伤残职工在办理终止劳动合同时，除了安置费外还可以领到一笔伤残补助金，但有个前提，是否伤残及等级得由劳动部门鉴定，部队及民政部门发的"革命伤残军人证"不能作为凭证。2016年林某在劳动部门鉴定而且不间断地反映未果之后决定，如果与厂家最终达不成共识，将诉诸法律解决此事。

资料来源　根据2022年社会工作师考试《社会工作实务》（中级）考试真题编写.

8.1 企业社会工作小组工作模式

8.1.1 小组工作概述

小组社会工作是由英文 social group work 或 social work with group 直译而来，简称为小组工作（group work）或团体工作。这是一种以小组活动形式开展的社会工作方法，旨在以人与人之间的互动关系为基础，并通过专业的小组活动恢复和提升个人或团体的社会功能，进而实现社会目标。

1）小组工作的概念界定

随着社会工作实务与理论的深入发展，学术界对"小组工作"概念的内涵与外延的解释更加多样化，大致涉及以下四个要素：

①小组工作是一种社会工作的专业方法。

②小组工作是社会工作者按照既定的目标带领和引导的一个过程。

③小组组员在小组工作过程中面对面地互动，互相影响，共同解决所面对的问题。

④小组工作通过组员之间经验的相互影响和分享，达到改善案主的社会功能、促进个人或群体健康成长的社会目标。

在此基础上，我们对小组工作做如下综合性定义：小组工作是社会工作的基本方法之一，经由社会工作者的策划与指导，通过小组活动过程及组员之间的互动和经验分享，帮助小组组员改善其社会功能，促进其转变和成长，以达到预防和解决有关社会问题的目标。

2）小组工作的类型

有关小组工作类型的划分标准有很多，一般依据小组的目标、案主的特点和实际需要、小组的形成方式、案主的参与动机以及小组采用的结构等，分成不同的类型。下面从小组目标的角度对企业社会工作实务中小组的类型做简要讨论。

（1）兴趣、娱乐小组

在企业社会工作实务中，较为常见的就是兴趣、娱乐小组。这种小组的目标就是丰富员工的业余生活，增添员工生活的乐趣，帮助员工在体验乐趣的同时学会和他人友好相处，学会一些沟通的技巧，陶冶情操。这种小组的指导员可以外聘专业的、受过训练的人士，也可以在企业中选择有一技之长的员工或领导者来担任。兴趣、娱乐小组可以促进员工与领导者之间的信任和沟通，是建立专业小组的良好基础。

（2）成长小组

成长小组的目标就是让员工充分了解自己，通过小组的体验充分发挥自身的潜能，解决所存在的问题并促进员工的身心发展。成长小组的焦点在于个人的成长和正向改变。使员工在逆境中开发自己的潜能和提升自我的过程就是成长过程。

（3）支持小组

支持小组的目标就是帮助员工减轻或是消除压力，恢复原有的精神面貌。对于支持小组，最重要的工作就是小组成员之间关系的建构和互相交流。社会工作者要指导和协助小组成员讲述事实，表达真实感受，鼓励成员之间进行良好沟通，达到互相支持的目的。支持小组要充分发挥小组成员的自主性，鼓励成员分享经验并协助解决彼此的问题。

（4）教育小组

教育小组的主要目标是帮助员工学习新的知识和技能，弥补员工知识的不足，改变员工的一些错误思想和看法，纠正其解决问题的不良方式，从而实现小组成员的发展目标。在开展活动的过程中，要帮助员工正确认识自己，使他们确立新的观念，从而改变看问题的角度，社会工作者在这一过程中也要帮助员工改正他们的错误思想，鼓励小组成员通过讨论与经验分享互相学习、互相促进。

（5）治疗小组

治疗小组的主要目标就是帮助小组成员改变他们的错误行为，解决个人的问题，平复内心创伤，恢复平稳的心态。治疗小组对社会工作者的素质要求比较高，不仅要具备扎实的社会工作理论和娴熟的实务技能，还要具备一定的心理学、医学等方面的知识和临床经验。社会工作者通过小组活动，帮助小组成员正确认识自己，了解自身的问题并找出问题的源头，利用小组的沟通交流来解决问题，使小组成员能够重塑其人格，开发其潜能，促使其成为健康、健全的社会人。

3）小组工作在企业中的实施过程

（1）计划阶段

计划阶段是社会工作者步入小组工作的第一阶段。社会工作者在计划小组工作时，有三个要素需要注意：一是个别成员。社会工作者要明确每个成员的动机、期望和加入小组的目的。二是小组本身。社会工作者要确定整个小组的目标。三是小组的环境因素。社会工作者要估计影响小组功能发挥的外部环境因素，同时还要拟订小组计划大纲，其主要内容包括小组名称、小组成立的动机、小组目标、小组成员、方案设计、活动的时间和地点、工作进度、经费预算等，并形成书面小组工作计划书。

（2）组织阶段

组织阶段的主要任务是：向所有成员说明小组的性质和发展的方向，与小组成员一起制定小组的目标，活动时间、方式、地点，以及小组的期限等。通过这些了解潜在成员对小组目标的看法。社会工作者也要通过与小组成员进行交谈尽可能多地收集资料，了解小组成员的问题和需求，深入了解他们加入小组的动机。

（3）执行阶段

这一阶段主要是由社会工作者运用小组的工作方法和技巧来完成小组的目标。一般来说，它要经历开始阶段、形成阶段、冲突阶段和维持阶段。这一阶段的工作任务主要有：对每次小组聚会做好记录和总结，在此基础上适当修改原来制订的计划。

（4）评估与结束阶段

评估是小组工作中重要的一部分。一般来说，评估工作始于小组组成，终于小组结束，贯穿小组工作的全过程。从实务角度来看，小组工作评估的项目有：小组目标是否实现；每个小组成员的需要是否得到满足，个人目标是否实现；对小组过程及小组行为进行评估；对小组社会工作者使用专业技术和方案活动进行评估。结束阶段的重要工作有：举办小组结束的活动仪式；小组成员填写自我评估表和小组评估表；对有个别需要或特殊问题的成员进行追踪辅导等。

8.1.2 企业社会工作小组工作的主要模式

工作模式是工作目标、实施原则和方式方法等的一种整合性框架。在小组工作实务中，不同类型的小组往往采用不同的工作模式，也可采用以某 模式为主、其他模式为辅的方式。常用的小组工作模式主要有以下四个：社会目标模式、治疗模式、互动模式和发展模式。在企业社会工作领域，小组工作实务的开展也以此四种模式为主。

1）社会目标模式

社会目标模式运用于社区和企业发展领域或项目，是最早形成的小组工作模式之一。它注重社会变迁和社会责任，强调培养人的社会参与能力、社会行动能力和社会责任感。

（1）理论基础

社会目标模式的理论基础主要是社会学和系统论。社会学理论主要从宏观层面关注社会变迁、社会转型等，从微观层面关注个人与群体的关系、人的社会行动。系统论认为人类社会、社区，甚至企业组织等都是由诸多要素组成的一个个系统，每个系统内部的要素之间都是耦合在一起的，并且彼此相互作用、相互影响。小组工作的社会目标模式的假设前提是：小组是拥有共同发展目标的，小组内的关系要通过成员之间的良好互动以及责任感和社会意识来建立和维系，重要的因素还有小组成员的社会参与和自我发展能力。

（2）实施原则

社会工作者在开展小组工作中，自始至终都要强调和贯彻以下几点原则性的“工作意识”：

①通过小组领袖的培养，培养和提升小组领导者和管理者推动企业发展的能力和责任心，特别是在规划和执行企业发展项目、影响企业重要政策改变方面的能力。

②致力于改善小组成员的社会行动、自我发展、社会参与能力，特别是整合社会资源、建立和扩大社会资本、参与和改变社会环境的能力。

③致力于保证小组工作目标与企业发展目标的一致性，针对企业的主要问题和基本需求，吸引和选择合适的成员参加小组活动，并且结合企业的问题和需求，与小组成员共同制定小组的工作目标，之后再进行小组活动的设计工作。

④致力于培养并提升小组成员的社会意识和社会责任感。要关注提升弱势群体成员的社会意识、社会责任感和社会参与能力，还要特别关注和吸引弱势群体成员参加小组活动，通过小组成员之间的互动来激发其潜能和动力。

2）治疗模式

治疗模式是一种社会康复模式，是社会学、心理学、医学的综合运用，具有独特的理论，其目的在于解决个人的社会问题，主要服务对象就是具有特定问题的人群。治疗模式在企业社会工作实务领域也具有较强的适用性。

（1）理论基础

治疗模式的理论基础最早源于精神医学和心理学，此后社会学的社会化和再社会化理论对治疗模式的影响日渐深入。治疗模式关注小组成员的心理和行为问题，认为这些心理和行为问题并不是简单的个人问题，主要原因在于社会关系的失调。因此，治疗模式强调通过小组活动来解决小组成员的社会化缺陷问题，重建其社会关系网络，恢复和发展其社会功能。

（2）实施原则

在治疗模式下，小组工作的对象是具有严重人格问题、社会偏差行为、情绪问题、精神异常或行为障碍的人，小组工作的目的就是帮助这些人更好地适应社会环境、恢复社会行动的能力，并在此基础上不断提升这些能力，预防和避免对个人造成不良影响。

社会工作者在开展治疗模式小组工作时，必须坚持如下原则：

①个别性与共同性相结合的原则，即对小组成员进行个别治疗，以及对于了解的问题和信息进行综合分析，以此来制定小组的共同目标，实施整体性的小组

治疗计划。

②综合性原则，即综合运用社会工作、心理学、社会学和精神病学的知识和实务技巧，明确治疗的方向，设计和实施小组治疗计划并控制小组的发展情况。

③建构性原则，即带领小组成员建构和发展社会性治疗关系，以替代原来的、有缺陷的社会关系网络，并运用各种治疗方法，帮助小组成员学习新的行为，适应新的社会关系网络。

3）互动模式

互动模式是以人与人之间、人与环境之间的关系为基础的，也称为交互模式。互动模式的目的在于通过小组成员之间的互动，使成员在这种环境中得到提升和发展，增进社会功能。互动模式下的小组工作焦点在于互动关系及其效果。

（1）理论基础

互动模式下小组工作的理论基础主要源于小组动力学理论、社会关系和社会结构理论。该模式的假设前提是：社会工作者通过组织小组活动及小组成员之间的互动，可以发掘小组成员的潜能，增强他们参与社会交往与社会生活的信心、知识和能力；小组是个人恢复与发展社会功能的有效场所；个人与个人之间、个人与社会系统之间存在相互依赖的关系。

（2）实施原则

社会工作者在开展互动模式下的小组工作时，应坚持以下原则：

①“面对面”的互动。社会工作者要促进小组成员面对面地交流，讲述自身的困难和问题以及自身的需求，认清小组成员的角色，在此基础上，综合小组共同存在的问题和共同需求，找出解决方法，整合社会资源，挖掘小组成员的潜能，进而实现小组及小组成员的目标。

②开放性的互动。互动模式下的小组目标是促使小组成员之间自由、开放地良性互动，因此小组的焦点既在个人，也在环境，更在个人、小组、环境之间的开放和互动。

③平等性的互动。互动模式要求小组成员在小组中形成平等的关系，通过与其他成员的沟通、互动达成共识，共同实现小组的目标并由此获得个人的发展。该模式强调小组成员之间的平等及个体独立性。

4）发展模式

发展模式是一种起步较晚的工作模式，目的在于预防和解决社会功能衰退的问题，也可称为过程模式。这一模式的应用范围极其广泛，适用于各种困难人群、面临危机的人群及寻求更好自我发展的人群等。

（1）理论基础

发展模式的理论基础主要源于社会发展理论、心理学。该模式强调以人的发展为核心，关注人的社会功能的提升。发展模式关注的焦点在于小组成员的社会功能，重视小组成员个人潜能的发掘与发挥。

（2）实施原则

发展模式下小组工作的特点是鼓励小组成员积极参与小组活动，积极表达自己并找出小组共同的兴趣和目标，形成积极的小组互助关系，促进小组成员和小组的共同成长。为此，社会工作者在运用发展模式时，应坚持和贯彻以下两大原则：

①“使能者”原则。

要帮助小组成员发展认知，激发潜能，提升小组成员寻求解决问题的办法、整合社会资源及自我发展的能力。

②积极参与原则。

要协调和鼓励小组成员在小组活动中主动表达自己的困惑或发展的意图，积极分享和学习自我发展的经验。

8.1.3 企业社会工作小组工作的技巧

企业社会工作小组工作技巧是企业社会工作实务的技术之一。小组工作技巧贯穿整个小组工作过程，包括建立关系、诊断、系统观察、组织和介入小组、领导、沟通、参与小组、专业判断、运用社会资源、过程记录和评估小组过程等。在此主要介绍沟通与互动技巧、小组的讨论技巧和小组活动的设计技巧。

1）沟通与互动技巧

沟通与互动技巧是小组工作的基本技巧之一。沟通是小组成员互动的基础，是一种重要的动力。一般而言，社会工作者在开展小组工作实务时，应熟练掌握与小组成员沟通的技巧以及促进小组成员沟通的技巧。

（1）与小组成员沟通的技巧

①营造轻松、安全的氛围。

社会工作者要向小组成员表达出热情、真诚、关怀，在交谈的同时，要辅以热情、友善的表情和语言，为小组营造自由、轻松、开放的氛围。

②专注与倾听。

社会工作者在听小组成员讲述事实时，态度要端正、专注，通过语言和非语言的专注，让小组成员感受到氛围的自由和安全。社会工作者在此时也要注意小组成员所说的重点，尤其是一些没有预料到的信息；在未完全听懂对方的真正意思前，一定不要与之争辩。

③积极回应。

社会工作者在听取小组成员发言之后，要对小组成员所说的话予以高度重视，站在他们的角度思考问题，把握小组成员的内心感受和表达的情感，并予以积极的回应。社会工作者可以通过复述组员讲述的内容，让发言者感受到被理解和被重视。

④适当自我表露。

对于社会工作者来说，要想获得小组成员的信任，就要向小组成员传递真诚，让小组成员感受到被信任。具体做法是：可以有选择地讲述自身的经历、感受、态度等，使组员也能坦陈自己的问题和需要，从而使得社会工作者和组员双方在组员的问题及需求上达成共识。

⑤对信息进行磋商。

当无法把握组员发言中的信息含义时，社会工作者有必要耐心地与发言者协商交流，直到信息能够被正确了解并取得共识。

⑥适当帮助梳理。

在组员发言过程中或发言之后，社会工作者要非评判性地帮助组员梳理其发言，使其讲述的内容和感受听起来更具条理性和逻辑性。

⑦及时进行小结。

对于小组成员的发言以及表达出来的情感，社会工作者要及时地进行总结，并通过简明地复述组员发言中的主要观点和重要信息来归纳其要点。

（2）促进小组成员沟通的技巧

①提醒组员互相倾听。

在其他小组成员发言时，社会工作者要注意保持现场的安静，及时提醒组员互相倾听对方的发言。

②鼓励组员互相表达。

社会工作者要鼓励小组成员积极地表达自身的感受，并且提升他们接受别人感受的能力。对于特别沉默的组员要加以鼓励，对说得太多的组员要适当加以控制，以便给他人更多的表达机会。

③帮助组员互相理解。

在小组进行沟通的过程中，可能会出现有些地方不容易理解的情况，所以社会工作者要密切注意和观察小组成员的声调、语言、表情、态度和姿势等细微之处，帮助组员沟通和理解信息不一致和不明白的地方。

④促进组员互相回馈。

在小组成员发言之后，社会工作者要鼓励小组成员之间分享自身的感受，并且要给予回馈，回馈后也鼓励发言者再次回应。

⑤示范引导。

在沟通的过程中，社会工作者可用自身示范的方式，诱导组员模仿社会工作者的做法，比如提问的技巧以及给予回馈的方式等。

2）小组的讨论技巧

在小组工作中，无论是小组制定的目标还是确定的活动方案，以及小组解决的问题，都会用到小组讨论的技巧。小组讨论有助于小组成员之间增进感情，积极参与小组事务，激发小组成员的兴趣，运用小组集体的力量与决策解决小组和组员的问题。为了使小组讨论顺利和有效，社会工作者要掌握以下技巧：

（1）小组讨论的事前准备

①选择合适的主题。

小组讨论的主题要十分明确和清晰，要考虑小组发展的进程、特点、既定目标和小组成员的能力等。

②注意讨论问题的措辞。

讨论的问题主要包括事实性问题、价值性问题、推测性问题、政策性问题。在讨论每一类问题时，组员的口头表达、措辞的差别可能很大。他们的措辞最好能够引起其他小组成员的讨论，要有继续进行讨论的余地，要有范围的限制。

③选择合适的讨论形式。

小组讨论有很多形式，如座谈会形式、质询会形式、公开讨论的形式等，小组要依据自身的特性选择合适的讨论形式。

④安排活动的环境。

在小组讨论之前，社会工作者要安排好小组讨论的活动场地，尽量安排较安静的环境，同时也要安排好座位、音响、小组成员的角色，调节好室内温度，还要全面考察和规划活动。

⑤挑选合适的参与者。

社会工作者需要安排好参与者及组员的角色，如讨论会的主持人和参与者的角色分配。

⑥准备好讨论草案。

讨论草案主要包括以下四个方面：第一，讨论什么，即有哪些讨论素材；第二，讨论的目标；第三，讨论场地及设施准备清单；第四，讨论时间的掌握，即讨论的重点问题与次要问题的时间分配。

（2）主持小组讨论

①开场的技巧。

在小组讨论之前，首先要介绍参与者，要运用恰当的方式促使成员们进行沟通，使他们能够彼此认识。在互相熟识之后，社会工作者要提出活动的主题和讨论提纲，介绍活动的背景、意义和目标，还有活动的规则和要求。

②了解的技巧。

社会工作者在运用了解的技巧时，要观察小组成员的语言、情绪、认知和行为，还要适时地给予鼓励，注意小组成员工作的进程，鼓励小组成员进行反思和反馈，要使组员处在安全的小组气氛中，使每一位小组成员表达真实的自我，并勇于接受讨论中有时因证据不足而受挫的情况。

③提问的技巧。

在小组讨论中，通常有五种提问类型：一是封闭式的提问；二是深究回答型的提问；三是重新定向型的提问；四是反馈和阐述型的提问；五是开放式的提问。在小组讨论中，社会工作者应根据不同的情况和时机运用不同的提问方法。

④鼓励的技巧。

小组成员性格各异，有些比较害羞、内向，对于这样的成员，社会工作者要给予支持，不要强迫他们发言，要等他们有勇气时再发言；要鼓励他们，可以重复他们的意见，给出正面的评价和意见，使他们树立安全感和信心。

⑤限制的技巧。

有些小组成员的发言过于抽象，甚至会出现脱离主题的现象，这时社会工作者就要采取一定的限制和手段处理这种情况。这里的限制手段包括：及时切断话题，适时打岔；社会工作者可以用“是不是”的言辞来询问其他善于发言的成员或其他未发言的成员；也可以限定发言时间或调整发言的次序等。

⑥沉默的技巧。

沉默的技巧主要包括两个方面：在接受意见和建议时，请成员自己进行判断；也可以适时在小组沟通中形成真空，让成员自己进行判断。

⑦中立的技巧。

在小组讨论中，小组成员的观点和态度可能不一致，甚至会因为不同的观点而发生争吵。争吵一般是因为争论的双方都坚持己见，不认同他人的观点。在这种情况下，社会工作者不应该偏袒任何一方，要避免与小组成员争论，也不判断和分辨他人的意见，不给出自己的意见，但可以为了促进小组成员的讨论而为他们提供一些资料和信息，但不予决断，仅作利弊分析或事实论述，全程保持中立的态度。

⑧陈述的技巧。

当小组讨论遇到以下情况时，需要社会工作者进行陈述：组员意见对立或争执很久时；组员在发言中出现语言障碍时；讨论段落结束时；组员的发言过于复杂或宽泛时；讨论主题被岔开时；组员的发言过长时；组员的发言声音过小时；变换主题时。社会工作者在陈述之前要征求小组成员的意见，在陈述的过程中，语言要简明扼要，并要确认其正确性。

⑨引导的技巧。

小组成员在讨论时，会出现你一言我一语的场面，这种气氛虽然热烈但是也会出现偏离主题的现象。社会工作者要运用某种手段或方式提示本次讨论的重点，强调讨论的主题和程序，从而保证讨论会正常、有序地进行。这时社会工作者应当注意以下几点：一是注意把握小组讨论的程序；二是妥善处理讨论中发生的冲突。此外，引导小组讨论时，要避免指定发言，以免造成以社会工作者为中心的讨论；要避免轮流发言，防止小组成员因没有准备好而简单应付或产生抵触情绪；避免单刀直入和刨根问底，以免令组员尴尬、难堪。

⑩讨论结束的技巧。

当小组讨论到了最后的阶段，社会工作者要对本次讨论进行归纳和总结，也要对小组成员的不同问题进行摘述和总结，对他们提出的各种意见和建议加以组织，形成结论。对小组讨论所做的结论必须详细、全面，对组员提出的主要意见要加以阐述、分析、评价和研究，并指出将要应用的方法。

3）小组活动的设计技巧

小组活动在小组工作中具有特别重要的意义。很多小组工作的继续开展都有多种多样的小组活动的支持。小组工作的一个重要技巧就是小组活动设计。具体而言，在设计小组活动时，社会工作者应掌握和考虑以下几点：

（1）紧扣小组目标

小组工作的载体是小组活动，小组活动是实现小组工作目标的桥梁。社会工作者在设计小组活动方案时，首先要明确小组工作的目标。社会工作者要根据小组各个阶段的目标，设计与小组目标相对应的阶段性方案。在设计不同阶段的活动方案时，必须注意这些方案的逻辑性和内在联系，以保持小组的阶段性目标和最终目标的一致性。

（2）注意小组成员的特征及能力

社会工作者要根据小组成员的生理、心理、教育程度和兴趣等，认识和把握小组成员的社会关系背景及文化背景，了解其以往的成长经历及成长过程中出现的主要问题。通过这些方面的综合考虑，设计出具有针对性的、适合小组成员的小组活动。

（3）包含小组活动的基本要素

一般来说，小组活动的设计要包含如下基本要素：防止和处理意外事件的预案；小组活动的时间分配；组员的角色扮演和角色互换；小组活动的规模，即参与者的多寡；小组活动的目标，包括最终目标和阶段性目标；小组活动的参与者，涉及参与者的年龄、性别、职业、文化背景等；小组活动的资源供应与经费预算；小组活动的预期结果；防止和处理意外事件的预案；小组活动的强度分布；总结与奖励。

（4）设置经验分享环节

经验分享环节不是某个特定的阶段所有的，而是每个阶段都要有的环节。对于小组成员来说，经验分享的环节就是小组成员分享彼此的经验，鼓励成员发表参与小组活动的感受，讨论彼此在小组活动中的成长经验，总结有益的启示；对于社会工作者来说，这是评估小组活动是否达到预期目标的一个重要环节。

8.2 职场沟通与人际关系管理

8.2.1 沟通概述

1）沟通的含义

沟通是指为达到一定目的，将信息、思想和情感传送给对方，并期望得到对方作出相应反应的过程。

沟通的要素包括信息、信息发送者、信息接收者、信息编码、信息渠道、信息译码、信息反馈、信息噪声、沟通环境。

2）沟通的种类

沟通的种类十分复杂，而且几乎每个种类的沟通都与我们的日常生活有密切的联系。这里我们主要讨论以下几种人际沟通：

（1）语词沟通和非语词沟通

Verbal communication and non-verbal communication 常被译成“语言沟通和非语言沟通”或者“言语沟通和非言语沟通”，相比较而言，最准确的还是译为“语词沟通和非语词沟通”。语词沟通是指以语词符号实现的沟通。而借助非语词符号，如姿势、动作、表情、接触及非语词的声音和空间距离等实现的沟通叫作非语词沟通。语词沟通是沟通可能性最大的一种沟通，它使人的沟通过程可以超越时间和空间的限制。人不仅可以通过文字记载来研究古人的思想，也可以将当代人的成就流传给后代。借助传播媒介，一个人的思想可以为很多人所分享。所有这些，没有语词是无法实现的。在人类的一切经验中，共同性最大的就是语词。因此，语词沟通是最准确、最有效的沟通方式，也是运用最广泛的一种沟通方式。一个人如果缺乏语言能力，那么他与其他人的沟通过程就变得十分困难，有些沟通则根本无法实现。非语词沟通的实现有两种方式：一是通过动态无声性的目光、表情、动作、手势和身体运动等实现沟通；二是通过静态无声性的身体姿势、空间距离及衣着打扮等实现沟通。这两种非语词沟通统称为身体语言沟通。这是当代社会心理学新兴的研究领域，近年来积累了大量对我们现实生活中的人际沟通具有指导意义的研究成果。

（2）口语沟通与书面沟通

口语沟通是指借助口头语言实现的沟通。通常提及口语沟通时，一般都是指面对面的口语沟通，通过广播、电视等实现的口语沟通通常称作大众沟通或大众传播。

口语沟通是日常生活中最经常发生的沟通形式。交谈、讨论、开会、讲课等都属于口语沟通。口语沟通是保持整体信息交流的最好的沟通方式。在沟通过程中，除了语词之外，其他许多非语词性的表情、动作、姿势等，也会对沟通的效果起积极的促进作用。进行口语沟通时，可以及时得到反馈并据此对沟通过程进行调节。在口语沟通中，沟通者之间相互作用，因而沟通的影响力也比较大。

书面沟通是指借助书面文字材料实现的信息交流。通知、广告、文件、报纸、杂志等都属于书面沟通形式。书面沟通由于有机会修正内容和便于保留，因而沟通不易失误，准确性和持久性也较高。同时，由于阅读接受信息的速度远比听讲快，因而单位时间内的沟通效率也较高。但是，由于书面沟通缺乏信息提供者背景资料的支持，因而其信息对人的影响力较小。当然，有一种情况是特殊的，即权威文件引起的重视程度远比口头传达强。

（3）有意沟通与无意沟通

有意沟通很容易理解。每个沟通者对自己沟通的目的都是有意识的。通常的谈话、打电话、讲课、写信、写文章，甚至闲聊，都是有意沟通。从表面上看，闲聊好像没有沟通目的，但实际上，闲聊本身就是沟通目的，沟通者可以通过闲聊消磨时光、排解孤独。

无意沟通不容易为人们所认识。它是指在与别人进行信息交流时，并没有意识到沟通的发生、信息的交流。事实上，出现在我们感觉范围中的任何一个人，都会与我们存在某种信息交流，无意沟通是广泛存在的。心理学家发现，如果你一个人在路上跑步或骑车，速度通常比较慢。如果有别人（不管你认识还是不认识）与你一起跑或一起骑，你的速度会不自觉地加快。同样的过程也发生在别人身上。显然，你们彼此有了信息沟通，发生了相互影响。无意沟通对于我们来说有意想不到的深刻影响。其实，文化背景对于一个人的影响都是通过无意沟通产生的。

（4）正式沟通与非正式沟通

正式沟通是指在正式社交情境中发生的沟通，而非正式沟通是指在非正式社交情境中发生的信息交流。我们每个人在日常生活中都离不开这两种沟通。在正式沟通过程中，如参加会议、商业伙伴初次会面、发表讲话等，我们对于语词性的、非语词性的信息都会高度注意。在语言上，用词会更准确，并会注意语法的规范化，对于衣着、姿势和目光接触等也会十分注意。人们希望通过这些表现来为自己塑造一个好的形象，以便给别人留下良好印象。在正式沟通过程中，往往存在典型的“面具”效应，即人们试图掩盖自己的不足，行为举止也会变得更符合社会期望。

在非正式沟通过程中，如小群体闲谈、夫妻居家生活等，人们会更为放松，行为举止也更接近其本来面目。沟通者对于语词和非语词信息的使用都比正式沟通随便。每个人都有体会，在自己家里或在亲密好友家里同在上司家做客的感觉有明显区别。这不仅表现为心理紧张度不同，而且整个沟通过程具有不同的性质。

(5) 个人内沟通与人际沟通

沟通不仅可以在个人与他人之间发生，也可以在个人自身内部发生。这种在个人自身内部发生的沟通过程就是个人内沟通或自我沟通。个人内部的神经系统是由信息传入和传出两个系统构成的。自言自语是最明显的自觉的个人内沟通过程。一个人在做事时，经常自己对自己不断发出命令，自己又接受或拒绝命令。自我沟通过程是一切沟通的基础。

人际沟通是指两个人或多个人之间的信息交流过程。这是一种与我们日常生活关系最为密切的沟通。我们与别人关系的建立和继续都必须通过这种沟通来实现。

3）沟通中常见的障碍

一是形体障碍。比如，错误的肢体语言传达出来的信息会使沟通产生障碍。

二是心理障碍。比如，有的技术人员、研发人员非常内向，不善于表达自己，那么在沟通过程中就会产生一定的障碍。

三是语言障碍。很多大型跨国企业，由于员工来自世界各地，语言交流上会有一些障碍。

四是环境障碍。很多大型跨国企业，其中国区分公司的市场部可能在北京，物流配送中心可能在上海，研发基地可能在硅谷，这种地域上的障碍会对沟通产生一定的影响。

五是地位障碍。在一些头脑风暴会议上或者恳谈会中，如果有一位相对权威的人士或者公司的某位领导参加，很多员工就很少发言了。这就是地位产生的沟通障碍。

六是人数障碍。比如，在小型培训会上，学员可以进行面对面的沟通；如果下面坐着一二百位学员，大家就无法进行有效的沟通。

七是文化障碍。麦当劳刚进入中国市场的时候，曾经有一段时间，员工的劳动生产率非常低，工作懈怠，牢骚满腹。经过反复调查和沟通，员工终于说出了自己的心里话。他们说，麦当劳的老板们太“抠”，午餐每人只给一个汉堡，再加一包薯条和一杯可乐，而且汉堡还不是“巨无霸”。这是什么问题呢？在西方很多国家和地区，他们的午餐很简单，一个汉堡包或一个热狗就可以了。这就是东西方文化差异造成的沟通障碍。

8.2.2 职场中的沟通技巧

学习并掌握沟通的礼仪规范与技巧，是我们立足职场、获取成功的重要前提。从某种意义上说，沟通的内容固然重要，但沟通技巧与礼仪也不容忽视。孔子说过，“巧言令色，鲜矣仁”“君子欲讷于言而敏于行”。可见，沟通自古至今都是需要重视和提升的。

1）沟通的意义与要素

沟通就是心与心之间的交流，其主要目的就是达成彼此的目的、获得各自的利益，是一种心理上的战术，在职场中非常重要，因为你要和别人交流、谈判才能满足彼此的需要。如果你要办一件事，你会在办这件事的过程中遇到很多人，有的人很容易就会协助你，而有的人就比较难说通，这时就需要沟通，沟通起到桥梁的作用。

良好的沟通不仅对于提高工作效率和建立员工的归属感非常重要，还会改善企业的经营管理状况。相反，无效沟通对管理者、员工以及组织来说都是非常有害的。沟通对于企业管理来说具有重要意义。没有沟通，就不知道真相；不知道真相，就没法管理。

我们在工作和生活中，经常把单向的通知当成沟通。在与别人沟通的过程中，如果只是一方说而另一方听，这样的效果非常不好，换句话说，只有双向的交流才叫作沟通。因此，沟通非常重要的特征之一是：沟通一定是一个双向的过程。

2）职场沟通需要微笑

在职场人际关系与心理沟通中，有一项最简单但很有效的沟通技巧，那就是微笑。微笑是一种极具感染力的交际语言，不但能很快缩短人和人之间的距离，还能传情达意。当然，微笑看似简单，但也是需要一定的技巧的。

第一，微笑要自然。微笑是美好心灵的外在表现，要发自内心才能笑得自然、笑得亲切、笑得得体。切记不能为笑而笑，没笑装笑。

第二，微笑要真诚。人对笑容的辨别力非常强，一个笑容代表什么意思、是否真诚，人的直觉都能敏锐地判断出来。真诚的微笑能让对方内心产生温暖，引起对方的共鸣，加深双方的友情。

第三，微笑要有不同的含义。对不同的沟通对象，应使用不同含义的微笑，传达不同的感情。比如，尊重的微笑是给长者的，关切的微笑是给孩子的。

第四，微笑的程度要合适。微笑是向对方表示一种礼节和尊重，要恰到好处，比如当对方看向你的时候，你可以直视他并微笑点头。如果不注意微笑的程度，笑得放肆、过分、没有节制，就会有失身份，引起对方的反感。

第五，微笑要看不同的人际关系与沟通场合。微笑使人觉得自己受到欢迎、心情舒畅，但对人微笑也要看场合，否则就会适得其反。当你出席一个庄严的集会或讨论重大的政治问题时，微笑是很不合时宜甚至是招人厌恶的。

3）沟通中的倾听与交谈技巧

（1）倾听的重要性

通过倾听，可获取重要的信息，可掩盖自身的弱点，能激发对方的谈话欲，能发现说服对方的关键点，能获得友谊和信任。

(2) 沟通中的倾听技巧

有效倾听可以定义为：在对话中，把感观、感情和智力的输入综合起来，寻求其含义和理解的智力和感情过程。换成通俗的讲法，“听着”的不仅是耳朵，还应有眼睛、脑和心。

有效倾听的技巧：保持目光接触；展现赞许性的点头和恰当的面部表情；避免分心的举动或手势；提问；复述；避免打断说话者；不要多说；自觉转换听者与说者的角色等。

(3) 沟通中的交谈技巧

交谈不是一味地发泄自己的感想和情绪，而是一个合作的过程。各种年龄、各种职业、各种地位的人有各自不同的兴趣爱好，有不同的语言和生活习惯，因此，在交谈中选择什么样的话题、采用什么样的语言和口吻，应当有所不同。

①交谈前的准备。

交谈前需要准备的几项内容有：明确沟通的目的；收集沟通对象的资料；选好沟通的场地；确定沟通进行的程序和时间；拟订沟通的计划表。

②交谈的技巧。

谈话的时候态度要诚恳、自然、大方，语气要和蔼亲切，表达要得体。谈话内容事先要有准备，应该开门见山地向对方说明来意或交谈的目的，或是寒暄几句后就较快地进入正题。那种东拉西扯的闲聊既浪费时间，又会使对方厌烦甚至怀疑你的诚意。交谈时不要轻易打断别人的谈话。

常言道，“一句话让人笑，一句话让人跳”。人与人之间良好关系的建立在很大程度上取决于谈话时传达心声是否妥当。交谈时要斟酌词句，说话文明，有礼貌，多用尊称，多用“请”“谢谢”“您”等；要注意场合，选择合适的表达方式；声调要合适，较低的声音让人感到亲切、柔和，增加亲和力，高声大气让人觉得刺耳，感到有威胁，容易引起反感；语气要谦和，不要要求对方应该如何，不要总是以“你应该……”“你一定……”“你一定要……”的口气说话，要多用“您觉得……”“您认为呢”等。

4）如何培养企业员工自身的沟通能力

(1) 培养良好的心态

有良好心态的员工在与上司和下属或平级的人沟通时能够控制好自己的情绪，客观、公正地处理问题，并准确、全面地传达信息。反之，情绪高涨或低落，都有可能使企业员工对周围事物的评价片面和失真。员工在工作时，常常会遇到一些意外情况或不友善的同事，情绪容易受到影响，因此要学会培养良好的心态，不要把自己的情绪带入工作中。保持平稳的心态，客观地评价现实状况，避免带有偏见地与他人交流，对有效的沟通极为重要。

(2) 学会聆听

聆听要求员工在与上司、同事或顾客沟通时，应仔细倾听对方的说话内容和语气，观察对方的神态和动作，揣摩对方的话中含义和说话意图，并能迅速判断对方的情况、心理和服务需求。如果对方的情绪中流露出不愉快和不满，应及时调整，因为只有情绪好了，才能更好地沟通，这是信息传递的基础。因此，在平时的生活中要注意培养聆听的习惯。

(3) 养成良好的语言习惯

语言是员工与其他人交往的主要工具，没有较强的语言表达能力，员工就无法与其他人沟通。在员工与他人交谈业务的过程中，要达到良好的沟通效果，一定要注意言简意赅、准确连贯、有理有据、发音清晰、语气柔和、用词准确；考虑信息接收者的不同情况，使用最简洁和适合接收者的语言，使信息易于被接收者理解；切忌故弄玄虚、卖弄辞藻、哗众取宠。

(4) 克服沟通障碍

沟通障碍是指妨碍沟通顺利进行的一切因素，主要有以下几个方面：

①编码和译码。

编码是信息发送者将其要传递的内容符号化的过程，译码则是接收者将收到的符号进行还原的过程。信息的准确传递需要双方对符号拥有相同的认识。如若不然，就会引起沟通困难，在信息还原时出现南辕北辙的结果。企业员工与客户沟通时，由于经验背景不同，很容易出现这种障碍。

②心理因素。

在沟通中，人们的情绪状态、认知特点和心理活动等也会影响沟通的效果。例如，企业员工在与客户交谈业务时，与客户沟通得好，客户情绪佳，沟通更有效；反之，则容易出现沟通障碍。

总之，沟通能力是企业员工的一项重要能力，无论是对于企业管理者还是基层服务人员来说都是必不可少的。企业必须重视员工沟通能力的培养，并通过培训与实践相结合的方式，有效提高员工的沟通能力，建立高素质的员工队伍。

8.2.3 人际关系管理

1) 人际关系概述

(1) 人际关系的定义

人际关系有许多不同的定义，其中具有代表性的如下：

①人与人之间互相认知，因而产生的吸引或排斥、合作或竞争、领导或服从等关系。

②在某一段时间里与某人经常保持的社会接触。

③人与人之间在互相交往的过程中，借由思想、感情、行为表现的互相交流而产生的互动关系。

④个人与个人之间的互动关系。更广义的人际关系包含了文化制度模式与过程方面，亦是社会关系。

所以，人际关系可以说是人与人之间，在一段过程中，彼此借由思想、感情、行为所表现的吸引、排拒、合作、竞争、领导、服从等互动关系，广义的说法亦包含文化制度模式与社会关系。

（2）人际关系的类型

①主从型。

其特点是：一方处于支配地位，另一方处于从属地位。这是人际关系类型中最基本的一种，几乎所有的人际关系都有主从型因素。

②合作型。

其特点是：双方有共同目标，为了达到这一目标，彼此能配合和容忍对方。

③竞争型。

其特点是：双方为实现各自的目标常常竭尽全力，因而充满活力；由于竞争时间长，人们常感到筋疲力尽。

④主从-竞争型。

这是一种混合型人际关系，双方在相处中，有时是主从型关系，有时是竞争型关系，这种变换使双方难以适应，往往无所适从。这是难以相处的人际关系类型。

⑤主从-合作型。

这是一种互补与对称的混合型人际关系，双方在其中能和谐共处。如果其中的合作因素超过主从因素，则关系更为融洽。

⑥竞争-合作型。

双方在这种人际关系中，时而竞争，时而合作。为维持这种人际关系，双方需要保持一定的心理距离，避免交往过频。

⑦主从-合作-竞争型。

这种混合型人际关系兼有主从、合作、竞争三者的特点，矛盾较多，双方容易陷入困境。

⑧无规则型。

这种人际关系较为少见，其特点是：双方的关系毫无规则可言，彼此不清楚他们要做什么。

（3）人际关系的基本原则

①相互原则。

人际关系的基础是彼此相互重视与支持。任何个体都不会无缘无故地接纳他人。喜欢是有前提的，相互原则就是前提，我们喜欢那些也喜欢我们的人。人际交往中的接近与疏远、喜欢与不喜欢是相互的。

②交换原则。

人际交往是一个社会交换过程。交换原则是：个体期待人际交往对自己是有价值的，即在交往过程中的得大于失，至少等于失。人际交往是双方根据自己的价值观进行选择的结果。

③自我价值保护原则。

自我价值是个体对自身价值的认识与评价，自我价值保护是一种自我支持倾向的心理活动，其目的是防止自我价值受到否定和贬低。由于自我价值是通过他人的评价而确立的，个体对他人的评价极其敏感。对肯定自我价值的他人，个体对其认同和接纳，并反馈以肯定与支持；而对否定自我价值的他人，个体予以疏离，此时可能激活个体的自我价值保护动机。

④平等原则。

在人际交往中总会有一定的付出或投入，交往双方的需要和这种需要的满足程度必须是平等的，平等是建立人际关系的前提。人际交往作为人们之间的心理沟通桥梁，是主动的、相互的、有来有往的。人都有友爱和受人尊敬的需要，都希望得到别人的平等对待，人的这种需要就是平等的需要。

⑤相容原则。

相容是指人际交往中的心理相容，即人与人之间的融洽关系，与人相处时的容纳、包涵、宽容及忍让。要做到心理相容，应注意增加交往频率，寻找共同点，谦虚，宽容。为人处世要心胸开阔，宽以待人；要体谅他人，遇事多为他人着想，即使他人犯了错误，或冒犯了自己，也不要斤斤计较，以免因小失大，伤害相互之间的感情。

⑥信用原则。

信用是指一个人诚实、不欺骗、遵守诺言，从而取得他人的信任。人离不开交往，交往离不开信用。要做到说话算数，不轻许诺言。与人交往时，要热情友好，以诚相待，不卑不亢，端庄而不过于矜持，谦逊而不矫饰做作，要充分显示自己的自信心。处事果断、富有主见、精神饱满、充满自信的人容易激发他人的交往动机，博取他人的信任，产生使人乐于与之交往的魅力。

⑦理解原则。

理解主要是指体察、了解别人的需要，明了他人言行的动机和意义，并帮助和促成他人合理需要的满足，对他人生活和言行的有价值部分给予鼓励、支持和认可。

上述这些人际交往的基本原则是处理人际关系不可分割的几个方面，运用和掌握这些原则，是处理好人际关系的基本条件。

2）影响企业人际关系的因素

（1）个体差异

一般来说，企业中的个体有知识素质上的差异、个性上的差异、经验上的差异、作风上的差异。这主要是由企业人际关系主体具有多样性、多层次性决定的。人们往往喜欢与素质高、热情、诚实、正直、友好、经验丰富、既讲原则又具有人性化作风的人交往。可见，个体差异会对人际关系产生很大的影响。

(2) 相似性因素

态度和价值观的相似、能力和兴趣的相似、年龄和地位的相似都会对人际关系产生重大影响。态度和蔼、真诚、坦荡，价值观、能力、兴趣、年龄和地位相似的人，会使人产生安全感、认同感，有较多的共同语言，容易引起共鸣，人们愿意与之交往，形成良好关系。所谓“情趣一致，意气相投”“物以类聚，人以群分”就是这个道理。

(3) 地域空间因素

俗话说：“美不美，家乡水；亲不亲，故乡人。”可见地域观念在人的思想中已根深蒂固。从同一地域来的人，由于具有共同的方言、生活习惯、心理特征等，更容易产生亲近感，形成非常紧密的人际关系。另外，人与人之间在空间位置上的距离越小，越容易形成彼此间密切的关系，“远亲不如近邻”就是这个道理。

(4) 利益因素

随着企业管理制度和分配制度改革的不断推进，有些能力强的人在工资、奖金、津贴等方面可能比其他人高几倍，这会让另一些人产生不满；而在职称评定、晋级、评奖、评优过程中，对这些荣誉的竞争又会引发矛盾。这种利益因素对人际关系也会造成较大的影响。

(5) 非正式群体影响

人际关系理论告诉我们，非正式群体客观存在于正式组织中，是不以人的意志为转移的。它是人们在生产和生活中由于共同的兴趣爱好、情感、观点等自发形成的群体，在一定程度上支配或影响成员的行动。这些非正式群体对其成员的认知和行为产生较为深刻的影响，从而对人际关系造成重要影响。

3) 企业人际关系管理策略

企业构建良好的人际关系有利于调动企业成员的积极性，有利于增强群体凝聚力，促进人的身心健康发展，确保各项管理工作顺利开展，提高产品质量和管理效率，因此企业构建良好的人际关系是非常重要的。一般来说，要从以下三个方面构建：

(1) 处理好领导集体的关系

各位领导成员由于在工作作风，经验，处理问题的角度、方式、方法，性格等方面存在差异，他们处理问题时可能会意见不一致。为解决这一问题，一个较好的办法就是用制度明确领导班子的工作目标和各自的权利、责任。这有助于消除经验、角度上的差异，既可以充分发挥每个成员的能动性，创造性地开展工作，又可以避免相互扯皮、推诿。在企业整体发展规划、年度规划、人事变动、职称评定、奖罚考评、收入分配、福利分配等重大问题、重要工作上，应注重运用民主集中决策机制，通过党委行政联席会议或董事会集体讨论、决定，或提交职工代表大会审议表决。一旦决策形成，领导班子成员必须严格执行。在执行过程中，要分工协作，发现问题要及时通气，通过党委行政联席会议加以纠正，这有利于消除领导班子成员内部经验和情感上的差异，共同把工作做好。领导班子成员要严于律己，宽以待人，坦诚相待，相互尊重，相互理解，相互通气，交换意见，协调合作，努力克服自己个性和作风上与整体工作不协调的方面。同时，在工作方法上，注重批评与自我批评，取人之长，补己之短，增强个体与他人相处的能力，提高领导水平，构建良好的人际关系。

（2）协调好领导与员工的关系

依法治国背景下的企业管理必然是依法治理企业。依法治企的前提是制定和完善各项制度，以制度管人，依制度办事。领导与员工两个群体的关系只有用制度来明确界定，确定其相应的地位，才能很好地理顺二者的关系。强化制度管理，并不是搞一刀切，并不是唯制度论，而是有章可循又不失灵活，尤其是在人际关系中，要注重人性化管理。

企业管理的实质是重视员工的参与意识、创造意识，充分发挥员工的主观能动性、积极性和创造性。领导要为员工参与企业管理提供机会和平台，要重视员工的情感因素、心理需要，要解决员工的实际困难，关心他们的身心健康，从而构建令人愉悦的、良好的人际关系。此外，还要加强对非正式群体的管理，要根据不同群体的特点、性质、作用，分别采用适宜的方法，因势利导，强化管理，让它们为正式组织服务。同时，强化正式组织建设，以正化邪，构建良好的人际关系。

（3）建立好员工间的关系

员工的工作方式大多具有独立性特点，这就决定了员工交往、协作的有限性，因而会造成信息不畅，易产生误会、偏见、不信任等，影响团结合作，这会严重阻碍工作的顺利开展和产品质量的提高，引起人际关系的紧张与冲突。因此，员工间要加强交流，增进交往，互相尊重，宽容待人，共同创新，取长补短，建立和谐、团结的人际关系，充分施展各自的才智，实现共进双赢。

案例链接8-1　　公司离职率很高怎么办

对一家企业来说，员工正常的流动会促进企业良性发展，优化企业内部人员配置；但反过来，员工离职率变高，则意味着人心浮动，不稳定性和风险性增加，公司在管理上肯定出现了比较大的问题。

广东一家高科技民营企业一直非常重视研发投入，经过数十年的发展，年收入已经达到了百亿元规模，整个公司的研发团队也从当初的寥寥几人发展到目前的300人。随着公司业务范围不断扩大，为了提高整个研发团队的专业性和效率，也为了便于管理，公司对整个研发团队进行了如下的组织设计和人员安排：

公司整个研发团队由技术副总管理，300人的团队按照公司不同的业务划分成不同的研发部门，每个部门设有部门经理和技术经理，部门经理全权负责该部门的人事和薪资奖金调整等管理事项，而技术经理负责专业技术。公司整个研发团队的状况是，除了技术副总之外，技术经理都是具备6年以上工作经验的老将，部门经理都是公司10年前校招进来内部培养的干部；而在普通工程师中，校招和社招各占50%，校招的是名校研究生，而社招的是行业老手。

2019年，公司研发团队突然出现了离职潮，几个不同研发部门的离职率都超过了30%。公司特意培养的骨干纷纷流失，社招的工程师也在不断地跳槽。公司人力资源部和研发部门想尽了各种手段，包括内部培训、团队建设、提高员工福利等，但是依然没有效果，留下来的人越来越少，干的活越来越多，压力越来越大。针对这一现象，公司立即开展了调查和研究，发现是以下几个问题导致离职率突然增高：

（1）国内竞争加剧，竞争对手接连上市，有了充裕的资金，对公司员工采用高职位、高薪水、公司股权以及高福利等手段进行引诱，挖墙脚。

（2）虽然公司上下号称重视研发，但调查表明，公司研发人员的薪资福利水平只相当于行业的中上水平而已。

（3）对工程师的内部调查发现，他们普遍感到在公司没有上升空间，前途迷茫。

资料来源　佚名．公司离职率很高怎么办？[EB/OL]．[2023-06-27]．http：//www.hrsee.com/? id=1149.

8.3　团队职业生涯规划与激励

8.3.1　团队职业生涯规划概述①

1）团队职业生涯规划的含义

团队职业生涯规划是团队根据自身具体情况以及所处的环境来确立职业目标，根据现实条件来确定工作方式以及实现目标的措施和手段。我们可以从以下三个方面正确理解其含义：

（1）团队职业生涯规划要体现个性化

职业生涯规划一般是就个人而言的，制订规划的主体并不是团队或者组织，而是团队中的每个员工。但是团队对于员工的影响是很大的，它通过影响员工对环境、目标、自身能力的认知间接影响员工的职业生涯规划。许多员工个人制订的职业生涯规划并不能脱离团队而实现，团队职业生涯规划相对来说更应受到重视，团队对于员工的影响力更大。

① 杨河清．职业生涯规划［M］．北京：中国劳动社会保障出版社，2005.

（2）团队职业生涯规划包括确定目标、实现目标的手段以及实现目标的整个过程

制订职业生涯规划就是为了激发员工的潜能，使员工做事有章可循，且尽早实现既定目标。确定目标时要根据所处的内部及外部环境进行分析，且随着环境的不断变化及时修改已制定的目标。确定目标后要进行目标的分解、目标的实施与完成情况的检查，从而促进目标的达成。

（3）团队在进行职业生涯规划时要注意员工个人的变化，不可对个人不闻不问

团队是由每个个体构成的，个体的一致性目标就是团队的目标。在个人目标与团队目标相匹配下，就可以确定团队职业生涯规划。团队不应忽略每个人的变化，也不能对个人不闻不问，这样会使个人消极对待团队的目标。

2）团队职业生涯规划的目标

团队职业生涯规划不仅有一个既定的目标，也为团队中的个体提供了基本的方向和科学的指导，为个体的发展奠定了基础，同时也增强了团队的实力。团队进行职业生涯规划具有关键性作用，它可以提高员工的工作热情和工作质量，还可以提升员工对团队的忠诚度。基于此，团队职业生涯规划具有以下四个目标：

（1）实现员工的组织化

员工的组织化就是员工在组织和团队中的社会化，是员工成为胜任工作的合格的工作者的过程。其中，团队对于员工的影响是非常重要的，比如团队的氛围、团队的目标、团队的特征以及团队所处的环境。

（2）实现员工个人发展和团队发展的统一

每个组织和团队都是由单个的员工组成的，所以团队与员工关系的协调是十分重要的。团队职业生涯规划工作的开展为员工指明了职业发展的前景和方向，人力资源专家通过了解个体的特征，给员工提供帮助和指导，使得个人的目标与团队目标更加契合，也使得员工的目标得以尽快实现。

（3）激发员工个体的潜能

团队职业生涯规划有助于实现团队的既定目标。团队中的人力资源管理人员为员工提供发展机会，帮助员工发展自身能力，激发员工个体的潜能，同时实现团队目标。

（4）促进团队的人才队伍建设

团队职业生涯规划是团队留住优秀人才的重要措施。随着社会的发展以及竞争的日益激烈，团队中优秀人才的流失问题也越来越严重。优秀人才是团队的核心骨干，他们的流失必然会使团队受到严重的打击。所以，留住优秀人才是很重要的问题。团队要做好职业生涯规划，多给员工发展的机会，提高员工的待遇与福利水平，使得优秀人才愿意留在团队。

3）团队职业生涯规划的原则

（1）利益整合原则

利益整合是指员工利益与团队利益的整合。这种整合是处理好员工个人发展和团队发展的关系，寻找个人发展与团队发展的结合点。每个个体都是在一定的团队环境与社会环境中学习和发展的，因此，个体必须认可团队的目标和价值观，并使得自己的努力和知识可以作用于团队目标的实现上。

（2）公平、公开原则

见之前的表述。

（3）协作进行原则

见之前的表述。

（4）时间梯度原则

职业发展是有周期的，职业生涯规划与发展需要分为不同的阶段，并在每个阶段完成既定的目标。时间梯度就是由不同阶段构成的，而且每个阶段都有“起点”和“终点”。在实施职业生涯规划的各个环节上，应该对员工的发展目标进行观察、设计、调整和实施，使得员工和团队的目标都得以实现。

（5）发展创新原则

见之前的表述。

（6）全面评价原则

见之前的表述。

4）组织发展对团队职业生涯规划的影响

（1）组织的分散化和虚拟化

现在很多工作不再需要多与人交流，可以通过计算机来实现，员工可以在家办公，之后再向组织汇报工作内容，所以组织渐渐分散化、虚拟化，给团队职业生涯规划带来新的挑战。

（2）组织的多元化

社会在多元化发展，组织自然也避免不了多元化发展，而且社会和组织对员工的评价标准也复杂化了，这时应对员工进行多方面的培训，让员工掌握更多的工作技能，更好地适应职业的变换和社会的发展。

（3）组织的信息化

随着科技的不断发展，社会的信息化程度越来越高，许多组织面临危机，不得不缩减人员。组织应该尽早考虑形势，制定对策，以免危机来得突然无法应对。

（4）组织的全球化

国内经济和国际经济不断接轨，经济日益全球化，组织要看清社会和经济发展趋势，早日作出规划，避免危机。

8.3.2 团队职业生涯系统化管理策略

随着经济和社会的发展，机遇和挑战不断增加，企业应该采取多种职业生涯开发和管理策略来谋求更好的发展以及目标的实现，其主要表现在以下几个方面：

1）重视工作内容的丰富化，不断提升员工的工作能力

随着组织结构的扁平化，员工晋升的机会越来越少，所以员工职业生涯开发工作应该着重强调立足岗位的学习和发展，同时也要探索企业其他领域的工作的挑战性。随着企业内部岗位的不断变换，职业生涯规划人员也要注重岗位胜任能力和变革适应能力的提升。

2）加强管理人员对于职业生涯开发的作用

加强管理人员对于职业生涯开发的作用主要是通过培养管理人员的技能及责任心来实现的。管理人员在员工的职业生涯开发中起着十分重要的纽带作用，若管理人员没有责任心，那么他们在这一过程中是得不到充分的支持和授权的。所以，培养管理人员的责任心十分重要，要保证一线经理参与，并担当起责任。此外，管理人员的技能也是十分重要的，他们在发挥辅导员作用的同时也应该得到辅导。在培训管理人员掌握相关技能时，需要明确人才开发的标准，树立一个榜样。

3）将职业生涯规划与企业的目标相结合

员工的职业生涯规划和企业的目标难免在执行过程中发生冲突，所以，当员工的目标和企业的目标相违背时，应该对员工的职业生涯规划进行调整与更改，使其与企业目标相一致。此外，企业要让员工参与到企业的业务发展中来，让他们对企业的发展战略和业务进行评价和评估。

4）将价值观和生活方式纳入团队职业生涯开发活动中

员工在选择职业与作出跳槽等决定时均与自身的生活方式、目标和价值观有关，更重要的原因是员工的价值观和企业的价值观是否一致，其匹配程度如何。如果企业价值观与员工价值观相匹配，就可以留住优秀员工。

5）将员工的需求与组织的需求相结合

当员工个人综合企业的目标和业务战略来规划自身的职业发展时，不但自身可以受益，企业的目标也会得以实现。例如，3M公司发现自己的岗位信息系统是向经理提供人才的有效途径，所以公司非常鼓励员工在公司内部寻求发展的机会。

6）提供各种手段和方法，使得职业生涯开发系统更加具有开放性

现代的职业发展不能使信息封闭，因为员工职业生涯规划的主体必须是员工自身，员工对于自身的职业生涯规划负有责任。优秀的职业生涯管理系统必须考虑员工的兴趣爱好等各种影响其工作效率的因素，并形成一整套工具和方法，以适应不同员工相异的学习风格和需要。

8.3.3 团队职业生涯系统化管理方法

在职业生涯开发与规划过程中，最大的挑战就是坚持创新和改革，如果不积极贯彻这种精神，优秀的员工就会流失，这样就会降低企业的竞争力和战斗力。所以，企业要积极贯彻团队职业生涯规划的管理方法以确保其核心竞争力。

1）用切实可行的活动追踪实施情况

第一，帮助员工掌握具体的岗位胜任能力并通过一系列活动丰富员工的日常生活，这个方法也可称为“边干边学”项目。

第二，团队内的员工要进行积极的沟通，在接受培训时要积极参与并发表自身真实的意见与想法。

第三，提供某种技能和岗位胜任能力的培养途径，可以将这种方法称为“辅导诊所”。

第四，在团队内建立一个员工信息交流小组并实时进行讨论与交流，或者在团队内设立管理员。

2）团队职业生涯规划尽可能地与其他人力资源管理策略相结合

第一，胜任能力对于员工的职业生涯最有现实意义，所以在进行团队职业生涯规划的过程中要着重强调与培养团队内员工的岗位胜任能力。

第二，企业要加强引导，制定一些激励措施，留住优秀的人才。

第三，团队的成员不可能是一成不变的，企业要加强对团队中员工的培养，并做好新老员工的接替工作。

第四，给予团队中的员工一定的物质奖励，这样不但认可了团队的工作，也从物质上激励了团队中员工的工作热情与进取心。

3）将培养人才作为管理人员的责任

第一，管理人员要明确团队发展的目标和方向，并制定团队人才发展的战略规划。

第二，团队员工可以向管理人员提出意见或者进行反馈。

第三，管理人员要将团队的发展与奖惩制度相结合，这样才能更好地激发团队的战斗力和竞争力。

第四，管理人员要向团队提供技能开发的机会。

8.3.4 团队员工的激励

1）激励的定义

激励的含义有两种：一种是“激发”；另一种是“斥责”。在企业管理中，激励的意思，一方面是从正面激发员工，使员工发挥更大的潜能以及增强对组织的忠诚度；另一方面是斥责、惩戒不符合组织规定的行为。

关于激励的定义，不同学者的定义不同：斯金纳提出正强化与负强化，从两个角度研究激励的问题；马斯洛强调以激励手段满足员工的需求，但他对于激励的反方面没有进行说明，或者说是隐藏了激励的反方面；哈罗德·孔茨把激励形象地比喻为“胡萝卜”和“大棒”，他认为对人们进行奖励和惩罚是激励的主要手段，且成效很显著。

2）激励的作用

（1）鼓舞员工士气

一个人能力再强，如果激励水平很低，缺乏足够的动力，也必然不会有好的工作绩效；反之，一个人能力一般，如果受到充分的激励，发挥出巨大的工作热情，也必然会有出色的表现。由此可见，激励对员工积极性的调动有极为重要的影响。

（2）激发员工的工作热情和兴趣

激励不仅可以提高人们对自身工作的认识，还能激发人们的工作热情和兴趣。激励能使员工对本职工作产生强烈、深刻、积极的情感，并以此为动力，投入自己的全部精力为达到预定的目标而努力工作。

（3）提高员工素质

个体通过学习和实践，才能提高自己的素质。当然，学习和实践的方式与途径是多种多样的，但激励是其中最能发挥效用的一种。通过激励来控制和调节人的行为趋向，会给学习和实践带来巨大的动力，从而使个人素质不断提高。

（4）增强一个组织的进取力

行为学家通过调查和研究发现：对一种个体行为的激励，会导致或消除某种群体行为。也就是说，激励不仅直接作用于个人，而且间接影响其周围的人。激励有助于形成一种竞争气氛，激发人们的动力和热情，使他们更加努力地追求目标，对整个组织都有至关重要的影响。

3）激励的原则

（1）公平性

公平性包括内部公平性和个人公平性。内部公平性指的是同一部门或者类似岗位之间的公平，同岗同酬。避免激励一部分人的同时打击另一部分人，这是个人公平性，要使员工个人的付出与回报成比例。

（2）合理性

合理性具体包括措施适度性和时机适时性。措施适度性指的是要根据所实现目标本身的价值大小确定适当的激励量；时机适时性是指要把握激励的时机，激励政策的制定、激励的兑现要及时。

（3）严肃性

严肃性包括两个方面：政策制定的严肃性及考核评估的严肃性。政策制定的严肃性指的是激励的方法、制度的出台，要有制定的流程、审批的程序，避免奖励制度因人而设、因岗而设。考核评估的严肃性是指严格按照制度规定，由部门领导、人力资源部、财务部审核，分管副总及总经理审批。

（4）多元性

激励的多元性包括：物质激励与精神激励相结合，倡导以精神激励为主、物质激励为辅；满足员工不同层次的需求。

（5）回避性

①领导者要避免为下属部门及员工寻求不当激励提供便利。

②避免以职业和岗位的优势，即在无法实现公平竞争的情况下确定激励。

③工作范围内、职责要求必须完成的工作，不予激励。不予激励的情况有安全保卫、避免经营性罚款损失、招聘岗位的伯乐奖、宣传岗位的稿费及宣传奖励、固定资产管理岗位的固定资产管理津贴等。

4）激励的相关理论①

激励理论主要研究人的动机激发的因素、机制与途径等问题。在管理学和人力资源管理学方面有诸多激励理论，下面介绍几种常用的激励理论。

（1）马斯洛的需要层次理论

这一理论是由美国心理学家马斯洛提出的。马斯洛认为人的各种需求可归为五大类，按照其重要性和发生的先后次序可排列成一个需要层次，人的行为过程就是需要由低层次到高层次逐步满足的过程。

这些需要由低到高是：

①生理需要。生理需要是指人类满足生存需要的一种原始的、基本的需要。只有基本的生理需要得到满足，人们才会向更高级的方面追求和发展。

②安全需要。安全需要是指人们为了保护自己免受威胁和危险的一种需要。安全需要包括人们希望身体健康，具有劳动能力，职业安全，良好的秩序可以确保人身安全，也有一定的社会保障。有安全的保障可以使人们生活幸福、稳定。

③交往需要。交往需要是指进行社会交往、与他人保持联络的一种需要，也可称为社会需要、归属与爱的需要。

④尊重需要。在上述需要都得到满足之后，人们就会向满足更高的需要发展，即自尊和受别人尊重的需要。管理者应该尽可能满足下属的这种需要，信任下属，与下属融洽地沟通，并在下属获得成绩的时候鼓励并奖励他们。

⑤自我实现需要。最高一层的需要是自我实现的需要。

人们在上述需要满足以后都会产生更大的潜能，实现自己的理想。这样的需要与人的价值观有很大的关系，管理者应该想办法鼓励员工实现自身的理想，提升员工的成就感和胜利感，使他们的能力在工作中得到发展和适应。

① 郑国铎．企业激励论［M］．北京：经济管理出版社，2002.

（2）赫茨伯格的双因素理论

双因素理论是由美国管理学家赫茨伯格提出的，其全称为“激励-保健理论”。使人们对工作和生活感到满意的因素，称为激励因素；与工作环境相关的令人们不满意的因素，称为保健因素。

①激励因素，包括发展、进步、责任、成就、社会承认、工作本身、增加的工作责任，以及成长和发展的机会等。

②保健因素，包括公司政策与管理、监督、工作条件、人际关系、薪金、地位、工作安定等。

赫茨伯格认为，工作本身的魅力以及其对员工的吸引力是主要的激励因素，所以企业管理者要运用周围的资源来调动员工的积极性；激励因素可以被环境抵消，但是不能成为保健因素。双因素理论促使企业管理人员注意工作内容方面因素的重要性，特别是它们同工作丰富化和工作满足的关系，因此是有积极意义的。要调动人的积极性，不仅要注意物质利益和工作条件等外部因素，更重要的是要注意工作的安排，量才录用，各得其所，注意对人进行精神鼓励，给予表扬和认可，注意给人以成长、发展、晋升的机会。随着温饱问题的解决，这种内在激励的重要性越来越明显。

（3）期望理论

期望理论是在1964年由美国心理学家维克多·弗鲁姆提出的。维克多·弗鲁姆认为，激励是一个评价和选择的过程，行动结果的价值评价和实现目标的可能性的估计严重地影响了人们采取某项行动的动力或激励，激励力量的大小取决于期望值和效价，因为激励力量就是效价和期望值的乘积，具体的公式为：激励力量=效价×期望值。

激励力量指的是完成工作的个体所得到的结果或者奖赏对于被奖赏者的吸引力。效价指的是目标对于满足个人需要的价值，是个体对于结果的喜好程度。期望值指的是采取某种行为可能导致的结果和满足某种需要的概率，即采取某种行为后实现目标可能性的大小。不同的人对不同的激励因素或保健因素作出的反应是不一样的，所以企业不要对不同的员工采用同一种奖励，这样不能很好地激发员工工作的动力和激情。

5）员工自我激励的方法

（1）不断寻求挑战，激励自己并掌控好自身的情绪

员工在面对困难的时候要勇于挑战自己，用有效的方式来激励自身，让自己能够更好地适应工作和环境。人在心情好的时候身体会发生奇妙的变化，能够激发自身更大的潜能，产生工作的动力并且高效地完成任务。相反，不好的情绪会影响员工的心情和对工作的热情，进而会不同程度地影响员工的工作效率，也会影响企业的工作氛围，阻碍企业既定目标的实现。

（2）调高奋斗目标，并加强自身的紧迫感

有研究成果显示，当设定目标后，从最后实现的成果来看，我们都不会达到之前所设定的目标，只会接近那个目标，这是因为我们所制定的目标或者过于模糊，或者太小，反而失去了奋斗的动力。若员工能够调高自身的奋斗目标，他们就会产生一些紧迫感，就会迸发出更强的想象力和实践能力。所以，确立一个既宏伟又具体的目标是能够真正激发员工奋发向上的方式。有研究发现，人们在危急关头总会迸发出自身都难以想象的力量，所以员工在面对工作的时候，给自己增加一些紧迫感，更容易激发自身的潜能，以便高效地完成工作。

（3）反省自己，撇开不适当的朋友

我们对于自己的印象来自他人对自己的评价或看法，若能够从他人那里获得正面的评价，我们就会非常高兴与满足。但是，若只听信他人的一面之词，就可能把自己置于危险之中。所以，赞美的语言可以当作生活的精美点缀，人生还是需要自身的努力，要找出自身的不足并尽早改正自己的错误，不断使自己变得更加优秀。古人云“近朱者赤，近墨者黑”。除了反省自己之外，还要谨慎挑选交往的朋友，因为他们会在潜移默化中影响你的生活。结识志同道合的人，你才会更有动力去实现自己的目标。

（4）迎接恐惧，勇敢面对困难

恐惧给人们带来的危害也是很大的，如果一个人惧怕恐惧，就会变得碌碌无为、胆小怕事，对生活和工作失去信心。但是如果能够勇敢地面对困难，克服恐惧，那么你的自信心就会增强。如果把困难看作对自己的诅咒，就很难在生活中找到动力；如果学会把握困难带来的机遇，你自然会动力陡生。

（5）及时调整计划，加强排练

实现目标的道路绝不是坦途，它总是有起有落，呈现出波浪状，但你可以安排自己的休整点。事先看看你的时间表，找出你放松、调整、恢复元气的时间。即使你现在感觉不错，也要做好调整计划。这才是明智之举。在自己的事业波峰时，要给自己安排休整点，只有这样，在你重新投入工作时才能更有激情。先“排演”一场比你要面对的还要复杂的“战斗”。如果你手上有棘手的事而自己又犹豫不决，不妨挑件更难的事先做。这样，你就可以自己开辟一条道路。

（6）自我感觉良好并精工细笔

多数人认为，一旦达到某个目标，人们就会感到身心舒畅，但问题是你可能永远达不到目标。把快乐建立在还不曾拥有的事情上，无异于剥夺自己创造快乐的权利。记住，快乐是天赋权利。首先要有良好的感觉，使自己在塑造自我的整个旅途中充满快乐，而不要等到成功的最后一刻才去感受属于自己的欢乐。创造自我，如描绘巨幅画卷一样，不要怕精工细笔。如果把自己当作一幅正在描绘的杰作，你就会乐于从细微处做改变。一件小事做得与众不同，也会令你兴奋不已。总之，无论你有多么小的变化，于你而言都很重要。

(7) 把握现在并敢于竞争

锻炼自己即刻行动的能力。充分利用对现实的认知力，不要沉浸在过去，也不要耽溺于未来，要着眼于今天。当然要有梦想、筹划和制定目标的时间。不过，这一切就绪后，一定要学会脚踏实地、注重眼前的行动。要把整个生命凝聚在此时此刻。竞争给了我们宝贵的经验，无论你多么出色，总会人外有人，所以你需要学会谦虚。努力胜过别人，能使自己更深刻地认识自己；努力胜过别人，便在生活中加入了竞争“游戏”。不管在哪里，不管参与什么竞争，都要怀着快乐的心情。要明白，最终超越别人远没有超越自己重要。

(8) 不怕犯错，直面危机

有时候我们不做一件事，是因为我们没有把握做好。我们感到自己“状态不佳”或精力不足时，往往会把必须做的事放在一边，或静等灵感的降临。你可不要这样。如果有些事你知道需要做却又提不起劲，尽管去做，不要怕犯错。给自己一点自嘲式幽默，抱着一种打趣的心情来对待自己做不好的事情，一旦做起来就只管乐在其中。危机能激励我们竭尽全力。如果躲避危机，我们往往会追求舒适的生活，适应越来越轻松的生活方式，使自己的生活风平浪静。

8.3.5 企业激励员工的方法

企业对员工的激励方法有很多种，常见的有以下几种：

1) 物质激励

物质激励的作用来自人们生存的基本需要，每个人都有这种需要，因此物质激励产生的动力来自行为者自身，表现出来的是一种主动的力量。它通过满足个人利益的需要来激发人们的积极性与创造性。

2) 精神激励

精神激励来自对高级生活质量的需要，也是一种发自内心的、主动的力量。一般而言，需要层次高的人更乐意接受这种激励方式。

3) 竞争激励

竞争激励来自外界的压力，行为者被动接受，常常被迫采取某种行为以符合组织的要求。

4) 工作激励

工作激励就是通过分配恰当的工作来激发员工内在的工作热情。

5) 目标激励

目标激励是通过奋斗能获得的成就与结果。目标是分层次的，有大、小，远、近之分。

6) 任务激励

让个人肩负起与其才能相适应的重任，由社会提供个人获得成就和发展的机会，激发其献身精神，满足其事业心与成就感。

7）荣誉激励

对那些为社会或团体作出突出贡献的人给予一定的荣誉，这既能使荣誉获得者经常鞭策自己，又可以为他人树立榜样和奋斗目标。

8）信任激励

同事之间或者上下级之间相互信任是一种巨大的精神力量，这种力量不仅可以使人们结成一个坚强的战斗集体，而且能激发出每个人的积极性和主动性。

9）强化激励

正强化：对良好行为给予肯定。负强化：对不良行为给予否定与惩罚，使其减弱、消退。批评、惩处、罚款等属于负强化。对人的行为进行强化激励时，一是坚持正强化与负强化相结合，以正强化为主；二是坚持精神强化与物质强化相结合，以精神强化为主。

10）数据激励

明显的数据使人产生明显的印象，激发强烈的感想。数据激励就是把人们的行为结果用数字对比的形式反映出来，也叫“数字上墙”，以激励上进，鞭策后进。

11）情感激励

情感是影响人们行为的最直接的因素之一。情感激励就是通过建立良好的情感关系，激发每个员工的士气，从而达到提高工效的目的。

12）评判激励

评判激励就是对人的某些行为作出评判式反应，或奖励、表扬，或惩罚、批评等。

13）危机激励

危机激励就是让下属知道面临的困境，激发其危机感。

14）许诺激励

许诺激励就是领导者通过许诺满足下属心理需求和心理预期。

15）榜样激励

榜样激励就是通过树立榜样激发其他人向榜样学习。榜样是人们行动的参照系，榜样的力量是无穷的。

16）成果激励

在正确评估工作成果的基础上给员工以合理奖惩，以保证员工行为的良性循环。

17）培训激励

通过灌输组织文化和开展技术知识培训，提高员工的素质，帮助其更新知识，共同实现组织目标。

案例链接8-2 **华为公司的员工激励**

在高度竞争的知识经济时代，员工激励是企业管理的核心要素和永恒主题。乔治·华盛顿曾经说过："战争必须有条不紊地进行，而想要做到这一点，必须要激发战士的荣誉感。"市场就是企业的战场，能否战胜竞争对手，就要看企业能否激发员工的潜力。

华为在2017年首次进入《财富》世界500强前100名，以年营业收入785亿美元名列第83位。华为的崛起固然与国家经济社会发展的大好形势有关，但也与华为自身的人力资源管理，特别是员工激励的作用密不可分。

一、卓有成效的物质激励

华为对于员工的物质激励在全国非常出名，说白了就是愿意给钱，敢于给钱。哪怕负债累累、资金捉襟见肘，华为也敢于提供高于行业的薪酬待遇，还执行每年平均超过10%的工资薪酬提升。特别值得一提的就是华为大胆实施股权激励，任正非仅持有华为1.4%的股权，其余股权由8.4万名华为员工持有。员工持股是对员工进行长期激励的有效办法，员工与华为之间的关系由雇佣关系变为合作伙伴关系，华为的效益与每一位员工的薪酬都密切相关。据报道，2015年华为用于支付员工工资和奖金的资金高达148.5亿美元，占华为当年收入额的23.6%，而同行业的平均水平仅为12%。

与此同时，华为采用同贡献、同报酬的薪酬分配体系，最大限度地激发员工潜能。该体系的核心在于按照员工对华为的贡献度大小，而不是职位等级划分薪酬。这一体系还打破了工龄工资的限制，鼓励新员工多努力，多做贡献，这有利于保持华为员工工作的积极性。

二、鼓励创新的精神激励

技术研发工程师占华为1/2的员工比例，而企业研发是一项高投入、高风险的业务。为了激励员工的研发热情和创造力，华为坚持将不低于年收入10%的资金用于高精尖领域的研发，在今后30年内这一比例还将继续提高到20%。同时，为了避免因为研发失败的风险打击工程师的研发热情和创造力，华为规定，占基础科学研究30%的研发投入中，允许50%的失败率，也就是说，在研发项目论证中，只要有一半机会可以成功，这一项目就可以继续开展下去。这实际上是对员工自主性的保护。此外，在精神激励方面，华为各种各样的奖励可谓琳琅满目，荣誉部专门对员工进行考核、评奖。

在华为，只要员工在某个方面取得了一定的进步，他就有机会获得相应的奖励和荣誉。华为成立了荣誉部，专门负责对员工进行考核、评奖，目的是挑选创新榜样。金牌奖是奖励为华为持续商业成功作出重大和突出贡献的团队和个人，是华为授予员工的最高荣誉。金牌奖每年年末评选一次，获奖代表可以获得与华为高层合影的机会。重大、及时的荣誉激励是为了奖励在华为发展的特殊节点作出突出贡献、表现出色的团队和个人。华为的荣誉奖有两个特点：第一，获奖面广、获奖人数多，所以员工甚至会在自己毫无察觉的情况下得知自己获得了某种奖励。第二，只要有自己的特点，工作有业绩，员工就能得到荣誉奖；新员工有进步奖；参与完成一个项目有项目奖。

华为还借鉴ATT贝尔实验室的模式，依靠知识型员工对自由工作的本能渴望发展科学研究工作，而这已成为华为事业成功的重要保障。事实证明，鼓励创新的员工激励制度，为华为吸引、培养和挽留了一大批优秀的科技、管理人才，形成了华为丰富的人力资源储备。

三、刚柔并济的文化激励

作为一家民族企业，华为很好地吸收了中国传统文化的精华，同时积极借鉴国外著名企业的现代管理经验，在结合华为企业家创业思维的基础上产生了华为自身的管理理念、管理思想和管理文化。华为的核心文化有两种：

一种是作为华为企业文化之魂的"狼"文化，其核心是互助、团结协作、集体奋斗。这一文化包含多方面内容：对于专业领域敏锐的嗅觉，对于事业不屈不挠、永不疲倦的进取精神，对于企业群策群力的团队精神。实事求是地讲，华为的"狼"文化适合大部分年轻人，特别是青年大学生。因为华为能够提供的不仅是高薪，而且是一个可以充分展现、发挥自我的大舞台。这种文化氛围的激励是对人自我实现需要的满足，也是华为的目标与员工个人目标达成一致的契合点，实际上是一种双赢的结果。

另一种是"家"的氛围，华为一直强调企业就是家的理念，让员工感觉在为家服务。华为成立了各种俱乐部，旨在丰富员工的生活，提升员工生活的品质。俱乐部为华为员工提供了互相交流的机会，有利于和谐同事关系的形成，满足了员工的社会需要和归属需要。

华为的激励体系和制度既照顾了员工基本的物质需求，也满足了员工的精神需要和文化需求，应该说，华为在多个层面上满足了员工的需求。马斯洛需要层次理论中的不同层次需要在华为的人力资源管理过程中基本上都能予以关注和满足。员工持股满足了员工生理需求和安全需求，体面的工作和可观的经济收入保证了员工社会需求的满足，宽松的科学研究工作环境保证了尊重需要的满足，"狼"文化的理念和"家"氛围的营造有利于员工自我实现需求的最大化满足。

资料来源 佚名. 华为公司的员工激励案例［EB/OL］.［2023-06-27］. http: //www.hrsee.com/? id=715.

聚焦民生 **福建：推动社会工作助力乡村振兴**

2023年2月，由福建省民政厅主办的全省社会工作助力乡村振兴高级研修班和社会工作督导人才培训班开班仪式在泉州市惠安县举行。本次培训的对象主要是社会工作实务督导和一线社会工作者。本次培训班是深化促进“闽宁牵手”和“山海协作”推动社工合作交流的重要举措，旨在通过系统培训，提升社会工作专业人才的服务能力和督导水平，特别是在服务乡村振兴、推进乡村治理体系和治理能力现代化上，进一步发挥社会工作力量的专业作用。

在闽宁合作的大背景下，两省区联合实施闽宁协作社会工作服务机构“牵手计划”，成为做好新形势下东西部协作、实施社会工作区域协调发展的一个具体举措，也成为东西部对口支援的一个生动例子，在推动两地社会工作专业服务提升、社会工作服务平台拓展、社会工作专业人才队伍壮大等方面取得了显著成效。

福建省民政厅相关负责人表示，希望广大社工秉持服务理念，真正肩负起帮扶困难群体的职业使命，要将社会工作价值理念、职业操守与个人品行相融合，发扬传承社会工作专业精神，聚焦低保户、特困户、孤儿、农村留守儿童、老年人、残疾人等特殊群体，帮助服务对象树立生活信心、解决实际问题、修复社会功能、改善生活品质。

据了解，近年来福建省围绕优化社会工作专业人才发展环境，初步建立了综合政策引领、领域政策配套、各地政策支撑的社会工作制度框架，出台各类配套文件30余项；在全国率先出台了禁毒社会工作、社区矫正社会工作、企业社会工作等专门领域文件；全面建立了社区持有社工证人员专技补贴制度和一次性奖励制度；将社会工作专业人才纳入高层次人才、急需紧缺人才范围，推动社工人才与其他领域人才享受同等待遇。

目前，福建省社会工作专业人才超过8万人，持证社会工作者3.8万人，社工机构近700家，每万人持证社工居全国前列，着力构建“区县-镇街-村居”三级社会工作服务平台，强化推动社工人才队伍建设和基层服务平台建设的部门合力。福建省在2021年实现乡镇（街道）社工站全覆盖的基础上，率先出台镇街社工站规范化建设评估指引，推进225个省市县社会工作示范站点建设，建成县区指导中心和社工总站64个，通过“送教上门”的形式对2 300余名驻站社工开展轮训，全面加强站点专业化、规范化建设，社会工作成为推进基层治理创新的重要力量。

资料来源 佚名. 福建：推动社会工作助力乡村振兴［N］. 公益时报，2023-02-28（07）.

本章小结

职业生涯规划对于每个人或企业都是十分重要的，对于组织和团队的作用也不可小觑。本章介绍了企业小组工作的模式、方法技巧，概述了团体职业生涯规划的内容，具体分析了职场中沟通的重要性及加强沟通能力的方式方法，还介绍了员工激励的理论和方法，阐述了员工自身激励和企业激励员工的具体步骤。

复习思考题

（1）企业社会工作小组的工作模式有哪些？
（2）职场沟通的种类有哪些？
（3）职场中的沟通技巧有哪些？
（4）企业如何培养员工的沟通能力？
（5）阐述人际关系管理理论的内容。
（6）阐述激励理论的内容。
（7）企业如何激励员工？

案例分析题

山花煤矿奖金分配风波

山花煤矿是一个年产120万吨原煤的中型矿井，该矿现有职工5 136人，其中管理干部450人，占全矿职工的8.9%。某年全矿职工在矿井领导的带领下，团结一心，努力奋斗，取得了生产和安全的大丰收。特别是在安全方面，100万吨原煤生产死亡率降到了2人以下，一跃跻身同行业的先进行列。至此，上级主管部门拨下150万元奖金，奖励该矿在安全与生产中作出贡献的广大干部和职工。

在这150万元奖金的分配过程中，该矿袁军矿长代表矿行政干部召集下属五位副矿长、财务科科长、人事科科长和有关科室的领导开了一个“分配安全奖金”会议。袁矿长首先在会上发言，他说：“我矿受到上级的表彰是与全矿上下广大干部和职工群众的齐心协力、团结奋斗分不开的。奖金分配嘛，应该大家都有份，但是不能搞平均主义，因为每个人的贡献有大有小。我看工人和干部就该拉开距离，如工人只是保证自身安全，他们的安全工作面不大，而干部不但要保证自身安全，还要负责一个班组、区、队或一个矿的安全工作，特别是我们这些头头，还在局里押了风险抵押金、立了军令状，不但要负经济责任，还要负法律责任。为此，在奖金分配上不能搞平均主义，应该按责任大小、贡献多少拉开档次。如果奖金分配不公，就会打击干部和工人的工作积极性。为了防止干好干坏一个样、干多干少一个样的现象，我认为这次分奖金应该拉开几个档次，我和财务科科长初步商量了一个分配方案，算是抛砖引玉吧。请大家讨论一下，下面请王科长向大家介绍一下具体方案。”王科长说：“奖金总额是150万元，要想各方面都照顾到是不可能的，只能定出大致的档次。奖金分五个档次：矿长5 500元，副矿长5 000元，科长4 000元，一般管理人员2 000元，工人一律50元。这样分下来，全矿处级干部13人、科级干部

130 人、各类管理人员 307 人、职工 4 686 人，刚好够分。”袁矿长接着说：“就这五个档次，大家发表一下意见。”

资料来源 佚名．山花煤矿奖金分配之启示［EB/OL］.［2023-06-27］. https：//wenku.baidu.com/view/96368fecc67da26925c52cc58bd63186bdeb9214.html.

讨论题：

（1）你觉得袁矿长和王科长的讲话内容是否正确？为什么？

（2）按照袁矿长和王科长的建议，山花煤矿的员工会有什么反应？

（3）如果你是袁矿长，你会怎样分配奖金？

第 8 章案例分析提示

第9章　企业社会工作与员工关系实务

学习目标

✓ 了解企业青年员工的特点；
✓ 掌握企业青年员工面临的问题；
✓ 重点掌握企业青年员工关系管理的对策和措施；
✓ 掌握女工这一群体的特殊性和弱势；
✓ 重点掌握企业女工关系管理的对策和措施；
✓ 掌握企业中农民工遇到的各种社会化问题；
✓ 掌握企业中农民工关系管理的对策和措施。

引例

55%的员工有心理健康问题，企业如何发现

随着市场竞争的加剧，企业员工的心理压力急剧增加，产生的心理问题日益严重。根据调查，超过半数的员工心理健康状况不佳，54.9%的员工存在焦虑情绪，30.6%的员工在工作中表现出高度倦怠。员工呈现“三高两低”的状况：高压力、高抑郁、高倦怠，低幸福、低健康。

世界卫生组织曾断言：“没有任何一项灾难比心理障碍所带来的痛苦更加深重。”

员工无处发泄的压力和抑郁情绪，将持久地侵蚀员工的健康和行动力，最终破坏整个企业的战斗力。员工在企业中度过了一生中最重要、最长的时间，因此在企业内开展心理健康教育是必要的，并且具有针对性。员工的健康和企业的发展是息息相关的，企业需要树立心理健康意识，认识到员工的心理健康将大大影响员工的工作效率，影响组织氛围，并最终对企业的效益和长期发展造成影响。

目前，在企业员工的心理辅导方式中，采用最多的是EAP。

企业EAP指的是企业员工援助计划，由企业组织为员工出资，向第三方购买系统的长期心理服务，帮助员工及其家人解决心理和行为问题，提高绩效及改善组织氛围和管理，使员工达到快乐工作、幸福生活的状态。其内容包括压力管理、职业心理健康、裁员心理危机、灾难性事件、职业生涯、健康生活方式、法律纠纷、心理养生、拓展训练、家长课堂等各个方面。

资料来源 佚名. 55% 的员工有心理健康问题，企业如何发现？[EB/OL]. [2023-03-27]. http: //www.sohu.com/a/328521583_120084354.

9.1 企业青年员工关系管理

9.1.1 企业青年员工的定义与概况

1）企业青年员工的定义

这里的青年员工，一般是指年龄在 20 岁上下、工作年限短的企业新进员工。青年员工普遍来源于高校，他们从校园进入企业，社会化和职业化尚未完成，正经历着一个真正社会化的过程。

2）企业青年员工的概况[①]

（1）青年员工是企业的主体组成部分

在市场经济新形势下，青年员工在企业中是一个较大的群体，是企业持续、健康发展的有生力量。当前，在我国产业结构调整的大环境下，特别是我国已逐渐步入老龄化社会的形势下，无论从哪个角度来说，青年员工都已经成为或者在不远的将来将成为我国企业劳动力的主体。尤其在就业人数逐年递增的第三产业，需要大量有活力和体力的新生力量。党的二十大报告强调，青年强则国家强，全党要把青年工作作为战略性工作来抓，用党的科学理论武装青年，用党的初心使命感召青年，做青年朋友的知心人、青年工作的热心人、青年群众的引路人。企业也要重视作为主力的青年员工，挖掘青年员工的潜力，进而提升企业发展活力、增强企业发展竞争力。

（2）生理与心理处于过渡阶段

处于 18 ~ 25 岁的青年员工，是刚离开校园与家门，第一次踏入社会的青年，他们的身体发育尚未完全完成，还处于基本定型但继续发展完善的过渡阶段。在这段时间，其体力尚不稳定，爆发力强而耐力不足，特别是骨骼发育尚未完成，所以不能从事超负荷体力工作。很多青年员工缺乏经验，用爆发力来承

① 高钟，周沛. 企业社会工作［M］. 上海：复旦大学出版社，2013.

受，或者不会妥善应对企业繁忙的加班赶工，久而久之，就在身体发育定型时期造成身体的永久性损伤。

青年员工在心理上也处在一个由不成熟走向成熟、由情绪化走向理性化的过渡时期。青年员工告别了少年的懵懂，似醒非醒地进入社会，他们血气方刚，遇事易冲动，情绪化严重，理性不足。这正是青年人与中年人的一个最大的区别。特别是有些独生子女，他们受到的呵护多，心理年龄的成长滞后于生理年龄的成长。由青年过渡到中年是一个极其重要的年龄阶段。

（3）社会化与职业化初始

青年员工所从事的往往是他们人生中的第一份职业，他们的职业生涯也处于一个初始阶段。这个从家门、校园迈入社会的初始阶段是他们的弱势地位时期。

在这个初始阶段，青年员工处在一个全新的、陌生的社会环境中，这使他们感到孤立无援和缺乏安全感，迫切需要寻求友谊与帮助，寻求建立新的社会支持网络，以融入新的社会并完成社会化。虽然现在的青年员工具有较扎实的专业基础，思维敏捷，具有很强的学习能力和开拓创新精神，但人生第一份职业的限制，让他们在这个阶段还没有掌握职业所必备的技术，从而造成了相关社会权利的缺失。这种权利往往是员工争取就业稳定与薪酬增长的谈判筹码，在一些技术要求高的职业中更是如此。

9.1.2 企业青年员工的特点

1）强烈的自我意识和主体观念

当代青年在社会转型中成长，在市场经济的大潮中承受谋生和就业的风险和压力。现在的青年员工以独生子女居多，他们在家庭中一般处于中心地位。在工作中，他们更倾向于自助式的工作氛围和工作环境，并不愿意受制于人，哪怕对方是他们的上级。相比年龄较大的员工，青年员工更强调工作中的自我控制。他们对工作场所、工作时间的灵活性往往有比较高的要求，也要求工作中的组织氛围相对宽松。他们强烈的自我意识也在一定程度上增强了创新意识。他们不随波逐流，而乐于创新和张扬自己的个性。他们擅长独立思考，追求自我支配和自主决策，在生活中追求独立自强。

2）较高的个人素质和强烈的自我实现的需求

企业青年员工一般拥有较高的学历和综合能力，他们的需求一般也都在比较高的层次上。他们不仅希望从工作中获得内在的满足感，以便最大限度地实现自我价值，也渴望赢得他人的尊重和社会的认可。因此，他们往往更热衷于接受富有挑战性和创造性的工作，渴望充分展现个人的聪明才智，同时追求相对完美的工作结果。他们一般会以自我价值的实现作为人生奋斗的最高目标。同时，在企业中，他们也重视自身的权利，并保护自身权益。他们敢于在工作中质疑和自己不同的观点，喜爱表现，不讲资历讲贡献，并且在工作中追求平等竞争。

3）人际关系和生活方式受到网络的很大影响

随着互联网技术在多方面的应用和推广，广大公众从单一的信息接收者转变成为既是信息接收者又是信息发布者这一双重身份。截至 2020 年 3 月，我国网民规模为 9.04 亿，较 2018 年年底新增网民 7 508 万；互联网普及率达 64.5%，较 2018 年年底提升 4.9 个百分点。中国的网民数量本就是世界第一，现在仍在增长。从网民的整体分布来看，受教育程度比较高而经济地位相对较低的青年是网上发言的主体，成为网络的主要消费和参与群体。

对于当代青年而言，互联网已经成为他们成长的重要环境，成为他们学习、生活乃至工作的重要路径。毫不夸张地说，网络正在根本性地改变当代青年的思维模式、行为模式、生活方式和工作方式。网络为青年拓宽了信息来源和沟通渠道，它开阔了青年的视野，使他们能够了解更多的未知领域，同时也能够便捷、高效地获取大量信息。网络也扩大了青年的社交范围，使他们能够借助虚拟空间，广泛而便捷地开展对外交流，寻找发展和提高的机会。此外，网络信息量巨大，信息的交流速度快，可以想象，在不远的将来，网络将成为青年寻求知识的主要手段，并进一步扩展当今青年教育的空间。网络也成为当代青年实现自我价值、展示个性的一个平台。在工作中表现一般，甚至在生活中糟糕透顶的人，完全可以通过网络而展现出另外一个完全不同的自己。总体而言，网络的出现使得当代青年获得知识的方式不再单一，自我价值的实现方式也不再单一。

4）流动意愿明显

知识经济和新型的市场经济对传统的雇佣关系提出了新的挑战。当今企业中人才的稀缺以及企业对人才的争夺，提高了青年员工流动的可能性以及潜在收益，加之青年员工强烈的自主意识和合作能力的欠缺，导致他们对整个组织的忠诚度不高。在工作中，如果受到不公正对待或工作环境、收入及其他方面未能达到他们的期望，他们很可能就会另谋出路。

9.1.3 企业青年员工关系管理的重要意义

1）实现员工人力资本价值最大化

员工关系管理的基本任务就是配合人力资源管理的整体战略和计划，组织和管理好人力这一最为基本也是最为重要的生产力。正确处理企业与员工、员工与员工之间的关系，统筹建设和推广企业文化，充分发挥员工的积极性和创造性，不断提高人员队伍素质，能够保证劳动生产率的提高。当代企业人力资源开发的一个重要目标就是使员工的使用价值最大化，使员工的知识、才能和技能得到最大限度的发挥和运用。

2）有助于企业塑造雇主品牌，吸引并留住人才

雇主品牌指的是在社会大众和企业内部员工心目中雇主的形象和特征，是企业在人力资源市场上的定位。良好的员工关系管理有助于企业打造良好的外部雇主品牌，更好地吸引潜在员工，在人力资源市场上赢得竞争优势。良好的员工关系管理同样也能够树立企业内部雇主品牌，对于青年员工来说，能够更好地保持他们工作状态的稳定，降低青年员工流失率。

3）有益于维护员工的心理健康

如果一个员工存在心理问题，那么势必会影响他个人和团队的工作状态以及整个企业的绩效。这一点已经成为当今企业的共识。在新型市场经济下，刚步入社会的青年员工将备感竞争的激烈和残酷。面对职业压力、社会压力以及人际关系的紧张，他们的心理往往会不堪重负。经调查，北京、上海、深圳、广州四大城市白领中，15% 的人感受到“工作耗竭”的不良状态，68% 的人在一定程度上存在与工作压力相关的身心症状。而 49.3% 的人认为自己存在睡眠问题，有头痛头晕症状的比率高达 43.4%。而企业青年员工强烈的自主意识和实现自我价值的愿望，使得他们更容易产生工作压力和工作倦怠。如果一个企业缺乏员工关怀部门，则会进一步加重青年员工的精神压力。

更为严重的问题是，根据中国人力资源开发网的调查，大多数青年员工几乎没有一个有效的缓解工作压力的方法。因此，企业需要良好的青年员工关系管理，帮助员工处理个人生活与工作之间，员工与员工之间，员工自身的心态、行为与结果之间的各种冲突和矛盾，有效提高员工自我情绪管理能力，使他们的工作压力得到缓解，维护员工个人和整个组织的健康。

9.1.4 企业青年员工自身面临的主要问题

1）职业迷茫

刚入职的青年员工在认识自我与职业认知中经常遇到问题，这导致员工和岗位不能最佳匹配，也造成了他们的职业迷茫。

首先，青年员工自身因离开校园、家门不久，对所从事的职业是否适合自己的个性、特长、兴趣爱好等无法确定下来，对企业的职业要求、技术能力要求在一定程度上无法满足。他们如果在工作岗位上比较孤立，又缺少有效的辅导、培训和交流，就会对自身的职业发展方向和职业前景产生疑问，觉得难以选择，没有信心。

其次，在自身职业生涯规划方面，很多青年员工也没有一个清晰、明确的奋斗目标或方向，表现出初入职场的迷茫和对自己工作定位的缺失。这将导致青年员工有满腔热情却又奋斗无门、努力无果，进而挫伤其工作积极性和主动性。

最后，有些企业很少提供或不提供职业生涯发展支持，对人力资源的规划及员工职业生涯管理存在“短期行为”。青年员工的职业发展途径通常是从低级岗位或职务向高级岗位或职务升迁，从简单工作向复杂工作过渡，或从不喜欢的工作岗位转换到喜欢的工作岗位等。员工发展需要跨越的层级较多，时间较长，一旦员工在企业中发现无法实现其职业生涯目标，就可能消极怠工或重新选择工作。当企业交给青年员工的任务与其大学所学专业不符，或与其思想落差较大时，就会不同程度地给青年员工的思想带来起伏和波动。

2）人际交往障碍

青年员工进入企业，不可避免地会遇到上下级、同事之间的人际关系问题。有些青年员工交友范围小，感觉孤独，不能融入企业氛围与文化，或是员工本身家庭关系紧张，存在代际冲突，还有可能面对刚组建新家庭的家庭冲突或家庭暴力等问题。

青年员工对团队中同事之间的和睦关系比较看重，对团队中的上级公平对待下属、倾听下属意见、体谅下属等方面非常期待，但青年员工的人际关系和交往能力往往存在亟待改善的地方。因此，期望和现实的差距所造成的员工心理落差会影响他们的职场安全感、公平感、归属感和自信心。青年员工一方面不愿敞开心扉，自我封闭；另一方面又迫切希望得到友谊，显示自我的力量。他们入职后对环境变化和人际关系的不适应又加深了他们不愿与人交往的封闭心理，这就导致某些没有做好入职前后心理落差准备的青年员工的人际关系十分糟糕。

3）生活问题

在生活方面，多数青年员工最苦恼的问题集中在收入、住房以及婚恋、交友等方面。尤其是在当今的大城市中，生活成本较高，高物价、高房价给刚刚步入职场的青年员工带来不小的困扰，而工资收入与居住环境也成为影响青年员工工作的重要因素。某些青年员工的家庭对他们的职业选择、婚恋施加影响，很多青年员工在刚刚组成的自己的家庭中要应对很多问题，这些压力集中起来，成为影响青年员工工作的重要因素。

9.1.5 现阶段青年员工关系管理中的不足之处

1）没有或很少设置员工关系管理岗位

在我国，大部分企业对员工关系管理的重要性仍处于认知不足的阶段。很多企业没有独立设置员工关系管理和协调岗位，极个别企业即使设置了相关的岗位，其工作也依然停留在开动员会、发奖金、解决劳资纠纷问题等较为初级的阶段。中国企业员工关系调查显示，我国企业员工关系管理岗位的设置比例为 1 000：1，即每 1 000 名员工仅设置 1 个独立编制的员工关系管理岗位。其中，设置最多的职位是员工关系管理经理、员工关系管理主管和员工关系管理专员。从调查结果可以看出，我国企业员工关系管理就整体而言仍处于初级阶段，并且员工关系管理的职能范围相当有限。[①]

2）员工关系管理人员胜任力不足

目前我国员工关系管理从业人员中，女性的比例比男性高，大部分拥有本科

---

① 代晓明．员工关系管理［EB/OL］．［2015-08-12］．http：//wodetaixue.com/article.aspx？action=apply&id=33953.

学历，而且大多数是从人力资源管理和行政管理相关专业领域转岗而来。由此可见，员工关系管理从业人员所掌握的知识和经验并不足够和全面，他们不足以担当专家、员工服务者和变革推动者的角色，而这三者正是员工关系管理最重要的三重角色。

3）缺乏完善的激励和约束机制

员工关系管理的根本是内部公平，而青年员工较其他员工而言更加注重公平。在我国各大企业进行的调查显示，青年员工离职的首要原因不是薪酬水平低，而是企业内部充斥的不公平感。内部的不公平主要体现在员工的物质激励、精神激励、职业前途、能力授权等方面。所以，完善激励和约束机制，建立科学合理的薪酬制度和晋升机制，成为企业青年员工关系管理的根本所在。

4）缺乏完善的员工满意度管理体系

随着市场经济的发展，人才竞争日益激烈，作为雇主的企业越来越关注员工满意度管理。这一方面能够树立起对内和对外的良好形象，另一方面能够防止人员流失，开发潜在的人力资源。开展员工满意度调查逐渐成为很多企业一年一度的"必修课"。但实际上，真正依据调查结果来改善工作环境的企业少之又少，这就造成了员工满意度调查的真实效果难以体现，也就更谈不上与员工分享"诊断"的结果。整体看来，这种员工满意度管理体系的缺乏实际上难以体现员工满意度调查的初衷。

9.1.6 青年员工关系管理的一般对策与措施

青年员工在学校接受培养、教育的过程中未能充分经历和体验职场的需求和技巧，他们对职场所需的知识、技能等储备不足，这使他们不能满足未来职场对员工知识、技能的要求。对此企业应采取有效措施，让青年员工更好、更快地融入团队，培养积极的心态，养成必备的职业素养。

1）注重在实践中积累和提升

青年员工的职场工作能力和人际交往能力只能在实践中积累和提升，实习对接高校与职场，应成为大学生历练的必修课。企业可以有条件地构建实习基地，除了在工作内容上进行培训，还应鼓励青年员工积极参与实践工作，对新员工也应进行组织适应辅导。

由于企业对新员工的期望和新员工对企业的期望之间总是存在一定的差距，因此新员工在适应新环境时需要一个磨合的过程。在这个过程中，企业社会工作人员可以从调整心态、确立归属感等方面开展工作，增强青年员工对企业的依恋，增强企业的凝聚力和青年员工入职后对企业环境和人际关系的适应性。企业应结合新员工的工作全面关心、跟踪服务，建立新员工边学习边成长的促进机制，让员工在试用期就能更顺畅地进入与企业对接的过程。

2）建立促进同事之间交往融洽的制度和机制

良好的同事（包括直接上下级）关系，可以使员工得到精神上的满足和快乐，让工作更高效、轻松，还可以成为各级组织任用、培养员工职业素养的核心要素。具体对策如：

第一，强化团队管理，满足新员工对人际环境的心理期待等。新员工进入职场后，不仅关注工作本身的激励因素，而且期盼有一个互助合作、相对简单、可以让自己专心做事的人际关系。

第二，建立人性化的制度和机制，保障同事关系健康顺畅。人际关系的核心是信任，只有制定合乎人性的制度和机制，才能保障同事关系健康持续发展，形成和谐的企业文化。

第三，依靠工作流程密切同事之间的合作关系。新员工遵循工作流程的前后衔接、互相帮衬，可密切他们与同事之间的交往与合作关系，有助于同事之间融洽相处，而感情融洽有助于巩固组织认同和心理认同基础。

3）培养团队合作精神

依靠工作流程密切同事关系仅是显性的互助，企业应培养以归属感、人际适应能力、换位思考、沟通意识、互助精神、风险共担为价值追求的团队精神。

第一，提升新员工的适应能力。引导新员工倾听多方意见，及时调整工作思路和方法，使他们能与不同的人协作共事，灵活适应上级、同事的工作风格和客户的服务需求。

第二，引导新员工学会换位思考，与人为善，正确评价个人的作用，强化互助合作精神。

第三，将员工之间良好的合作关系建立在互相沟通的基础上，培养他们与同事之间互相依赖、真诚合作的良性心态。

4）深入开展员工援助计划

企业要根据自身的实际需要选择合适的员工援助计划项目，促使企业劳资关系由单纯的合同契约向心理契约转变，从单一物质层面的员工关怀逐渐向精神层面的冲突、压力化解以及心理咨询等方面转变。同时，企业要用更加积极的方式引导员工的情绪。在有条件的情况下，把员工关系管理的对象扩展到离职员工或将要离职的员工，加强对离职面谈的重视，以此减少、消除员工对企业的负面情绪，与离职员工保持长期稳定的联系。在可能的条件下，也可以尝试实行离职员工返聘制度。

案例链接9-1　　美国西南航空公司营造快乐职场

美国西南航空公司（Southwest Air-lines）成立于1967年，注册资金只有56万美元，1971年获准飞行第一个航班。2006年，美国西南航空公司已连续33年赢利，是美国航空公司中持续赢利时间最长的公司。2016年，美国西南航空公司在美国500强企业排名中位列第142位。这些辉煌成绩的取得除了要归功于出色的领导人之外，还得益于它别具一格的营销战略——价格低廉却给乘客最多快乐。而要让乘客快乐，该公司员工首先要快乐。为了建立快乐职场，美国西南航空公司采取了五项策略：

（1）确立快乐型价值观

美国西南航空公司的创始人赫伯·凯利赫（Herb Kelleher）和罗林·金（Rollin King）就是如此，他们在公司成立之初就确立了自己的价值观，那就是“将航行作为快乐而不是苦难经历”。以此为出发点，他们想创建一个快乐型公司——既为乘客带来快乐，同时也让公司员工快乐。正是这个美好的承诺使美国西南航空公司在众多航空公司的围追堵截中脱颖而出，并走向辉煌。

（2）领导层率先垂范

为了营造快乐的公司氛围，美国西南航空公司的领导层常常抛开自己的身份，使用幽默的语言，作出一些看上去滑稽的举动。例如，凯利赫出现在电视广告上时，有时被浇成落汤鸡，就像橄榄球教练被胜利后的队员浇得湿透一样；有时候他又会在头上戴一个大纸袋，在眼睛的部位挖两个小孔，以实际行动传播公司的快乐型文化。

美国西南航空公司某事业部的一位副总裁打算鼓励一下表现突出的员工，但他的预算不足以宴请全体员工，于是他找来烧烤架，举行了一场别开生面的烧烤晚会。晚会十分成功，以致成了每周五的固定节目，每次都有几千人参加。但是，该公司并不将其制度化。“自发的快乐”是美国西南航空公司员工的一种生存方式。

（3）人力资源保证

美国西南航空公司负责招聘的人士说：“我们雇佣的是人，不是简历。我们要的是不仅懂得快乐，而且是会制造快乐的人。突发事件要求敏捷的反应，而幽默的反应往往能产生更好的效果。我们雇佣亲切友好的人，然后创造一个快乐的工作环境。我们的员工需要具备良好的判断力与机智的幽默。”当他们面试机组人员时，不问应聘者为什么来美国西南航空公司工作，因为应聘者肯定会说美国西南航空公司有愉快的工作环境。他们要求应聘者讲述一次自己不得不运用幽默来处理问题的经历，以及这次经历的结果。他们在面试时还出其不意地制造一些事件，借以观察应聘者的反应。有时候所有的招聘人员都穿着睡衣或是反穿着衣服，如果应聘者觉得被冒犯或者表现出反感，便可以断定他不适合在美国西南航空公司工作。为了让员工快乐，该公司重视、关心每一位员工。

（4）组织结构和制度支撑

为了实施建立快乐型公司这一战略，美国西南航空公司在组织结构方面打破了航空业的很多惯例。他们建立了扁平式组织结构，鼓励每个机场的分理处自成一体地运作，只要不违反联邦航空部的条例，无损公司大局和公司的某些明文规定即可。在美国西南航空公司，工作团队超越了等级界限，公司行政人员、飞行员和地勤人员在交往中均直呼其名。自发性在美国西南航空公司取代了一层层的管理机构。

美国西南航空公司的制度具有很强的开放性，他们鼓励员工：第一，灵活处事，运用常识和良好的判断力做最正确的事，而不拘泥于规则和程序。第二，永远别说“这样做有悖于公司政策”，有时候正确的做法就是要违背公司政策。第三，把工作中奏效的客户服务经验与同事分享。第四，与同事和顾客分享快乐。

(5) 创建有利于快乐的文化符码

为了制造快乐，美国西南航空公司尽量避免使用通用的航空用语，他们创造了自己全新的工作语言。他们的乘务人员在飞机起飞时会说：“女士们、先生们，机长已经打开了系好安全带标志，请始终将您的手脚保持在飞机内。”当飞机降落时，乘务人员则会说：“机组人员，请为着陆梳理头发。”整个航程充满这类幽默的语言，让乘客忍俊不禁，使枯燥的航程变成了一次次愉快之旅。

为了在创造快乐工作氛围的同时保持低成本，美国西南航空公司的办公楼的墙壁上没有昂贵的艺术品，取而代之的是公司员工集体活动时拍下的充满快乐的照片。这些照片传递的是公司对员工的重视，营造的是家的氛围，员工看到这些照片时内心自然会涌起一种暖融融的感觉。

为了使该公司的企业文化具有特色与活力，美国西南航空公司每个分理处都创立了各自独特的亚文化，都有自己的企业文化委员会。自发的快乐成了他们的竞争优势。

资料来源 李继先. 快乐职场营造策略——以美国西南航空公司为例 [J]. 企业研究，2020（01）：24-26.

5）建立多层次的激励机制

企业的管理者应当充分考虑每一个员工的个体差异，特别是青年员工的特点，遵循差别激励的原则，针对不同类型的员工采用不同的激励方式和手段，用以提高青年员工的斗志和他们对企业的忠诚度。与此同时，企业应当在客观、准确的绩效评估体系下，建立一个合理的薪酬制度，强化员工的公平感，提高员工对工作的满意度。

9.2 企业女工关系管理

在经济高速发展的当代社会，妇女对于企业和整个社会的贡献也逐渐地被大众所关注和正视。党的二十大报告指出，要重视女干部培养选拔工作，发挥女干部重要作用。女工作为一个较为特殊的群体，在企业中也会面临不同程度的困难和问题，这些困难和问题往往具有一定的特殊性，对企业的可持续发展、女工这一群体本身的利益等方面都有重要的影响。企业社会工作如何面对并解决这些问题，也成为现代企业迫切需要解决的课题之一。

9.2.1 当前企业女工面临的特殊问题

1）性别和生理条件导致的社会歧视

女性虽然在当今的企业中扮演着愈加重要的角色，但由于性别的先天差异，在一些岗位上，特别是有一定体力要求的岗位上，相比男性而言处于劣势。不仅是在我国，在全世界范围内，由于受到一定的传统观念的影响，妇女在很多的场合也受到不同程度的歧视，在这种情况下，企业女工的权利与尊严也就会面临较为严重的威胁。目前，企业女工的基本权利，如医疗、福利等都会不同程度地受到不平等待遇，这使女工的切身利益受到严重损害。而由于女工自身的维权意识较差，她们通常会陷入面对很多压力和歧视却又无能为力的状况。这种无力再度加剧了这种不平等待遇的程度，使这种现象逐渐在更多的方面蔓延。

案例链接9-2　　女大学生就业难

琳琳从高中时便对摄影有浓厚的兴趣，大学主修摄影摄像专业的她成绩在班级中名列前茅，然而临近毕业，琳琳的求职之路却因性别缘由屡屡碰壁。

“我们班本来就是‘阳盛阴衰’，一个将近100人的班级，女生寥寥可数。虽然女生们的专业课成绩名列前茅，但找工作的难度远超过男生。”琳琳无奈地告诉记者，“一般电视台招聘摄像师，会在招聘条件中言明仅限男性，连迈入门槛的机会都不给你；而像报社、影楼等招聘摄影师，即便对你的作品表示赞赏，但若是遇到条件相差无几的男生，最后都会优先选择他们。”

对此，用人单位给予的解释大多是：“该岗位工作性质较为辛苦，女性的身体素质或难以胜任。”

2）需要兼顾工作与家庭，容易积累压力

女性在家庭中承担着重要角色，是家庭生活的重要组成部分。女工在承受工作压力的同时，往往还面临家庭和孩子所带来的种种压力。这使得原本身体条件相对于男性就没有优势的女工，同时背负着更多的劳动量和压力。这种压力体现在她们的工作状态上就是精神不集中、情绪不稳定、消极怠工等，会对整个企业的绩效和工作环境产生一定的负面影响。企业在员工服务方面也存在诸多欠缺，特别是女工这部分。这就使得本已身心俱疲的女工得不到心理上的安慰，很多女工都处在生理和心理双重亚健康状态，这对于女工自身的发展与企业的人性化管理都是非常不利的。

3）相对被动的思维方式导致工作中地位不平等

由于受长期传统观念的影响，女工参与社会活动和企业决策的积极性相对男工而言较低，参与社会角色的意识较弱，参与决策的能力较差，进而导致她们在工作中常常处于被动地位。这种被动使得女工在更多的社会活动和企业工作中得不到应有的重视。在企业里，很多时候即使有机会和权利摆在女工面前，迫于传统观念或保守思维的影响，她们也可能不会很好地利用。此外，她们对提高自身素质和工作技能缺乏动力，而个人的能力得不到提升，则会加剧她们在企业中的被动地位，使她们的声音更难以被听到，她们的权利也就更加难以保证。

4）部分女工的价值观和自身修养存在局限

在当今激烈的市场竞争中，依然有部分女工在企业与社会中所追求的并不是更加出色的业绩，而是攀比外在的形象或其他与努力提升自己的业绩截然不同、格格不入的方面。久而久之，这使得她们的价值观念与企业健康发展的整体价值观和大方向存在严重的偏差。这种偏差不仅影响企业的发展与进步，还影响女工自我价值的实现。另外，一些企业存在男工过分照顾女工的情况，部分比较艰苦的岗位或一些复杂的事务都由男员工承担，导致女工工作量明显不足。长此以往，既不利于女工本身工作能力和自身修养的提高，也必然会使女工产生依赖心理。就企业整体而言，更加不利于人力资源的合理调配。在企业中，女工本身的形象对于企业形象的树立有十分重要的作用，而女工的自身修养往往和企业的形象挂钩，是企业内在价值的表现。很多女工往往很难认识到这点，从一开始就给自身一个错误的定位，也就不利于自身修养的提升和整个企业良好形象的塑造。

5）女工再教育管理不当

在企业中，部分女工的学历较低，知识结构和工作技能也相对不足。为了克服这个问题，接受一定的继续教育或自学就显得尤为重要，但女工自主进行再学习的能力较为低下。其中的原因，一部分是传统观念的作用，女工在工作中通常处于被动地位，这就不利于她们进行自主学习；另一部分则是女工自身的学习意识较差，学习态度也不积极。由于企业中对女工进行的再培训、再学习的机会原本就比较少，再加上女工自身不争取、不积极，这种机会往往得不到充分的利用，无法达到企业预期的培训目的，不利于企业的整体平衡发展。再有，女工在家庭生活中会花费很大一部分时间和精力，对于原本身体条件就处于相对劣势的她们而言，更加难以抽出时间和精力来提高自身的素质。

6）员工援助计划（EAP）普及率低并且服务内容不完善

相对于其他群体，对更加需要一些特殊帮助的女工群体来说，一个好的EAP项目是十分重要的。目前我国企业中的EAP大部分沿袭国外的模式，并没有很好地考虑地域和社会环境不同所导致的工作方式上的差别，并且可供选择的服务项目也相对单一。国内EAP的主要服务大多局限于各种形式的心理咨询，而这种服务模式受国内心理相关服务本身发展状况的限制很大。这就导致了国内的 EAP 项目很难得到管理者和员工的认可，其对女工所能达到的帮助效果也就十分有限。

7）性骚扰

对于年轻的女员工来说，性骚扰也是造成压力的一个重要因素。性骚扰多数情况下具有隐蔽性、突发性，而职场性骚扰作为不被重视的部分，多发于青年女工中，并被大多数女工忽视或默默承受。职场性骚扰损害了职场女性与男性的尊严，包括不受欢迎的身体接触、语言和非语言行为。

国际上认为职场性骚扰行为一般包括三个要素：一是此行为带性色彩，以性为目的；二是此行为对承受方来说是不受欢迎的，是有损其人格和尊严的；三是承受方对该行为的接受与否被明确或含蓄地用来作为影响该人接受职业培训、得到雇佣、继续雇佣、晋升、工资或者其他雇佣决定的决策基础，或者这种行为可导致承受人在工作场所中产生一种胁迫、敌视、羞辱性的工作环境。

性骚扰分为言语请求、口头评论、非言语表现等几类。职场性骚扰的等级包括性别骚扰、性挑逗、性贿赂、性要挟和性侵害。职场性骚扰包括男性对女性的骚扰、女性对男性的骚扰、同性之间的骚扰、上级对下级的骚扰、同事之间的骚扰、下级对上级的骚扰等。性骚扰会对女工产生非常严重的影响。这种影响不仅体现在对她们造成的身体伤害和精神压力上，还会直接对她们的日常行为产生影响，使她们变得沉默，对异性乃至社会变得不信任，进而消极回避工作，甚至逃离工作环境。

案例链接9-3　　职场性骚扰的处理与应对

郑某入职某公司后，担任渠道销售经理。2018年8月30日，郑某的下属女员工任某与郑某的上级邓某（已婚）不睦，郑某因此与任某进行沟通。任某告知郑某，邓某曾向其发送涉及性骚扰的言语，并向郑某出示了相关聊天记录。但郑某不愿处理任某与邓某的纠纷，后于2018年11月，以“任某不合群”为由向公司建议与任某解除劳动合同。后来公司人事部对此展开调查，任某告知人事部，邓某存在性骚扰行为，且郑某有意撮合其和邓某，后任某因拒绝骚扰行为遭到报复。公司随即对郑某进行调查，并制作了调查笔录。郑某未在调查笔录上签字，但对笔录记载的内容进行了诸多修改，并否认“任某曾向其反映曾遭到邓某性骚扰”。

2019年1月30日，公司出具“单方解除函”，以郑某未尽经理职责，在下属反映遭受间接性骚扰后未采取任何措施，反而对下属进行报复，并在内部调查中作出虚假陈述为由，单方解除劳动合同。2019年7月22日，郑某向上海市劳动争议仲裁委员会申请仲裁，要求公司支付违法解除劳动合同赔偿金，但未得到仲

裁委员会支持。随后，郑某又向上海市浦东新区人民法院提起诉讼。该案经一审、二审，最终二审法院判决公司单方解除符合法律规定。

资料来源 陆慧文，丁戊，罗杰韬. 职场性骚扰的处理与应对——最高院 181 号指导案例分析［EB/OL］.［2023-06-28］. https：//www. kwm. com/cn/zh/insights/latest-thinking/treatment-and-response-to-sexual-harassment-in-the-workplace-analysis-of-the-supreme-court-no-181-guidance-case.html.

8）家庭暴力

一般来说，25 岁以下的青年女工比较容易受到感情与性骚扰的伤害，26～45 岁之间的女工则更容易受到家庭暴力的伤害。家庭暴力涵盖了对身体的暴力、性暴力，以及语言、心理上的暴力等诸多内容。家庭暴力的源头主要是女性员工自身“企业员工”和“妻子”或“母亲”的角色冲突。企业女工的主要时间和精力必须用于工作中，而传统的家庭分工格局又使得她们的配偶认为她们应当承担起家庭中的主要责任，因此当她们由于自身的时间和精力有限，未能扮演好持家的角色时，就可能受到配偶的责备，严重情况下就变成暴力行为。

9.2.2 企业女工关系管理一般对策与措施

1）加强思想教育和道德水平的培养①

党的二十大报告提出，功以才成，业由才广。培养造就大批德才兼备的高素质人才，是国家和民族长远发展大计。无论是企业发展还是整个社会的发展，都越来越需要高素质、高道德的人才，而企业的健康可持续发展，更是离不开女工的思想道德建设。这就要求企业通过培训等途径，不断加强对女工的道德修养，提高女工的思想道德水平。思想道德水平的提高一方面会直接提高生产效率，另一方面也会增加女工本身的幸福感和社会权利。同时，女工的素质和素养是企业文化的一个很重要的外在标志。无论在哪个企业，良好的道德素质都会吸引更多的贸易伙伴，对于企业的经营业绩和企业形象的建设都有积极的促进意义。

2）激发女工的自我意识

一些女工在工作中常处于相对被动的位置，这就要求企业有意识地培养女工增强自我意识。在企业的日常管理中，应适当增加女工参与企业决策或研讨的比重，同时在工作中也要给予女工更多的自主权。女工在自身权利的维护、自身需要的满足等方面也要强化自我意识，用积极的思想来武装自己，用积极的行动来捍卫自己的权益。

3）提高女工的自学能力

在企业中，女工由于自身条件相较于男工处于相对弱势的地位，所以必须加

① 施晓洁. 加强电力企业员工管理的措施研究［J］. 商业文化，2011（12）.

大学习的力度，保证自己能够满足企业的要求，适应企业发展的新趋势。这就要求女工确立终身学习的观念，在工作的同时不忘终身学习，使自己的知识储备不断增加，提高自身的竞争力。同时，企业要加强对女工业务能力的培训，加强理论知识教育，营造良好的学习氛围，积极开展各种技能竞赛，树立优秀的学习榜样，使女工的整体素质得到提高。

4）实行更加人性化的管理

女工在现代企业中是一支重要的力量，而在身体条件方面又相对处于弱势，所以企业应当给予女工足够的重视。针对女工身心方面的健康，要建立完善的福利、保健制度以及促进女工健康的长效机制。针对女工的生理和心理特点，要聘请专业的人员进行培训，加大防范力度，确保女工群体的健康发展。要适当开展针对女工的专项活动，如开办女工之家、开展女工专业技能比赛等，丰富女工的业余文化生活，促进其身心健康发展。在企业的生产生活中，也应适当地树立一些正能量代表，充分发挥榜样在群体中的带动作用，引导更多的女工建立正确的人生观、价值观，增强企业的凝聚力，为女工群体的健康发展奠定基础。

案例链接9-4　　生育津贴低于实际工资，用人单位应当予以补足

基本案情：

陈女士于2017年3月15日入职某网络科技公司，担任设计师，双方签订了固定期限劳动合同。合同约定，陈女士的工资标准为13 000元/月，每月5日发放上个自然月工资。

2020年10月1日，陈女士开始休产假。但是，该公司以陈女士的生育津贴尚未发放、自身也无须补足生育津贴和实际工资的差额为由，一直未发放陈女士产假期间及返岗上班后的工资。因此，陈女士于2021年5月申请劳动仲裁，要求该公司支付产假期间的工资。

处理结果：

双方当事人在工会、律师的调解下达成了一致意见，某网络科技公司同意支付陈女士产假期间的工资。

除生育津贴以外，该公司还同意支付生育津贴与陈女士工资标准的差额部分。

资料来源　余翠平．2021年北京工会维护女职工权益十大案例评析［N］．劳动午报，2022-03-14（06）．

5）加强对性骚扰的防范和救助

企业应当为女员工提供一个纯净的、正常的工作环境。基于这个前提，企业有必要实行性骚扰雇主责任制。这就要求企业在内部建立一个切实可行的反性骚扰制度，包括完整、明确地阐释构成性骚扰的行为，建立切实的举报程序、相应的举报措施和及时高效的调查程序，就交换型性骚扰承担严格责任，就敌意环境型性骚扰承担过错赔偿责任。目前，我国有关性骚扰的相关法律不完善，企业社会工作者也需要对女工进行必要的教育，提高她们防范性骚扰的能力。[①]

6）加强对家庭暴力的防范和救助

企业要帮助女工认识到家庭暴力的严重性和违法性，鼓励女工与之抗争，必要时要主动向社区机关或公安机关反映，以获得多方面的援助。企业也要为遭受家庭暴力的女工提供一个暂时可以避开施暴配偶的场所。而最根本的是从女工配偶的心理方面着手，令他们明白妻子所面临的压力，对他们进行思想教育，促使双方冷静、平和地沟通。

9.3 企业农民工关系管理

9.3.1 农民工的定义

农民工是指在本地乡镇企业或者进入城镇务工的农业户口人员。“农民工”这个概念是我国特有的城乡二元体制的产物，是我国在特殊的历史时期出现的一个特殊的社会群体。“农民工”概念有广义和狭义之分。广义的农民工既包括在本地乡镇企业就业、“离土不离乡”的农村劳动力，也包括外出进入城镇从事第二、第三产业的，“离土又离乡”的农村劳动力。狭义的农民工主要指后者，我们将要讨论的对象也是这部分农民工。

9.3.2 企业农民工的特点

1）老一代农民工的特点

（1）知识水平偏低

大多数农民工是为了改善自己或家庭的经济条件而来到城市的。由于他们以前所生活的农村缺乏物质条件，加上陈旧思想观念等很多其他客观因素的限制，大多数农民工都没有条件接受足够的教育，这也就导致农民工的整体知识水平和学习能力相对比较低下。

（2）务工主要集中在第二产业和第三产业的一小部分领域

由于没有接受过足够的教育，大部分农民工缺乏在城市中生存的技能，他们只能提供相对简单而廉价的劳动力，大多数农民工活跃在建筑业、制造业和初级加工行业，包括工业领域内的服装加工、机器制造、建筑务工等职位。近年来，随着社会的发展，也有部分年轻的农民工开始向第三产业发展，他们主要从事餐

---

① 高钟，周沛．企业社会工作［M］．上海：复旦大学出版社，2013.

饮服务、服装销售、物流运输等工作。

（3）法律意识和安全意识淡薄

由于长时间生活在以“人情”为主的农村社会，初次来到城市务工的农民工大多没有足够的法律意识。这一方面体现在他们对自己行为的约束不够，很多时候他们违反了法律而浑然不觉；另一方面体现在维权意识不够。他们外出务工的目的相对单纯，就是挣钱，但教育的缺乏使得他们对相关劳动权益的认知较低。大多数农民工认为只要不拖欠工资就足够了，对于劳动合同、社会保障等劳动权益的诉求几乎没有。加之他们的安全意识淡薄，一旦发生了工伤，他们的权益很难得到保障。

2）新生代农民工的工作生活特征①

2010年中央一号文件正式提出“新生代农民工”概念。全国总工会对“新生代农民工”的界定为：出生于20世纪80年代以后，年龄在16岁以上，在异地以非农就业为主的农业户籍人口。当前新生代农民工已经成为农民工群体的主体。同1980年以前出生的老一代农民工相比，新生代农民工受教育水平普遍较高，从学校毕业后直接进入城市，没有从事农业生产的经验，对农村和土地不熟悉，向往融入城市、享受城市的便利生活。他们比老一代农民工更注重工作环境和权益保障。国家统计局北京调查总队2019年的监测数据显示，新生代农民工已经成为农民工的主力，占比达到50.6%。

（1）新生代农民工的基本特征

新生代农民工中男女占比差距比老一代农民工更大。新生代农民工中，男性占比为61.7%，比女性高23.4个百分点；老一代农民工中，男性比女性高19.8个百分点。新生代农民工平均年龄为31岁，老一代农民工为50岁。新生代农民工的年龄分布如下：31～40岁占比为54.7%，21～30岁占比为42.5%，16～20岁占比为2.8%。新生代农民工已婚的占比为71.3%，比老一代农民工低17.6个百分点。

（2）新生代农民工职业技能素质特征

新生代农民工整体素质优于老一代农民工，受教育程度、职业技能等级和接受公共就业服务的占比均高于老一代农民工，但其职业技能仍有待提升。

①新生代农民工受教育程度普遍较高，明显优于老一代农民工。新生代农民工受教育程度高中及以上的占比为64.0%，其中大学专科及以上占比最高，为35.2%，小学及以下的仅占2.2%。

②新生代农民工拥有职业资格证书的占比不足三成，为24.1%，其中初级的占比为11.9%，中级的占比为8.5%。老一代农民工拥有职业资格等级证书的占比更少，为14.0%。

① 马士龙，秦国丽. 新生代农民工过得好吗？[N]. 中国信息报，2020-06-01.

③新生代农民工接受公共就业服务的占比为23.3%，比老一代农民工高8.1个百分点，但占比仍然较低。其中，新生代农民工接受就业训练的占比最高，为21.1%，高于老一代农民工10.6个百分点。

（3）新生代农民工工作现状

相较于老一代农民工，传统行业对新生代农民工的吸引力减弱；新生代农民工工作现状明显优于老一代农民工，其工作技术性较高，工作时间较短，收入水平较高。

①农民工就业集中于劳动密集型行业，主要为居民服务、修理和其他服务业，建筑业，批发和零售业，制造业，住宿和餐饮业，交通运输、仓储和邮政业。这六大行业吸纳老一代农民工的87.2%，吸纳新生代农民工的78.5%。

从各行业人数占比情况看，新生代农民工从事居民服务、修理和其他服务业的占比最高，为16.3%，但比老一代农民工低15.0个百分点。新生代农民工从事批发和零售业，制造业，住宿和餐饮业，交通运输、仓储和邮政业的占比分别比老一代农民工高1.0个、3.3个、3.7个和1.9个百分点。

②从事的职业所需技能更高。新生代农民工从事的职业以商业、服务业为主，占比为32.5%，比老一代农民工低15.2个百分点；新生代农民工成为专业技术人员的也比较多，占比为26.0%，比老一代农民工高9.1个百分点；还有办事人员，占比为22.1%，比老一代农民工高5.0个百分点。新生代农民工的工作强度低于老一代农民工。新生代农民工平均每周工作5.8天，平均每天工作8.9小时；老一代农民工平均每周工作6.2天，平均每天工作9.1小时。

③新生代农民工月均收入高于老一代农民工，为5 850元，比老一代农民工高896元。其中，近六成月均收入在5 000元及以上，比老一代农民工高16.1个百分点；近三成月均收入为4 000～5 000元，比老一代农民工高6.6个百分点。

（4）新生代农民工权益保障特征

新生代农民工相较于老一代农民工维权意识较强，善于运用法律等多种途径保护自己的合法权益；择业时注重权益保障，劳动合同签订率较高。

①新生代农民工遇到权益受损的占比较低，为3.4%。权益受损时，95.5%的新生代农民工会想办法解决。其中，选择法律途径的占比最高，达到45.4%，比老一代农民工高5.1个百分点；与对方协商解决的占比为39.5%，比老一代农民工高5.5个百分点；向政府部门反映的占比为24.1%，比老一代农民工高1.3个百分点；选择工会帮助的占比为10.8%，比老一代农民工高8.3个百分点。

②新生代农民工通过单位缴纳“五险一金”的占比较高，缴纳“五险”的占比高于60.0%。其中，缴纳城镇职工基本医疗保险和城镇职工基本养老保险的占比分别为63.7%和64.4%；缴纳工伤保险的占比最高，为67.3%；缴纳住房公积金的占比最低，为27.1%。

③新生代农民工劳动合同签订率高于老一代农民工，且签订长期劳动合同的占比更高。新生代农民工劳动合同签订率为79.0%，比老一代农民工高11.3个百分点，其中签订一年及以上劳动合同的占比为66.6%，比老一代农民工高22.5个百分点。

（5）新生代农民工生活情况

①新生代农民工消费观念不同于老一代农民工，他们追求舒适和高质量的生活，并且事业处于上升期，收入增长预期较高，家庭开销更大。从消费结构来看，新生代农民工花费较多的前两位仍是食品烟酒和居住支出，但在衣着及其他日常生活用品、教育文化娱乐上的消费占比分别比老一代农民工高2.7个和5.7个百分点。

②新生代农民工年户均消费为46 566元，比老一代农民工多8 827元，高23.4%。除医疗保健支出外，新生代农民工家庭其他各项支出的金额均高于老一代农民工，特别是教育文化娱乐支出差距最大，高3 057元，衣着及其他日常生活用品支出高2 096元，食品烟酒消费支出高1 269元。

③新生代农民工住房设备配置率优于老一代农民工。除电冰箱和厨房外，新生代农民工其他住房设备配置率均高于老一代农民工，尤其是计算机配置率的差距最大，比老一代农民工高15.1个百分点。

（6）新生代农民工人际关系特征

新生代农民工比老一代农民工的社会融合更深入。新生代农民工的交际对象不再局限于老乡，人际关系从地缘关系转向业缘关系，与同事和本地朋友的关系加深。

①新生代农民工更爱人际交往，交往对象以同事（不包括老乡）为主。新生代农民工业余时间基本不和其他人来往的占比为9.3%，比老一代农民工低12.8个百分点；主要交往对象为同事（不包括老乡）的占比为42.3%，比老一代农民工高18.0个百分点。而老一代农民工主要交往对象为老乡，占比为30.8%。

②新生代农民工比老一代农民工更倾向找本地朋友和同事帮忙。生活中有困难时，新生代农民工向本地朋友和同事寻求帮助的占比为32.8%和21.3%，分别比老一代农民工高9.5个和5.4个百分点。在外找工作时，新生代农民工向本地朋友和同事寻求帮助的占比为35.0%和24.9%，分别比老一代农民工高11.7个和9.7个百分点。

9.3.3 企业农民工关系管理的重要意义

随着城市化的加快，越来越多的农村劳动人口涌入城市。在企业中，特别是建筑企业、物流企业等需要大量劳动力的企业中，农民工逐渐成为一线生产建设不可或缺的主力军。加强农民工关系管理，对于整个企业来说有着重要的意义。

1）企业技术创新的客观要求

伴随科技的快速发展，越来越多的新设备、新技术在各行各业被广泛运用，而这些都需要能力更强的基层工人来操作，但是农民工作为该类人员的主要组成部分，由于存在文化程度低，接受新知识、新技术能力差等缺点，其综合素质、职业能力与工作岗位的要求越来越不适应。这就要求企业管理者重视该类员工的职业教育培训，不断强化其各项综合素质，才可能有效地缓解上述矛盾和问题。①

2）安全生产的客观需要

对于所有企业而言，安全生产是企业健康发展的永恒主题。党的二十大报告对安全生产提出了新的要求，强调要推进安全生产风险专项整治，提高公共安全治理水平。要确保企业安全运行，工人的综合素质起决定性作用。从以往所发生的安全事故来看，绝大部分都出现在生产第一线。从表面上看，虽然根据工种的不同会存在不同的原因，但归根结底，职工本身素质不高是主要原因之一。所以，必须全方位地提高企业农民工的业务素质，以保证企业的安全管理工作顺利开展。

9.3.4 现阶段农民工自身所遇到的问题

虽然在城市现代化建设中农民工起着中流砥柱的作用，但由于很多主观和客观原因，他们在城市中的地位依然不高。这可能导致一些农民工积累过多压力，出现心理问题，严重的甚至会引发社会问题。

1）"城乡分治"制度的存在，使得部分农民工难以融入城市社会②

我国的城乡户籍制度改革是一个长期的、复杂的过程。目前，我国已经实施了一系列的户籍制度改革措施，旨在消除城乡之间的户籍差异，促进人口流动和城乡一体化发展。但是，在一些地方依然存在比较传统的城乡二元社会结构。1958年，我国颁布了《中华人民共和国户口登记条例》，确立了一套严格的户籍管理制度。户籍管理制度将整个社会分为"农村人"和"城市人"两个阶层，并且这两个阶层之间无法随意转换。而城市劳动就业与社会福利保障制度在很大程度上保证了城市居民的劳动就业安排以及生活保障。他们从出生、上学、就业到退休，生老病死、衣食住行，全部都被纳入城市社会福利和保障体系之中。而作为在城市中工作却没有城市户籍的"农村人"，这些福利保障与他们几乎无缘。这就使得农民工在他们的工作和生活中没有安全感，也就很难全身心地投入到工作中去。

2014年7月24日，国务院印发《关于进一步推进户籍制度改革的意见》，标志着我国实行了半个多世纪的"农业"和"非农业"二元户籍管理模式将逐渐

---

① 陈志忠．煤矿企业农民工管理问题及其应对之策［J］．企业改革与管理，2014（11）．
② 张时灵．农民工融入城市社会的制约因素与路径分析［J］．特区经济，2006（6）．

退出历史舞台。

首先，我国推出了农业转移人口市民化政策，允许农村户口的农民工在城市落户。这一政策的实施使得大量农民工得以在城市中享受基本公共服务，并提高了他们的生活水平。

其次，我国逐步放宽了城市落户条件，取消了一些限制性的户籍政策。例如，一些城市取消了户籍迁入限制，允许更多的人口流入城市。此外，一些城市还推出了积分落户制度，根据个人的学历、技能、就业等条件给予相应的积分，以便更好地吸引人才。

2）社会歧视阻碍农民工对城市社会的认同

当今社会，城市中依然存在歧视农民工的现象。这种歧视主要体现在以下几方面：

第一，就业歧视。一些位于城市的企业在招聘过程中对农民工有偏见，更倾向招聘城市户籍人员，对农民工的学历、技能和工作经验不够重视。这导致农民工在就业市场上面临更大的竞争压力和就业机会的限制。

第二，薪酬歧视。农民工往往在同等工作中获得较低的薪酬待遇，相对于城市户籍员工来说，他们的工资水平普遍较低。这种薪酬歧视使得农民工的收入水平难以提高，加重了他们的经济负担。

第三，社会福利歧视。农民工在城市中享受的社会福利待遇相对较少，他们往往无法享受城市户籍居民的医疗保险、住房公积金、子女教育等福利待遇，这增加了他们的生活成本和负担。

第四，社会地位歧视。农民工在城市中的社会地位相对较低，他们常常被视为“外来人口”或“低端劳动力”，受到歧视和排斥。这种社会地位歧视使得农民工在城市中面临较大的社会压力和不公平待遇。

第五，居住条件歧视。农民工在城市中的居住条件普遍较差，他们往往居住在简陋的宿舍或者租的简陋房屋中，甚至缺乏基本的居住条件。

这些歧视使得农民工在城市面临诸多困难和不公平待遇，阻碍了他们的社会融入和发展。为了解决这些问题，我国政府已经采取了一系列措施，包括加强法律保护、提高农民工待遇、推动户籍制度改革等，以促进城乡一体化发展和消除农民工歧视。

3）社会关系的匮乏制约农民工在城市社会的发展

在中国社会中，人际关系的建立和发展一直沿袭着血缘关系和地缘关系这种特殊主义的规则，而这方面的差异直接导致了社会资源获取和发展机会的差异。这种关系比较微妙但普遍地作用在社会很多具体的情形和过程之中，如求职、解决突发问题等。农民工在既有的体系中扮演着“外来者”的身份，他们不仅损失了原有农村社区的亲戚、邻里关系等关系网络，在城市社会中的边缘性和底层性又进一步阻碍了他们在城市中形成新的关系网络。虽然一部分农民工通过血缘关系等在城市中结成了一定的新的社会关系网络，但这种关系的社会资本质量较低，很难为农民工提供在城市中向上流动的机会。这种关系上的不平等也容易导致农民工的心理不平衡，可能最终导致他们出现心理问题，甚至演变成为极端事件。

4）农民工自身的局限性也制约其对城市社会的适应

进入城市的农民工群体相对于城市居民而言，在很多方面依然处于劣势，再加上缺乏培训导致的劳动技能匮乏，他们往往只能成为以提供劳务谋生的低层次劳动者。在思想上，他们对城市的生活方式、价值观念、人际关系、风俗习惯等很多方面会感到不适应，也就难以对城市社会和城市居民产生认同感。由于户籍制度和农民工本身价值观念的原因，其中一些农民工对城市会形成一种“过客”的心态，对城市没有归属感，而社会地位和经济地位的劣势也使得农民工习惯于同乡交往或是在他们自己的圈子内交往，而不愿意主动突破这一交往圈，客观上形成了与城市主流社会和主流文化相离的情况。

5）对农民工严重的就业歧视

对农民工的就业歧视主要体现在城市中用人单位对农民工施加的各种压力。首先，对农民工歧视的传统观念依然存在。当今社会，虽然农民工政策越来越趋向公平，但未能从根本上消除用人单位对待农民工的歧视观念。在一些用人单位主管的思想深处，存在农民工不应当与城市职工享受同等待遇和权利的意识，把农民工视作素质低下的“打工仔”、缺乏技能的“临时工”、可以随时雇佣和辞退的廉价劳动者。这种传统的歧视观念是用人单位员工关系和管理制度安排产生缺陷的思想根源。其次，部分用人单位有法不依，导致劳动用工管理混乱。这些用人单位不按照国家的法律和有关规定与农民工建立劳动关系，而是采用口头或者“生死合同”等无法律效力的形式来规避法律责任，部分劳动合同仅流于形式，这就给劳动纠纷和劳动争议埋下了隐患。另外，部分用人单位克扣农民工押金、扣押农民工证件、拖欠劳动报酬、随意罚款、剥夺带薪休假等现象依然存在。这些来自用人单位的压力也是导致农民工在城市就业中处于弱势地位的主要原因。

9.3.5 企业农民工关系管理的不足之处

1）企业局限于眼前利益，漠视农民工的身心状况

在用人单位，处于生产一线的农民工大多采用季节工及轮换工的用工模式，企业也就不会大范围地调动企业资源对农民工的思想状况和安全情况进行管理，大多采取放任甚至漠视的态度，这也使得大部分农民工存在短期工作的意识，在思想上表现为得过且过，在工作上表现为积极性下降、注意力不集中等。这必然会造成工作效率低下，大大增加安全隐患，甚至引发工伤，也势必会影响整个企业的绩效和发展。

2）轮换上岗，使农民工很难掌握核心技能

农民工一般都属于短期用工，经常会发生以下情况：很多农民工刚刚适应了自己的工作岗位，并未来得及巩固和加深技能，聘任合同就到期了，这就导致企业出现循环培训和轮换上岗的局面。一方面，这会直接导致企业的培训成本增加；另一方面在这种比较仓促和琐碎的培训中，农民工的实际技能往往不能得到真正的巩固。这对他们社会地位和经济地位的提升都十分不利。由于受到经济效益的影响，很多农民工甚至没有经过严格和规范的专业技能教育，没有进行系统的操作技能与安全生产知识培训，就匆匆上岗。这不仅严重影响他们本身工作的效率，还为企业的安全发展埋下隐患。

3）工种特性为农民工培训增加难度

由于对农民工有需求的企业常常存在作业人员种类多、范围广，对技术性要求高和工作难度大的特点，无形中增加了培训的难度，加之很多企业为农民工安排的培训时间通常很短，所以在培训效果上往往不尽如人意，而这也直接造成农民工本身缺乏专业性，难以安全、高效地成为企业所需要的生产力。

9.3.6 企业农民工关系管理一般对策与措施

1）职业化培训充权[①]

对于广大农民工来说，从农民到工人，是一个身份的根本转换。这种转换能否成功，关键在于能否经由职业化的途径，达到企业岗位的要求，从而长期稳定地就业。而职业化的培训与学习也是农民工在城市中获得发展的根本途径。职业化培训充权包括三个部分：

首先，企业应当建立长期有效的培训机制。相对于一般企业而言，对农民工有大量需要的企业应当更加重视安全生产和技能的培训，并把确保农民工的安全作为各个班组业绩考核的重要指标。同时，还应当制定科学的规章制度，定期开展有关安全生产的培训。在企业的生产管理中，应当设置专职安全员岗位，密切监督与管理农民工的各项安全施工及安全生产；同时应当全力搭建农民工的业务技术平台，可以通过组织农民工积极开展各项技能大赛等形式，培养其专业素养和工作积极性，使其尽快成为企业的技术能手。

其次，应当加大对农民工综合素质的培养。在任何企业中，学习都是员工进取精神的动力源。尤其是在建筑、采矿等行业的第一线，由于劳动强度大，农民工很少有时间静下心来真正钻研业务，所以他们往往成为学习型企业文化创建工作的“盲区”。要提高企业的综合效益，就必须考虑农民工这一特殊群体。应当把农民工安排进来，并且作为重点业务培养对象，尽可能大范围、全领域地提升农民工的整体素质，并且帮助他们树立大局意识和开拓精神，不断提高企业凝聚

① “充权”一词源于巴巴拉·所罗门（Barbara Solomon）所著《黑人的充权：社会工作与被压迫的社区》（Black Empowerment: Social Work In Oppressed Community）一书，由英文单词“empowerment”翻译而来。当前学界对于该词有充权、增权、赋权、加权、予权等多种译法。本书更倾向于使用“充权”的译法，因为它最接近 empowerment 的原始含义，即使其有能量、使其有能力、使其觉醒等，包含激发潜能、助人自助、当事人主体性和主动性的意思。

力和发展动力。

最后，应当帮助农民工养成求知、好学的习惯，这样他们才能够与时俱进，在职业发展的道路上适时地获得相应的知识与能力。另外，还要通过职业培训帮助农民工掌握新技术，增加这种新技术所带来的“社会权利”，使得他们成为真正有“一技之长”的、企业和社会所需要的职工。

2）对农民工婚姻和家庭的帮助和充权

除了对农民工进行社会知识和职业技术的再教育和培训以外，在农民工的家庭问题上也要从社会工作层面提供帮助和充权。这主要包含两个层面：

首先，应当审慎、理智地解决未婚青年农民工关于组织家庭的问题。进入城市的农民工中有相当一部分是未婚青年，他们进入城市后面临来自各方面的巨大压力，会感到迷茫和孤独而急于去寻找亲情、友情和归属，所以，在为未婚农民工提供帮助中，首要任务是对其进行健康、责任、安全方面的教育。此外，青年农民工面临的压力巨大，对社会的认识也不够深入，仅仅为了满足自己情感的需要而不加准备地步入婚姻，对他们今后的工作和生活无疑会埋下巨大的隐患，所以，要对未婚青年农民工进行相应的家庭生活的教育，如家庭理财、家务分担、家庭教育等。

其次，要解决已婚农民工子女的教育问题。随着已婚农民工大量进入城市和企业，农民工子女的教育问题也随之成为农民工家庭的重要问题。在这方面，城市管理者应当动员公办学校敞开大门，尽量接收农民工子女入学；而企业社会工作者应当整合企业的社区资源，积极请求当地政府开放公办学校资源。在当地公办学校资源不足的情况下，企业社会工作者还应当积极寻找资源，并且说服企业管理者动用一部分企业资源，以扶持社区的农民工子弟学校，解决农民工子女的教育问题。①

案例链接9-5　　武汉农民工子弟学校迎来“匠心课堂”

水母楼、海底城市、梦中治疗中心……小朋友眼中的未来建筑有多奇妙。2023年5月，中国建筑科技馆职工走进农民工子弟学校——武汉市东西湖区先进小学，为学生们送上特色社教活动“匠心课堂——天马行空的未来建筑”。

“匠心课堂”分为讲授建筑知识和绘画互动两个环节。中国建筑科技馆的讲解员为学生们讲解建筑知识，从新石器时代的河姆渡遗址一直畅游到充满未知的未来建筑，开阔眼界的同时还激发了学生们天马行空的思维。在绘画互动环节，学生们发挥丰富的想象力，用烂漫率真的画笔描绘出心目中的未来建筑。

武汉市东西湖区先进小学是一所农民工子弟学校，全校共有44名学生，80%以上是外来务工人员子女。此次中国建筑科技馆“匠心课堂”公益活动走进先进

① 高钟，周沛．企业社会工作［M］．上海：复旦大学出版社，2013.

小学，既丰富了孩子们的课余生活，又让孩子们学习了中国传统建筑文化知识。

资料来源　张翀，胡微. 武汉农民工子弟学校迎来“匠心课堂”[N]. 工人日报，2023-05-12（06）.

聚焦民生　　**新生代农民工、随迁子女等群体获关注**

2022年4月，中共中央宣传部、共青团中央等17部门联合印发《关于开展青年发展型城市建设试点的意见》（以下简称《意见》）。在试点中，新生代农民工及其随迁子女等群体获得了关注，《意见》提出的主要政策和措施中，将这些群体也纳入其中。

《意见》提出，着力优化公平且有质量的青年发展型城市教育环境，坚持教育公益属性，逐步实现进城务工青年随迁子女入学待遇同城化，进一步减轻义务教育阶段学生作业负担和校外培训负担，有效缓解青年家长的负担和焦虑。

在着力优化激励青年施展才华的青年发展型城市就业环境方面，《意见》提出健全青年就业公共服务体系，聚焦高校毕业生、新生代农民工、失业青年等群体，扩大就业容量，加强就业指导和职业技能培训，帮助青年实现知识更新、技能提升，为青年提供更多的高质量就业机会。完善劳动合同制度、劳动关系协调机制、劳动争议调解仲裁制度，健全新业态从业人员劳动权益保障机制，切实维护青年合法劳动权益。健全工资合理增长机制，促进更多高校毕业生、技能型人才等青年群体迈入中等收入群体行列。

着力优化保障青年基本住房需求的青年发展型城市居住环境是《意见》提到的一项重要内容。《意见》提出，坚持房子是用来住的、不是用来炒的定位，积极解决新市民、青年等群体的住房困难问题，逐步使租购住房在享受公共服务上具有同等权利。

此外，《意见》还提出，健全完善积分落户等激励政策，动员青年立足本职岗位提高工作质量、创新创效创优。着力优化缓解青年婚恋生育养育难题的青年发展型城市生活环境，推动公共体育设施向包括青少年在内的各类人群免费或低收费开放。

资料来源　邓崎凡. 新生代农民工、随迁子女等群体获关注［N］. 工人日报，2022-04-08（05）.

本章小结

本章分析了企业青年员工、企业女工和企业农民工这三个特殊群体各自的特点，并罗列出他们目前所遇到的一些外部问题和来自他们自身的问题，以及当前企业对于特殊员工群体关系管理中存在的不足，从企业社会工作的实务方面提出了一些具体的解决方案和措施。

复习思考题

（1）目前我国企业青年员工面临哪些问题？请说出你针对这些问题的解决措施。

（2）我国企业女工的弱势体现在哪些方面？应当如何应对这些弱势所带来的问题？

（3）目前我国企业农民工的社会化存在哪些问题？农民工面临哪些方面的歧视？

（4）目前我国企业对于青年员工、女工和农民工关系管理中存在哪些不足之处？请举例说明。

案例分析题

新生代农民工市民化的挑战

新生代农民工在外出务工动机、自我身份认同、职业选择、城市适应程度、维权意识等方面均与第一代农民工有显著差别；而随着互联网信息化时代的到来，他们也拥有更多的机遇；同时，新生代农民工又是当前中国城镇化、市民化的主流群体，这一切都表明现阶段新生代农民工市民化的过程中面临更为复杂和严峻的挑战。

一、面临被城市和农村双重边缘化的窘境

一方面，新生代农民工虽然在消费方式、职业技能、意识形态等诸方面都更接近城市发展要求，但由于户籍、城乡医疗、教育体制等差异的存在，他们并没有享受到与城市市民同等的教育、医疗、就业等服务。事实上，没有市民身份的新生代农民工，只能获得少量的城市边缘性资源和服务，而无法真正享受到城市的核心资源和服务：平等的教育、医疗、就业等。城市成为了他们想融入但无法真正融入的大社区。另一方面，由于长时间远离乡村，新生代农民工已与农村的生活习惯、生活方式、思维观念大相径庭，职业技能与农村生产方式也不匹配，且新生代农民工难以接受农业生产的艰辛和劳累，农村成为他们回不去的家乡。

二、高房价成为阻碍新生代农民工市民化的最大壁垒

北京、上海、广州、深圳等一线城市历来都是吸纳农民工最多的城市，而高昂的房价令新生代农民工望而却步，一线城市房价高涨也带来了县级城市楼市的升温，根据国家统计局公布的 2022 年 1—6 月份商品房数据，全国有 117 个县城房价超过 10 000 元/平方米[①]，原本作为“备胎”选项的县级城市也成了许多低收入新生代农民工不能跨越的坎，买不起房成为阻碍新生代农民工市民化的最大壁垒。

---

① 佚名. 全国城市房价排名（全国城市房价排名前十）［EB/OL］.［2022-11-06］. https://www.hntv.ha.cn/yh/1049.html.

由于教育资源的紧缺，我国城市的教育资源是与学区房紧密挂钩的，这使得买不起房的新生代农民工的后代享受不到城市优质的教育资源。此外，城市的医疗、就业也与住房、户口息息相关，住房是获取城市优质资源的门票，是使新生代农民工享受到市民待遇的保证。

三、人力资本不足，职业技能落后于社会发展需求

第一代农民工赶上了中国改革开放初期，低廉的农民工劳动力迎合了劳动密集型产业的发展，人口红利不仅促进中国经济高速增长，也为第一代农民工提供了充足的工作机会。而随着基础设施的完善、基础工业体系的建立、产业转型升级的内在要求，我国对体力劳动者的需求降低，逐步由“数量型”向“知识型”转变，对劳动者的综合素质要求越来越高。

以珠江三角洲为例，改革开放早期，珠三角是依靠转口加工贸易发展壮大起来的，第一代农民工为珠三角的加工贸易提供了充足了劳动力。而如今广州和深圳大力发展高科技电子信息、人工智能、新材料、生物医药等产业，新生代农民工显然无法填补高学历人才的空缺，使得新生代农民工在大城市的生存变得更加艰难。

四、社会保障程度低，享受不到城市公共服务

尽管农民工为城市的建设和发展作出了突出贡献，但他们无法享受到与城市市民同等的福利待遇。以养老保险为例，2017 年，我国农民工的平均参保率仅为 22%；看病难、看病贵成为新生代农民工在城市生活的一大困扰。除了城乡二元结构导致的农民工医疗报销额度低于城市市民，也存在地方政府担心农民工参保会影响本市投资环境、用人单位为了降低用工成本不给农民工参保等因素。据上海市抽样调查显示，47% 的农民工居住面积不足 7 平方米，远低于城市户籍市民人均住房面积水平①，此外，随迁新生代农民工子女也无法进入当地公办中小学入读，被隔绝在校门之外。

资料来源　何锋. 新生代农民工市民化的现状、挑战与对策 [J]. 农村经济与科技，2019（17）.

讨论题：

（1）从本案例中看，农民工的压力具体体现在哪些方面？

（2）应当采取哪些措施来缓解农民工的压力？

（3）谈谈你对当今社会中农民工的看法。

第 9 章案例分析提示

---

① 刘梦琴，傅晨. 城市农民工的住房问题与改革政策 [J]. 城市观察，2013，26（04）.

第10章 企业社会工作督导

学习目标

✓ 掌握企业社会工作督导的定义；
✓ 掌握企业社会工作督导的作用和意义；
✓ 重点掌握企业社会工作督导的一般步骤；
✓ 重点掌握企业社会工作督导工作中所用的技巧；
✓ 了解中国企业社会工作督导中“人情”和“面子”的作用及带来的问题。

引例

督导的魅力

一名受督导者曾经这样写道：

我说不清楚我的督导都做了些什么，以及他是怎样做的，但是他在整个过程中调动起来的情绪是毋庸置疑的。我们感到充满希望、轻松愉快和乐观向上。我们觉得我们比起以前，可以对我们的案主做很多有益的和有价值的事情。这种感觉真好，尽管这种高峰体验是稍纵即逝的，但这真是一种美妙的体验。

在我心情特别糟糕的时候，他总能发现我的问题所在，他坐下来倾听我的诉说，然后想办法逗我笑。他非常富有幽默感，我们一起讨论个案和我的困境，他会提一些建议。而当督导结束以后，我就又满怀激情地投入工作了。我们的关系让我似乎脱胎换骨了一般。

由此可见，一个好的督导对于社会工作者的工作和情绪会起到很大的作用。在广义社会工作中，社会工作督导无论是直接对社会工作者督导，还是间接帮助案主本身，都是影响社会工作成果的非常重要的部分。而在企业社会工作中，社会工作督导也十分重要。由于企业社会工作者的工作限定在“企业”的范围之内，所以企业社会工作督导也有区别于一般社会工作督导的特殊性。

10.1 企业社会工作督导概述

10.1.1 企业社会工作督导的概念

企业社会工作督导员一般是指企业社会工作机构中的行政管理人员，而行政管理人员有权对他（她）所主管的社会工作者、志愿者等受督导者的工作表现进行指导、协调、提高和评估。在行使督导职责的过程中，督导员与受督导者需要建立积极的关系，并且通过彼此的互动来实现督导的行政性、教育性和支持性功能。督导员的终极目标是奉行社会工作机构的政策，遵循机构的处理方案，为机构的当事人（案主）提供最多数量以及最高质量的服务。督导员的工作并非直接向当事人提供服务，而是通过对直接服务的社会工作者施加影响、帮助和指导，从而间接地提高服务水平。

10.1.2 企业社会工作督导的作用和意义

督导这种形式并非社会工作所独有，但与其他大多数专业相比，督导的作用和方法在社会工作领域有着极为重要的意义，这是由社会工作专业相对于其他专业不同的特性决定的。企业社会工作中的督导服务于企业本身发展壮大的需求，在服务提供方式、所对应的问题、接受服务的当事人以及社会工作者自身的特质上都区别于其他专业，包括一般社会工作的范畴。这主要体现在以下几点：

第一，一般社会工作是通过传统意义上的社会机构向当事人提供服务的，而机构作为一种复杂的组织，为了更加有效率地运作，就必须形成一种科层结构。在这种结构中，各司其职的人们在一起工作、协调和配合。因此，社会机构需要一种令行禁止的环节与承上启下的职级。在这种科层结构中，也需要有督导这一职级。由于企业社会工作机构的工作范围是“企业”，所以企业社会工作机构的工作对象和工作方式倾向于人力资源管理方面，而机构内部的特点和结构相比于一般社会工作机构也更加倾向于企业型的结构和管理模式。科层结构需要督导这一职级，与企业社会工作机构的契合度也就更高了。社会工作本身自初始就以“组织”为基础，社会工作者也是在“组织”中进行工作的。社会工作通过大量的教育和培训，帮助新手理解和认同组织的模式和社会工作的价值观，而督导在其中扮演的就是一个相对老练的“组织人”角色。

第二，企业社会工作机构的服务内容，除涉及本企业的机构外，还涉及企业之外的服务对象所拥有的服务和物品的分配。这些资源中相当大的部分来自相应的社区或社团，并且通过社会工作者进行分配。如作出开展一项员工援助计划的决定，意味着服务的企业甚至社区支出的增加。所以，企业和社区需要有一种监督程序来为社会工作者作出的某种决定提供保证，而不是由社会工作者随心所欲地决定资源的分配。豪认为，社会工作这种经济上依赖外部企业或社区的供给，而资金的使用又会对其造成影响的专业，是无法有充分的自主性的。另外，即便是最古老、最成熟的专业，一旦涉及公共资金，那么较为正规的问责程序都是不可或缺的，而这种程序的性质也正是督导性的。

第三，企业社会工作机构用以对企业的员工或他们的家人实行帮助和救助的资金和资源，大多来源于机构之外。这些机构所奉行的一些政策多由公共福利委员会等政治团体制定。因此，社会工作机构需要为正确执行这些方针政策而接受这些政治团体的质询，而这种情况也对社会工作机构本身造成了压力。这也使得机构内部需要为社会工作者的所作所为设立某种问责制。

第四，研究显示，像社会工作这样一种与形形色色的人打交道的专业，工作任务也是五花八门的。有时候，社会工作者会觉得目标渺茫，前途未卜。特别是在企业中，由于他们作出的一些微不足道的决策都会对服务对象甚至企业整体产生巨大的影响，所以在他们作出某种决策的时候，尤其需要具体问题具体分析。当社会工作者陷入混乱或是迷茫，丧失了正确判断或决策能力时，他们作出的决策更加难以预料，失败的风险也就更大。此时，社会工作者需要一位行政管理人员一同分担决策的责任。而这位行政管理人员可以给予社会工作者心理上和意见上的支持。社会工作机构的活动通常还具有无常规、无标准、无法预测以及高度个人化的特点，因此很难为其设计一套正规的综合性信息管理系统。社会工作者在功能和工作上的这些特性，要求行政部门也就是督导者与受督导者之间通过召开会议等渠道来收集信息。

第五，相对于律师、教师等很多面向公众接受公众评估的专业，社会工作者的工作性质决定了他们的工作状况不允许有人直接从旁监督，这一方面是实务工作原则的要求，另一方面也是对当事人隐私的一种保护。对访谈等工作的直接观察会妨碍社会工作者与案主之间的有效互动，因此案主在沟通和交流中，会要求一种非同寻常的情景，即角色表现的非可视性，并拒绝现场监督。鉴于这种工作程序上的限制，如果没有对社会工作者本身行为的监督系统，那么当出现社会工作者有意或是无意对案主造成伤害的情形时，案主会失去有效的保护屏障，而这种由社会工作者造成的伤害往往影响更加深远。相对于专业活动的成效更加客观、更具可观测性和可预测性的专业来说，在社会工作中，案主的状况改变是更加微妙、难以判断的。这么一来，社会工作者本身有意或无意的不良操作所导致的损害不会非常明显地暴露出来，也就不那么容易被观察到。因此，从保护案主本身的角度来看，一种监督和检查程序也是不可或缺的。

第六，在社会工作领域内，的确有很多经过深思熟虑将社会工作确定为自己终身事业的社会工作者，他们此前通常都已花费大量的精力乃至金钱，来获取较为专业的教育，因此他们不仅已经初步具备了一些从事社会工作的能力，并且在某种程度上已经立志献身社会工作事业。与此同时，也有相当数量的企业社会工作者虽然头衔上具备社会工作之名，但他们走上这一工作岗位是由于偶然或妥协。他们往往在入职之前对社会工作本身一无所知，而从事社会工作也并不是他们经过再三斟酌的择业结果。在他们之中，虽然有一部分人具备一定的企业管理、人力资源管理等相关知识，但为从事企业社会工作所接受的教育和培训都很少，也仅有极少数人立志献身社会工作事业。这种社会工作者的工作意识或态度往往不那么主动，而在瞬息万变的企业环境中，一个失误或是模棱两可的决策不仅可能对案主本人无益，造成资源和资金上的浪费，更可能降低整个企业对企业社会工作机构的信任。可以说，督导的工作目标群体就是这两类不同的社会工作者。对于很多“献身社会工作事业”这一观念十分淡薄的社会工作者而言，社会工作机构也必须指派督导人员为他们提供教育性的监督以及行政性的监督。

第七，社会工作者同样需要支持性的督导。企业社会工作者工作的场景总是伴随各式各样的感情色彩。为了帮助案主以及他们的家人，社会工作者必须投入巨大的情感。他们不仅要面对案主本身的问题，还可能面临亲子矛盾、婚姻冲突、疾病甚至死亡等问题，而社会工作者在自身的生活中也会或多或少地挣扎在他们自己的问题之中。长此以往，他们可能不自觉地有一些比较负面的情绪。如果他们所提供的帮助并没有起到预期的作用，则会被他们视为自己工作的失败。所以，社会工作者需要不断获得支持、鼓励，重新树立勇气和信心。而支持性的社会督导在一定程度上能够满足他们的要求。

10.2 企业社会工作督导实务

10.2.1 企业社会工作督导的主要过程

根据《中华人民共和国民政行业标准：社会工作督导指南》（MZ/T166—2021），社会工作督导的主要过程分为四个阶段：

1）建立关系

督导者与督导对象应首先建立专业关系，包括但不限于以下内容：应秉持平等尊重、彼此信任和相互支持的态度；了解督导对象的基本情况、处境，表达关切；就督导目标、内容、安排等达成共识；明确督导的频次、流程、保密等相关要求；明确双方的权利义务和必要的行政事项，包括督导记录、工作评价、督导终止等。

2）督导实施

督导实施前，督导者与督导对象应提前商定本次督导议题，并就督导工作计划达成共识。

面对处在服务初期的督导对象，督导者应指导督导对象制定和优化服务方案，主要包括但不限于以下内容：研判服务方案中需求预估的准确性；把握专业理念和服务目标设计的科学性和准确性；审查服务流程、专业方法和技术的适用性；对可能运用的专业理论、知识与技巧进行介绍，指导督导对象开展专业准备；对可能存在的伦理、服务与管理风险进行提醒和防范。

面对处在服务中期的督导对象，督导者应进行过程评估和服务支持，主要包括但不限于以下内容：评估督导对象是否按照有关的管理制度和服务方案开展服务；链接内外资源，支持督导对象服务活动的开展；协同督导对象了解掌握服务对象和环境变化，及时调整服务策略以达到服务预期效果；为督导对象提供突发事件的及时指导，以及突发重大事件的协同参与；与督导对象回顾并检视工作的阶段性成效和不足，促成工作改进提升。

面对处在服务末期的督导对象，督导者应关注服务成效和专业成长，包括但不限于以下内容：与督导对象共同总结服务成效，反思过程中的专业元素、提高服务成效的关键事件，发现和应对出现的伦理风险以及肯定个人和团队成长；引导、鼓励督导对象提炼服务模式，并形成产出；检查服务档案的规范性、完整性和专业性，提升文书和档案质量。

督导者应全程关注督导对象成长与工作动力，主要包括但不限于以下内容：传递社会工作价值理念；体察督导对象的情绪状态和工作动力，并给予支持；协同督导对象做好个人成长计划，提升岗位履职能力和专业能力；协助组织管理，对督导对象进行工作表现评价；在符合专业伦理的情况下，为督导对象提供服务示范，或现场指导督导对象的服务开展；为督导对象开展专业价值理念、模式、技巧及其他知识的培训。

督导结束3个工作日内，督导对象向督导者提交督导工作记录。

3）调整改进

督导者应根据督导对象、服务对象和服务相关方的反馈，调整、完善督导内容，主要包含但不限于以下内容：对照社会工作伦理，审视言行是否符合督导规范；观察督导对象的工作改进、行为改善情况以及对督导关系的反馈情况，商讨调整督导频率、督导风格、督导内容等；定期在督导议题中安排阶段性督导效果的反思，听取督导对象的工作建议；定期向服务相关方反馈督导工作，听取改善建议；根据督导对象所在岗位和项目的环境、要求变化，调整督导计划；接受工作考核评价，在此基础上优化督导工作。

4）督导终止

根据需要或条件变化，在发生以下情况时，应终止督导关系：督导者或督导对象离开原有工作岗位；督导者出现违背法律法规、专业伦理要求的行为；督导者与督导对象无法维系专业关系；出现其他不能履行督导职能的情况时。

根据需要或条件变化，需终止督导关系的，应完成但不限于以下内容：与督导对象做好结束面谈，总结督导成效，处理离别情绪；将督导资料进行归档整理，并按要求提交；按照有关要求妥善处理保密性材料。

10.2.2 企业社会工作督导的工作技巧

在社会工作督导中，督导者需要掌握一系列的督导工作技巧，包括督导的切入、订立具体约定、展开话题、分享感受、会谈完结等方面的技巧。

1）督导的切入技巧

这一阶段的切入技巧和第一阶段即督导前期的切入技巧大同小异。所不同的地方就是，督导者在每次督导前需要花一点时间重新关顾和了解受督导的社会工作者的处境，并给予了解和理解。而其融入的重点在于为问题铺路。在工作期内，督导者必须首先专注员工所面对的问题，并商量解决办法。这里面的“问题”可能是社会工作者在工作中所面临的具体问题，也可能是社会工作者因工作压力而产生的情绪问题等；从受督导者提供服务的企业尚待解决的问题，到督导者因问题很难解决而产生的无力感等，全部是督导者应当去了解的范围。督导者也不应当将问题一带而过，而是应当主动地与受督导者共同面对，在督导的议程内公开提出问题并商讨解决方案，并及时处理受督导者在讨论过程中的负面情绪或其背后的苦衷。这也是督导者和受督导者彼此信赖关系建立的基础。

2）订立具体约定的技巧

与开展期所订立的约定不同，这里所提到的约定是指每次督导时所订立的约定。这种与时俱进的契约能够将督导双方的期望与目标不定时更新，并顺应督导的发展阶段，通过回顾旧日的约定，再次商讨在督导工作中所需要修正的部分。督导者应当视受督导者提交的议程为一个可修改的、暂时性的议程，同时仔细倾听被督导者的表述和问题，在完全弄清楚受督导者所想的和所困惑的事项的基础上，再提供解决问题的办法。

3）展开话题的技巧

舒尔曼指出，督导者可以使用以下五种技巧来鼓励受督导者提出并探讨问题：

第一种技巧是从常见的事例开始，逐步推进至深入和独特的问题，也就是由浅入深。

第二种技巧是保持平静，不急于采取行动，而是通过倾听来尝试了解受督导者所提出的问题。

第三种技巧是专注地聆听，并且掌握受督导者最关注的事件及其对该事件的反应。

第四种技巧是提问。提问是收集受督导者意见和建议的好方法，在受督导者提供回答的同时，使双方对他们所讨论的事务有一个更加清晰的看法。

第五种技巧是保持沉默。这里的“保持沉默”是督导者认为受督导者的回复、反应或表述的问题不够充分而期待更多信息时所表现出来的态度，如运用的时机不适当，会令督导双方相对无言。

案例链接 10-1　受督导者对督导员的描述

一名受督导者写下了下面的文字，对其认同为学习榜样的督导员做了详尽的描述：

我猜想他一定是一位胸有成竹的督导。他热情洋溢，轻松自然；他深陷在座椅中，目光深邃，一边抽着烟，一边笑着；他只是很感兴趣，并没有欠身坐着，也没有表现出一副急于等着我说出下面的话并且回应的样子。我感觉他是间接地为我作出表率，因为我猜测他在进行治疗的时候就是这个样子。不仅如此，让当事人更舒服一些应该是件好事。因为这个样子令我在督导过程中很舒服。整个气氛非常轻松，他不断地用着肢体语言，话语中有支持，有强调，却绝不强加于人。他做得恰到好处，使我信服他所说的一切。他的话从来就不严厉，而他的建议往往又非常具体；他会向我解释他的用意，并举例说明。他在做这一切的时候，我丝毫没有那种自己在最初开展工作时一无所知的感觉。

4）分享感受的技巧

社会工作督导既是一个专业，同时也是个人的实务工作。督导者不必强求受督导者对自己有信心，而是应当主动地分享自己的感受，与受督导者坦诚相待。督导者本身可以适当地表露一些情绪，比如可以在必要的时候，顺应某种不公平的情况，自然地、非恶意地表露出一些情绪。这可以令受督导者明白督导者人性化的部分，并在情感上更加接纳督导者。督导者本人有自己的强项和缺点，所以应当运用一些技巧平衡受督导者对督导者个人和其专业身份的认同。

5）对受督导者提出要求或批评

社会工作督导的最终目的是保证服务的数量和质量，企业社会工作督导则需要保证服务的总体目的一直是促进所服务企业的蓬勃发展。所以，督导者应当调控受督导者的工作表现，应当提出相关的问题和要求，在必要的时候也需要一些批评性的反馈，以一步一步地确保受督导者的工作能够顺利完成。

案例链接 10-2　批评在哪儿

在一项调查中，当受督导者被问到他们觉得自己的督导员有哪些缺点的时候，27%的人回答是缺少批评性反馈。一名受督导者说：

有关工作数量和质量的定期反馈不足，我需要得到更多的建设性的批评意见，以便了解自己有哪些方面需要改进。

有时，我觉得我已经被表扬得飘飘然了。那批评又在哪里?

她总是恭维有加，甚至有时候我觉得她的评语并不是实事求是的。假如我不知道自己做错了什么，那么我就无法补救。

6）尽量回避隐私或敏感问题

企业社会工作督导毕竟是一个有着层级关系的过程，一些比较敏感的问题也会阻碍督导的进行。比较明显的就是社会工作机构中的权力问题，同时，也有一些不易察觉的问题，比如受督导者的家庭问题、感情问题等。在督导中，一些与受督导者的隐私有关的问题，若非他们主动提出，则督导者不应介入。

7）分享资料以及提供解答

向受督导者提供资料和帮助，使得受督导者能够顺利完成他们的工作，是督导者的本分和任务。企业社会工作的督导者应当结合受督导者的陈述以及他们所服务的企业或案主的具体情况，作出分析，从而分享自己的资料或提供一些解答。但这个过程不应当是督导者单方面阐述自己的思路，应当允许受督导者及时地自由发问，及时排除沟通中可能存在的理解偏差和障碍。督导者也应当将自己收集的资料以书面或电子文档的形式提供给受督导者，以供其自行阅读。

8）会谈完结的技巧

在每一次会谈结束时，督导者应总结讨论过的事项，并且依照讨论所得出的结论进行推演，以成为日后工作的指引。同时，督导者应当指出要达到双方重新订立的约定或目标所需要的步骤和资源。比如，当受督导者需要熟悉一种新的沟通技巧时，督导者应当帮助受督导者进行学习，并与其进行一定次数的试演。在这一步，督导者应当特别留意受督导者在结束的时候提出的问题。如果这类问题反复出现，就可能是督导本身的安排出现了某种问题。这时就需要就督导的形式、结构和议程作出检讨或重新安排。

10.2.3 中国企业社会工作督导中独有的文化特征

不同于西方文化中泾渭分明的工作伙伴关系和私人关系，在当今中国社会，还保留着自古以来以“人情”和“面子”为重的社会交往模式。这种社会交往模式也体现在企业社会工作督导的方方面面。

在中国的文化环境中，社会工作督导主要由三种不同的人际关系模式组合而成。

首先是作为上司的督导者和作为下属的受督导者的上下级关系。这种从属关系的建立基于理性权威，并且以社会工作机构的目标作为其指导思想，直接左右了督导者和受督导者的行为。

其次是同为“专业人士”的同事关系。这种关系以社会工作专业文化的道德规范和行为准则作为标准，同一个专业网络则成为督导者和受督导者相互交往的活动范围。

最后是基于我国社会环境的特殊性，督导者和受督导者双方因相熟建立起的类家族关系。这种关系是因为长期工作而建立起来的类似家人的关系。督导者与受督导者会将对方看作“家族”的一员，并且以中国文化中“家人”互相照顾的原则来运作。黄光国指出，中国人的日常交往会因为双方的关系而截然不同地对待。对于家人，他们会对对方的需求尽量给予满足；而对待外人，就更多的是纯利害关系。

这种“中国式”督导的双面关系同时也很容易产生冲突。首先，两种截然不同的关系并存，原本就十分困难，在多大程度上能够处理好二者的关系，则取决于督导者和受督导者双方的相互了解程度和彼此的人际沟通技巧。其次，两种关系容易引发角色冲突。督导者很多时候需要同时扮演慈母和严师的角色，而这两种角色在行为上和思想上也会存在冲突。他们从西方文献中知道应当公私分明，但自古以来他们所受的中国文化教育又要求他们兼顾“人情”和“面子”。这种情况也并不仅存在于中国，在中国台湾和以色列等国家和地区的社会工作督导中，也会出现同样的问题。

在中国社会中，“人情”和“面子”是人际关系的润滑剂。“人情”不仅会增进平辈的关系，也能够使得上司和下属的感情更加融洽。就算在高度专业化的企业社会工作中，通过人情的授受，上级和下属之间的感情也会日益深厚。但有些时候，“人情”可能被作为上司的督导者滥用，用以满足探索下属私人生活的好奇心，甚至用以在工作中操控受督导者，替他们做公事以外的事情，或损害受督导者所提供服务的企业或案主利益的事情。“面子”既是减少督导者和受督导者之间冲突的工具，也是在一定程度上维系现存权力架构的要素。这种“面子”会使我们依照自己所处的社会地位对别人作出相应的尊重行为。“丢面子”就是不依从既定的社会规范，或是由于不合礼数的行为，给别人和自己带来羞辱。所以，社会工作督导关系中的“面子”其实是双方礼尚往来的事情。在社会工作督导中，无时无刻不存在“人情”和“面子”因素。一方面，对于习惯中国传统社会文化的督导者和受督导者而言，“人情”和“面子”能够成为维系督导亲密关系的重要方面；另一方面，就社会工作本身的性质而言，这种特殊的文化也会给督导双方带来相应的困惑和问题。

聚焦民生　　一线社工积极参与多方共议未成年人司法社会工作发展

2023年5月，由首都师范大学主办的“中国式现代化视域下未成年人司法社会工作发展理论与实务研讨会”在北京召开。会议邀请了最高检、团中央、民政部等国家部委的相关领导，社会工作、社会学、法学等专业领域的专家学者，以及来自全国各地办理未成年人案件的公安、司法机关工作人员、共青团组织工作人员、社会工作服务机构一线社工等150余名实务专家，共同研讨中国式现代化未成年人司法社会工作发展。

《未成年人司法社会工作服务规范》国家标准（以下简称《标准》）由国家市场监督管理总局、国家标准化管理委员会于2023年3月17日正式发布，成为我国社会工作服务业第二项、司法社会工作服务领域第一项国家标准，对完善专业化和社会化的未成年人检察司法保护体系、健全罪错未成年人帮教与规制工作机制，具有深远意义。为积极落实《标准》的宣贯工作，推动实务工作人员更快、更好地理解与使用《标准》，作为起草单位，首都师范大学举办了此次研讨会。

首都师范大学教授、北京青少年社会工作研究院执行院长席小华介绍了《标准》的研发情况。4年来，《标准》研发经历了标准立项申请、标准草案撰写、标准试点实施、意见征集、标准修改完善等各项工作过程，50人的研发主力团队共走访17个省（自治区、直辖市）、270余家机构，与来自全国各地的公安司法机关、社会工作、法学、标准化等领域的学术与实务专家进行了1 831余人次的研讨，最终完成了《标准》的编制并得以顺利发布。

在研讨会的主题研讨环节，来自中央部委相关处室负责人、立法专家、未成年人司法执法工作者、共青团干部、专门学校教育者、高等院校专家学者、未成年人领域社会工作者、儿童保护方面国际组织项目官员以及社会企业家等32名业界、学界专家人士就《标准》宣贯研讨和中国式现代化视域下未成年人司法社会工作发展理论与实务主题研讨两大单元进行了主旨发言。

研讨会的主题培训以集中讲解及社会工作坊的形式对《标准》进行宣贯解读。来自北京、上海、河南、浙江、福建、四川、重庆、江西、广西、广东、青海等全国各地20余家未成年人司法社会工作服务机构的50余名一线社工参与了主题培训。

资料来源　佚名. 一线社工积极参与　多方共议未成年人司法社会工作发展［N］. 公益时报，2023-05-02（06）.

本章小结

本章介绍了企业社会工作督导的定义，描述了企业社会工作督导和一般社会工作督导的区别，详细地从行政、教育和支持的角度，阐明了督导在企业社会工作中的重要作用和意义。在实务部分，具体阐述了一次完整的督导所必须有的四个阶段和所需要的一些方法和技巧，并从中国社会文化切入，对当今中国企业社会工作督导展开了一些讨论和说明。

复习思考题

（1）企业社会工作督导的定义是什么？

（2）为什么说督导是企业社会工作中不可缺少的部分？

（3）一次完整的督导分为哪几个阶段？每个阶段的主要任务是什么？需要一些什么样的技巧？

（4）谈谈你对中国企业社会督导中“人情”和“面子”的看法。

案例分析题

受督导者的抱怨

以下这段文字反映了一名不懂得技巧的督导员无视受督导者的支持需求而产生的负面效果：

我刚刚面对一名怒不可遏、充满敌意的行政主管的谈话。因为我前不久刚刚提出了一条给熬夜的员工提供带薪休假的提案，而他自始至终都认为员工只能为他工作到倒下。我忍受着他的抱怨和谩骂，离开办公室的时候，我气得浑身发抖。我虽然对自己的提案产生了疑问，但社会工作的宗旨告诉我，我应该这么做。然而这个问题一直在我的脑海中挥之不去。我来到督导员的办公室，就在他抬起头来的一瞬间，我脱口而出：“那个行政主管气死我了！”他神情淡漠地盯着我，缓慢地问我：“怎么了？”在我讲述的过程中他还频频打断我。后来他的电话响了，接完电话后，他居然问我：“你要说什么？”“没事。”我带着一肚子的气拂袖而去。那个下午是我这半年来最糟糕的一个下午。

讨论题：

（1）本案例中的受督导者面临了哪些方面的心理压力？

（2）本案例中的督导员的督导过程不成功之处在哪里？

（3）你觉得一个成功的督导员应该具备哪些素质和技能？

第 10 章案例分析提示

主要参考文献

[1] 徐明. 国家安全体系和能力现代化建设的战略思考 [J]. 国家治理, 2022 (23): 17-21.

[2] 徐明. 统筹发展和安全的时代阐释——基于马克思主义社会时空观视角 [J]. 学术前沿, 2022 (18): 80-91.

[3] 徐明. 新时代人才强国战略的总体框架、时代内涵与实现路径 [J]. 河海大学学报 (哲学社会科学版), 2022 (06): 88-101; 131-132.

[4] 徐明. 新时代人力资源管理创新发展的逻辑、问题和实现路径 [J]. 中国人事科学, 2022 (05): 24-33.

[5] 余翠平. 2021 年北京工会维护女职工权益十大案例评析 [N]. 劳动午报, 2022-03-14 (06).

[6] 陈磊. 谁来保障职场"打工人"身心健康 [N]. 法治日报, 2021-02-01 (04).

[7] 周梦. 企业社会责任: 企业社会工作发展新途径 [J]. 工会理论研究, 2018 (10).

[8] 马伟. 工会模式我国企业社会工作发展的新路径 [J]. 经贸实践, 2018 (10).

[9] 刘斌志, 吕静淑, 秦藤. 我国企业社会工作者的核心能力构成及其培养 [J]. 工会理论研究, 2018 (10).

[10] 王晓慧. 工会与社会工作的关系变迁及启示: 基于美国历史经验的分析 [J]. 中国劳动关系学院学报, 2018 (04).

[11] 张丽芬. 社会工作职业的社会认同度: 测量指标及其政策意义 [J]. 山东社会科学, 2018 (07).

[12] 孙美琴，胡晓蒙，孙中伟．企业社会工作促进青年外来务工人员融入城市研究 [J]．青年探索，2018 (03)．

[13] 奚菁，罗智玲，罗洁婷，等．共享经济下的企业社会工作模式构建：基于广东省数据的研究 [J]．社会工作与管理，2018 (03)．

[14] 赵琼．企业社会工作的内部嵌入机制研究 [J]．社会工作与管理，2017 (06)．

[15] 卢磊，张默．我国企业社会工作发展的模式、路径和策略 [J]．社会福利，2017 (06)．

[16] 刘洋．论人力资源管理与企业社会工作的融合 [J]．社会工作与管理，2017 (01)．

[17] 李茂科．社会工作：吸纳就业的重要载体 [J]．人民论坛，2017 (04)．

[18] 徐明．企业社会工作介入工会管理：国企工会干部胜任特征模型构建与应用研究 [J]．中国人力资源开发，2016 (16)．

[19] 徐明．国有企业青年员工雇佣关系管理的问题与对策 [J]．中国人力资源开发，2016 (09)．

[20] 徐明．国企工会干部胜任特征模型构建与应用研究 [J]．中国人力资源开发，2016 (08)．

[21] 叶淑静，戴利有．社会工作介入社会治理何以可能？[J]．江西师范大学学报（哲学社会科学版），2016 (06)．

[22] 张海．承认视角下我国社会工作职业化的本质与发展策略 [J]．华东师范大学学报（哲学社会科学版），2016 (05)．

[23] 徐明．新时期国有企业集团化管控模式优化与应用研究 [J]．中国人力资源开发，2016 (05)．

[24] 陈伟杰．管理、权力与制度——分析中国社会工作行政的多重视角 [J]．华东理工大学学报（社会科学版），2016 (03)．

[25] 徐明．国有企业工会干部学习地图体系研究 [J]．中国人力资源开发，2016 (02)．

[26] 徐明．集团化管控与企业文化建设 [M]．北京：中国社会科学出版社，2016.

[27] 陈建胜．企业社会工作助推企业履行内部社会责任的本土实践 [J]．浙江学刊，2015 (06)．

[28] 徐明．基于胜任特征模型的青年创新人才学习地图体系研究 [J]．中国青年研究，2015 (05)．

[29] 张默，卢磊．我国企业社会工作发展的历程和趋势 [J]．中国劳动关系学院学报，2015 (04)．

[30] 徐明．国有企业工会干部胜任特征模型构建与应用研究 [J]．中国劳

动关系学院学报，2015（04）.

[31] 许小玲，彭华民．资源与权力：多元互动中社会工作机构发展模式研究［J］．内蒙古社会科学（汉文版），2015（05）.

[32] 徐明．企业社会工作与人力资源管理［M］．北京：中国工人出版社，2015.

[33] 陈志忠．煤矿企业农民工管理问题及其应对之策［J］．企业改革与管理，2014（11）.

[34] 刘启阳．社会工作助力企业文化建设［J］．理论与当代，2014（07）.

[35] 吴建平．略论企业社会工作的理论架构［J］．中国劳动关系学院报，2014（04）.

[36] 马玉娜．联动式企业社会工作模式及应用［J］．现代管理科学，2014（02）.

[37] 张宏如．协同与创新——员工帮助计划与企业社会工作关系研究［J］．江苏社会科学，2014（01）.

[38] 刘福成．人力资源管理［M］．合肥：中国科学技术大学出版社，2014.

[39] 熊苹．职业生涯规划［M］．北京：清华大学出版社，2014.

[40] 萧鸣政．工作分析的方法与技术［M］．4版．北京：中国人民大学出版社，2014.

[41] 彭剑锋．战略人力资源管理：理论、实践与前沿［M］．北京：中国人民大学出版社，2014.

[42] 张亚洲．基于卡罗尔模型的中国企业社会责任状态研究［D］．北京：北京交通大学，2014.

[43] 徐明．企业人力资源管理师公文筐测试通过必备（一级）［M］．2版．北京：机械工业出版社，2013.

[44] 徐明．职业化之路七商修炼——工作是看得见的爱［M］．北京：机械工业出版社，2013.

[45] 唐鑛．体面劳动的薪酬基础：效率、公平与劳资双赢［J］．中国劳动关系学院学报，2013（01）.

[46] 白艳莉．员工雇佣关系感知的动态发展及其管理策略［J］．兰州学刊，2012（12）.

[47] 吴冬梅．人力资源理论的五次创新［J］．企业经济，2012（11）.

[48] 苏光．企业社会工作价值理念在现代企业管理中的融合与实现［J］．学术交流，2012（10）.

[49] 高钟，海丰．企业社会工作实务［M］．北京：中国社会出版社，2012.

[50] 张宏如．企业社会工作的有效路径本土化员工帮助计划［J］．江海学刊，2011（06）.

[51] 徐明．企业人力资源管理师考试通过必备（一级）[M]．2版．北京：机械工业出版社，2011.

[52] 徐兴文．我国企业社会工作研究文献综述——基于CNKI与万方数据库的文献分析 [J]．企业导报，2010 (10).

[53] 黎友焕，等．企业社会责任理论 [M]．广州：华南理工大学出版社，2010.

[54] 周沛．企业社会工作 [M]．上海：复旦大学出版社，2010.

[55] 叶睿．我国企业社会责任审计研究现状分析 [J]．中国乡镇企业会计，2011 (12).

[56] 欧绍华，刘志刚．中国企业文化建设的历程与思考 [J]．中外企业文化，2011 (01).

[57] 张宏如．基于EAP的企业人文关怀激励 [J]．企业管理，2010 (12).

[58] 李影．企业社会工作在我国企业文化建设中的作用 [J]．读写算：教育教学研究，2010 (26).

[59] 刘静，张斌，夏丽娟．知识型企业员工关系管理研究 [J]．现代商业，2009 (27).

[60] 林典．企业社会工作介入员工福利服务之探析 [J]．中小企业管理与科技，2009 (09).

[61] 高钟．经验研究中的概念澄清与理论拓展——企业社会工作与企业社会责任学术研讨会综述 [J]．社会工作，2009 (09).

[62] 钱宁．工业社会工作 [M]．北京：高等教育出版社，2009.

[63] 王成荣．企业文化学教程 [M]．2版．北京：中国人民大学出版社，2009.

[64] 王瑞华．国外的企业社会工作模式 [J]．中国社会导刊，2008 (18).

[65] 全国社会工作者职业水平考试教材编写组．社会工作实务 [M]．北京：中国社会出版社，2008.

[66] 徐明．业绩评价视角下国企经营者行为问题研究 [M]．北京：经济日报出版社，2008.

[67] 殷格非，崔生祥，郑若娟．企业社会责任管理基础教程 [M]．北京：中国人民大学出版社，2008.

[68] 卡杜山，哈克尼斯．社会工作督导 [M]．郭名倞，寇浩宁，汪蓓蕾，等译．4版．北京：中国人民大学出版社，2008.

[69] 唐更华．企业社会责任发生机理研究 [M]．长沙：湖南人民出版社，2008.

[70] 王长义．公司治理与企业社会责任：基于历史视角的研究 [J]．现代管理科学，2007 (11).

[71] 陈健．企业人力资源管理的新模式——基于企业社会工作的一种拓

展［J］. 人力资源，2007（11）.

［72］陈诗阳. 跨国公司的社会责任［J］. 世界经济情况，2007（09）.

［73］张仪华. 浅谈中国企业文化建设［J］. 企业活力，2007（08）.

［74］高钟，等. 企业社会工作概论［M］. 北京：社会科学文献出版社，2007.

［75］张时灵. 农民工融入城市社会的制约因素与路径分析［J］. 特区经济，2006（06）.

［76］郑若娟. 西方企业社会责任理论研究进展——基于概念演进的视角［J］. 国外社会科学，2006（02）.

［77］王思斌. 社会工作概论［M］. 2版. 北京：高等教育出版社，2006.

［78］曾萍. 企业伦理与社会责任［M］. 北京：机械工业出版社，2006.

［79］周沛. 一项急需而有价值的社会工作介入手法——论企业社会工作［J］. 社会科学研究，2005（04）.

［80］杨河清. 职业生涯规划［M］. 北京：中国劳动社会保障出版社，2005.

［81］裴华. 企业应激管理的研究与应用［M］. 北京：新华出版社，2005.

［82］钱宁. “社区照顾”的社会福利政策导向及其“以人为本”的价值取向［J］. 思想战线，2004（06）.

［83］阳秋林，李冬生. 建立中国企业社会责任审计的构想［J］. 审计与经济研究，2004（06）.

［84］许莉娅. 个案工作［M］. 北京：高等教育出版社，2004.

［85］刘刚. 危机管理［M］. 北京：中国经济出版社，2004.

［86］朱德武. 危机管理：面对突发事件的抉择［M］. 广州：广东经济出版社，2002.

［87］郑国铎. 企业激励论［M］. 北京：经济管理出版社，2002.

［88］宁凌. 企业社会责任的经济、社会学分析及我国企业的社会责任［J］. 南方经济，2000（06）.

［89］MAIDEN R P. The Evolution and Practice of Occupational Social Work in the United States［J］. Employee Assistance Quarterly，2001，17（1/2）：119-161.

［90］SCANLON E. Labor and the Intellectuals：Where is Social Work［J］. Social Work，1999（44/6）：590-593.

［91］BAMBERGER P，SONNENSTUHL W. Tailoring Union-wide Innovations to Local Conditions：The Case of Member Assistance Program Implementation in the Airline Industry［J］. Labor Studies Journal，1996（Fall）：19-39.

［92］BACHARACH S B，BAMBERGER P A，SONNENSTUHL W J. MAPS：Labor-based Peer Assistance in the Workplace［J］. Industrial Relations，1996（35/2）：261-275.

［93］KURZMAN P A，AKABAS S H. Work and well-being：the occupational social work advantage [M]. Washington DC: NASW Press, 1993.

[94] MORBARAK MICHAL E, POVEMY LINDA M, FINCH J R, et al. A Model Curriculum for Occupational Social Work [J]. Journal of Social Work Education, 1993 (29/1): 1-19.

[95] KARGER H J. The Common and Conflicting Goals of Labor and Social Work [J]. Administration in Social Work, 1989 (13/1): 1-17.

[96] KOLKO-PHILIPS N, STRAUSSNER L A. The Relationship between Social Work and Labor Unions: A History of Strife and Cooperation [J]. Journal of Sociology and Social Welfare, 1988 (15): 105-118.

[97] MCCLELLAN K. Leo Perlis Remembered as EAP Pioneer [J]. Journal of Drug and Alcohol Dependence, 1986 (10/6): 9.

[98] MARTIN JR G T. Union social Services and Women's Work [J]. Social Service Review, 1985 (59/1): 62-74.

[99] GOOGINS B, GODFREY J. The Evolution of Occupational Social Work [J]. Social Work, 1985, 30 (5): 396-420.

[100] POPPLE P R. Social Work Practice in Business and Industry, 1875-1930 [J]. Social Review, 1982, 55 (2): 257-269.

[101] AKABAS S H, AKABAS S A. Social Services at the Workplace: New Resource for Management [J]. Management Review, 1982 (5): 15-20.

[102] KURZMAN P A, AKABAS S H. Industrial Social Work as an Arena for Practice [J]. Social Work, 1981 (26): 52-60.

[103] BAKALINSKY R. People vs Profits: Social Work in Industry [J]. Social Work, 1980 (11): 471-475.

[104] TRICE H, R HUNT, J BEYER. Alcoholism Programs in Unionized Work Settings [J]. Journal of Drug Issues, 1977 (7): 103-115.